定兴年鉴 2020

定兴年鉴编纂委员会 编

DINGXING NIANJIAN

方志出版社
Publishing House of Local Records

图书在版编目（CIP）数据

定兴年鉴. 2020 / 定兴年鉴编纂委员会编. -- 北京：方志出版社，2020.9

ISBN 978-7-5144-4312-7

Ⅰ. ①定… Ⅱ. ①定… Ⅲ. ①定兴县 -2020- 年鉴
Ⅳ. ① Z522.24

中国版本图书馆 CIP 数据核字（2020）第 174361 号

定兴年鉴（2020）

编　　者：定兴年鉴编纂委员会

责任编辑：李静

出 版 者：方志出版社

地址　北京市朝阳区潘家园东里 9 号（国家方志馆 4 层）

邮编　100021

网址　http://www.zgfzcb.cn

发　　行：方志出版社图书经销中心

电话（010）67110500

经　　销：各地新华书店

印　　刷：北京开亚兰印刷设计有限公司

开　　本：889×1194　1/16

印　　张：28.75

字　　数：479 千字

版　　次：2020 年 9 月第 1 版　2020 年 9 月第 1 次印刷

印　　数：0001～1000 册

ISBN 978-7-5144-4312-7　定价：280.00 元

《定兴年鉴（2020）》编辑部

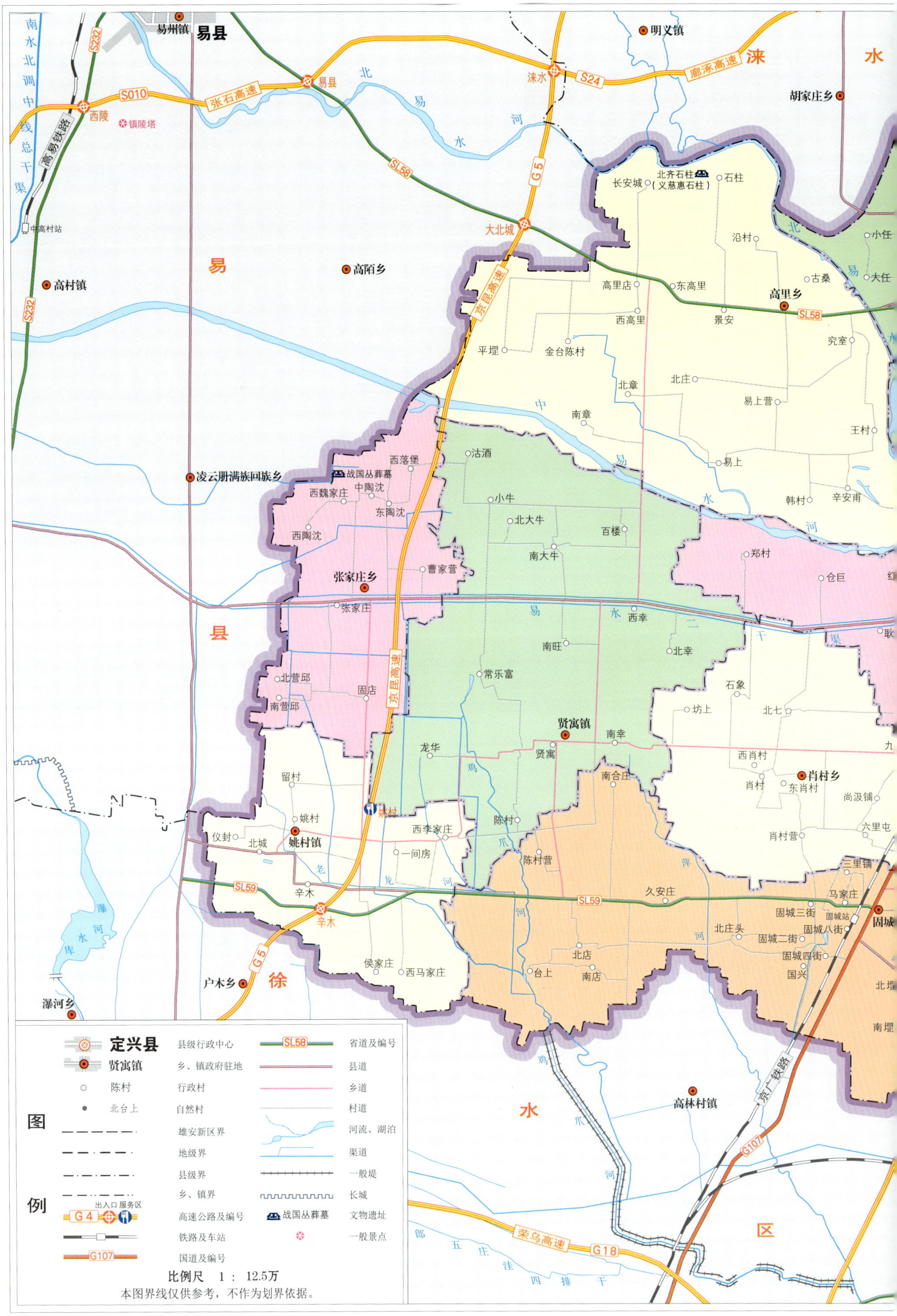

审图号：冀S（2019）009号

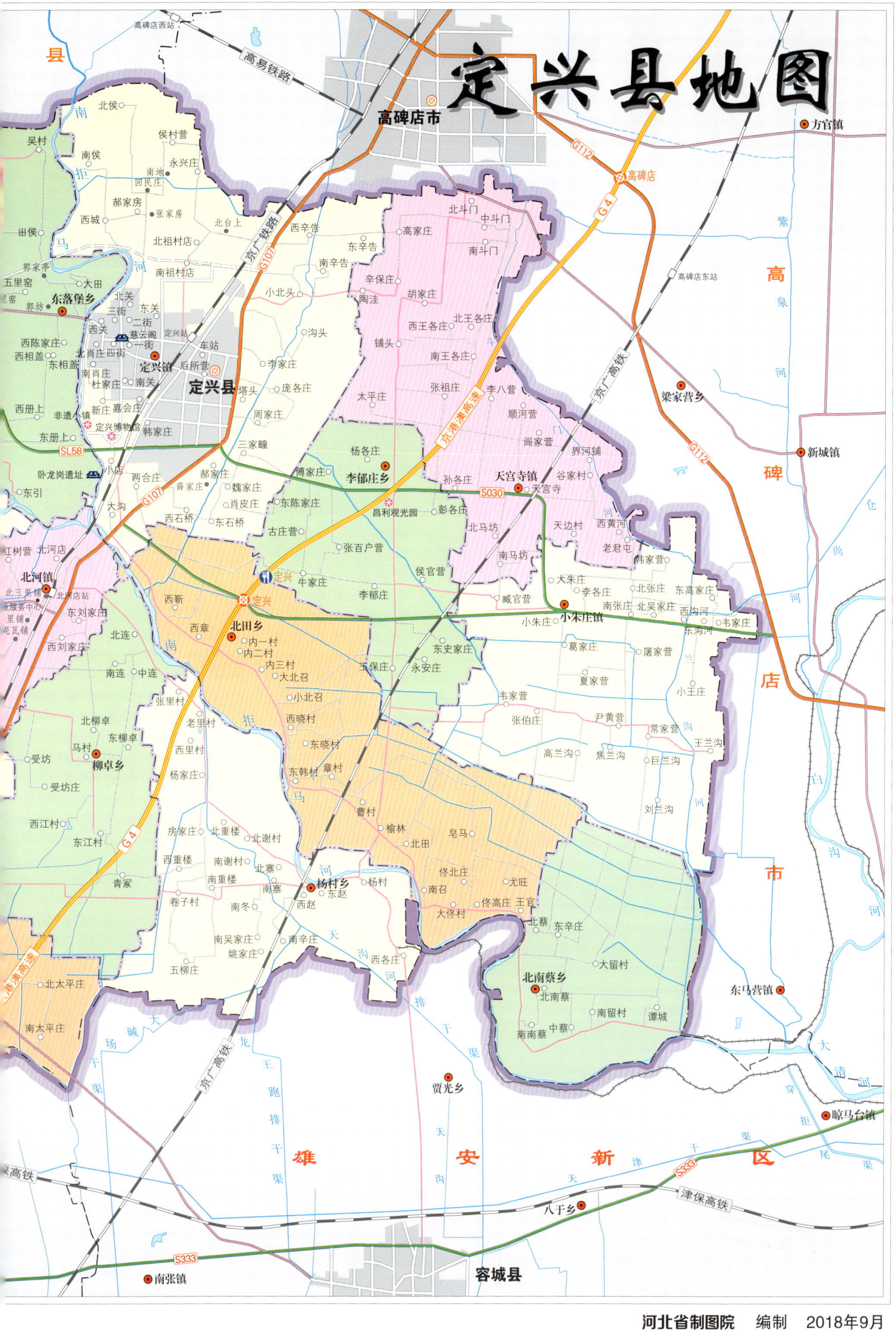

河北省制图院　编制　2018年9月

- 全国文化先进县
- 全国粮食生产先进县
- 全国绿化模范县
- 全国平安建设先进县
- 全国法治县创建活动先进单位
- 全国蔬菜产业发展重点县
- 全国中小企业创新服务先进单位
- 农业部农产品加工业发展典型推广县
- 国家园林县城
- 河北省休闲食品产业特色名县
- 河北省首批工业转型升级试点示范县
- 河北省首批食品药品安全县
- 河北省洁净城市
- 河北省人居环境进步奖
- 河北省“双拥”模范县
- 河北省县城建设示范标杆县
- 河北省品牌建设典范县
- 河北省主要农作物全程机械化示范县

1 月 31 日，在保定市人民政府与百度公司战略合作签约仪式上，县长吴鹏（前排左一）就百度（定兴）人工智能云计算中心项目与百度公司代表签约

2 月 2 日，县委书记韩朝红（左七）、县长吴鹏（左五）调研荣乌高速新线建设工作

3 月 1 日，召开定兴县大气污染综合治理攻坚工作会议

4 月 26 日，定兴蔬菜参展第四届京津冀蔬菜食用菌产销对接大会

5 月 19 日，庆祝中华人民共和国成立 70 周年定兴快闪“我和我的祖国”在金台广场举行（荆永革　摄）

6 月 26 日，县委书记韩朝红（左三）带队到北河镇东刘庄村调研农村党建规范提升工作

7 月 17 日，召开定兴县政府全体（扩大）暨廉政建设工作会议

9 月 8 日，定兴县举办庆祝 2019 年教师节文艺演出活动

9月11日，定兴县召开"不忘初心、牢记使命"主题教育动员部署会议

10月21日，举行中国城乡发展国际交流协会·定兴战略合作签约仪式暨交流座谈会

11 月 21 日，定兴县举办庆祝中华人民共和国成立 70 周年朗诵音乐会

12 月 16 日，定兴县摄影家协会和定兴县职教中心联合举办的摄影公益课堂开课　（温德军　摄）

古城新貌　　（温德军　摄）

麦海腾蛟龙　　（温德军　摄）

灯火辉煌不夜城　　（温德军 摄）

大北环京广铁路立交桥　　（耿 超 摄）

非遗小镇迎佳客　　（孙志兴 摄）

京绣时装秀　　（陈　巍 摄）

晨阳沐清辉　　（曹晓东　摄）

听爷爷讲那过去的故事　　（温德军　摄）

全民健步走　　（郝建利　摄）

游牡丹园　　（刘建英　摄）

老来乐　　（张建宇　摄）

年味儿　　（李建华　摄）

2019·数字定兴

- 户籍人口：610038 人
- 县域面积：713.97 平方千米
- 城区面积：12.58 平方千米
- 县域绿化覆盖率：14.8%
- 城区绿化覆盖率：39.16%
- 供电量：10.00 亿千瓦时
- 售电量：9.12 亿千瓦时
- 城市用水普及率：100%
- 城市污水处理率：98%
- 全年空气质量优良天数：216 天
- 地区生产总值：159.8 亿元
- 第一产业增加值：28.3 亿元
- 第二产业增加值；53.4 亿元
- 第三产业增加值：78.1 亿元
- 规模以上工业企业总产值：87.9 亿元
- 规模以上工业企业增加值：25.8 亿元
- 民营经济增加值：139.9 亿元
- 全社会固定资产投资：91.6 亿元
- 社会消费品零售总额：87.7 亿元
- 财政收入：14.8 亿元
- 公共财政预算收入：8.2 亿元
- 财政支出：28.82 亿元
- 金融机构人民币存款年末余额：277.5 亿元
- 金融机构人民币贷款年末余额：166.9 亿元
- 中等职业学校：1 所
- 中小学、幼儿园：351 所
- 医院、卫生院：29 个
- 医院、卫生院床位：1515 张
- 职工年平均工资：50449 元
- 城镇居民人均可支配收入：35008 元
- 城镇居民人均消费性支出：20050 元
- 农村居民人均可支配收入：17215 元
- 农村居民人均生活消费支出：11425 元

（数据提供：定兴县统计局）

编辑说明

一、《定兴年鉴》以马克思列宁主义、毛泽东思想、邓小平理论、“三个代表”重要思想、科学发展观、习近平新时代中国特色社会主义思想为指导，坚持辩证唯物主义和历史唯物主义的立场、观点和方法。着重记述全县改革开放、经济发展、社会进步的基本状况和最新成就，为各级领导科学决策提供县情依据，为社会各行各业的规划发展提供信息服务，为中外人士了解定兴、研究定兴提供窗口和媒介，同时为今后编史修志、地情研究积累资料。

二、《定兴年鉴（2020）》是连续刊印的第 8 部年鉴，内容为 2019 年度工作。年鉴记述时限为 2019 年 1 月 1 日至 12 月 31 日，为了体现事物的整体面貌和发展状况，个别事项略有追溯和下延。

三、本年鉴内容编排设类目、分目、条目三个层次。类目分别是：特载、大事记、定兴概览、中国共产党定兴县委员会、定兴县人民代表大会、定兴县人民政府、政协定兴县委员会、纪检监察、群众团体、法治、军事、综合管理、农业、经贸、水利电力、交通邮政通信、城建环保、财政税务、银行业、保险业、教育、文化卫生、社会生活、经济开发区、乡镇城区、附录、索引。

四、按照惯例，本年鉴各单位领导班子成员记到副科级。数据性内容由专业统计人员核校，个别数据因统计口径、内涵、角度不同，不尽一致，以县统计局年度统计资料为准。为充分展示定兴县的重要活动和突出成就，本部年鉴设有文前彩图，力求图文并茂，形象生动。

五、本年鉴所用资料，主要由各承编单位提供，经主要负责人审核、签批后上报，由定兴县地方志编纂委员会审定后出版。

六、本年鉴行文使用规范语体文、记述体。有关时间的表述，名称、简称、数字和计量单位等的使用，均遵守国家标准。

目 录

定兴县人民代表大会

定兴县人民政府

政协定兴县委员会

纪检 监察

群众团体

法 治

军　事

综合管理

农 业

经 贸

水利 电力

交通 邮政 通信

城建 环保

财政 税务

银行业

保险业

社会生活

经济开发区

乡镇 城区

附　录

索　引

深入学习贯彻习近平总书记重要讲话和中央经济工作会议精神 拼搏竞进 决战决胜为开创高质量发展、跨越式前进新局面而努力奋斗

——在中共定兴县委十四届五次全会上的讲话

（2019年12月27日）

韩朝红

今年以来，面对错综复杂的形势和艰巨繁重的任务，在上级党委、政府的正确领导下，县委常委会充分发挥总揽全局、协调各方的领导核心作用，全面贯彻“16448”总体部署，带领全县上下负重前行、砥砺奋进，以顽强意志和必胜勇气打了一个又一个漂亮的大仗、胜仗，开创了跨越崛起新局面，社会关注度、对外美誉度、发展认可度、群众满意度大幅提升！

这一年，是定兴凝心聚力的一年，我们不忘初心、牢记使命，坚定正确前进方向。深入开展“不忘初心、牢记使命”主题教育，各级干部洗礼思想、淬炼忠诚、觉醒初心、升华使命，政治上绝对忠诚、组织上绝对服从、行动上绝对紧跟，确保了中央和省市各项决策部署在定兴落地生根、取得实效。这一年，是定兴踔疾奋进的一年，我们聚力发展、优化结构，县域经济活力迸发。全面贯彻新发展理念，支持企业技改创新，加速产业优化升级，固定资产投资、规上工业增加值等多项指标增速居于全市前列，随着通美晶体、嘉旭福美、中科锂电、百度云计算中心等项目落地建设、部分投产，战略新兴产业逐步成为县域经济的重要引擎。这一年，是定兴借势崛起的一年，我们对接京津、服务雄安，协同发展深度融合。坚持以对接京津、服务雄安为方向，积极对接洽谈优质项目，全县储备项目达 80 余个，发展后劲持续增强；南拒马河防洪工程、环雄安林带等多个重点项目顺利推进，服务保障新区建设坚决有力，与雄安统筹、协调、借位、融合、一体化发展格局加快构建。这一年，是定兴刷新颜值的一年，我们全域统筹、建管并重，城乡面貌焕然一新。举全县之力实施“双城联创”，大力度投入、大手笔建设，城区容貌大幅改善，县城品质全面提升，居民生活更加惬意。农村人居环境整治三年行动计划扎实推进，乡村振兴示范区、示范点建设全面启动，美丽庭院加快创建，生态宜居美丽乡村画卷正在定兴大地次第铺开。这一年，是定兴蓄势迸发的一年，我们聚焦重点、精准施策，“三大攻坚战”成效明显。大气、水、土壤、生态绿化“四个全域治理”全面展开，生态环境持续改善，特别是空气质量达到近年来最好水平，综合指数位居全市前列；落实脱贫攻坚“1645”工作思路，狠抓防致贫、防返贫关键节点，建档立卡贫困户全部实现稳定脱贫。这一年，是定兴和谐共赢的一年，我们改善民生、增进福祉，幸福指数节节攀升。用心用情用力发展民生事业，预计全年民生支出达到公共财政支出的 80%，30 件民生实事加快落地，引领美好生活的品质服务体系进一步健全。这一年，是定兴正本清源的一年，我们坚守底线、筑牢防线，政治生态风清气正。从严执纪问责，强化日常监督，推进派驻监督，用好巡察“利剑”，确保不越边线、不踩红线、不破底线。

一年的奋斗风雨兼程，一年的成绩令人振奋，回望一年来的变化，得益于锻造了“敢教日月换新天”的创园精神，四大班子齐上阵，全县上下总动员，以舍我其谁的勇气、决战决胜的担当推进“双城联创”，成功创建全市首家国家级园林县城！得益于标定了“不破楼兰终不还”的脱贫精神，我们坚持以抓铁有痕、踏石留印的韧劲推动脱贫攻坚，用“白加黑”“5+2”的拼搏诠释使命担当，不仅赢得贫困群众的拥护感恩，得到省考核组的充分肯定，第三方评估更是全省综合排名第一！得益于凝聚了“勇立潮头敢为先”的创新精神，我们积极总结经验、探寻规律，勇于打破思维定势、冲破藩篱禁锢，形成了多项创新成果，探索的党建引领社会治理创新机制，得到省委领导的高度评价。得益于形成了“众人划桨开大船”的协作精神，全县上下相互支持、相互促进、相互补位，共同经历了数不清的通宵达旦、舍小家的委屈遗憾，一步一个脚印，干成了很多具有标志性的大事，破解了很多具有开拓性的难事，启动了很多具有创新性的实事。实践证明，只要全县上下五指成拳、同向发力，就一定能攻克任何难关，化解任何危机，干出无愧于心、无愧于时代、无愧于人民的事业！

2020 年是全面建成小康社会和“十三五”规划收官的关键一年，是我们应对各种复杂局面和困难挑战，攻坚克难、砥砺奋进的一年，是我们实现第一个百年奋斗目标、开启全面建设社会主义现代化国家新征程的一年。做好明年经济工作任务艰巨、意义重大。总体要求是：坚持以习近平新时代中国特色社会主义思想为指导，增强“四个意识”、坚定“四个自信”、做到“两个维护”，坚决贯彻党的基本理论、基本路线、基本方略，深入贯彻党的十九大、十九届二中、三中、四中全会精神和中央经济工作会议精神以及省、市委全会部署，紧扣全面建成小康社会目标任务，坚持稳中求进工作总基调，以新发展理念引领高质量发展，深入开展“三创四建”活动，统筹推进稳增长、促改革、调结构、惠民生、防风险、保稳定，以支持服务雄安、借势发展定兴为统揽，把发挥雄安新区生态保障、基础设施支撑、产业联动“三个作用”作为重大政治责任，把大气、水、土壤、生态绿化“四个全域治理”作为基础保障，以开展县域经济提质年、对接保障雄安重大项目建设提效年、城市建设提档年、乡村振兴产业体系构建提速年、生态环境治理提升年、治理能力精准提高年“六个年”为载体，以保民生、保生态、保稳定“三个守住”为底线，确保全面建成小康社会，确保“十三五”规划圆满收官，确保全县人民生活水平持续提升、社会大局安全稳定，奋力开创经济社会高质量发展、跨越式前进的新局面。

按照县委常委会研究意见，下面我讲四个方面：

一、提升政治站位，领会精髓要义，坚决把思想和行动统一到党中央和省委、市委的决策部署上来

近期，中央和省、市相继召开会议，就做好明年经济工作提出总体要求、政策取向和重点任务。我们要深入学习贯彻中央经济工作会议和省委、市委全会精神，把高质量发展作为第一要务，确保贯彻落实“不走样”、工作方向“不跑偏”。

一要深刻领会中央和省市对经济工作的总体要求，切实增强贯彻落实的自觉性、坚定性。中央经济工作会议上，习近平总书记提出“四个必须”，省委九届十次全会提出，深入开展“三创四建”活动，坚持稳字当头，实现治标和治本、当前和长远的有机结合。市委十一届八次全会指出，持续推进协同发展、创新驱动、环境支撑三大主体战略，保持经济运行在合理区间。全县上下要精准落实上级要求，一项一项领会吃透、对标对表，推动高质量发展，确保各项工作始终沿着正确方向前进。

二要深刻领会中央和省市对经济形势的科学判断，切实增强贯彻落实的紧迫感、责任感。做好明年的经济工作，既有压力和挑战，又有动力和机遇。从全国来看，经济结构性、体制性、周期性问题相互交织，但是经济稳中向好、长期向好的基本趋势没有改变。从省市来看，当前正处于结构调整阵痛期和转型升级期，结构性矛盾仍然突出。从定兴来看，雄安新区规划建设带来的发展机遇千载难逢，改革发展稳定的各项任务依然艰巨。全县上下要从政治上考量、在大局下行动，坚定信心决心，抢抓机遇，乘势而上，以高度的政治责任感和时代使命感，坚定不移把中央和省委、市委决策部署落实到位。

三要深刻领会新发展理念引领高质量发展的内涵，切实增强贯彻落实的针对性、有效性。中央经济工作会议指出，新时代抓发展，必须坚定不移贯彻创新、协调、绿色、开放、共享的新发展理念，不仅要落实到思想认识上，更要落实到具体行动上。要始终把坚决贯彻落实新发展理念作为重要尺度和政治责任，遵循经济社会发展规律，确保经济实现量的合理增长和质的稳步提升。

二、树牢底线思维，全面攻坚冲刺，确保全面建成小康社会和“十三五”规划圆满收官

做好明年工作既要树牢底线思维、坚持以稳托底，又要积极进取、善作善成，把“三个守住”贯穿各项工作始终，确保全面建成小康社会，确保“十三五”规划圆满收官。

（一）聚焦全面小康指标体系，坚决打好“冲刺战”。2020年全面建成小康社会，是我们党对人民作出的庄严承诺。站在冲刺收官的历史关头，要统筹推进经济、政治、文化、社会、生态文明建设，严格对照统计监测指标体系，认真梳理工作任务和存在的突出短板，科学评估进展状况，集中精力抓重点、补短板、强弱项，谋深谋实举措，实施精准攻坚，确保全面建成小康社会得到人民认可、经得起历史检验。

（二）聚焦“十三五”目标任务，坚决打好“收官战”。明年既是“十三五”规划的“收官之年”，也是规划“十四五”发展的布局之年。从“十三五”规划实施来看，总体进展顺利，但仍存在短板和不足。全县上下要保持定力，认真梳理短板，紧扣目标任务，集中精力打好“十三五”规划收官战，同时要围绕“十三五”和“十四五”有效衔接，超前谋划“十四五”重点工作，为下一个五年规划做好充分准备。

（三）聚焦“三个守住”底线要求，坚决打好“攻坚战”。一是守住民生底线。坚决落实以人民为中心的发展思想，做强民生事业保基本、保重点、兜底线的作用，统筹抓好教育、医疗、就业、养老、社会保障等民生事业。注重解决好“一老一小”问题，构建养老服务体系，支持托育服务业发展，促进产业和消费“双升级”。巩固和拓展“两不愁、三保障”成果，深化稳定脱贫、防返贫长效机制，坚守小康路上不落一人的底线。坚持“房子是用来住的，不是用来炒的”定位，稳地价、稳房价、稳预期，促进房地产市场健康有序发展。二是守住生态底线。把生态环境质量只能变好、不能变坏作为必须守住的底线，严格落实生态保护红线、环境质量底线、资源利用上线和环境准入负面清单的“三线一单”制度，坚决遏制损害生态环境的违法违规行为，不断满足人民群众日益增长的优美生态环境需要。三是守住稳定底线。巩固党建引领社会治理创新机制，提升基层社会治理水平。

三、扭住关键环节，聚焦精准发力，奋力开创高质量发展、跨越式前进新局面

明年是实现第一个百年奋斗目标的决战期、攻坚期，各项任务艰巨而繁重，全县上下要以“六个年”为载体，聚焦高质量发展精准发力，以更大作为推动定兴跨越式前进。

（一）扎实开展县域经济提质年。坚持巩固、增强、提升、畅通八字方针和“六稳”政策，以“引提并举、强二优三、产业融合”为抓手，推动创新发展、绿色发展、高质量发展。一要推动产业发展提质。围绕“产业基础高级化、产业链条现代化、产业发展集群化”，构建“4+N”产业体系。发挥创新驱动引擎作用，实施科技创新跃升计划，加快传统产业提质增效，推动食品加工产业向安全、健康、功能、营养型食品转变，促进医药产业向预防保健为主的大健康产业拓展，支持汽车及零部件产业向高端研发转变。放大百度云计算中心、通美晶体、中科锂电等新兴产业带动示范效应，推动产业链现代化，打造高端高新产业集群。二要推动项目建设提质。实施重点项目建设提质行动，签约项目抓落地、开工项目抓进度、在建项目抓完工、建成项目抓投产，叫响“产业立县、项目强县”。瞄准承接非首都功能、对接雄安新区，引进大的战略合作者和产业链关键企业，做到储备一批、开工一批、建设一批、投产一批。密切关注自贸区、大兴机场片区政策走向，在延伸产业链招商、强化服务保障功能上创新突破。三要推动平台建设提质。优化金台经济开发区管理体制机制，完善发展规划，提升承载能力，扩大产业规模。严格考核评估、绩效

问责，定期公示招商引资、服务企业等成绩单，实现绩效与贡献相挂钩、相衔接。高质量推动北部园区建设，打通主轴、细化路网、完善设施，强化承载功能。依托智同生化制药国家地方联合工程研究中心，引领科技创新，聚集人才智力。四要推动营商环境提质。围绕落实省、市建设一流营商环境体系要求，进一步优化“十个环境”，深化“放管服”改革、行政审批制度改革，健全重点企业联系服务“五个一”工作机制，构建亲清新型政商关系。支持民营经济发展，落实减税降费政策，畅通政企沟通渠道，及时解决实际问题，激发民间投资活力。

（二）扎实开展对接保障雄安重大项目建设提效年。明年雄安新区将进入高速建设期，迎来“塔吊林立、热火朝天”的建设局面，我们必须全面提升对接保障效能、强化对接保障能力。一要推动指挥体系“高效能”。完善科学严密的组织架构，建立畅通高效的决策管理体系，细化工作流程，强化过程管控、协调联动，把责任落实到各个环节、每个阶段、具体工程，确保上级交办的任务高效能推进、高质量完成。二要推动质量速度“双提升”。大力推进南拒马河防洪工程、荣乌高速新线、容易路、殡葬设施、张北至雄安特高压通道、军民合用机场等重大基础设施建设，细化路线图、时间表、任务书，逐节点抓进度，逐项目保完成，逐工程查质量，确保提质增速。三要推动工作机制“全链条”。建立全要素保障机制，只要是雄安新区建设需要的，坚决支持、不打折扣，以最高效能支持保障。建立联席会议制度，听进度、找不足、定举措，现场办公、一线推进。优化对接服务雄安新区重大项目审批流程，提升保障能力和工作质效。

（三）扎实开展城市建设提档年。深化巩固国家级园林县城、省级文明县城等创建成果，推动城市园林化建设、精细化管理，让城市形象更美、秩序更优。一要突出科学化，提升规划设计水平。按照全域“规划树”要求，用高起点的规划管长远，扎实做好“城市双修”，对基础设施、城市天际线、城市立面、城市色彩等统一规划改造，强化城市“绿肺”功能，全面改善城市环境。二要突出园林化，提升县城建设标准。着眼提质扩容，以园林化建设为主线，加快实施雨污分流、绿化美化亮化、道路新建扩建等一批市政工程，稳步推进老城区、棚户区、城中村拆迁改造，抓好新“三个一”“两馆一站一中心”建设，打造精品地标，强化承载功能；继续扩展“绿面”、打造“绿线”、提升“绿点”，彰显城市魅力。三要突出精细化，提升城市管理质效。按照智慧城市标准管理城市，健全完善市场运行、联合执法、精细管控、人机联动等机制，提升精细化管理水平。集中整治马路市场、交通秩序和市容市貌，改善市民生活环境，提升市民幸福指数。

（四）扎实开展乡村振兴产业体系构建提速年。按照“红色党建引领绿色发展、振兴五色产业”的总体思路，深化农业供给侧结构性改革，推动一二三产融合发展，加速构建乡村振兴产业体系。一要加快调整优化农业产业结构。抓好“一减四增”，以确保粮食安全为前提，压减高耗低质低效农作物种植面积，扩大设施蔬菜、花卉、畜禽养殖等高附加值农产品规模，调整优化农业产业结构，发展高效农业、设施农业、节水农业、绿色农业、品牌农业，推动产业调特、品种调优。二要加快构建五色产业发展体系。全面对接京津、雄安市场，加快构建金、绿、白、红、紫“五色产业”，创建“五色定兴”公共区域品牌，促进农业产业高质量发展。打造冷库、电商平台、乡村振兴学院、大学成果转化试验基地、农产品深加工企业“五位一体”示范园区，放大龙华、北庄头等带动效应，推动乡村产业发展。三要加快完善多元参与保障机制。推动电子商务向农村延伸，带动农村商业线上线下融合发展。搭建信贷服务平台，构建强有力的资金保障体系。发展多种形式股份合作，壮大集体经济，实施农村合作社规范提升行动，推行“公司＋基地＋农户”模式，辐射带动农业发展、农民增收。

（五）扎实开展生态环境治理提升年。深入贯彻落实习近平生态文明思想，坚持绿水青山就是金山银山的理念，高质量推进大气、水、土壤、生态绿化“四个全域治理”，建设天蓝地绿水清气净的美丽定兴。一要开展全域大气污染治理攻坚提升行动。强化源头治理和动态清零机制，加大监管巡查，统筹抓好关键环节、关键领域，巩固“双代”、禁煤、控车、抑尘等综合治理效果；科学确定各阶段防治重点，有针对性地打好攻坚战，确保大气质量持续改善。二要开展全域水生态治理攻坚提升行动。围绕保障白洋淀“华北之肾”功能，按照不让一滴污水进淀的要求，严格落实河长制，统筹推进水资源保护、水岸线管理、水污染治理、水生态修复。巩固农村生活污水、纳污坑塘和黑臭水体治理成效，深化地下水超采治理，加快关闭自备井，强化断面监测，确保全域水质持续提升。三要开展全域土壤污染治理攻坚提升行动。实施农用地土壤环境治理类别划分和摸排，强化涉重金属重点行业排查整治，推动全域土壤污染综合治理。建立有机、绿色、无公害多层级立体式发展模式，推广生物农药等新技术应用，完善废旧地膜置换处理制度，严防新的污染源。四要开展全域绿化攻坚提升行动。大力弘扬塞罕坝精神，开展大规模国土绿化，坚持市场化运作，突出环雄安、高铁、高速、“三河两岸”等重要节点，打造集生态涵养、休闲观光于一体的亮丽风景线。

（六）扎实开展治理能力精准提高年。建立健全提高治理能力的制度和责任体系，推动形成一心一意谋发展、凝心聚力抓落实的工作格局。一要健全完善领导责任体系。加强党的全面领导，把党的领导贯穿各个领域。完善分管县级领导具体负责机制，建立领办制，各司其职抓好落实。完善属地责任机制，强化守土有责、守土负责、守土尽责。完善部门监管责任机制，建立首办制，牵头部门从谋划实施到指导验收，全程跟踪、全程负责。完善农村党支部书记提级管理制度，强化工作指导，做到“一村一策”，打通抓落实的最后一公里。二要健全完善工作推动体系。以提升各级干部执行力为目标，实施治理能力精准培训，增强整体工作效能。完善目标和任务管理机制，清单化推进，倒排工期、挂图作战，科学精准谋划实施。完善请示报告机制，一级帮助一级抓问题解决。完善效率提升机制，对各项工作讲标准、讲时效、讲质量，优质高效推动落实。三要健全完善考核评价体系。细化分类考核，明确考核重点，增强综合考核针对性。建立重点工作过程考核体系，用好日常考核、年度考核、专项考核、任期考核和群众评议，增强精准性、严肃性、权威性。完善考核结果运用机制，强化激励约束，发挥“指挥棒”作用。四要健全完善督导问责体系。强化督巡考联动机制，有效解决中梗阻问题，倒逼责任落实、任务落实。完善追责问责机制，提升问责的针对性和实效性，构建运转协调、执行有力、权责明晰的闭合链条。

四、加强党的领导，夯实基层基础，为高质量发展、跨越式前进提供坚强保障

发展是党执政兴国的第一要务，加强党对经济工作的领导是党的使命所在。全县各级党

组织要坚持以经济建设为中心，以高质量发展为第一要务，切实把党领导经济工作的制度优势转化为治理效能，为各项事业长足发展提供坚强的政治保证。

（一）突出政治引领，把牢方向导向。坚定不移把讲政治贯穿经济工作始终，增强“四个意识”、坚定“四个自信”、做到“两个维护”，强化抓落实的思想自觉和行动自觉。用党的创新理论武装头脑、统一思想，用好理论学习中心组、干部培训等平台，提升各级干部抓经济工作的政策理论水平。认真履行领导经济工作的政治责任，深化对做好新形势下经济工作的规律性认识，确保县域经济健康有序发展。

（二）强化舆论宣传，营造浓厚氛围。加强“三微一端”规范引导和管理，全面落实“三清单四办法”。各级干部要习惯在监督下工作，强化举旗帜、聚民心、育新人、兴文化、展形象的职责使命，弘扬社会主义核心价值观，传播定兴声音，凝聚定兴力量。

（三）加强组织建设，夯实支撑保障。全县各级党组织要强化自身建设，严格党内政治生活，提高把握方向、谋划全局、推进改革的能力。建立基层党建指导员结对帮扶制度，开展素质提升、集体经济“增量”、党员示范三大工程，让基层党组织成为促进经济社会发展的坚强堡垒。坚持好干部标准，放宽视野选人用人，在经济建设主战场锤炼干部、识别干部，用好激励机制和容错纠错机制，调动广大党员干部积极性和创造性。加强人才队伍建设，营造开放宽松的创业创新环境，引进高端人才，强化智库建设，为跨越式前进提供智力支撑。

（四）坚持从严治党，优化政治生态。始终严格落实全面从严治党各项要求，深化巩固主题教育成果，建立不忘初心、牢记使命制度。旗帜鲜明地为敢担当、善作为的干部撑腰鼓劲，为干事者搭好平台、建好舞台。

（五）提升团结意识，凝聚发展合力。县委要加强和改进领导经济工作的方式方法，创造风清气正的政治环境。县人大要强化监督和执法检查，建立公平正义的法治环境。县政府要健全职责体系，优化政务服务，提高执行力和政府公信力，打造务实高效的政务环境。县政协要找准切入点，集思广益、献计献策，营造团结和谐的社会环境。要加强与民主党派、工商联、无党派人士的团结合作，发挥好工会、共青团、妇联等人民团体的纽带作用，共同为发展想招、为改革出力。

政府工作报告

—— 2020年1月9日在定兴县第十五届人民代表大会第四次会议上

定兴县人民政府县长　吴　鹏

一、2019年工作回顾

2019年，是中华人民共和国成立70周年，是全面建成小康社会和“十三五”规划冲刺之年。一年来，在市委、市政府和县委的正确领导下，在县人大和县政协的监督支持下，我们深入贯彻习近平新时代中国特色社会主义思想和党的十九届二中、三中、四中全会精神，认真落实市委市政府和县委决策部署，抢抓京津冀协同发展和雄安新区建设重大历史机遇，坚持稳中求进总基调，践行新发展理念，把握高质量发展要求，统筹推进稳增长、促改革、调结构、惠民生、防风险、保稳定各项工作，较好的完成县十五届人大三次会议确定的目标任务。预计县域生产总值完成145.2亿元，增长5.7%；固定资产投资完成102.5亿元，增长8.5%；规上工业增加值完成25.6亿元，同比增长5%；全部财政收入完成14.8亿元，公共预算收入达到8.21亿元，增长11.1%；城镇居民人均可支配收入34372元，增长8%；农村居民人均可支配收入17372元，增长11%；社会消费品零售总额完成87亿元，增长9%。经济发展保持了稳中有进、稳中向好的良好势头。

过去的一年，我们全力以赴，服务保障雄安取得了新进展。聘请河北规划专家提供政策技术支持，完成《定兴县国土空间规划大纲》编制。积极开展秋冬季造林绿化工作，完成环雄安林带、高铁两侧和“三河两岸”绿化任务1.47万亩，生态环境更加靓丽。克服资金、土地等多重困难，南拒马河防洪工程6个标段顺利开工，工程进度不断加快。坚持顶层设计，聘请专业团队高标准规划回迁安置区建设。强化与雄安新区路网对接，加快荣乌高速、容易线建设，实现交通互联互通。张雄特高压工程稳步推进。严厉打击违法建设、河道内圈占地等行为，环雄安周边建设得到有效管控，服务保障雄安新区取得阶段性进展。

过去的一年，我们多措并举，“三大攻坚战”取得了新突破。脱贫攻坚稳步推进。聚焦“两不愁、三保障”，深入贯彻落实“1645”工作思路，实现1446户2414人稳定脱贫。广大贫困群众收入和生活水平明显提高，教育、医疗、住房、饮水得到充分保障，基础设施显著提升，顺利通过了省实地考核和第三方评估验收，群众满意度达到99.73%。狠抓教育扶贫，完成649名建档立卡贫困学生政策资助，不让一名学生因贫失学。稳步推进健康扶贫，慢病卡办达率22%，全面落实一站式结算，建档立卡人员累计报销2.19万人次，基本医保统筹支付800余万元，医疗救助140余万元。完成“四类重点人员”危房改造397户。产业扶贫持续发力，继续实施资产收益分红项目，贫困人口每人每年增收576元，人均收入明显提高。精准实施低保扩面，新增低保2776户4242人，农村低保覆盖面达2%，实现“应保尽保、应扶尽扶”。防返贫机制初见成效，为脱贫户购买商业保险、防贫保险，63人获得保险赔付资金8.1万元。加大对重点人群救助力度，累计救助916人次，发放救助资金67.5万元；拨付乡镇临时救助备用金236.9万元，切实保障困难群众基本生活。建立“1+8+N”档案规范体系，扶贫档案资料更规范更完善。聚焦中央脱贫攻坚专项巡视举一反三问题整改和省委巡视反馈问题整改，组织3轮全方位、全覆盖的扶贫督导，问题全部整改到位。污染防治成效明显。持续开展大气、水、土壤、生态绿化“四个全域”治理行动，坚持科学治理、精准施策。深入落实控车、抑尘、禁煤、治企等综合管控措施，生态环境持续改善，全年空气质量综合指数6.06，同比下降6.87%；$PM_{2.5}$年浓度为54微克/立方米，同比下降16.7%，优良天气201天，尤其3月份空气质量改善明显，获得省级奖励资金22万元。坚守“不让一滴污水流入白洋淀”政治底线，严格落实河长制，高质量完成白洋淀上游专项督察交办问题整改。积极开展入淀河流全面清理，清除垃圾3.02万立方米，封堵非法排污口32处，完成14个村庄生活污水管控治理任务。扎实开展土壤污染现状详查，推进工业用地和农业用地生态修复。风险防控扎实有力。制定《打好防范化解重大金融风险攻坚战工作方案》，深入开展政府债务、非法集资、房地产领域风险隐患排查，处置非法集资案件4起，抓获犯罪嫌疑人36人。规范政府举债融资行为，最大限度化解存量、严控增量，坚决守住不发生系统性区域性风险的底线。扎实开展房地产开发、建筑工程、道路交通等重点领域规范整治工作，未发生一起较大安全生产事故，保持了安全生产形势持续平稳。

过去的一年，我们提质增效，优化产业结构取得了新提升。坚持高质量发展理念，推动传统企业转型升级，加快特色产业发展，积极培育高新技术产业，实施科技创新计划。完成主导产业规划编制，构建“3553”产业发展体系。三次产业结构比由18.7∶37.7∶43.6调整为18.1∶33.1∶48.8。项目建设趁势奋进。14个项目纳入省市重点项目，开工率100%，完成投资18.1亿元，占年度计划的114%。52个“五大类项目”，25个项目竣工或部分竣工，在建项目18个，积极推进项目9个。嘉旭福美A座数据中心投入运营，通美晶体顺利投产，百度云计算综合数据中心完成主体施工，高新技术产业集群初具规模。培育纳税亿元以上企业2家。积极“走出去”，主动“请进来”，对接优质项目，增加项目储备，储备项目达80余个，发展后劲持续增强。民营经济量质齐升。全年新增规上工业企业5家、省高新技术企业4家，净增市场主体3422户，净增目标完成比例141%，居全市前列。河北智同生物制药有限公司被认定为国家地方联合工程研究中心，河北西麦食品有限公司被认定为河北省农业产业化重点龙头企业，并在深交所挂牌上市。现代农业加速发展。主要农作物总产量131万吨，蔬菜总产量72万吨，落实小麦节水及配套技术推广补贴面积5.2万亩，推广蔬菜绿色发展十大技术8万亩，5项蔬菜生产关键技术1.2万亩。建设生态花海2600亩，种植品种20余个。积极申报“定兴茄子”“太平萝卜”两个地标产品。代表保定市参加京津冀第四届蔬菜产销对接大会，“定兴蔬菜”参展作品荣获“优秀设计奖”。依托省级现代农业产业技术体系、太行山农业创新驿站，大力发展科技农业、绿色农业、品牌农业和质量农业，完成华农绿色产品认证，不断提升县域农业产业知名度。

过去的一年，我们双城联创，城市建设展现了新面貌。以打造宜居县城为目标，以提升县城质量为根本，扎实开展创建国家园林县城和创建省级文明县城活动。实施城区全路段分包责任机制，县级领导一线督导，县直单位全员上阵。整合执法力量，开展“多位一体”联合执法行动，发动群众和商户积极参与，打造交通秩序严管街和市容市貌示范街。高标准新建10座公厕，城区“如厕难”问题得到基本解决。全方位、高品位实施园林绿化项目，打造街头巷尾游园，实现“300米见绿，500米见园”的均衡布局。完成吉祥街、昌盛街等街道绿化景观工程，道路绿化普及率100%；建成区绿地率、绿化覆盖率和人均公园绿地面积分别提高到36%、40.4%和12.4平方米，成功入选国家园林县城公示名单。深度清理城区户外广告，亮出了城市天际线。完成通兴东路、昌盛大街等道路新建翻修工程，打通机场路、槐茂路2处搁置多年的“断头路”，华建路公路桥顺利通车，城区道路总里程达75公里。开展三大片区改造集中攻坚，完成拆迁247户，630套棚户区改造任务。连续三年获评县城建设示范标杆县。持续开展房地产开发项目清理规范整治，健全完善房地产开发领域违法建设防控治理长效机制。28个解遗项目全部销账，分户登记比例达到上级要求。

过去的一年，我们大胆创新，乡村振兴呈现了新亮点。积极发展农业经营主体，家庭农场达到168家，农业产业化龙头企业达到13家。大力实施农村人居环境整治三年行动计划，完成84个村通村道路硬化和10公里“四好”农村公路建设。大力推进厕所革命，完成农村厕所改造1.7万座。招标两家环卫企业，对全县农村垃圾统一管理，垃圾治理实现城乡一体化。依托北河新型社区示范区，以点带面，同步创建龙华、北庄头、东刘庄、彭各庄四个乡村振兴示范点。加快美丽庭院建设，建成美丽庭院4.7万个、精品庭院7220个。着眼长远，与中国城乡发展国际交流协会签订战略合作协议，科学规划农业产业体系，高标准推进固德引线蔬菜、畜禽养殖、产业加工乡村振兴绿色隆起带建设。

过去的一年，我们倾心倾力，社会事业取得了新成就。持续加大民生投入，累计支出27.2亿元，占公共预算支出的80%。30件惠民事项按期完成。强力推进县城学校建设三年攻坚行动，新建第七实验小学一期、四中教学楼等项目投入使用，18个农村中小学幼儿园项目完成主体施工。公开招聘中小学教师207名。中高考继续位居保定市第一平台。深化医药卫生体制改革，妇幼保健院医改工作正式启动，县医院新建病房楼建设有序推进，乡村一体化试点工作初见成效，顺利通过市政府考核验收，位于全市先进行列，筑牢了基层医疗服务网点。城乡居民参保率达98.04%，为14.58万人次居民报免费用2.29亿元，医保年度最高支付限额提高至20万元，医疗保障能力显著增强。成功举办全民健步走、黄金台武术节、广场舞大赛、首届职工冰雪运动会等活动，人民幸福感获得感不断增强。新增就业人员4578人，城镇登记失业人员再就业1325人，就业困难人员实现就业519人，就业率不断提升。完善退役军人服务保障体系，开展退役军人职业技能培训，实现部分退役士兵稳定就业。完成2名转业干部和部分退役士兵阳光安置，圆满完成部分退役士兵保险接续工作，排名位居全市前列。深化扫黑除恶专项斗争，打掉各类犯罪团伙5个，破获各类刑事案件509起，刑事拘留497人，社会治安不断好转，群众安全感不断提高。坚决拱卫首都政治“护城河”，开展食品药品安全治理、安全稳定百日攻坚等系列行动，圆满完成了国庆安保、稳定等任务，以实际行动践行初心使命。同时，统计、审计、社区、通信、保险、邮政、防灾减灾、人民武装、人民防空、妇女儿童、残疾人等各项工作都取得了新成绩。

过去的一年，我们矢志不渝，自身建设展现了新气象。以深化机构改革为契机，全面加强政府自身建设，提升治理能力现代化水平。深入开展“讲政治、转作风、强责任、抓落实”行动，不断提高政治站位和政治觉悟，持续增强“四个意识”、坚定“四个自信”、做到“两个维护”。扎实推进“不忘初心、牢记使命”主题教育和“十个专项整治”，全面落实从严治党要求，狠抓省委巡视反馈问题整改。坚持依法行政，努力提升政府效能。自觉接受县人大、县政协监督，办理人大代表议案、建议56件，政协委员提案52件，办复率100%。打造阳光政府，深入推进“互联网+政务服务”，充分发挥政府网站、微博微信等平台，发布公开政府信息6000余条，办理群众来电来信和网友留言600余件，办结率100%。严格落实“一岗双责”，从严监督管理干部，把党风廉政建设和反腐败斗争贯彻到各项工作中，干部作风建设得到新加强。

各位代表，过去的一年，是压力叠加、负重奋进的一年，也是付出很多、收获很多的一年。我们坚持新发展理念，坚持推进高质量发展，坚持供给侧结构性改革，围绕县委“16448”总体部署，脚踏实地、真抓实干，创新举措、奋发有为。这一年，我们坚定政治站位，京津冀协同发展深入融合，对接服务雄安高质量推进，项目建设全力提速。这一年，我们深化思想认识，在创建国家园林县城、棚户区改造、交通路网建设、基础设施强化的行动中昼夜奋战。这一年，我们强化责任担当，在脱贫攻坚、生态环境保护、防范化解重大风险、民生事业保障的战场上挥洒汗水，为定兴高质量发展、跨越式前进打下了坚实基础，为全面建成小康社会收官打下了决定性基础，为中华人民共和国成立70周年献上了优异成绩。上述成绩的取得，离不开习近平新时代中国特色社会主义思想的科学指引，离不开市委、市政府和县委的正确领导，离不开县人大、县政协的有效监督和鼎力支持，凝聚了全县广大干部群众的智慧和汗水。在此，我代表县人民政府，向全县人民，向人大代表、政协委员，向老领导、老同志和各界人士，向驻定兴武警官兵、政法干警和消防救援人员，向所有关心、支持和参与定兴发展的同志们、朋友们，致以崇高的敬意和诚挚的感谢！

各位代表！成绩令人鼓舞，问题不容忽视。我们要清醒地认识到，工作中还存在一些问题和不足：财政收支矛盾突出，保工资、保运转、保民生压力巨大；新旧动能转换步伐不快，大项目、好项目储备不足，传统优势产业增长后劲不足；人才推动作用还不够明显，人才引进机制需要进一步完善，高层次人才、高新技术产业人才和专家学者还十分缺少；营商环境还需要改善，放管服改革还不够彻底，中小企业、民营企业融资难融资贵问题依然存在；民生领域还存在许多短板，一些群众最关心最直接最现实的问题亟待解决；生态环境治理、脱贫攻坚、县城建设等方面还存在许多难题。面对这些问题，我们要坚持问题导向、目标导向、结果导向，发扬斗争精神，高质量解决各项问题，向人民群众交上满意的答卷。

二、2020年政府工作总体思路和目标任务

2020年是全面建成小康社会和“十三五”规划收官的关键一年，是我们应对各种复杂局面和困难挑战，攻坚克难、砥砺奋进的一年，是我们实现第一个百年奋斗目标、开启全面建

设社会主义现代化国家新征程的一年，是撤县建市三年行动的关键一年。随着京津冀协同发展战略深度广度不断加强，雄安新区大规模建设开工，定兴处在一个重大机遇的叠加期，交通条件、生态环境将进一步优化，区位优势、战略地位将进一步凸显，投资潜力将进一步加大、产业规模将进一步提升，必须把握时机、乘势而上，做到思想上紧跟、行动上同步。以扎实做好“六个年”为载体，聚焦高质量发展推动定兴跨越式前进。

今年政府工作的总体思路是：坚持以习近平新时代中国特色社会主义思想为指导，增强“四个意识”、坚定“四个自信”、做到“两个维护”，坚决贯彻党的基本理论、基本路线、基本方略，深入贯彻党的十九大、十九届二中、三中、四中全会精神和中央经济工作会议以及省、市委全会部署，紧扣全面建成小康社会目标任务，坚持稳中求进工作总基调，以新发展理念引领高质量发展，深入开展“三创四建”活动，统筹推进稳增长、促改革、调结构、惠民生、防风险、保稳定，以支持服务雄安、借势发展定兴为统揽，把发挥雄安新区生态保障、基础设施支撑、产业联动“三个作用”作为重大政治责任，把大气、水、土壤、生态绿化“四个全域治理”作为基础保障，以开展县域经济提质年、对接保障雄安重大项目建设提效年、城市建设提档年、乡村振兴产业体系构建提速年、生态环境治理提升年、治理能力精准提高年“六个年”为载体，以保民生、保生态、保稳定“三个守住”为底线，确保全面建成小康社会，确保“十三五”规划圆满收官，确保全县人民生活水平持续提升、社会大局安全稳定，奋力开创经济社会高质量发展、跨越式前进新局面。

经济社会发展的预期目标是：县域生产总值增长6%，一般公共财政预算收入增长8%。规模以上工业增加值增长5%，固定资产投资增长7%，社会消费品零售总额增长8.5%，城镇、农村居民人均可支配收入分别增长7.5%和9%，城镇登记失业率控制在4.5%以内。细颗粒物（$PM_{2.5}$）浓度下降完成上级下达任务。

今年，我们要紧紧围绕上述目标，重点抓好以下七方面工作：

（一）聚焦服务保障雄安，率先联动，开创协同发展新局面。抢抓千载难逢的历史机遇，以保障新区、对接京津为主线，以雄安质量为引领，以雄安样板为标杆，在协同发展、融合发展上做大文章。

健全长效管控机制。全面落实《关于加强雄安新区周边区域规划建设管控的暂行意见》，坚持上下衔接，加强环雄安5个乡镇规划编制管理，坚持管控和高质量发展并重。结合国土空间规划编制完成生态保护红线、永久基本农田和城镇开发边界三条控制线划定工作，形成科学规划、统筹布局、整体管控、适度有序的布局体系。

保障配套设施建设。大力推进南拒马河防洪工程、荣乌高速新线、容易路、张北至雄安特高压通道、殡葬设施提升改造等重大基础设施建设。高标准实施南拒马河防洪工程堤坡道路建设及两侧绿化，同步推进对接新区骨干路网两侧绿化带建设，全力打造雄安新区生态过渡带，全力推动定兴与雄安新区协同发展。

做好产业转移承接。夯实和谷国际智能港项目前期，搭建总部基地、科技研发、医养健康等产业承接平台。全力保障中科锂电产业园、百度云计算项目投产增效。引进社会资本，扎实推进北部园区“九通一平”基础设施建设。对接雄安新区新一代信息技术、生命科学、新材料等重大科研项目，吸引新区产业配套项目落户定兴，培育发展新“引擎”，打造雄安研发、定兴转化的产业承接平台。

（二）聚焦推动经济高质量发展，开拓创新，打造转型升级新样板。优化产业结构，做大做强县域特色产业，坚持在增投资、引项目上用真招，为高质量发展奠定坚实基础。

大力发展主导产业。做好“十三五”规划实施的总结评估，深入研究编制“十四五”规划，找准定位，明晰方向。依托百度云计算、嘉旭福美大数据、通美晶体壮大高新技术产业集群，打通上下游产业链条。持续做大做强汽车及零部件、生物医药、休闲食品等主导产业。积极对接休闲食品龙头企业，扩大全国休闲食品产业集群效应。加快推进正道爱家生态文旅康养项目，大力发展健康养老服务业。

全面加快项目建设。2020年谋划省、市重点项目不少于10个，计划总投资不少于150亿元，年度计划投资不少于9亿元。加快推进通美晶体固废库、嘉旭福美B座数据中心、中亦恒祥工业园等续建项目，全力保障百度云计算中心项目建设。重点抓好智同生物制药二期、赛德丽智能化设备、闽辉食品、茂华塑料等新建项目。落实“五包一”责任机制，实现项目建设提质增效。

持续推进精准招商。以引进高质量、高效益和高技术含量投资项目为方向，深入开展县域经济提质年活动。明确招商方向，梳理现有产业链条，围绕城市定位和产业规划开展精准招商。依托品牌招商、总部招商、以商招商，拓展招商领域，做大产业链“朋友圈”。着力培育新动能、发展新经济，力促航空小镇、非遗小镇、红星美凯龙高端商贸综合体等一批重点在谈项目签约落地。积极参加“5·18廊洽会”“9·8厦门投洽会”等各类经贸活动，主动走出去，着力破解“坐门等”难题。

打造良好营商环境。扎实开展“双创双服”活动，深化放管服改革，全面提升“两个平台”，增强县、乡、村三级服务效能，实现“一门办理、一网通办”。继续深化县级领导项目包联，主动靠前、精准服务，解决企业关心关注的问题。积极开展政银企对接会，搭建中小企业贷款平台，引导金融机构增加民营企业贷款投放，打通企业融资“最后一公里”。进一步完善人才引进制度，通过人才招聘、住房保障、双创政策扶持等多种途径，优化人才引进良好环境。

（三）聚焦补齐基础设施短板，突出重点，构建城乡一体化发展新格局。围绕畅通交通路网、推进棚改拆迁、深化专项整治、完善基础设施和加强城市综合管理，开展集中攻坚，补短板、抓管理、促融合，全面提升群众幸福指数。

畅通优化路网结构。实施国道大街、定易路翻修改造工程，加快高闫路拓宽工程建设。推进北塘路铁路桥及引道建设项目，完成南环路下穿高铁工程建设，缓解城乡出行压力。全力推进北河大桥新建项目，确保6月底顺利通车。优先安排土地指标，启动美亚斯路、东兴南街等道路建设，打通工业园区发展动脉。完成北环路非机动车道建设。启动同兴街建设。协调高碑店实施汇通路建设，打通与高碑店市协同联动发展的“最后一公里”。

加快推进拆迁改造。始终把棚户区改造作为提升群众幸福感和获得感的重要抓手，实施老城四街、繁兴街北延和南关片区拆迁扫尾，加快三大片区回迁楼建设。完成教委小区、长安小区、财政局家属院三个老旧小区改造任务。推动压缩机厂一期拆迁改造，完成嘉会庄村回迁安置区土地征迁工作，确保安置区全面开工建设。

全面提升承载水平。做好水源地保护区“划、立、治”工作，完成县城集中式饮用水备用水源供水工程。积极推进南关便民市场和迎宾街北延临时便民市场建设，从根源上解决占道经营、马路市场难题。加快垃圾转运中心建设，完成10座无害化公厕建设。完成巽阁公园等绿化续建工程，持续实施亮化工程和景观绿化，不断提升城市品位。落实城镇雨污分流三年改造计划，实施华建路、朝阳路和迎宾街雨污分流改造工程。完成高速污水泵站建设，同步实施14个路段、9.8公里供水管网建设。

精细县城综合管理。依托数字化城管平台，大力实施城市综合管理提升行动，持续抓好环境卫生、绿化养护、广告牌匾、违法建设等短板弱项，实现城区净化、美化、绿化。成立公园管理机构，定人、定岗、定责，做好三大公园和两大广场绿化养护、设施维护、秩序管理。持续开展交通秩序大整治大提升行动，规范农村客运车辆停靠运营，根治黑三轮顽疾。进一步完善城市功能，大力发展城市公交，高标准建设公交站牌，提倡市民绿色出行，优化公交路线和运营时间，提升城市交通文明形象。

持续推进专项整治。巩固“5+1”专项整治成果，深入实施违法违规圈占土地、违规违建项目、资源能源项目、房地产开发项目和地下水超采综合治理等重点领域清理规范。严格落实网格化监管工作机制，严控新增违法占地建设。严厉打击和有效遏制非法采砂行为，高标准完成非法采砂点生态修复工作。

（四）聚焦筑牢生态安全屏障，久久为功，扎实推进环境质量改善。坚持科学化、标准化、网格化，综合施策，高质量推进大气、水、土壤、生态绿化“四个全域治理”，全力打造京津和雄安新区生态“护城河”。

持续深化大气污染治理。依托大气污染防治专家组，科学分析污染源，精准落实应对重污染天气举措。加大扬尘源、移动源污染治理，规范建筑工地管理，严格落实“六个百分百”和“八条验收标准”。结合环保督察反馈问题整改，落实属地排查、部门监管责任。全面抓好“散乱污”企业持续动态清零，保持秸秆禁烧高压态势。严格管控工业源污染，科学调整应急减排措施。持续开展散煤清零专项行动，巩固“双代”、禁煤、控车、抑尘等综合治理效果。

持续加强水污染防治。巩固“河长制”成果，严惩非法排污，确保各断面监测点水质达标。全力抓好地下水超采、城镇雨污分流、黑臭水体、河道清洁、畜禽养殖、农村环境等重点整治。长效整治管控纳污坑塘，消除城市黑臭水体。加快涉水企业提标改造，促进县域水环境持续改善。实施雄安周边、集中式水源保护地和滨河村庄生活污水有效治理，坚决不让一滴污水流进白洋淀。

持续抓好土污染防治。扎实推进土壤污染状况详查，严格垃圾废物监管，开展工业用地和农业用地治理修复，强化涉重金属重点行业排查整治，推动全域土壤污染综合治理。推广生物农药等新技术应用，完善废旧地膜置换处理制度，实现农膜回收再利用，严防新的污染源。

持续推进生态环境绿化。开展大规模国土绿化，坚持市场化运作，高标准完成环雄安林带造林绿化工作。加快推进高速、高铁两侧绿化景观带提升工程。积极推进易马湿地、兰沟洼湿地建设，完成规划设计方案，实施湿地保护与修复、退耕还湿工程，打造集生态涵养、休闲观赏于一体的亮丽风景线。

（五）聚焦“三农”高质量发展，典型示范，全力推进乡村振兴战略。坚持农业农村优先发展，深化农业供给侧结构性改革，促进农业一二三产业融合，全面激发农业农村发展新动力。

优化产业结构。稳定粮食综合生产能力，做好粮食生产功能区划定工作。适度调减高能耗作物规模，调减玉米面积5万亩。实施耕地质量保护和提升行动，加快推进土地整理、高标准农田及新增千亿斤粮食田间工程建设。深入开展“科技兴粮”工程，加大绿色优质高产创建和节水品种推广，形成结构合理、保障有力的农产品供给。

改善人居环境。继续推进农村“厕所革命”，完成农村厕所改造2000户。梯次推进农村生活污水治理，累计实现253个村庄生活污水管控、21个村庄污水治理。实施村庄容貌提升行动，推动村街硬化，高标准实现10公里农村道路建设，促进乡村基础设施互联互通。提升农村电网服务保障能力，继续推进园区变电站和东落堡乡变电站建设，完成38个村电网改造。加快推进垃圾中转站项目建设，构建设施配套、机制完善、运行高效、城乡统筹的农村生活垃圾治理体系。

创建绿色有机示范县。坚持红色引领，打造绿色基地，突出紫色产业，大力发展功能食品，着力打造京津雄“中央厨房”，率先创建全域绿色有机示范县。以北京工业大学为依托，建设微生物菌肥厂，逐步降低化肥使用率。以打造现代农业示范区为目标，规划建设集电商中心、花青素研究院、花卉培育基地、综合检测为一体的综合示范区和以红高粱、谷类、鲜食玉米、药材、花卉为主的“万亩有机示范区”。积极推进2000亩桑叶产业园、1000亩高端花卉园建设，高标准打造集农村电商、共享农业、共建农业于一体的示范村，实现农业农村经济高质量发展。

（六）聚焦改善民生，共享发展，在增进民生福祉上有新成果。坚持以人民为中心的发展思想，持续加大民生投入，补齐民生短板，让人民群众得到更多看得见、摸得着的实惠。

完善防返贫机制。严格落实扶贫各项政策，巩固提升扶贫成果。强化脱贫攻坚与低保、社会救助政策相衔接，建立稳定可持续的托底帮扶机制。积极谋划慈善基金、工商总会建设，引导社会乡贤参与扶贫，营造扶贫工作大格局。继续实施商业保险、防贫保险等防贫机制，巩固脱贫成果，提高脱贫持续性。

推进教育均衡。以高标准通过省政府教育督导评估为抓手，加快实施定兴五中、县直幼儿园新建以及实验六小改扩建项目，积极推进13个农村中小学幼儿园项目建设，不断改善教育教学环境。积极扩大城区学位供给，化解“大班额”。加强与雄安及京津的对接，打造职业教育培养高端实用性人才新高地。做好教师招聘工作，优化师资结构。深化教学改革，精准预推高考升学总量和成绩提升水平，确保高考成绩稳中有升。

稳定扩大就业。积极落实就业创业扶持政策，多渠道拓展就业空间，完成新增就业4500人，登记失业率控制在4.5%以内。抓好以高校毕业生、就业困难人员、退役军人、“零就业家庭”人员等为重点的就业援助工作，积极组织各类人才招聘会，征集开发就业岗位不低于2000个，搭建人岗对接平台。落实和完善根治欠薪制度机制，加大对欠薪案件查处力度，确保欠薪案件发生率下降20%以上，实现欠薪案件动态清零。

完善社保体系。深化医药卫生体制改革，巩固医联医共体合作成果。积极对接京津优质医疗资源，引进医疗专家团队，实现中医院良好稳定运营。继续开展医技人才招聘，提升基层医疗服务水平。深入实施跨省异地就医直接结算，扩大结算覆盖范围。持续完善养老服务体系，开展居家养老为基础，社区为依托，机构为补充的养老服务体系，满足多样化、多层次的养老服务需求。实施贫困残疾人家庭无障碍改造工程，及时发放残疾人辅助用具。实施0～6岁残疾儿童康复救助工程，促进残疾人事业健康发展。

深入文体惠民。挖掘历史文化底蕴，打造定兴文化品牌，提升文旅产业产值。广泛开展戏曲下乡、书画摄影展、武林大会等各类特色文化活动，编制城市文化建设总体规划，提升城市文化品位。推广普及足球、冰雪运动，加快推进城乡体育设施增配全覆盖工程，确保城乡居民均等享受基本公共体育服务的权利。

（七）聚焦风险防控，创新机制，推进社会治理体系和治理能力现代化。牢固树立底线思维，强化法治思维，完善制度机制，着力提升社会治理能力。

完善风险防控机制。强化政府债务预算管理，规范政府举债融资行为，建立风险预警体系，有效防范和化解债务风险。严防金融风险，引导民间投资有序发展，规范农业合作社经营，严厉打击非法集资活动，坚决守住不发生系统性、区域性风险的底线。

维护社会安全稳定。严格落实安全生产责任制，紧盯燃气、交通、建筑工程等重点领域，持续开展安全生产大排查大整治行动，坚决遏制重特大事故发生。加大食品药品安全监管力度，建设食品检验检测中心，年度完成食品安全抽样检测1800批次以上，确保群众舌尖上的安全。加强应急保障工作，提高防灾减灾救灾水平。

深化平安定兴建设。深入开展扫黑除恶专项斗争，严厉打击各类违法犯罪行为，净化社会土壤，切实增强群众安全感。扎实推进“雪亮工程”建设，发挥现代科技优势，完成农村高清视频探头和重点村居视联网建设，实现现代科技与社会治理深度融合，不断提升社会治理能力。

与此同时，充分发挥共青团、工会、妇联等人民团体桥梁纽带作用。继续做好广播电视、统计监管、人民防空、县志等工作。加强国防教育和国防后备力量建设，深化双拥共建，推进深度发展。

三、全面加强政府自身建设

新形势、新目标、新任务对加强和改进政府工作提出了更高要求，我们将不断加强政府自身建设，切实提高政府治理能力和服务水平，更好履职尽责，不负人民重托。

（一）提高政治站位，守初心担使命。把推动高质量发展作为政府工作的第一要务，把政治建设贯穿政府工作全过程。坚持用习近平新时代中国特色社会主义思想武装头脑、指导实践、推动工作，深化巩固“不忘初心、牢记使命”主题教育成果，进一步增强“四个意识”，坚定“四个自信”，坚决做到“两个维护”。对中央大政方针、省委市委和县委决策部署，坚决贯彻落实，绝不走样，绝不变通，绝不打折扣。深刻认识我县在雄安发展大局中的定位，全面把握生态文化智慧城市内涵，提高发展站位，增强战略定力，更加自信自觉肩负起时代赋予定兴的重大使命。

（二）严格依法行政，讲规矩讲法治。严格遵守宪法法律，坚持权由法定、权依法使，自觉运用法治思维和法治方式推进工作。深化政务公开，完善政府法律顾问制度，扎实推进依法治县工作有序开展。严格执行人大及其常委会决议决定，依法接受人大法律监督和工作监督，自觉接受政协民主监督，高质量办理建议提案，主动接受社会和舆论监督。推进综合行政执法改革，严格规范公正文明执法，提高行政执法水平。强化审计监督全覆盖，让权力始终在阳光下公开运行。

（三）强化责任担当，马上干务实干。作为新时代干部，既要信念坚定、政治过硬，也要本领高强、敢于担当。用高效率的工作诠释务实担当，进一步细化、量化、实化政府工作，层层传导压力、层层压实责任。大力倡导“马上就办、真抓实干”，建立主要任务工作台账，实行清单化管理，做到一个专项、一套方案、一抓到底，全面提升行政效能。坚持激励和严管并举，鼓励干部迎着困难上、奔着问题去，营造干事创业浓厚氛围。深入推动学习型政府建设，坚持以学促政，打牢全面、系统、专业的知识根底，提高适应新时代、落实新要求的专业化能力。

（四）加强廉洁自律，筑防线守底线。坚定不移推进政府系统党风廉政建设，加大正风肃纪、反腐惩恶力度。强化作风建设，严格落实中央八项规定及其实施细则精神，深入开展纠正“四风”和作风纪律专项整治，旗帜鲜明反对形式主义、官僚主义。坚持新官理旧账，凡是群众反映强烈的问题都要严肃对待，凡是损害群众利益的行为都要坚决纠正。树立政府“过紧日子”的思想，把有限的资源和财力用在推动发展、改善民生上。严守廉洁从政各项规定，守住底线，不踩红线，永葆为民务实清廉的政治本色。

各位代表，大道至简、实干为要。让我们更加紧密团结在以习近平同志为核心的党中央周围，高举习近平新时代中国特色社会主义思想伟大旗帜，在市委、市政府和县委坚强领导下，攻坚克难，拼搏实干，为开创定兴高质量发展、跨越式前进新局面而努力奋斗！

大事记

1 月

3 日 代县长吴鹏到金台经济开发区调研并召开座谈会，金台经济开发区党工委副书记、管委会副主任丁磊陪同调研。

4 日 组织收听收看全市 2018—2019 年大气污染防治工作推进会暨中心城区 2018 年取暖劣质散煤清规专项行动动员会。县委书记韩朝红，县长吴鹏，县委常委、常务副县长高巍，副县长王承先在定兴分会场收听收看。

同日 收听收看全省环境保护督察“回头看”暨大气（水）污染防治专项督察保定市情况反馈会议。县委书记韩朝红，县长吴鹏和相关单位负责人在定兴县分会场收听收看。

6 日 代县长吴鹏就城建系统重点工作进行调研。实地察看华建路立交桥、污水处理厂、滨河公园、明湖公园、地表水厂、燕兴园和相关道路等市政设施以及三大片区拆迁改造情况。县委常委、副县长刘旭一同调研。

7 日 代县长吴鹏主持召开县政府第二十三次常务会议。会议研究县政府主要负责人在县委十四届三次全体会议上的讲话（讨论稿），听取市环保局定兴分局关于省委省政府第八环境保护督察组反馈意见整改方案的汇报，研究《定兴县撤县设市三年行动计划》《定兴县生态环境保护“十三五”规划》。集中学习中共中央办公厅印发《关于进一步激励广大干部新时代新担当新作为的意见》、保定市政府办公厅印发《关于保定市河（湖）长制工作督察督办制度（试行）等三项制度的通知》等文件。

14 日 县委书记韩朝红主持召开 2018 年度全县基层党建工作述职评议会议。市委组织部刘晓凯应邀到会指导。

18 日 县委常委、常务副县长高巍主持召开散煤治理暨烟花爆竹禁放管控工作会议。

21 日 代县长吴鹏到固城镇、杨村乡、北田乡、北南蔡乡等环雄安新区乡镇调研，副县长王承先陪同调研。

同日 代县长吴鹏主持召开县政府第二十四次常务会议。会议听取自然资源和规划局关于正道森林项目有关情况的汇报。研究县政府各项重点工作。

同日 省工信厅发布 2018 年第四批河北省工业企业研发机构公示名单，定兴县企业河北嘉旭福美科技股份有限公司技术研发中心入选。

22 日 《人民日报》联合新浪微博发布政务微博 2018 年度报告，“微博定兴”连续三年荣登“河北省十大党政新闻发布微博”榜单，是榜单中唯一县级单位。

同日 代县长吴鹏主持召开县政府第二十五次常务会议。会议研究百度云计算（定兴）中心项目协议、2016年美丽乡村建设遗留问题解决情况。

30日 定兴县第十五届人民代表大会第三次会议补选吴鹏为定兴县人民政府县长。

31日 开展节前对一线干部职工走访慰问活动。全体县领导参加活动。

2 月

1日 县长吴鹏先后到县汽车站、燕联液化气公司、县医院和惠友商场实地检查春节期间安全生产工作。

12日 县长吴鹏先后到保定天浩制药有限公司、河北嘉旭福美科技股份有限公司、保定通美晶体制造有限公司、河北喜之郎食品有限公司、长城汽车股份有限公司定兴分公司就企业发展和项目建设情况进行调研。

同日 县委常委、常务副县长高巍主持召开经济指标运行暨重点项目建设调度会，副县长张希鹏，金台经济开发区党工委副书记、管委会副主任丁磊出席会议。

23日 召开经济运行分析调度会议。听取统计局、财政局、发改局等部门关于全县一季度和2019年全年主要经济指标完成形势、全面建成小康社会进程监测、财政收入形势、固定资产投资及大项目推进机制建立等工作情况汇报。县委书记韩朝红，县长吴鹏，县委常委、常务副县长高巍，副县长王波、张希鹏，金台经济开发区党工委副书记、管委会副主任丁磊出席会议。

24日 县长吴鹏主持召开县政府第二十六次常务会议。会议听取有关单位关于中央环保督察“回头看”、大气污染防治专项督导和省委、省政府反馈意见整改落实、生态环境大排查大整治工作整改、国家园林县城创建、引入社会资本新建第六中学、自备井关停等情况汇报，会议研究《定兴县落实白洋淀生态环境治理和保护规划实施方案（2019—2035年）》《2019年脱贫攻坚工作方案》等文件。

27日 县长吴鹏先后到第七实验小学、第五中学项目施工现场，第二中学、南关小学、实验小学、三中实验学校、定兴中学等学校就教育工作进行调研。副县长李红娜陪同调研。

同日 百度公司到定兴县就云计算中心项目进行对接。副县长张希鹏，金台经济开发区党工委副书记、管委会副主任丁磊参加座谈会。

3 月

6日 举行2019年重点项目集中开工活动。县委书记韩朝红宣布中亦恒祥食品工业园项目正式开工，县长吴鹏致辞，县委常委、常务副县长高巍主持开工仪式，金台经济开发区党工委副书记、管委会副主任丁磊介绍项目情况，县政协主席傅勤、县人大副主任耿建明、副县长张希鹏、县政协副主席崔景刚参加活动。

7日 县委常委、常务副县长高巍到保定大钟寺商贸有限公司就安全生产工作进行调研。

11日 县长吴鹏先后到县疾控中心、妇幼保健院、中医院、中医院迁建规划选址、东落堡乡卫生院、县医院就卫生健康工作进行调研。副县长李红娜陪同调研。

13日 县长吴鹏主持召开县政府第二十七次常务会议。会议传达3月12日晚保定市侵占生态保护红线违法违规房地产项目排查整治工作视频调度会议精神，通报省环境保护督察工作领导小组办公室《第二批白洋淀生态环境治理和保护督查反馈意见》，研究2019年中小学教师招聘、解决御景嘉苑等房地产项目遗留问题、“大棚房”整治、高阎路建设等工作，原则通过《关于改革完善全科医生培养与使用激励机制的实施意见》《定兴县2019年国土绿化工作实施方案》等文件。集中学习河北省人民政府《关于推动创新创业高质量发展打造“双创”升级版若干政策措施》等文件。

同日 省政府新闻办召开河北省消费者权益保护工作新闻发布会，定兴县获批创建全国质量强市示范县。

20日 波司登控股集团有限公司常务副总裁刘卫一行到金台经济开发区参观考察，县委常委、常务副县长高巍出席考察座谈活动。

22日 副县长李红娜到高里中学、西高里小学就校园安全工作进行专题调研。

29日 县长吴鹏主持召开2019年第一季度防范安全生产事故工作会议，县委常委、副县长刘旭出席会议。

4 月

1日 县长吴鹏到县消防大队就消防安全工作进行调研。

2日 县长吴鹏主持召开教育医疗项目建设攻坚工作推进会，县委常委、副县长刘旭，副县长李红娜出席会议。

3日 县长吴鹏主持召开县政府第二十八次常务会议。会议研究城乡一体化垃圾运转和终端处理特许经营权招标方案、调整保障房配建比例、解决工业项目遗留问题、中医医院迁建规划意向等工作，原则通过《定兴县2019年安全生产工作要点》《关于农村危房改造工作实施方案》《关于定兴县农村房屋保暖修缮工作实施方案》《关于构建保障农民工工资支付工作长效机制的实施意见》《定兴县2019年农村卫生厕所改造工作实施方案》《2019—2022年县域特色产业振兴计划（食品产业和汽车及零部件产业）》等文件。

9日 县长吴鹏到中亦食品工业园、匠工新型建筑材料系列产品生产基地、久婵璜绿色环保节能建材系列产品生产基地等项目现场调研重点项目建设工作。

同日 省发改委副主任张少华到长城汽车股份有限公司定兴分公司、定兴县三禾农业有限公司、保定通美晶体制造有限公司等企业调研经济运行情况。县长吴鹏、副县长王波参加调研活动。

10日 县长吴鹏到商务局调研指导工作。

同日 河北省医改领导小组办公室印发《关于扩大省级现代医院管理制度试点范围的通知》，定兴县医院入选省级现代医院管理制度试点医院。

14日 新疆生产建设兵团第六师五家渠市党委副书记、师长、市长王胜平一行7人到定兴县开展交流考察。副县长王承先参加考察座谈活动。

15日 县委常委、常务副县长高巍主持召开政府系统承办工作会议，县人大常委会副主任秦振国、县政协副主席肖钧分别就做好人大代表议案、建议和政协提案办理工作发表意见。

16日 定兴县2019年中小学生运动会在河北定兴第三中学开幕。

17日 副县长李红娜到定兴县第四中学就教育系统重点工作进行调研。

23日 县长吴鹏主持召开县政府第二十九次常务会议。会议研究《白洋淀流域治理省第三专员办反馈问题整改方案》《全面推行行政执法公示制度执法全过程记录制度重大执法决定法制审核制度工作方案》，听取集中拆违工作汇报，学习《中华人民共和国水污染防治法》及全省贯彻《中华人民共和国水污染防治法》加强水环境治理保护工作视频会议精神等内容。

24日 副县长、食安委副主任王承先主持召开食品药品安全座谈会暨全县食品药品安全工作会议。

25日 副市长杨伟坤到定兴县就教育工作进行调研。县委书记韩朝红、县长吴鹏、副县长李红娜参加调研活动。

25—26日 第四届京津冀蔬菜食用菌产销对接大会暨河北省特色优势农产品推介活动在邯郸市举行，定兴县组织蔬菜企业及合作社参加活动，荣获优秀设计奖。

26日 省生态环境厅公布《关于2019年3月份全省环境空气质量考核排名情况的通报》，通过对8个大气污染传输通道城市所辖134个县（市、区）3月份空气质量考核排名，定兴县综合得分排名第8名，获奖励22万元。

29日 县长吴鹏到定兴镇就重点工作开展情况进行调研。

同日 定兴县收听收看保定市建筑施工和燃气领域安全工作电视电话会。县委常委、副县长刘旭参加会议，并就全县建筑施工和燃气领域及其他安全生产重点工作进行安排部署。

同日 市政府办公室印发《2018年度政务公开考核工作情况的通报》，定兴县综合考评96.96分，在各县（市、区）排名中位列第一。

5月

4日 市长郭建英到南拒马河定兴段巡河，并调研南拒马河防洪治理工程建设情况。副市长王月衡参加活动。

14日 县长吴鹏主持召开县政府第三十次常务会议。会议研究通过《定兴县关于落实白洋淀生态环境治理和保护规划实施方案》《定兴县河长制巡河员管理办法》《定兴县农村公路“路长制”实施方案》，听取县残联脱贫攻坚等工作的汇报。

15日 副县长张希鹏主持召开开展防范非法集资宣传月活动工作会议。

同日 副县长李红娜出席2019年职业教育活动周启动仪式。

16日 在定兴博物馆南广场举行首届“嘉旭福美”杯全民健步走活动。市体育局副局长孙学昌，县委常委、人武部部长安明福，副县长李红娜，人武部政委孟保民参加启动仪式。

17日 中国人民银行保定市中心支行行长郭玉增，副县长王波、张希鹏参加“诚信定兴”征信知识宣传启动仪式。

18日 组织参加中国·廊坊国际经济贸易洽谈会保定（廊坊）特色产业推介会暨项目签约仪式。县长吴鹏代表县政府与中科新世纪能源科技有限公司签约中科锂电新能源科技创新产业园项目。金台经济开发区党工委副书记、管委会副主任丁磊在特色产业推介会上就定兴县特色产业进行推介。

同日 省科技厅发布第四批河北省农业科技小巨人企业备案公示名单，定兴县企业河北玖兴农牧发展有限公司入选。

21日 县长吴鹏主持召开县政府第三十一次常务会议。会议听取有关单位关于城乡环卫一体化招标工作、关于雄安新区南拒马河防洪治理工程项目永久占地征地费用意见的汇报。研究通过关于2019年新增政府债券资金安排及其预算调整方案的汇报、《定兴县机关事业单位劳务派遣人员管理暂行办法（讨论稿）》。

26 日 市委决定，刘旭任定兴县委副书记；免去张永山定兴县委副书记、常委、委员职务。

28 日 县长吴鹏主持召开县政府第三十二次常务会议。听取县公安局、县市场监管局、县住建局等部门关于扫黑除恶工作情况的汇报，县扶贫办关于扶贫成效第三方评估存在问题及工作开展情况的汇报。研究南拒马河防洪治理工程拆迁补偿和工作推进方案等工作。

同日 副县长李红娜主持召开 2019 年普通高校招生考试工作联席会议。

30 日 省城镇化工作领导小组办公室印发《关于 2018 年度全省县城建设评价结果的通报》，定兴县位列全省第 27 名、保定市第 2 名，连续三年在此项考核中名列标杆县行列。

6 月

1 日 县长吴鹏到滨河路、滨河公园、兴盛大街、迎宾街北延等处就创建国家级园林县城工作进行调研，县委副书记刘旭参加调研活动。

4 日 县长吴鹏主持召开生态环境综合治理攻坚行动动员会议，县委常委、常务副县长高巍出席会议。

5 日 县长吴鹏到教体局视频监控中心、保密室和定兴中学、定兴三中两考点的考场、监控室、食堂等处检查指导高考备考工作，县人大常委会主任荆明志、副县长李红娜陪同检查。

14 日 县长吴鹏主持召开县政府第三十三次常务会议。会议传达省政府和市政府廉政工作会议精神，就召开县政府全会暨廉政工作会议进行研究部署；听取“双创双服”活动、白洋淀生态环境治理和保护专项督察反馈意见整改、成品油治理与打击黑加油站（点）、殡葬设施提升改造、防汛抗旱准备、新增政府债券资金安排及预算调整等工作情况的汇报；研究《定兴县净土保卫战三年行动实施方案》《定兴县碧水保卫战三年行动实施方案》《定兴县农村人居环境整治示范县项目建设实施方案》《定兴县 2019 年推进财政扶贫资金支持资产收益扶贫健康发展的实施方案》《定兴县扶贫小额信贷风险补偿基金管理办法》《定兴县市场监管领域全面推行部门联合“双随机一公开”监管的实施意见》《定兴县职业教育改革发展实施方案》等文件。

同日 县委副书记刘旭主持召开“三夏”、秸秆禁烧、防汛抗旱暨农村人居环境综合整治工作会议，副县长王承先出席会议。

18 日 保定槐茂食品科技有限公司 10 万吨甜面酱定兴生产基地项目首期投产。

19 日 县防汛抗旱指挥部召开 2019 年第一次全体会议。县委常委、常务副县长高巍，县委常委、人武部部长安明福出席会议。

同日 西麦食品成功在深圳证券交易所挂牌上市。证券名称“西麦食品”，代码“002956”，为 A 股“燕麦第一股”。

25 日 县长吴鹏先后到长城汽车股份有限公司定兴分公司、保定槐茂食品科技有限公司、河北紫光新锐消防设备有限公司等企业调研企业建设，金台经济开发区党工委副书记、管委会副主任丁磊参加调研活动。

27 日 定兴县企业河北玖兴农牧发展有限公司在河北省“千企帮千村”精准扶贫行动中获“产业扶贫奖”。

28—30 日 定兴县企业河北嘉旭福美科技股份有限公司参加第二十三届中国国际软件博览会。

7 月

2日　县长吴鹏就重点工作开展情况到县农业农村局调研。

同日　副县长李红娜到北河店中心小学就学校暑期学生安全等工作进行督导。

3日　市委书记聂瑞平到定兴县调研检查“讲政治、转作风、强责任、抓落实”行动推进情况以及防汛抗旱等工作。市委秘书长杨文堂参加活动。

4日　定兴县举行2019年抢险搜救和蓄滞洪区人员转移演习。县长吴鹏担任演习指挥长并讲话。

9日　河北蔬菜产业体系保定站发展研讨会在定兴县召开。

12日　县委常委、常务副县长高巍主持召开安全生产、消防安全“百日攻坚”行动动员暨第三季度防范安全事故工作会议，县委常委、政法委书记曹纯章出席会议。

16日　县长吴鹏到县市场监管局就重点工作开展情况进行调研。

17日　县长吴鹏主持召开县政府全体（扩大）暨廉政建设工作会议。县政府副县长高巍、李红娜、王承先、王波、张希鹏出席会议，县人大副主任秦振国，县政协副主席崔景刚，金台开发区党工委副书记、管委会副主任丁磊应邀参加会议。

同日　县长吴鹏到河北京格输送设备制造有限公司、河北微纳环保科技有限公司调研，金台经济开发区党工委副书记、管委会副主任丁磊陪同调研。

22日　县长吴鹏到县防指办、通兴路立交桥、北塘路立交桥等处就防汛工作进行调研。

同日　荣乌高速新线正式启动建设。

25日　定兴县省级非遗项目“贤寓调”参加2019年戏曲百戏（昆山）盛典。

27日　县长吴鹏主持召开县政府第三十四次常务会议。会议听取乡村振兴、农村小学生营养改善、散煤治理等工作情况的汇报，研究《定兴县“生态修复和城市修补”试点工作实施方案》《定兴县2019年秋冬季造林绿化实施意见》《定兴县加强农村道路交通安全综合治理工作实施方案》《定兴县2019年劣质散煤强化治理工作方案》等文件。

29日　县长吴鹏到北田乡就各项重点工作开展情况进行调研。

30日　开展“八一”建军节慰问活动。县四大班子领导分两组集中走访慰问。

同日　教育部网站公布全国青少年校园冰雪运动特色学校、北京2022年冬奥会和冬残奥会奥林匹克教育示范学校名单，定兴县第三实验小学、北河镇教育中心校入选北京2022年冬奥会和冬残奥会奥林匹克教育示范学校名单。

8 月

6日　县长吴鹏就“双创双服”、项目建设、对接雄安、气代煤、电代煤、价格监管、粮食储备监管等工作到县发展和改革局调研。

7日　县长吴鹏就各项重点工作到东落堡乡、固城镇调研。

8日　县长吴鹏主持召开散煤管控工作调度会，县委常委、常务副县长高巍，副县长王承先出席会议。

10日　市长郭建英到定兴督导项目建设。先后到中亦食品工业园项目和百度云计算中心（定兴）项目现场，听取项目建设以及全县经济发展情况汇报。

13日　召开“双城联创”工作推进会。县

委书记韩朝红主持会议并讲话，县长吴鹏，县委常委、常务副县长高巍，县委常委、宣传部长赵胜男分别就创建国家园林县城和省级文明城市发表意见。全体副县级以上领导干部出席会议。

16 日　县长吴鹏主持召开县政府第三十五次常务会议。会议学习省委书记王东峰在全省经济工作推进会暨新型城镇化建设工作会议上的讲话精神，听取管道天然气价格调整、招聘聘任制教师等工作的汇报，研究《定兴县南拒马河防洪治理工程(定兴段)拆迁补偿安置方案》《定兴县政府投资项目管理办法》《定兴县引进高端人才企业薪金收入个人所得税奖励暂行办法》《定兴县精准防贫保险救助工作实施方案（试行）》等文件。

20 日　县委书记韩朝红、县长吴鹏带队就“双城联创”工作开展情况进行现场督导调研，先后到县执法局、县污水处理厂、北控环卫、滨河公园、地表水厂、燕兴公园实地查看工作进度。

同日　县委书记韩朝红、县长吴鹏带队先后到贤寓镇龙华村示范点、固城镇北庄头村示范点、北河镇东刘家庄村示范点、李郁庄乡彭各庄村示范点调研指导乡村振兴示范区建设工作。

30 日　定兴县庆祝中华人民共和国成立 70 周年暨“双城联创惠民生”主题摄影展在定兴博物馆开幕。县委常委、宣传部长赵胜男，县人大副主任秦振国、副县长李红娜、县政协副主席崔景刚出席开幕式。

9　月

6 日　教育部发布《关于表彰全国优秀教师和全国优秀教育工作者的决定》，定兴县第二中学教师白海龙获得教育部授予的“全国优秀教师”称号。

9 日　保定市市场监管局下发《2019 年 8 月份全市市场主体培育情况通报》。1—8 月份，定兴县市场主体培育完成率 98.61%；全市排名第 3。

12 日　县长吴鹏主持召开县政府第三十六次常务会议。会议听取违法违规用地建设采矿采砂和破坏生态环境问题专项整治、脱贫攻坚“两不愁三保障”突出问题整改等工作的汇报。

同日　县长吴鹏到定兴中学开展教师节慰问活动。

18 日　县长吴鹏主持召开安全生产百日攻坚行动调度会议，县委常委、常务副县长高巍出席会议。

24 日　县委常委、常务副县长高巍先后到惠友超市、客运中心、久安庄天然气门站等处就安全生产工作进行检查。

同日　副县长李红娜到县医保局就重点工作开展情况进行调研。

25 日　县长吴鹏主持召开经济运行暨招商引资工作调度会议。

10　月

7 日　县长吴鹏主持召开散煤清零及农村垃圾治理工作专题调度会议。

12 日　县长吴鹏主持召开县政府第三十七次常务会议。会议听取县住建局关于城区雨污分流工程计划、县城集中式饮用水备用水源供水工程建设等情况的汇报，研究推进三大片区改造、压缩机厂家属院片区（一期）和嘉会庄片区拆迁改造项目相关事宜，研究《定兴县打击非法采砂网格化长效共同监管实施方案》《定兴县采砂管理目标责任考核办法》《定兴县农村饮水工程维修养护基金管理办法》《定兴县深化工程建设项目审批制度改革暨拿地即开工审批模式实施细则》等文件。

21日　定兴县与中国城乡发展国际交流协会签订战略合作协议。根据协议，双方将重点在发展规划、产业制定、制度设计、人员培训、对外交流、招商引资等方面进行深入合作。

23日　县长吴鹏到西麦食品有限公司进行走访调研。

24日　省绿化委员会办公室发布《关于拟认定全省502个候选村为省级森林乡村的公示》。经公示，定兴县定兴镇侯村营、郝家坊村2个村获河北省森林乡村称号。

29日　百度云计算（定兴）中心项目开工暨定兴县2019年第三批重点项目集中开工活动在金台经济开发区举行。市人大常委会副主任刘峰出席开工活动并讲话，县委书记韩朝红出席活动并讲话，县长吴鹏、百度副总裁崔珊珊分别致辞。市人大常委会副秘书长孙龙茂，市发改委调研员王志军，县人大主任荆明志、县委常委、常务副县长高巍，县委常委、县委办公室主任丁磊，县人大副主任耿建明，金台经济开发区党工委副书记、管委会副主任秦振国出席活动。

同日　省工信厅对拟列入2019年河北省千家领军企业（第一批）名单进行公示，定兴县3家企业入选。其中，河北喜之郎食品有限公司入选创新引领型领军企业名单；河北智同生物制药股份有限公司、保定跃飞新型吸音材料有限公司入选高成长型领军企业名单。

同日　按照《河北省企业上云三年行动计划（2018—2020年）》，省工信厅确定2019年补贴资金的上云企业名单，定兴县3家企业入选，分别为恒天大迪汽车有限公司、保定槐茂食品科技有限公司、保定五合窖商贸有限公司。

11　月

6日　县长吴鹏到柳卓乡、肖村乡就脱贫攻坚、农村人居环境整治、散煤治理等重点工作进行调研。

同日　县委常委、副县长常伟到城区管委会就脱贫攻坚、散煤治理和人居环境整治三项重点工作进行调研。

8日　副市长张志奎到定兴县就开展“不忘初心、牢记使命”主题教育推进大城建系统重点工作进行调研。县长吴鹏，县委常委、副县长常伟参加调研活动。

17日　县委书记韩朝红到河北喜之郎食品有限公司实地调研，并与企业负责人座谈交流。

22日　县委书记韩朝红在定兴西麦食品有限公司调研安全生产工作。

25日　副县长李红娜到县疾控中心就冬季传染病防控工作进行调研。

26日　县长吴鹏主持召开县政府第三十八次常务会议。会议听取关于进一步提升审批服务效能、安全生产、乡村振兴等工作情况的汇报，研究讨论《定兴县关于深化农业综合执法改革实施方案》《定兴县深化交通运输综合行政执法改革实施方案》《定兴县关于深化全县文化市场综合行政执法改革实施方案》《定兴县关于深化市场监管综合行政执法改革实施方案》等文件。

同日　县长吴鹏主持召开“5+1”专项整改和2018年度土地例行督察整改拆违攻坚行动调度会议。

27日　召开“五查双提升”活动动员部署会议。全体副县级以上领导干部出席会议。

同日　中国共产党定兴县第十四届委员会第四次全体会议召开。全会坚持以习近平新时代中国特色社会主义思想为指导，深入学习贯彻中共十九大和十九届四中全会精神，按照省委九届九次全会、市委十一届七次全会决策部署，紧紧围绕坚持和完善中国特色社会主义制度、推进治理体系和治理能力现代化，动员全县上下不忘初心、牢记使命，努力开创定兴全面小康跨越崛起新局面。

12　月

12 日　县委常委、常务副县长高巍主持召开根治拖欠农民工工资工作领导小组全体会议。

19 日　县委书记韩朝红、县长吴鹏就南拒马河防洪治理工程进行调研。

同日　县委常委、常务副县长高巍主持召开第四季度防范安全事故暨安全生产集中整治行动动员会议，县委常委、政法委书记张祝涛出席会议。

同日　县长吴鹏主持召开县政府第三十九次常务会议。会议听取关于2019年食品药品安全、法治建设、消防、扫黑除恶等工作情况的汇报，研究讨论《定兴县招商引资流程》《定兴县采砂地块综合整治专项行动实施方案》《定兴县南拒马河防洪工程拆迁安置区建设实施方案》《定兴县职业技能提升行动实施方案》等文件，学习省委办公厅、省政府办公厅《关于深化统计管理体制改革提高统计数据真实性的实施意见》等文件。

20 日　副省长张古江到定兴县调研指导社会福利和社区服务工作。先后深入到社区居委会、居家养老服务中心、民政事业服务中心实地察看社区服务、社区养老有关情况，详细了解光荣院、敬老院、福利院、军休干部服务中心、优抚医院“五院合一”型服务机构运行情况，并与基层工作人员、社区居民、优抚对象进行深入交流，回应群众关切，征求意见建议。

23 日　县长吴鹏主持召开县政府第四十次常务会议。会议研究讨论吴鹏在县委十四届五次全体会议上的讲话（讨论稿）和定兴县2020年拟实施的民生实事，听取关于统筹解决恒源御景和御景佳苑项目遗留问题及配套幼儿园问题等工作情况的汇报。

27 日　中国共产党定兴县第十四届委员会第五次全体会议召开。全会坚持以习近平新时代中国特色社会主义思想为指导，深入学习贯彻中共十九大和十九届二中、三中、四中全会以及中央经济工作会议精神，按照省委九届十次全会、市委十一届八次全会部署要求，总结2019年经济工作，安排2020年工作任务，动员全县上下凝心聚力、真抓实干，拼搏竞进、决战决胜，确保全面建成小康社会和“十三五”规划圆满收官，开创经济社会高质量发展、跨越式前进新局面。

同日　共青团定兴县第十六次代表大会召开。县委书记韩朝红、县委副书记刘旭、县人大主任荆明志、县政协主席傅勤，县委常委、宣传部长赵胜男出席会议，共青团保定市委副书记阮玉应邀出席大会。

29 日　定兴县“迎新春”职工冰雪运动会在燕兴植物园开幕。县委书记韩朝红、县长吴鹏、县委副书记刘旭，县委常委、宣传部长赵胜男，县委常委、县委办公室主任丁磊，县人大副主任蔡占全、副县长李红娜出席开幕式。

30 日　县长吴鹏主持召开县政府第四十一次常务会议。会议研究讨论《2020年政府工作报告（讨论稿）》《关于定兴县2019年国民经济和社会发展计划执行情况及2020年国民经济和社会发展计划安排意见（草案）的报告》《关于定兴县2019年预算执行情况和2020年预算（草案）的报告》等文件。

定兴概览

建置沿革

【历史沿革】 县境“唐冀州、虞幽州，夏仍属冀州，殷为幽州，周并州燕国地”（康熙《定兴县志》）。春秋战国时，燕国地。

秦王嬴政二十一年（前226年）置范阳县，治故城（今固城镇），属广阳郡。西汉范阳县，属幽州刺史部涿郡。新莽更名顺阴，属垣翰郡。东汉置范阳侯国，属涿郡。

三国魏黄初三年（222年）置范阳公国，黄初五年（224年）置范阳王国，治故城，属涿郡。黄初七年（226年）改涿郡为范阳郡，仍辖范阳王国。

西晋泰始元年（265年）复置范阳县，改范阳郡为范阳国，范阳县属幽州范阳国。东晋、南北朝时期历经9个朝代，范阳县均属幽州范阳郡。

东晋大兴二年（319年），石勒称赵王，定都襄国（今邢台市）辖15州，史称后赵。319—350年范阳县属后赵，历时32年。东晋永和六年（350年），冉闵杀石鉴自立为帝，改国号大魏，史称冉魏。350—352年，范阳县属冉魏，历时3年。东晋永和八年（352年），慕容儁攻取邺（今临漳西南三台村），灭冉魏，建前燕。352—370年范阳县属前燕，历时19年。东晋太和五年（370年），前秦王猛率军攻克邺城，又拔信都（今衡水市冀州区），河北地域归前秦。370—385年，范阳县属前秦，历时16年。东晋太元十年（385年），慕容垂招怀故旧，图复燕国，后燕燕元元年（384年）建后燕，后燕燕元二年（385年），定都中山，据有河北。385—398年范阳县属后燕，历时14年。

北魏天兴元年（398年），拓跋珪占据幽冀诸州。而后共置38州，今河北有8州。398—534年，范阳县属北魏，历时137年。

东魏天平元年（534年），高欢南下洛阳，北魏孝武帝惧奔关中，高欢在洛阳立元善见为孝静帝，改元天平，建立东魏，并迁都邺城。534—550年，范阳县属东魏、历时17年。

北齐天保元年（550年），高洋禅代东魏，建立北齐。550—577年，范阳县属北齐，历时28年。

北周建德七年（578年），北周攻陷邺城，天北齐占据河北。577—581年，范阳县属北周，历时5年。

隋开皇元年（581年）改范阳为遒县，属上谷郡。大业十年（614年）治所移至城子村（今容城县地）。大业十三年（617年）废遒县入易县。

唐、五代、辽、北宋县境西北属涞水县，西南属易县，东南属容城县。

金大定六年（1166 年），析易县、涞水、容城 3 县地置定兴县，治范阳黄村（今定兴镇），属中都路涿州。

元初定兴县改属易州，嘉定八年（1215 年）克燕，改中都路为燕京路，辖易州。嘉熙三年（1239 年）升保州为顺天路，定兴县属顺天路易州。至元十年（1273 年）改属大都路，至元二十三年（1286 年）回属保定路。（至元十二年改顺天路为保定路）。

明洪武元年（1368 年）改保定路为保定府。洪武二年（1369 年）始置北平行中书省。洪武九年（1376 年）改北平行中书省为北平承宣布政使司（简称北平布政司）。永乐元年（1403 年）升北平为北京，改北平布政司为北京行部。永乐十九年（1421 年）迁都北京，罢北京行部，京师之地直属中央，故称直隶。均隶保定府，定兴县属保定府。

清定兴县属直隶保定府。

民国初年，沿袭清制。1913 年改府为道定兴县属直隶省范阳道观察使署。1914 年改为保定道，1928 年废道，改直隶省为河北省，定兴县属河北省。1937 年 3 月，河北省正式推行省、区、县三级制，定兴县属第二行政督察区。同年 9 月 18 日，日本侵略军占领定兴县。建立日伪政权——定兴县公署。1945 年 8 月，日本投降，在定兴城恢复国民党定兴县政府，直至 1948 年 7 月 17 日，定兴城解放。

抗日战争和解放战争时期，中国共产党在境内以平汉铁路为界分路东、路西建立抗日民主政权和民主政权。

1949 年 3 月，撤销定新县，路东、路西合并，恢复定兴县原建制，改属察哈尔省易水专区。8 月改属河北省保定专区。

1958 年 10 月，撤销定兴县，其辖域分属易县、徐水县，仍属保定专区。1961 年 5 月，恢复定兴县建制，属河北省保定专区。1970 年，保定专区改称保定地区。1994 年 12 月 23 日，撤销保定地区、保定市，合并建立新的保定市。定兴县属之至今。

【行政区划】 2019 年末，定兴县辖 7 个镇：定兴镇、固城镇、贤寓镇、北河镇、天宫寺镇、小朱庄镇、姚村镇；9 个乡：高里乡、北田乡、东落堡乡、张家庄乡、杨村乡、李郁庄乡、肖村乡、柳卓乡、北南蔡乡；1 个管理委员会：定兴县城区管理委员会；264 个村，18 个社区居民委员会。

地理环境

【区域位置】 定兴县位于河北省中部，保定市北部，北京市西南，是京津冀协同发展前沿县市之一。地理坐标北纬 39° 5'39" ～ 39° 20'04"，东经 115° 30'37" ～ 115° 58'06" 之间。东与高碑店市交界，南与雄安新区、保定市区毗邻，西与易县相连，北与涞水相接。县人民政府驻定兴镇通兴东路 120 号，东北距北京 89 千米，东距天津 122 千米，西南距石家庄 176 千米。辖区东西最大距离 39.9 千米，南北最大距离 26.6 千米，总面积 713.97 平方千米。其中陆地 674.88 平方千米，占 94.5%，水域 39.01 平方千米，占 5.5%。京广铁路、京广高铁、107 国道、京港澳高速公路、京昆高速公路纵穿南北，京昆高速定易、固德引线横贯东西。

【河流水系】 定兴县境内河流属海河流域大清河水系，主要行洪河道有南拒马河、中易水、北易水，处于山前冲积扇上，这三条河在京广铁路西汇合后以下河道统称南拒马河，向东南经谭城后流入高碑店市境。其他排沥小河：周家庄小河是南拒马河的一小支流；斗门河及张吴庄小河是兰沟河的小支流；鸡爪河属萍河上游，1978 年后已由阎台洼新的骨干排水渠系所取代。

［南拒马河］拒马河源出涞源盆地，流经涞源、易县、北京市房山区、涞水 4 个县（区），到张坊西南铁锁崖出山后分南、北拒马河。北拒马河入涿州境内，南拒马河经涞水县城东向南到吴村村北入定兴县境内。南拒马河自铁锁崖以下至白沟河相汇处，全长 69 千米。拒马河流域面积在北京张坊以上为 4810 平方千米；南拒马河自铁锁崖至北河店的区间汇流面积 177 平方千米（不包括中易水及北易水的流域面积）。南拒马河在定兴县境内河长 41.9 千米，弯曲系数 1.35。其中，铁路以西河长 13.8 千米，属自然河道，两岸无堤防；在铁路以东河段，中华人民共和国成立前局部有小堤埝，作用甚微，河道安全泄量仅 500 立方米每秒。中华人民共和国成立后经多次治理，2019 年左堤长 24.8 千米，右堤长 15.1 千米，两堤间距 700 ～ 2000 米，堤防防洪能力 3500 立方米每秒，防洪标准达到二十年一遇。1982 年在杨村建成永久性漫水桥 1 座，2003 年对桥面进行更新。历史上可知南拒马河有 1801 年、1917 年、1939 年三次特大洪水，中华人民共和国成立后则以 1963 年为最大，达 4770 立方米每秒。南拒马河险工现有 8 处：铁路以西有北关及小店 2 处；铁路以东左岸有西晓村、南召、五马口、谭城 4 处，右岸有中连、杨村 2 处。

［中易水河］中易水在上游易县安格庄建有大型水库，往下游 12 千米在易县西水冶建有滚水坝，为易水灌区的渠首枢纽。中易水流域面积 965 平方千米（不包括北易水），在定兴境内河长 24 千米，上游安格庄水库系 1960 年建成，库容 3.08 亿立方米，以防洪为主结合灌溉发电，缓解下游洪水压力，并有灌溉之利，而中易水下游也因此长年无水。1977 年冬，定兴县对中易水进行分段裁弯取直并适当疏浚河槽，改善行洪条件，定兴段裁弯取直后河长 18.7 千米。采砂活动对疏浚河槽也起到一定作用。1978 年在百楼村北高闫路跨河建永久桥 1 座，即百楼大桥。全长 102 米；15 孔，每孔长 6.6 米；桥面净宽 6 米。2007 年拆除重建，全长 121.16 米；13 孔；每孔长 9 米；桥面全宽 8.28 米，净宽 7 米。1980 年在河内村南跨河建永久桥 1 座，即河内桥。全长 82 米；13 孔，每孔长 6 米；桥面全宽 5 米。2010 年拆除重建，全长 109.12 米；8 孔，每孔长 13 米；桥面全宽 6.64 米，桥面净宽 5.5 米。

［北易水河］北易水河源出易县西北部云蒙山孟津岭南麓，于长安城村西入定兴县境，后经石柱村东北又转入涞水县境，过永乐村西后再次流入定兴县境内。北易水在定兴县境内河长 17.2 千米，河道弯曲系数 1.27，全为自然河道，安全泄量在 200 立方米每秒。1977 年在大任村建起永久性桥 1 座，名团结桥，共 12 孔，桥长 80 米，净宽 6 米，1999 年在其南侧建新桥 1 座。2008 年定易公路改造升级称京昆高速引线，两座旧桥拆除，重建新桥全长 255 米；10 孔，每孔长 25 米；桥面净宽 11.4 米。

【排沥河道】 ［兰沟河］中华人民共和国成立后，为解决兰沟洼排涝，自 1950 年起开始多次规划开挖兰沟河，形成一条较大的排沥河道，受益面积包括涿州、高碑店、定兴 3 个市县各一部分，总汇水面积 697 平方千米，1979 年在下口建成了穿拒倒虹吸工程。兰沟河在定兴境内长14.3千米。在西沟河桥以下定兴县内左堤长6959米，右堤长8943米。2019年东沟河村、西沟河村、常家营村、刘兰沟村各有桥1座。

［斗门河］在定兴县境内河长13千米，汇水面积56平方千米，沿河2019年有桥10座。

［张吴庄小河］张吴庄小河位于定兴县兰沟洼北部，是一条东西向的排涝小河沟，长约10千米，汇水面积25平方千米。现有桥7座，河口处有排水闸1座。

［周家庄小河］河道总长约23千米，汇水面积158平方千米。在定兴县境内河长11.8千米，汇水面积87平方千米，沿河有桥11座、闸1座（穿南拒马河左堤）。

［鸡爪河］鸡爪河旧沟系均在阎台洼汇水面积范围内，属萍河上游。自东向西支汇流点以下至县界，河长4.3千米。1978年冬至1980年期间，治理了阎台洼，按方田建设规划，开挖了以“总排干”为骨干的新排水系统，旧鸡爪河多已平毁，只有东支仍保留，现称东排干。

【气候】 定兴县地势较为平坦开阔，自西北向东南略有倾斜，海拔43.2～13.4米，高差29.8米，坡比1/1339。属东部暖温带半干旱季风性气候地区，大陆性气候特点显著、四季分明。春季干燥多风，夏季炎热多雨，秋季晴朗干爽，冬季寒冷少雪。2019年夏至日受到太阳照射的时间为13小时27分、冬至日为7小时36分，相差近6个小时。2019年全年最高气温40.1℃（6月27日），最低气温-16.7℃（12月29日），年平均气温12.7℃，全年日照2303.4小时；无霜期182天，除霜期10月7日，年降水量464毫米，最大降水量90.4毫米（8月5日），年均风速1.6米/秒，风极端最大值20.3米/秒（6月13日）。

自然资源

【土地资源】 根据土地利用变更调查结果，定兴县2019年有耕地总面积47540.87公顷，园地1167.26公顷，林地3266.07公顷，其他农用地3027.59公顷，居民点及独立工矿用地12802.17公顷，交通运输用地480.93公顷，水利设施用地161.1公顷，其余为未利用地。

【植物资源】 由于开发历史悠久，天然植被已被人工植被所替代。境内植物资源比较丰富，主要乔灌木树种有杨树、柳树、杜梨、海棠、桑树、榆树、臭椿、枣树、香椿、国槐、枸杞、酸枣、黑枣、毛桃、银白杏、银杏、合欢等。人工栽培的乔木树种以杨树、柳树、刺槐为主，其次为臭椿、榆树、白蜡、国槐、木槿、香花槐、合欢等，还有少量多种杂木伴生。庭院绿化、公园景点，亦有油松、雪松、侧柏等。果树有苹果、桃、葡萄、梨、李、杏、樱桃等。灌木主要有紫穗槐、柽柳等。主要草本植物有马唐、茅草、猪毛菜、蔓草、蒺藜等。主要农作物有玉米、小麦、高粱、大豆、棉花、花生、薯类等。

【野生动物资源】 境内鸟类中候鸟主要有杜鹃、家燕、戴胜、伯劳等，偶尔也见大雁、丹顶鹤、火烈鸟等；留鸟主要有鸽子、喜鹊、猫头鹰、麻雀、啄木鸟、乌鸦等；主要兽类有野兔、黄鼬、刺猬等。

【水资源】 全县水资源总量8806万立方米，地下水资源总量8910万立方米。根据《保定市水资源二次评价》，地下水资源可利用量11506万立方米，多年平均水资源总量8424万立方米，多年平均地下水综合补给量13478万立方米，全县人均水占用量按户籍人口计144立方米/人，按常住人口计162立方米/人，亩均量117立方米/亩。地下水存在于第四纪沉积层中，其中浅层地下水主要存在于第四系全新统和更新统地层中，含水层岩性以沙、砾石为主。地下水的来源有降雨入渗补给、境外侧向补给、河渠入渗补给，其中以降雨入渗为主。水质适合灌溉，当前井深大部分在百米以内。在饮用水方面，东北局部地区浅层水含氟量偏高，斗门河、周家庄小河沿岸地下水污染严重。县域东部为地下水超采区，西部尚未超采，但地下水位下降明显。

人口　民族　宗教

【人口】　2019年定兴县总户数203834户，总人口610038人，其中城镇人口227776人，乡村人口382262人，男女分别是309411人、300627人，18岁以下127587人，18～35岁146454人，35～60岁219395人，60岁以上116605人，出生人口6143人，其中男3085人，女3058人，死亡人口2095人，其中男1363人，女732人。

【民族　宗教】　2019年定兴县有少数民族35个，少数民族人口21983人，占总人口3.62%。人口较多少数民族有满族18342人、回族1746人、蒙古族545人。全县有24个少数民族聚居村，其中满族聚居村21个，回族聚居村3个。民族产品定点企业1家：河北荣达畜禽有限责任公司。定兴县宗教主要有天主教、伊斯兰教、基督教、佛教、道教。登记宗教活动场所12个。

中国共产党定兴县委员会

综　述

【概况】　2019年在上级党委、政府的正确领导下，定兴县继续深入贯彻落实中共十九大精神，坚持以习近平新时代中国特色社会主义思想为指导，以全面建成小康社会、打造生态文化智慧城市为总目标，紧紧围绕“16448”工作思路，积极推进绿色发展、跨越发展，着力补齐发展短板，全力保障和改善民生，全面严肃党内政治生活，统筹推进经济、政治、文化、社会、生态文明和党的建设，确保了各项工作强势开局、强力推进，成功获批“全国质量强县示范县”创建（全省仅7家）。

【经济运行和项目建设】　以新发展理念引领高质量发展，扎实推进产业结构优化升级和经济平稳健康发展，通过抓产业调整、抓项目落地等一系列措施，保持经济稳中有进的良好态势。前三季度完成县域生产总值99.9亿元，同比增长6.7%，固定资产投资完成78.6亿元；截至10月底规模以上工业增加值完成20.1亿元，同比增长4.3%，增速在全市排第9位。1～10月定兴县全部财政收入完成12.5亿元，其中一般公共预算收入完成6.6亿元。大力推进项目建设工作，全面落实项目包保责任制，制定项目推进清单，2019年全县有省市重点项目30个、总投资168亿元。积极培植新材料、新能源项目，推进总投资50亿元的中科锂电新能源科技创新产业园项目成功签约，洽谈引进中福瑞达军民融合新材料产业园、清华大学紫荆研究院石墨烯产业化等项目。

【对接服务保障雄安】　坚持以支持服务雄安、借势发展定兴为统揽，全面强化与雄安新区衔接，确保有效融入、统筹推进。强化生态对接。围绕“攻坚治标、工程治本、规划管长远”的思路，制定“清、整、治、补、搬”及“堵、拆、改、绿、建”十字方针。大力开展白洋淀上游流域综合治理工作，对中易水、北易水、斗门河等入淀河流开展全面清理，清除垃圾3.02万立方米，封堵非法排污口32处；坚守“不让一滴污水入淀”的底线，加快推进南拒马河防洪工程建设，实施河道及两侧黑臭水体和“散乱污”企业整治攻坚行动；大力推进造林绿化工程，完成环雄安新区林带造林绿化4500亩、栽种苗木24.7万株，积极推进“两高花海”，高速高铁两侧绿化改造提升2600亩，打造了环雄安生态屏障。强化基础对接。支持荣乌高速新线、容易路、省道S227及定兴机场连接线等重大交通枢纽建设，大力度推进雄安新区军民合用机场等重大基础设施建设。强化产业对接。注重以对接京津、协同雄安为方向，瞄准世界500强、研发机构和京津、雄安新区外溢项目，推进总投资120亿元的正道爱家生态文旅、30亿元的红星美凯龙大型商贸综合体、隆基泰和国际智能港等项目建设，建立五大类项目库，涉及续建、新开工、新签约、新洽谈及谋划储备项目80个。

【三大产业协调发展】 农业产业稳步发展。通过落实关键技术，粮食生产克服低温干旱和病虫害影响，小麦总产达24.82万吨，蔬菜生产完成播种面积14万亩。积极组织“定兴茄子”“太平萝卜”等申报地标产品，持续提升县域农产品的知名度、影响力。抓好非洲猪瘟防控工作，通过设立检查站、加强排查、开展大清洗大消毒等行动，降低非洲猪瘟疫情传播风险。工业经济提质增效。大力支持工业企业做大做强，组织河北智同生物制药股份有限公司、河北西麦食品有限公司、河北马大姐食品有限公司等13家企业完成省重点技改项目入库工作。科技创新能力持续提升，加快培育发展科技型中小企业，新认定总数达到68家，河北智同生物制药股份有限公司被工信部认定为第一批“专精特新”小巨人、获全市科学技术进步一等奖，天浩制药有限公司荣获全市科学技术进步三等奖；支持企业加强与国内外顶尖高校、研究机构合作，智同生物制药股份有限公司的“生化制药国家地方联合工程研究中心”被认定为国家地方联合工程研究中心（工程实验室），县域科技创新能力持续迸发。第三产业更具活力。全面整合旅游资源，启动历史文化风貌保护工作，编制完成《定兴县全域历史文化风貌保护规划》，非遗小镇二期工程有序推进，旅游产业持续健康发展。依托河北省联疆农副产品销售基地、三禾农业有限公司冷链物流等项目，加快商贸服务业发展，区域产业结构日益优化；结合乡村振兴战略深入实施，支持广世通电子商务等企业发展电子商务产业，不断拓展农村市场，服务群众生活。

【改善生态环境】 牢固树立“绿水青山就是金山银山”的理念，深入推进生态文明建设，生态环境持续优化。不断深化大气污染防治。继续稳妥推进“气代煤”工作，农村“气代煤”基础施工已完成，灶具推广任务完成85%；全县6台35蒸吨以上锅炉已完成整改，35蒸吨及以下燃煤锅炉已全部拆除替代；完成“散乱污”企业整治工作，对发现问题立行立改、严防反弹；全面开展挥发性有机物治理，涉VOCs企业自动在线监控做到全覆盖，全县空气质量稳步提升，3月份空气质量考核在河北省134县中排第八名，省里奖励22万元。全面推进水土污染治理。认真开展生态环境大排查大整治行动，切实加强生态保护红线管控；严格遵照执行水源地保护区的相关规定，科学划定全县集中式饮用水水源保护区、城区应急备用水源地保护区，全面做好水源保护区划、立、治工作；开展土壤环境状况调查评估，抓好农业面源、企业建设用地污染风险管控，逐步改善土壤环境质量，有效夯实土壤环境保护基础。持续加强生态环境监管。持续增强工作力量，建成18个乡镇环保所，招聘300名专职网格员，深入到全县各村进行专职巡查。发挥污染源自动监控系统作用，加强远程监管和实时打击，提高执法的时效性和精准度。注重依法从严打击，对环境违法案件，坚持铁腕治污、重典治污，共打击违法行为100余起，罚没300余万元，始终保持了从重处罚环境违法行为的高压态势。

【统筹城乡发展】 持续加快城乡统筹步伐，城乡环境面貌、形象品位全面提升，打造独具魅力、宜居宜业的美丽定兴。推进“双城联创”，提升城市品位。以国家级园林县城和省级文明城市“双城联创”为抓手，9条新建、改造道路顺利推进，污水处理设施建设、供水管网建设、老旧供水管网和排水管网改造工程等一批基础设施建设项目加快实施，城区基础功能日益完善；大力推进金台广场、兴盛大街两侧游园等重点区域绿化提升工程和吉祥街、昌盛路等重要道路沿线绿化工程，城区绿化水平再上新台阶；稳步推进棚户区改造、老旧小区改造、农村危房改造，有效改善居民居住条件。推进乡村振兴，改善乡村风貌。加快推进通村道路、入户道路建设，村内主街道基本硬化，巷道硬化60%以上；着力整治公共空间和庭院环境，重点加强污水治理、厕所改造等工作，完善村庄公共照明设施，持续提升农村建筑风貌；召开全县三级干部大会，对农村人居环境综合整治等三项重点工作进行集中部署，通过明察暗访、定期通报，彰先策后、推进工作，农村垃圾存量大幅减少，群众幸福指数显著提升。重点打造环雄安乡村振兴示范区，整合当前多方优势资源，建设以固德引线高效蔬菜（北庄头、龙华）、畜禽养殖（玖兴）、产业加工（五合窖酒）为特色的乡村振兴绿色隆起带；以拒马河两侧拆迁改造为重点，建设以北河镇（东刘庄）为中心的现代新型乡村振兴社区；实施“筑巢、育雏、引凤”工程，建立定兴乡村振兴学院，搭建电商销售平台，突出抓好彭各庄、龙华、北庄头、东刘庄四个新型特色乡村振兴示范点建设。

【脱贫攻坚】 按照“1645”工作思路，即：把解决“两不愁、三保障”突出问题作为核心指标，抓住“六个关键”，突出“四个环节”，做到“五个着力”，强化动态监测、产业支撑、政策连续、保障兜底，全力巩固、提升脱贫成果。截至10月30日，全县建档立卡户全部实现稳定脱贫。精心组织推进。健全并严格落实三级书记遍访贫困对象机制，严格落实县级领导分包贫困户机制，每位县领导定点联系1户贫困户，及时解决好贫困对象遇到的困难和问题，确保扶贫实效和脱贫质量。探索推进帮扶工作“五维工作法”，聚焦提高收入、政策讲解、解决困难等方面，不断提升整体工作质效。注重典型引领。对标国检标准，打造乡级、村级、户级扶贫工作模板，规范乡、村、户三级4个重点模板，充分发挥典型、模板的示范带动作用，全面推进基层基础工作规范提升全面落实政策。扎实开展“两不愁三保障”突出问题集中攻坚行动，全面落实基本医疗救助政策，全县城乡居民累计参保总人数达到47.31万人，参保率突破98.7%，“先诊疗后付费”一户不落，全面落实；扎实做好教育帮扶工作，实现全县建档立卡户学生资助政策“全覆盖”和“零漏助”，无一名建档立卡户学生因贫困失学、辍学；开展危房评定5331处，将鉴定结果为C级、D级的397处进行改造；建成农村集中供水工程145处，覆盖全县193个村庄38.6万人。健全防贫机制。在实施资产收益分红项目基础上，依托华农蔬菜合作社育苗产业发展庭院经济，辐射带动有劳动能力的贫困户种植盆栽蔬菜，有效增加贫困户收入；建立“政策兜底+临时救助+防贫保险+扶贫基金”四重防贫机制，政策兜底主推低保扩面，将全县低保人群在0.87%的基础上扩面到2%左右；提升临时救助发放效率，发放救助金42.4万元；引进商业保险模式，县政府出资54万，为建档立卡贫困户投保人身保险，有效防范返贫现象；出资 190.6 万元为防贫对象购买防贫保险，有效防范贫困人口新增风险。

【社会治理】 持续加强和创新社会治理，狠抓惠民实事落实，全力保障全县大局和谐稳定。安全稳定形势持续向好。积极开展信访“百日攻坚”行动，严格落实分级分类分责管理制度，坚持在减少存量、遏制增量、解决问题上下功夫，进一步强化领导干部接访、约访、下访，化解信访案件 221 件，其中 10 年以上“骨头案”23 件。圆满完成了全国“两会”、第二届“一带一路”国际合作高峰论坛等时期的稳定工作任务。深入开展安全产生大排查大整治行动，强化重点行业领域专项整治，严厉打击非法生产经营行为，切实筑牢了安全生产防线。社会治理更加高效。积极学习借鉴好“枫桥经验”，集中各类资源，倾力打造了 15 个基层社会治理示范点，探索党建引领、自治有力、法治有序、德治有效的定兴善治模式，进而提升全县基层社会治理整体水平。深化扫黑除恶专项斗争，严格“一案三查”，深挖彻查“保护伞”，坚决铲除黑恶势力滋生的土壤，破获各类刑事案件 264 起，行政拘留各类违法犯罪人员 359 人，打掉各类犯罪团伙 13 个，群众安全感进一步提升。民生事业稳步发展。深入开展教育“质量提升年”活动，切实加强教育管理、提升教育水平，本一和本科上线人数均创历史“新双高”，高考成绩稳居全市第一平台。持续深化县级公立医院改革，提升医疗服务质量，巩固完善基本药物制度，大力开展基本公共卫生服务，群众看病难看病贵问题得到进一步缓解。持续开展精神文明创建活动，印发创城倡议书、文明手册、社会主义核心价值观海报约 43000 份，结合开展“双城联创”工作，重新设置地插广告约 600 块，进一步提升全民素质。

【全面从严治党】 坚持以开展党建规范提升年活动为载体，进一步强化责任、提升素养、补齐短板、创好品牌。狠抓意识形态工作。始终把加强意识形态工作作为重要政治责任，及时分析研判意识形态领域情况，辨析思想文化领域突出问题，对重大事件、重要情况、重要民意中的苗头倾向性的问题，有针对性地进行引导。扎实开展“不忘初心、牢记使命”主题教育，坚持“五学”标准，推进学习教育入脑入心，严格落实“三严”“三实”要求，全县各级干部开展调研 1200 余次，形成调研报告 326 篇，推动主题教育高质量发展。各级党员干部按照“六个结合”，深度检视问题，通过“七种途径”完善班子及个人问题清单。强化基层组织建设。坚持按照“三个示范”（硬件达到示范水平，党建制度达到示范水平，组织活动达到示范水平）要求，共完成 11 农村、10 个机关、3 个企业、2 个社区党建示范点创建工作。精心选择 27 个基层党组织作为培树对象，整合资源力量，大力开展创建，做到彰显工作特色，形成党建品牌，为全县党建立标杆、树典型。坚持“走出去、请进来”并重，持续加强党员教育培训，在县级领导带头讲党课的同时，积极邀请专家学者为党员干部解疑释惑，引导党员干部增强党性观念，坚定政治立场；组织党支部书记分赴濮阳、武汉、成都等地学习培训，提高其抓班子带队伍、带领群众致富、推动乡村治理、化解社会矛盾的能力水平。在全县基层党员中广泛开展“一句话承诺”和“1+10”党员联系户制度，充分发挥党员先锋模范作用。持而不息加大巡察力度，组织开展了第四轮巡察工作，推动巡视巡察工作不断向基层延伸。持之以恒落实中央八项规定精神，深入开展纠正“四风”、“讲转强抓”和作风纪律专项整治，特别是加强群众身边腐败、涉黑涉恶、扶贫领域、

“四风”隐形变异等重点领域整治工作，充分运用监督执纪“四种形态”，保持惩治腐败的高压态势。

【县委主要会议】 县委十四届四十七次常委会议1月8日召开，传达学习市委十一届六次全会精神，研究我县贯彻落实意见；研究讨论关于召开县委十四届三次全会有关事宜；研究讨论《县委书记韩朝红在县委十四届三次全会上的工作报告（讨论稿）》和《县委副书记、代县长吴鹏在县委十四届三次全会上的讲话（讨论稿）》；研究讨论《中共定兴县委定兴县人民政府关于全面深化改革扩大开放重要举措的行动计划（讨论稿）》；研究讨论《中国共产党定兴县委员会工作规则（试行）（讨论稿）》；研究讨论《定兴县撤县建市三年行动计划（讨论稿）》；审议深化机构改革动员部署方案；研究讨论《定兴县关于省委省政府第八环境保护督察组反馈意见整改方案（讨论稿）》；研究讨论《中共定兴县委办公室定兴县人民政府办公室关于认真学习贯彻落实冀发〔2018〕39号文件的通知（讨论稿）》；研究讨论《定兴县党务公开实施细则（试行）（讨论稿）》。

县委十四届四十九次常委会议1月18日召开，传达学习十九届中央纪委三次全会精神，研究我县贯彻落实意见；传达学习《中国共产党纪律检查机关监督执纪工作规则》，研究我县贯彻落实意见；研究讨论召开县十五届人大三次会议筹备情况有关事宜和《定兴县第十五届人民代表大会常务委员会工作报告（讨论稿）》；研究讨论组建定兴县十五届人大社会建设委员会事宜和成立定兴县第十五届人民代表大会第三次会议临时党委、各代表团临时党支部事宜；研究讨论召开县政协十三届三次会议筹备情况有关事宜和《定兴县政协第十三届委员会常务委员会工作报告（讨论稿）》；研究讨论《政府工作报告（讨论稿）》；研究讨论《关于定兴县2018年国民经济和社会发展计划执行情况及2019年国民经济和社会发展计划安排意见（草案）的报告》；研究讨论《关于定兴县2018年财政决算和2019年财政预算（草案）的报告》；研究讨论《定兴县人民法院工作报告（讨论稿）》；研究讨论《定兴县人民检察院工作报告（讨论稿）》；研究讨论《定兴县加强信访法治化建设实施细则》《定兴县信访工作责任制实施细则》；研究讨论县委常委工作分工。

县委十四届五十一次常委会议2月18日召开，传达学习省委、省政府有关会议、文件精神，研究我县贯彻落实意见；传达学习全省党政主要领导干部“坚持底线思维着力防范化解重大风险”专题研讨班主要精神，研究讨论我县《关于打好防范风险攻坚战切实当好首都政治“护城河”的实施方案（讨论稿）》；传达学习中央农村工作会议精神和《中共中央国务院关于坚持农业农村优先发展做好“三农”工作的若干意见》，研究讨论《定兴县关于推进乡村振兴战略的实施方案（讨论稿）》；听取关于落实全国全省教育大会精神加快我县教育发展工作情况的汇报；研究讨论《关于召开全县三级干部大会的安排方案（讨论稿）》及有关事宜；研究讨论《中共定兴县委定兴县人民政府关于进一步加强干部作风纪律建设的意见（讨论稿）》；研究讨论定兴县2019年重点工作台账及重点工作专项领导小组和指挥部名单；研究讨论《中共定兴县委定兴县人民政府关于建立督查巡察考核联动工作机制的实施方案（讨论稿）》及对全县重点工作一月一调度、一季一观摩的具体安排；研究讨论《定兴县人民政府办公室〈关于印发定兴县全面加强生态环境保护坚决打好污染防治攻坚战实施方案的通知〉（讨论稿）》《定兴县重点区域大气污染防治考核问责暂行办法（讨论稿）》；研究讨论《中共定兴县委关于开展“基层党建规范提升年”活动的实施方案（讨论稿）》；研究讨论《定兴县扶贫开发和脱贫攻坚领导小组2019年扶贫攻坚工作思路》；研究讨论全县开展“三深化三提升”活动具体方案；研究干部人事问题。

县委十四届五十二次常委（扩大）会议3月1日召开，传达学习上级有关会议、文件精神，研究我县贯彻落实意见；传达学习《中共中央关于加强党的政治建设的意见》，研究我县贯彻落实意见；传达学习《省委、省政府关于打好防范化解重大风险攻坚战切实当好首都政治“护城河”的意见》，研究我县贯彻落实意见；传达学习《市纪委关于不按规定如实报告个人有关事项典型案件的通报》，研究我县贯彻落实意见；传达学习《省委、省政府关于潮河上游违法建设破坏生态环境问题的通报》，研究我县贯彻落实意见；听取全县环保工作开展情况汇报，研究讨论《定兴县落实白洋淀生态环境治理和保护规划实施方案（2019—2035）（讨论稿）》；听取全县“大棚房”违法建设排查及整治情况汇报；听取全县非洲猪瘟防控情况汇报；听取全县安全生产工作开展情况汇报；传达省联席办文件及市联席办《关于做好重点问题整改工作的紧急通知》精神，听取全国“两会”安保和信访工作情况汇报；研究部署领导干部包联工作。

县委十四届五十三次常委会议3月15日召开，传达学习《中国共产党重大事项请示报告条例》，研究我县贯彻落实意见；传达学习《中国共产党政法工作条例》，研究我县贯彻落实意见；传达学习《中共河北省委关于进一步严格党内政治生活加强民主集中制建设的若干意见》，研究我县贯彻落实意见；听取我县全面从严治党“两个责任”工作汇报，研究讨论县委《2019年落实全面从严治党主体责任工作任务及安排（讨论稿）》《落实全面从严治党县委主体责任领导小组（讨论稿）》《关于2018年度落实全面从严治党主体责任和党风廉政建设责任制专项检查反馈意见的整改工作方案（讨论稿）》；听取第三专项督察组关于定兴县白洋淀生态环境治理和保护专项督察反馈意见的汇报，研究讨论《第二批白洋淀流域生态环境治理和保护专项督察涉及我县问题分解表（讨论稿）》；听取全县“两个自查”和“两个专项行动”开展情况汇报；研究讨论《中共定兴县委定兴县人民政府关于全县开展“三深化三提升”活动的通知》；听取县委、县政府关于深入学习贯彻《中共河北省委河北省人民政府关于深入学习贯彻习近平总书记重要批示精神进一步做好退役军人管理服务工作的通知》的实施意见的汇报；听取全县脱贫攻坚工作安排部署情况。

县委十四届五十五次常委（扩大）会议4月15日召开，传达学习《河北省委办公厅印发〈关于解决形式主义突出问题为基层减负的若干措施〉的通知》，研究我县贯彻落实意见；听取全面从严治党主体责任落实情况汇报；听取全面从严治党监督责任落实情况汇报；传达学习《河北省各级政府隐性债务问责实施办法》，研究讨论《定兴县防范化解全县政府隐性债务风险实施方案》；听取全县“三深化三提升”工作开展情况的汇报；听取对接雄安新区工作情况及贯彻落实省市雄安新区规划建设决策部署工作进展情况汇报；听取全县国土绿化工作进展情况汇报；听取全县基层党建工作开展情况汇报；传达学习中央和省、市统战工作、宗教工作相关会议文件精神，听取我县宗教工作开展情况汇报，研究我县统战工作2019年工作要点；听取全县扫黑除恶、社会综合治理工作开展情况汇报；传达学习省委办公厅、省政府办公厅《关于学习宣传贯彻〈地方领导干部食品安全责任制规定〉的通知》，研究我县贯彻落实意见；听取我县质量强县会议筹备情况汇报；听取白洋淀上游环境综合治理工作汇报；听取扶贫工作及存在问题专题汇报。

县委十四届五十六次常委（扩大）会议4月19日召开，传达学习王东峰在全省巡视巡察工作会议暨九届省委第六轮巡视动员会上的讲话精神，以及张福增、杨建文在省委第九巡视组巡视定兴县工作动员会上的讲话精神，研究我县贯彻落实意见；研究讨论《中共定兴县委办公室定兴县人民政府办公室关于认真做好2019年包联帮扶重点企业重点项目的通知（征求意见稿）》；传达学习省委、省政府《关于反馈白洋淀生态环境治理和保护专项督察有关情况的通报》，研究我县贯彻落实意见；听取全县治砂工作开展情况汇报。

县委十四届五十九次常委会议5月15日召开，听取全县上半年经济运行情况汇报；研究讨论定兴县白洋淀上游生态环境治理和保护专项督察整改落实方案；研究讨论我县《中央宗教工作督查反馈意见整改方案（讨论稿）》；研究讨论我县考核工作事宜；听取我县“千名好支书”推荐工作汇报；听取2019年产业扶贫计划的汇报；听取撤县设市学习考察情况汇报；学习传达省“两办”《关于加强雄安新区周边区域规划建设管控的暂行意见》，研究我县贯彻落实意见；传达学习聂瑞平听取我县工作汇报时的讲话主要精神，研究我县贯彻落实意见；书面传达了上级文件精神。

县委十四届六十次常委会议5月28日召开，听取中央扫黑除恶督导组“回头看”反馈意见整改情况汇报；听取李郁庄乡社会治理情况汇报；听取李郁庄乡基层党建试点工作开展情况汇报；听取全县扫黑除恶工作开展情况汇报；听取政法系统纪律作风整顿、加强政法队伍管理情况的汇报；听取全县融媒体中心工作开展情况汇报；听取创建国家园林县城、省级文明县城工作开展情况汇报；听取扶贫攻坚第三方咨询评估调研后存在问题及当前工作开展情况汇报。

县委十四届六十二次常委会议6月6日召开，书面传达上级文件精神；宣读市委干部人事任免文件（宣读中共保定市委《关于刘旭同志职务任免的通知》）；传达学习《中共保定市纪委、保定市监察委员会〈关于严格落实中央八项规定精神坚决遏制隐形变异“四风”问题的通知〉》《中共保定市纪委、保定市监察委员会〈关于违反中央八项规定精神和廉洁纪律问题典型案件的通报〉》；研究讨论《关于调整县委常委工作分工的方案》；传达学习中共中央《关于在全党开展“不忘初心、牢记使命”主题教育的意见》；传达学习中共河北省委办公厅印发《关于贯彻落实〈中国共产党党组工作条例〉的若干措施》的通知，听取我县贯彻落实情况汇报；传达学习保定市公务员工作会议精神；传达学习保定市宗教工作整改推进会议精神；传达学习全省推进高质量发展全面建成小康社会专题研讨班会议精神，研究讨论《关于成立国土空间规划领导小组的通知》；研究讨论《关于进一步严格党内政治生活加强民主集中制建设的意见》；研究讨论《关于认真贯彻落实冀发〔2019〕13号文件的通知》；听取我县“讲转强抓”活动开展情况的汇报；听取我县乡村振兴工作专题汇报；听取我县承担的省市有排名的重点工作排名情况的汇报。

县委十四届六十四次常委会议7月19日召开，传达学习赵乐际在市县巡察工作推进会上的讲话精神和省委、市委常委会及省市巡察工作领导小组会议主要精神，研究讨论我县贯彻落实意见。

县委十四届六十五次常委会议7月19日召开，研究讨论《贯彻落实省委〈关于进一步加强党的政治建设坚决当好首都政治“护城河”的实施意见〉重点任务分工方案》；研究讨论《定兴县公务员职务与职级并行制度实施方案》；听取关于落实2018年度精神文明奖政策的汇报；研究干部人事问题。

县委十四届六十六次常委（扩大）会议7月22日召开，传达学习《王东峰同志在河北省“不忘初心、牢记使命”主题教育动员会议上的讲话》《王东峰同志在省委理论学习中心组集中学习交流会议上的讲话》精神；传达学习中共保定市委办公室《关于进一步严格落实中央八项规定精神的通知》；听取全县信访工作情况汇报，研究部署下一步工作举措；传达省纪委《关于10起严重违反中央八项规定及其实施细则精神典型问题的通报》；传达学习《中国共产党党员教育管理工作条例》及省委办公厅印发《关于贯彻落实〈中国共产党党员教育管理工作条例〉的若干措施》精神，研究我县贯彻落实措施；传达学习省市扫黑除恶领导小组《关于中央扫黑除恶督导“回头看”反馈意见整改工作方案》精神，听取全县扫黑除恶工作开展情况的汇报，研究部署下一步工作举措；传达全市《坚决当好首都政治“护城河”奋力攻坚推进方案》文件精神，听取全县安全稳定“百日攻坚”行动开展情况的汇报，研究部署下一步工作举措；听取白洋淀生态环境治理和保护专项督察反馈问题整改落实情况的汇报，研究部署下一步工作举措；听取扶贫工作进展情况汇报，研究部署下一步工作举措；听取乡村振兴工作开展情况的汇报，研究部署下一步工作举措；听取全县重点项目建设存在问题及下一步工作举措的汇报；听取“创园”“创城”工作开展情况汇报，研究部署下一步举措；听取我县关于建立国土空间规划体系并监督实施工作开展情况汇报、关于违建别墅问题清查整治和违法违规用地建设采矿采砂破坏生态环境问题专项整治工作的汇报；通报县级领导下基层督导扶贫攻坚、安全稳定“百日攻坚”、防汛工作情况；通报我县省、市大督查组交办问题整改情况和重点工作省市排名情况；听取部分单位表态发言。

县委十四届六十八次常委会议8月8日召开，研究讨论中共定兴县委《关于省委第九巡视组巡视定兴县反馈意见的整改落实工作方案》和县“两办”《关于召开省委第九巡视组巡视定兴县反馈意见整改工作动员会议的方案》；研究讨论《关于定兴县道德模范评选表彰工作的通知》；听取赴任县、枣强县考察创园工作情况汇报；听取赴青岛西海岸新区考察高效农业及乡村振兴工作情况汇报；研究讨论《定兴县落实〈中共第九届河北省委专题会议纪要（〔2019〕第26号）〉任务分工方案》。

县委十四届六十九次常委（扩大）会议8月26日召开，传达学习中共中央、国务院、中央军委《关于加强新时代退役军人工作的意见》，研究我县贯彻落实意见；学习传达《王东峰同志在全省生态文明建设暨乡村治理工作会议上的讲话》精神，研究我县贯彻落实意见；学习传达《王东峰同志（7月12日）在省委理论学习中心组学习会议上的讲话》精神，研究我县贯彻落实意见；传达市委、市政府《印发〈关于扎实推进高质量发展加快全面建成小康社会的实施意见〉等3个文件的通知》精神，研究我县贯彻落实意见；传达市委办公室、市政府办公室《关于认真贯彻落实〈河北省党政机关办公用房管理实施办法〉和〈河北省党政机关公务用车管理实施办法〉的通知》精神，研究我县贯彻落实意见；研究讨论《定兴县2019年重大风险防控工作突出问题清单》；传达学习《赵一德同志在全省化解信访积案调处矛盾纠纷集中攻坚行动动员大会上的讲话》精神，听取今年以来全县信访工作情况、存在问题及下步工作汇报，研究讨论《关于化解信访积案调处矛盾纠纷集中攻坚行动实施方案》。

县委十四届七十一次常委会议9月10日召开，传达学习河北省纠正“四风”和作风纪律专项整治领导小组《关于印发王东峰同志批示和赵一德、高志立同志在省纠风专项整治领导小组第四次会议上讲话的通知》精神，研究我县贯彻落实意见；传达学习《王东峰同志在省委常委“不忘初心、牢记使命”主题教育专题民主生活会上的讲话》《王东峰同志在省委理论学习中心组“不忘初心、牢记使命”主题教育学习调研成果交流会、学习会上的讲话》《王东峰同志在全省“不忘初心、牢记使命”主题教育第一批总结暨第二批部署会议上的讲话》精神，研究我县贯彻落实意见；传达学习市委、市政府《关于印发〈保定市主导产业发展行动方案（2019—2025年）〉的通知》精神，研究我县贯彻落实意见；传达学习中央有关文件精神；传达学习《全省新时代党的督查工作专题培训班主要精神》，研究我县贯彻落实意见；研究讨论我县贯彻落实《王东峰同志在全省经济工作推进会暨新型城镇化建设工作会议上的讲话》精神的具体举措；传达学习省委“不忘初心、牢记使命”主题教育领导小组办公室《印发〈关于在“不忘初心、牢记使命”主题教育中开展专项整治的实施意见〉的通知》精神，研究我县《关于在“不忘初心、牢记使命”主题教育中开展专项整治的实施意见》，研究讨论《中共定兴县委〈关于在全县开展“不忘初心、牢记使命”主题教育的实施意见〉》《县委常委会〈关于组织开展“不忘初心、牢记使命”主题教育的实施方案〉》《县委“不忘初心、牢记使命”主题教育领导小组组成人员名单》；传达学习省委办公厅印发《关于贯彻落实〈干部选拔任用工作监督检查和责任追究办法〉的若干措施》的通知精神，研究我县贯彻落实意见；研究讨论中共定兴县委《关于开展党建引领社会治理创新工作的实施方案（讨论稿）》；研究讨论中共定兴县委《关于进一步深入学习宣传贯彻习近平新时代中国特色社会主义思想和党的十九大精神的实施方案（讨论稿）》。

县委十四届七十二次常委（扩大）会议9月19日召开，传达学习王东峰到保定市廊坊市调研检查讲话精神和全市扫黑除恶专题会精神，研究我县贯彻落实意见；听取关于落实全面从严治党主体责任、乡村振兴、白洋淀上游生态综合治理、非法采砂、扫黑除恶、脱贫攻坚、意识形态、基层党建、违反“中央八项规定精神”和“四风”问题等各项巡视整改工作的进展情况汇报。

县委十四届七十五次常委会议10月1日召开，学习习近平总书记在庆祝中华人民共和国成立70周年大会上的讲话精神，研究我县贯彻落实意见。

县委十四届七十六次常委会议10月17日召开，传达学习上级有关文件精神，研究我县贯彻落实意见；传达市纪委相关通知精神；研究讨论《中共定兴县委关于严格落实全面从严治党主体责任和监督责任的意见》《中共定兴县委常委会完善学习制度的规定》《中共定兴县委理论学习宣讲团理论宣讲实施方案》《中共定兴县委关于贯彻落实〈中国共产党宣传工作条例〉责任分工方案》；研究讨论《关于建立警示教育制度化常态化的实施办法》《中共定兴县委关于切实改进作风健全联系群众制度的意见》、中共定兴县委巡察工作领导小组《关于巡察组干部考评工作的实施办法（试行）》《关于县委加强对巡察工作研究指导的工作制度》《关于加强县委巡察整改情况督查督办工作的实施办法》《关于与九届省委第七轮巡视上下联动开展巡察的工作方案》；研究讨论《中共定兴县委关于落实省委巡视整改反馈意见坚决整治形式主义官僚主义的实施方案》《定兴县在改革发展稳定中激励广大干部新时代新担当新作为的实施意见》《定兴县党政联席会议制度》《中共定兴县委关于进一步加强新时代全县机关党的建设的意见》《关于推进政法系统全面从严治党的20条措施》；研究确定软弱涣散党组织整顿对象；听取解决村级集体经济空壳村工作情况的汇报。

县委十四届七十八次常委（扩大）会议10月24日召开，传达学习省委书记王东峰在保定市调研指导第二批“不忘初心、牢记使命”主题教育时讲话主要精神，研究我县贯彻落实意见；研究讨论全县三级干部大会相关事宜；听取定兴县第三届道德模范评选工作情况的汇报；听取全县重点工作情况汇报，研究部署下步工作。

县委十四届八十次常委会议11月20日召开，传达学习中共中央办公厅有关文件、党的十九届四中全会、省委九届九次全会、市委十一届七次全会精神，研究我县贯彻落实意见；传达学习王东峰在塞罕坝机械林场先进事迹报告会上的讲话精神，研究我县贯彻落实意见；传达学习王东峰在保定市调研检查座谈会上的讲话精神，研究我县贯彻落实意见；研究讨论《“不忘初心、牢记使命”主题教育县委领导班子问题整改清单》；传达学习省委巡视工作领导小组《关于印发〈九届省委第七轮巡视工作方案〉的通知》精神，研究我县贯彻落实意见；研究讨论《中共定兴县委定兴县人民政府〈关于进一步健全完善信访工作机制的实施意见〉》；听取矛盾纠纷排查化解和社会稳定风险隐患防控工作汇报；听取南拒马河防洪工程进展情况的汇报；听取产业类、社会民生类、农林水类、环保类、城建类等重点项目推进情况的汇报；听取白洋淀上游流域水质达标保障行动安排部署及工作推进情况汇报；听取城区冬季取暖准备、天然气保供情况和天然气安全隐患排查情况汇报；听取脱贫攻坚、散煤治理、人居环境整治三项重点工作进展情况及下一步工作安排汇报；研究讨论《关于召开中国共产党定兴县第十四届委员会四次全体会议的安排方案》；听取关于制定《定兴县科级领导班子和领导干部年度综合考核评价办法》的汇报。

县委十四届八十一次常委会议11月26日召开，观看警示教育片；研究讨论《定兴县纪委监委派驻机构改革方案》《定兴县纪委监委机关内设机构调整方案》《关于深化县纪委监委派驻机构改革的实施意见》；听取全县“不忘初心、牢记使命”主题教育活动开展情况及下一步安排部署情况汇报；听取乡村振兴工作汇报；研究讨论《在县委十四届四次全体会议上关于县委常委会工作的报告（讨论稿）》《县委书记韩朝红在县委十四届四次全体会议上的讲话（讨论稿）》《中共定兴县委关于推进落实〈中共中央关于坚持和完善中国特色社会主义制度、推进国家治理体系和治理能力现代化若干重大问题的决定〉的实施意见（讨论稿）》；研究干部人事问题。

县委十四届八十二次常委会议12月5日召开，传达王东峰在保定市委常委主题教育民主生活会上的讲话精神和全市领导干部会议精神，研究我县贯彻落实意见；听取全县“五查双提升”活动开展情况及《定兴县“五查双提升”活动重点工作分解方案》中牵头事项的汇报；听取全县“不忘初心、牢记使命”主题教育活动开展情况及专项整治工作的汇报；安排部署“两会”相关事宜。

县委十四届八十三次常委会议 12 月 19 日召开，传达学习《王东峰、许勤同志在省委九届十次全会第一次、第二次全体会议上的讲话》精神，研究我县贯彻落实意见；听取县人大常委会党组 2019 年工作开展情况及 2020 年工作谋划情况汇报；听取县人大常委会党组 2019 年工作开展情况及 2020 年工作谋划情况汇报；听取县政协党组 2019 年工作开展情况及 2020 年工作谋划情况汇报；听取县政协党组 2019 年工作开展情况及 2020 年工作谋划情况汇报；听取县法院党组 2019 年工作开展情况及 2020 年工作谋划情况汇报。

县委十四届八十四次常委会议 12 月 25 日召开，传达学习中国共产党保定市第十一届委员会第八次全体会议主要精神，研究我县贯彻落实意见；听取定兴县乡村振兴战略规划汇报；听取我县安全生产工作开展情况汇报；听取定兴县妇联第十一次代表大会筹备情况的汇报；听取共青团定兴县第十六次代表大会筹备情况的汇报；听取关于共青团定兴县第十六届委员会书记、副书记和县妇联第十一届执行委员会主席、副主席建议人选的汇报；研究讨论《关于召开中国共产党定兴县第十四届委员会第五次全体会议》的相关事宜。

县委十四届八十五次常委会议 12 月 31 日召开，研究讨论《关于政协定兴县第十三届委员会补充委员、常委的人选名单》；研究讨论召开县十五届人大四次会议筹备情况有关事宜和《定兴县第十五届人民代表大会常务委员会工作报告》；研究讨论召开县政协十三届四次会议筹备情况有关事宜和《政协定兴县第十三届委员会常务委员会工作报告》；研究讨论《政府工作报告（讨论稿）》；研究讨论《关于定兴县 2019 年国民经济和社会发展计划执行情况及 2020 年国民经济和社会发展计划（草案）的报告》；研究讨论《关于定兴县 2019 年财政预算执行情况与 2020 年财政预算（草案）的报告》；研究讨论《关于定兴县 2019 年财政预算执行情况与 2020 年财政预算（草案）的报告》；研究讨论《定兴县人民法院工作报告》；研究讨论《定兴县人民检察院工作报告》。

【县委工作部门】 县委设置直属工作部门12个：县纪律检查委员会(县监察委员会与其合署)、县委办公室、县委组织部、县委宣传部、县委政法委员会、县委机构编制委员会办公室、县委统一战线工作部、县直机关工作委员会、县委老干部局、县委信访局、县委网络安全和信息化委员会办公室、县委巡察工作领导小组办公室。县委设置直属事业单位2个：县委党校、档案馆。

县委办公室工作

【概况】 2019 年，中共定兴县委办公室以习近平新时代中国特色社会主义思想为指导，以深入贯彻中共十九大精神为统揽，认真落实习近平总书记系列重要讲话精神，紧紧围绕“严、细、深、实、快”工作要求，坚持“高水平谋事、高效率办事、高质量服务”，标定一流、创先争优，狠抓各项工作任务落实，使办公室与县委在决策上合谋、节奏上合拍、工作上合心。

大力推进精准化管理，力争文稿精细化、会务精致化、督导精准化、后勤精心化，全力服务于全面建成小康社会、全面建成生态文化智慧城市总目标，不断提升“三服务”水平，圆满完成全年各项工作任务。县委办公室内设综合股（档案股）、信息股、秘书股、行政股、督查室、改革办、政研股、法规股、保密机要局(股)、财务股。

【工作职能】 中共定兴县委办公室是县委的工作机关。主要职责：负责推动党中央和省委、市委、县委决策部署的落实，按照县委要求协调有关方面开展工作，承担县委运行保障具体事务。负责县委领导讲话稿的起草、修改工作。负责党中央及省委、市委和县委决策部署的督促检查，领导批示和交办事项的催办反馈，县委统一部署的重大专项活动的推进落实。围绕党中央及省委、市委和县委总体工作部署开展综合调研，收集和处理信息，反映动态；负责社情民意的搜集、整理和编报工作。负责县委全委会、县委常委会和县委其他重要会议的会务工作；负责县委领导参加重大活动和日常工作活动的组织安排。负责县委日常文书处理；负责县委文件和县委办公室代县委行文的核审工作；承担为县委制定党内法规和领导政府立法的服务工作；负责统筹协调和督促指导全县党务公开工作等。

10月1日，定兴县党政机关工作人员举行升旗仪式

【协调服务】 积极主动参与综合协调和参谋服务工作，在县委制定出台重大决策或召开重要会议之前，广泛征求各乡镇、各部门的意见和建议，努力为县委科学决策提供第一手资料。进一步提高综合协调的效率和水平，不断加强县四套班子办公室之间的衔接与联系，互通情况，交换意见，有力促进县四套班子团结协作、和谐共事。

【以文辅政】 紧紧围绕县委、县政府的重大决策和工作部署，紧贴领导思路、注重一线调研，起草领导讲话、文件、汇报及调研材料等文稿，完成各类会议领导讲话及工作汇报150余篇，调研文稿5篇，较好地发挥以文辅政作用。加强文件规范化管理，成立专门机构，全年共制发县委文件76件，县委字头文件41件，编发《办公室通报》44期、《常委会议纪要》40期。领导满意率95%以上，文字差错率万分之一以下，政策把握率100%，确保县委各项工作及时、准确地安排部署。

【督办落实】 紧紧围绕落实省、市、县各项决策部署，以县委中心工作和群众关注的热点、难点问题为重点，切实加大督查督办工作力度。对县委全会决策部署进行分解立项，确定全县重点工作167项。对全省领导干部大会、县委专题会议、全县党建工作会议等重要会议决策部署进行分解立项，有力推动各项工作落地落实。完成省市交办件3件，督办县委主要领导批示件169件，采取下卡督办、实地查看等方式盯紧盯死督办事项，并按期及时反馈县委主要领导。创新“督巡考”合一工作机制，对非法采砂、脱贫攻坚等工作多次深入实地进行督查，发现问题立查立改，有力推动工作落实。

【信息工作】 在信息采编工作中坚持发扬传统与锐意创新并重，加大约稿与上报力度。全年共编发《定兴信息》78 期，同时创新发刊形式，充分利用“定兴在行动”微信公众平台，将重要信息以网络方式第一时间推送。向省、市信息中心上报信息 720 余篇，共被采用 54 篇，其中上报的《定兴广大干部群众热议习近平主席在建国七十周年庆祝大会上的讲话》被中共中央办公厅采用，起到宣传定兴县的积极作用。向市委信息处报送县委书记工作动态 49 期。扎实做好社情民意工作，接省、市社情民意交办卡 15 篇，已全部办结；人民网《地方领导留言板》收到留言 79 条，答复率排名全市第一。

【改革项目】 充分发挥综合协调作用，认真谋划改革的方法举措，推动研究各改革事项，向县委全面深化改革委员会提出建议。结合全县实际，重点推进省委九项重点改革任务，探索推进市级六项关键改革，统筹推进六个领域改革，共确定 156 项重点改革任务。实行“清单 + 台账”管理机制，列出重点改革事项清单，实行台账管理，倒排工期、挂账督办，推动改革的力度、速度，改革成效大幅提高。全县改革工作紧跟中央及省、市步伐，坚持问题导向、精准发力，供给侧结构性改革、教育文化体制改革、纪检监察体制改革、生态文明体制改革、“放管服”改革、“四医联动”改革等重点领域改革取得阶段性成效，改革任务如期推进。

【工作运转】 进一步强化“办公室工作无小事”的工作理念，在办文、办会、办事、值班中做到及时、迅速、精确。办文精益求精，在接发公文中严格程序、严守纪律，优化文书处理，确保公文快速有序地流转。办会务实高效，共组织县委十四届四次、五次全会等各类会议 190 余次。办事严谨细致，认真搞好财务、车辆管理、安全保卫、机关服务、来人接待等后勤服务工作，全面落实公车改革各项要求，圆满完成国家扶贫考核验收、省委领导到定兴调研等重要接待活动，全室办事效率得到全面提高。值班工作上档升级，健全工作制度，规范工作程序，加大基础设施建设力度，努力提升值班工作水平，确保县委工作正常运转和联络畅通。

（刘贵祥　郝梦依）

组织工作

【概况】 中共定兴县委组织部是县委主管组织工作和干部工作的职能部门。承担县委党的建设（基层组织建设）工作领导小组办公室工作职责。围绕党的重大理论和实践问题调查研究，提出加强全县党的建设的建议；负责党的建设制度改革的宏观指导，综合研究党的组织工作、干部工作、人才工作重要方针政策，制定或参与制定全县性重要政策和制度等。统筹全县党员队伍建设、组织员队伍建设的宏观指导以及全县党员发展、教育、管理工作。指导全县党的组织制度、党内生活制度建设；协调指导全县党代表大会、党代表会议、人民代表大会的选举工作。负责各级领导班子和干部队伍建设的宏观管理。负责提出各乡镇和县直各部门以及其他列入县委管理的领导班子调整、配备的建议；负责县委管理干部的考察，办理职务任免、工资、待遇、退休审批手续。负责全县干部教育培训的宏观管理、统筹协调、指导检查；组织实施县委管理干部和一定层次其他干部的培训。负责全县组织系统干部监督工作的综合协调和宏观指导。负责全县干部考核工作的宏观指导和督导检查，组织实施对县委管理领导班子和领导干部的考核工作。负责公务员、参照公务员法管理事业单位工作人员录用调配、考核奖惩、培训和工资福利等工作。负责全县人才工作和人才队伍建设的牵头抓总、统筹协调、推进落实。负责全县组织工作的检查督促，及时向县委反映重要情况，提出建议。内设办公室、干部一股、干部二股、考核股、组织一股、组织二股、组织三股和组织员办公室。县委非公有制经济组织和社会组织工作委员会设在县委组织部。机关行政编制25名。2019年，全县组织工作坚持以习近平新时代中国特色社会主义思想为指导，全面落实新时代党的组织路线，围绕县委“16448”工作思路，以开展“基层党建规范提升年”为总抓手，以提升基层组织力为工作目标，强化举措，狠抓落实，圆满完成了各项组织工作。

【领导班子和干部队伍建设】 强化教育培训，提升干部素质。围绕县委、县政府中心工作，扎实开展干部培训，提升干部执政能力和水平。按照省、市有关文件精神要求，研究制定定兴县干部培训五年规划，为全县干部教育培训工作提供宏观指导。围绕重点工作，以河北干部网络学院为依托，积极组织广大干部开展在线学习，开设“定兴县脱贫攻坚专题网班”“定兴县基层党建知识专题网班”“定兴县宗教统战知识专题网班”等3期专题网班，提升了全县干部理论基础和履职能力。强化考核监督管理，激发工作活力。扎实做好对乡镇（城区）、县直部门和垂管单位的年度考核工作，开展了对17个乡镇（城区）、56个县直部门和21个垂管单位领导班子和758名县委管理领导干部的2018年年终考核工作，印发了考核结果通报。制定乡镇、县直部门单位2019年度职能业务和承担县委、县政府重点任务考核目标。会同纪委监委做好2013年以来县管干部受党政纪处分和组织处理情况的自查和整改工作。切实做好2019年度定兴县公务员招录工作，今年我县共招录74名公务员、15名选调生，圆满完成录用及分配工作。完成核定公务员职级职数并对符合条件的人员进行职级套转，全县共套转700人。严格落实干部经济责任审计，对42名领导干部进行离任经济审计工作。

【基层组织建设】 大力开展基层党建示范点创建工作，按照培树亮点、突出特色、示范引领的原则，坚持“一村一特色、一点一品牌”，高起点谋划、高标准推进，通过把握关键环节、坚持督导调度、实地指导调研等方式，共完成11个农村、10个机关、3个企业、2个社区党建示范点创建工作。进一步强化农村党员干部教育管理，加大教育培训力度，组织60余名村支部书记到濮阳农村党支部书记学院进行培训，举办了全县党务工作者业务培训班及4期村党支部书记专题培训班。通过系列培训，进一步增强了党性观念，坚定了政治立场，开阔了眼界，提高了村支部书记抓班子带队伍、带领群众致富、推动乡村治理、化解社会矛盾的能力水平。提高党员发展质量，坚持把政治标准放在首位，注重吸收致富能手、退役军人和外出务工青年中的优秀分子入党，严格落实政审和考察环节工作要求，着力解决党员发展质量不高问题。健全完善党员作用发挥机制，在全县基层党员中广泛开展一句话承诺和“1+10”党员联系户制度，制定下发《关于推行“1+10”党员联系户制度的实施方案》，由每名农村党员联系10户左右群众，建立联系服务群众机制；下发《关于开展好2019年“党员活动日”活动的通知》，通过开展形式多样的志愿服务活动，充分发挥党员先锋模范作用。加强村干部教育管理，制定出台《定兴县农村（社区）“两委”干部绩效考核实施细则（试行）》《关于加强全县农村“两委”干部教育管理工作的实施意见》《定兴县“基层党建规范提升年”村级组织运行手册》等一系列制度文件，对村干部绩效考核、教育管理、村级组织运行作出明确要求。着力解决村“两室”危旧狭小问题，37 个村完成了建设项目，22 个软弱涣散农村党组织完成整顿提升，村级组织服务群众的能力水平得到进一步提升。大力发展壮大村级集体经济，成立由县委组织部牵头，县财政局、县农业农村局参与的工作专班，把消灭空壳村存量、提高 5 万元以上村作为工作重点，通过制定《专项方案》、召开调度会、深入实地调研指导等方式，强力推进，顺利完成了市下达的阶段目标。扎实推进非公经济和社会组织党组织建设，狠抓非公经济组织和社会组织党建工作提质升级，在巩固覆盖率的同时，稳步提升非公经济和社会组织党组织规范化水平；2 个非公经济组织党组织和 2 个社会组织党组织顺利通过了市级“星火”示范点验收。圆满完成了县人代会选举工作及全县机关、企业、事业单位党组织换届工作。

【人才工作和人才队伍建设】 充分发挥人才牵头抓总作用，制定印发《2019 年全县人才工作要点》，将人才工作目标任务进行分解，明确各领导小组成员单位责任分工，切实做好我县人才工作，在全县范围内营造良好的引才留才氛围。印发《鼓励引导人才向基层一线流动的若干措施任务分解表》，支持鼓励引导人才向基层一线流动。同时，积极探索人才服务方式，提高对专业技术人才、高技能人才的服务能力水平，扎实推进县级领导联系拔尖人才制度，切实帮助县域人才解决实际困难。

（林则民 高 乐）

宣传工作

【概况】 中共定兴县委宣传部隶属定兴县委，是意识形态领域的主管部门。统筹协调推进宣传思想文化领域法治建设，按照县委统一部署，协调宣传思想文化系统各部门之间的关系。统筹协调全县党的意识形态工作，贯彻落实县委关于意识形态工作决策部署，组织协调意识形态工作责任制落实和日常监督检查，结合巡视巡察工作开展专项检查。统筹指导协调全县理论学习、理论宣传工作，组织推动理论武装工作，负责县委理论学习中心组理论学习等有关工作。内设办公室（国防教育办公室）、新闻股（社会宣传股）、文明文艺股，机关行政编制 11 名，股级领导职数 3 名。2019 年，宣传思想工作以深入学习宣传贯彻习近平新时代中国特色社会主义思想为指导，认真学习贯彻中共十九大和十九届二中、三中、四中全会精神。坚持正面宣传，巩固壮大新时代全面建成生态文化智慧城市的主流思想舆论。坚持党管意识形态不动摇，牢牢把握意识形态工作主导权。积极培育和践行社会主义核心价值观，开展省级文明城市创建，切实肩负起举旗帜、聚民心、育新人、兴文化、展形象的使命任务。

【提升干群理论素养】 高标高效抓实理论学习中心组学习工作。制发了《关于进一步加强和改进党委（党组）理论学习中心组学习的方案》，进一步健全完善全县各级党委（党组）理论学习中心组学习计划、学习档案和情况通报、述学报告等各项制度。7 次邀请省内外专家教授开展专题讲座，12 次组织县委理论中心组学习，刊发《理论动态》24 期。结合“不忘初心、牢记使命”主题教育，深入学习宣传贯彻习近平新时代中国特色社会主义思想和党的十九大精神，引导全县广大党员干部群众更加自觉地用党的创新理论武装头脑、指导实践、推动工作。推进“学习强国”学习平台推广使用，实现了全县党员全覆盖，逐步向基层群众延伸。组织开展了2次全县副科级干部以上“学习强国”知识竞赛，我县推荐的比赛选手在全市组织的“学习强国”演讲比赛中获得小组赛三等奖。

【深入开展理论宣讲】 完成了县委理论宣讲团的充实和调整工作，制发《中共定兴县委理论宣讲团理论宣讲实施方案》，层层开展宣讲。成立了由县委书记韩朝红任团长，县长吴鹏任副团长的宣讲团，带头到基层单位开展宣讲。抽调县委党校老师组成县委赴基层宣讲团，深入各乡镇、各部门开展宣讲百余场，受众5000余人。组织各乡镇、各部门主要负责人开展宣讲80场，受众3000余人。组织各单位宣讲骨干，分成22个宣讲小组，深入县直部门、乡村、非公企业，宣讲300余场次，受众9000余人。邀请省委党校教授就党的十九届四中全会精神进行专题辅导，县、乡、村干部、中小学校思政骨干教师500余人聆听授课，持续做到县、乡、村送学宣讲全覆盖。

5月11日，定兴县召开县委理论学习中心组学习会议，邀请中国传媒大学杨宇军团队就新闻发布做专题辅导

【提高对外影响力】 围绕中央及省、市重大决策部署和县委确定的“16448”工作思路，积极向上级媒体推荐重点稿件和报道线索。通美晶体、嘉旭福美等重点项目及京绣、蔬菜产业、质量强县相关稿件先后被中央电视台、《河北日报》、《河北工人报》等主流媒体报道；《定兴县“双城联创”提升城市软实力》相继在《河北日报》《保定日报》整版刊发。重点项目集中开工、京津冀协同发展、庆祝中华人民共和国成立70周年、建党98周年、乡村振兴、“讲政治、转作风、强责任、抓落实”专项行动及先进典型孙梦红、华农合作社、农福农机合作社等典型事迹稿件相继在《保定日报》头版刊发。加强同中新网、河北新闻网、唐尧网及网易等重点新闻网站的协调合作，及时推荐、报送定兴县新闻线索和稿件。市级以上各类媒体共计发稿270篇（条）。中央级媒体发稿全市排名第10名，省市媒体发稿全市排第2名。加大社会宣传力度。充分发挥沿街、机关电子屏、主次干道公益广告展牌、居民小区宣传橱窗和农村“大喇叭”等宣传阵地作用，以点线面多角度、立体式广泛开展社会宣传。善用网宣，加强官方网络新媒体“魅力定兴”平台建设，及时推送定兴县重点工作、重要活动等信息。融媒体中心建设有效推进。投资146万余元，购置安装融媒体平台系统、展示系统、虚拟演播室系统、媒资系统、非编设备、户外直播等设备，完成硬件设备提档升级。制发《定兴融媒体中心工作流程图》《融媒体中心工作职责》等系列文件，按照内设机构整合的要求，优选机构负责人，优化人员分配，明确部门职责。

【精神文明创建】 强化文明城市创建力度。印发创城倡议书、文明手册、社会主义核心价值观海报43000份。在电视台、官微、网站常态开设《创城工作红黑榜》《同创文明城 文明随手拍》等栏目。先后到唐县、高碑店、衡水武强等县市参观学习创城工作。印发《2019年创建省级文明城市示范点工作台账》《定兴县创建省级文明城市攻坚方案》等文件，县创城办根据全县实地考察点位情况，确定主次干道、社区、学校等10个示范点，先后召开社区、乡村、窗口单位及学校创建观摩会议。持续创造性开展群众性精神文明创建活动。为庆祝中华人民共和国成立70周年，成功举办“双城联创惠民生”主题摄影大赛、首届“华光同盛杯”少儿书画大赛，拍摄播发“我和我的祖国”定兴千人快闪微视频并登陆“学习强国”平台。规范公益广告设置管理。结合开展“双城联创”工作，联合县执法局对城区公益广告进行规范治理，拆除破旧、损毁的公益广告，重新设置地插广告600块。制发《定兴县贯彻落实〈公益广告促进和管理暂行办法〉实施方案》，建立定兴县公益广告管理工作联席会议制度，完善公益广告管理长效机制。进一步加大先进典型的选树宣传力度。制发《定兴县第三届道德模范评选表彰工作实施方案》，召开第三届道德模范评选表彰大会，全县各界共推荐模范典型候选人70名，评选出道德模范13名，道德模范提名奖16名；积极做好第七届保定市道德模范推荐工作，推荐候选人5名；抓好《定兴县引领社会风尚典型评选方案》的落实，开展“定兴好人”“新时代好少年”评选工作，评选出“定兴好人”40名，新时代好少年21名，其中2名学生被评为保定市“新时代好少年”。

12月26日，定兴县举办第三届道德模范颁奖典礼

【抓好文化事业发展】 积极开展文化惠民活动。印发《关于组织开展2019年传统节日文化活动的通知》。成功举办庆祝中华人民共和国成立70周年大型朗诵音乐会、“双城联创惠民生”主题摄影大赛、“我和我的祖国”保定市书画作品展等活动。举办“走进新时代 建设新定兴”全民健步走活动，3000余名健步走爱好者参加活动；举办“河北银行杯”乒乓球比赛，“创文明城市 建美好家园”骑行活动，开展第五届广场舞大赛、敬老爱老饺子宴、“诚信辊业杯”北堽上村乒乓球友谊赛等系列乡村文化活动，极大丰富群众的精神生活。加强基层文化建设。进一步完善各文化站制度章程、软硬件设施，全县各村建成综合文化服务中心，村级综合文化服务中心覆盖率达100%。加强农家书屋建设，健全农家书屋图书借阅管理办法、管理人员岗位职责，为274个农家书屋增添新书27126册，满足农民群众和学生学习的需求。

8月30日，庆祝中华人民共和国成立70周年暨“双城联创惠民生”摄影展在定兴县博物馆开幕。图为县委常委、宣传部部长赵胜男致辞

（李　航　杨彦娟）

机构编制

【概况】 中共定兴县委机构编制委员会办公室是中共定兴县委机构编制委员会办事机构，承担县委机构编制委员会日常工作，作为县委工作机关，归口组织部管理。主要职责是贯彻落实党中央和省、市、县委关于行政管理体制和机构改革以及机构编制管理的政策法规等。内设机构综合股、事业股。下辖机构编制电子政务中心。行政编制8名，全额事业编制8名。2019年，县委编办紧紧围绕县委、县政府中心工作，坚持以习近平新时代中国特色社会主义思想为指导，以党政机构改革为重点，以全办工作职责为主线，尽心尽力完成承办的各项工作任务，为全县经济社会发展提供坚实的体制机制保障。

【县党政机构改革】 2019年，党政机构改革工作市县同步进行，县委编办明确思路，精心组织、科学安排，早谋划、快推进，多次到市请示、修改完善定兴县机改方案。按市委、市政府批复的《定兴县机构改革方案》要求，严格按照时间节点、任务要求，召开动员大会，完成部门整合，新机构设立，各部门职能调整、编制分配、部门挂牌、“三定”印发、人员转隶等各项工作任务，并顺利通过市考核验收。

【“机构编制云平台”建设】 按照上级工作部署，省、市机构编制信息管理平台迁移后，县委编办及时对机构编制人员信息进行规范、完善。按照“科学、合理、全面、规范”的要求，对平台的451个机构，1万余人的基本信息进行更新、录入，并扎实做好日常党政群机关及事业单位编制数、人员实有数统计工作，做到人员实有数动态更新，确保数据准确全面。

【事业单位法人登记管理】 2019年，办理年度报告237个，并全部在定兴县机构编制网进行公示，年检率100%。办理设立登记1个，法人变更登记65个。党政机构改革后，完成全县54个机关单位的证书换发工作。完成中文域名续费424个。

【控编减编】 坚守用编进人入口。加强对机关事业单位新进人员的把关审核，确保超编单位只出不进、满编单位先出后进、空编单位按需进人，时刻管好控编减编关口。合理调整部门编制。结合机构改革，对相关部门职能职责、人员编制及时进行调整划转，实行实名制管理、用编计划审批制、监督检查制等长效机制，促使编制有增有减，达到增减平衡。优化编制资源配置。通过深改革、优结构、提效能挖掘编制潜力，做到盘活编制存量。

【编办日常工作】 紧密围绕县委、县政府中心工作，在公务员招录、职级并行、教师招聘工作备案审核、退役士兵安置、创建园林城市等工作中发挥编办职能，积极配合做好相关工作，完成编办承担的任务。

（王晓瓷）

统战工作

【概况】 中国共产党定兴县委员会统战部是县委主管统战工作的职能部门。主要职责是了解情况，掌握政策，协调关系，安排人事。在县委的领导下，负责统战方针政策的宣传贯彻落实，负责全县各项统战工作的安排部署、检查指导，负责协调指导统战系统和有关部门的统战工作。主要任务是在县委领导下，宣传贯彻落实党的统一战线政策，协助培养、选拔、考察党外干部，提出使用意见等。内设机构有办公室、综合科、民宗科。行政编制 7 人。常务副部长 1 名，副部长 2 名，乡镇统战委员由组织委员兼任。2019 年，中国共产党定兴县委员会统战部在上级统战部的指导和县委、县政府的正确领导下，牢牢抓住学习贯彻十九大精神这条主线，把思想和行动统一到十九大精神上来，坚持“一盘棋”意识，充分发挥统战力量整合后的优势，工商联、民族宗教、台办、侨联等力量必须坚持“齐步走”唱好“大合唱”，形成工作合力。充分调动统一战线各界人士围绕中心、服务大局的积极性和创造性，为全县的改革、发展、稳定作出积极贡献。

【非公经济领域统战】 深化以健全党组织建设为突破口的企业文化建设。与县委组织部、县委非公有制经济组织和社会组织工委继续在非公经济中开展以健全党组织为切入点、突破口的企业文化建设，非公有制经济组织党组织覆盖率达到 87%，社会组织党组织覆盖率达到 100%，工会组建率 15%，共青团组建率 14%，妇联组建率 11%。通过活动的开展不仅为企业文化建设搭建交流沟通的平台，建立企业文化建设的长效机制，也进一步强化党的领导，为开展统战工作构建新舞台，成为宣传党的政策、传递政府声音的新渠道，也是了解企业现状，倾听业主声音、解决企业困难、服务企业发展的新舞台。

【党外代表人士队伍建设】 会同县委组织部建立完善党外干部工作协调配合机制，及时了解党外干部政治表现、履职情况、个人重要事项变化情况等，对党外干部进行动态管理。结合换届和日常干部调整，积极推进党外干部的推荐使用工作。深入开展县级党员干部与党外人士联谊交友活动。根据实际情况安排全部县级党员干部与党外人士、人大代表、政协委员、工商联界人士和宗教人士进行结对联谊，通过见面谈心、共同调研、节庆慰问和帮助党外朋友解决难题，鼓励他们围绕经济建设、民生改善、社会发展、群众关注的热点难点问题，积极为政府建言献策，使党外朋友切实感受到党和政府的关怀与温暖，达成共识、促进和谐与发展。全县 2019 年有后备干部总数 51 人，根据干部调整和现实表现情况，在动态中建立和优化党外后备干部队伍，特别是党外 80、90 后骨干队伍的建设。同时加强理论培训和实践锻炼，不断提高党外后备干部的综合素质。把党外后备干部队伍建设纳入全县干部队伍建设总体规划，注重建立一支数量充足、结构合理、素质优良的党外后备干部队伍。树立“使用也是培养”的观念，对已经确定的后备人选，适时向县委推荐使用，安排实职和挂职锻炼。积极组织新的社会阶层人士参加庆祝中华人民共和国成立 70 周年系列活动，加强对新的社会阶层人士的教育引导。加强对新的社会阶层代表人士的发现、培养、使用、管理，纳入党外人士人才库。

【宗教统战工作】 强化宗教教职人员队伍建设。以“政治上靠得住、学识上有造诣、品德上能服众、关键时刻起作用”为标准，对宗教团体班子成员、宗教教职人员和场所负责人组织开展 2 次政策法规集中培训，参训百余人次，提高依法开展宗教活动的能力。经向保定市宗教局申请，对 6 名生活困难的教职人员每人给予 1500 元现金帮扶，帮扶资金已发放到位。规范宗教场所管理。完善各宗教场所规章制度，建立安全和矛盾隐患台账，实行台账化管理，对宗教场所负责人进行安全和业务培训，与 12

个合法场所签订安全稳定责任书。加强对清真食品的安全检查。制发《关于做好清真食品管理工作的实施方案》，严格按照“统战部总体协调，属地分包监管”的原则进行安排部署。在中秋、国庆两节前，联合县市场监管局开展清真食品市场整顿规范活动，对全县65家清真经营单位进行拉网式的检查，整顿清真食品运输、储存、销售等环节存在的问题，在全县营造一个良好的清真食品安全环境。深入开展宗教政策法规宣传。加强党的宗教政策宣传力度，提高宗教界人士和信教群众的法律意识，提升宗教活动场所的科学化、规范化管理水平，9月，印发《民族知识宗教政策手册》1000册和《宗教事务条例》（摘选）明白纸5000页。8月上旬，在定兴县农村基层党组织书记培训班上，县委统战部邀请市民宗局副调研员金明河重点对党的宗教政策、宗教事务条例、当前农村宗教工作面临的形势和如何做好新形势下农村宗教工作等方面做专题解读。8月，在河北干部网络学院专题网班频道开设“定兴县宗教知识专题网班”。

（高艳红）

机关党务工作

【概况】 中共定兴县县直机关工作委员会作为县委的派出机构，统一领导县直机关党建工作。主要职责是提出县直机关党的建设规划，指导县直机关各级党组织抓好党的思想、组织、作风建设；负责县直机关党员管理及理论学习培训工作等。行政编制7名，其中领导职数3名。2019年，中共定兴县县直机关工作委员会以中共十九大、十九届四中全会精神和习近平新时代中国特色社会主义思想为指导，以开展“不忘初心、牢记使命”主题教育和“基层党建规范提升年”活动为契机，深入推进机关党组织规范化建设，推动全面从严治党向基层延伸，不断提升机关党建工作科学化水平，努力开创机关党建新局面。

【推进机关党的思想政治建设】 建章立制，进一步推进意识形态工作责任制贯彻落实。制发《关于直属机关党组织理论学习中心组理论学习督导办法》。成立督查组，自9月25日开始利用20天时间，对县直32个单位意识形态工作责任制落实情况进行实地督查，查看各单位理论学习中心组学习情况。坚持理论武装，强化县直机关思想政治建设。结合开展第二批“不忘初心、牢记使命”主题教育，制定下发《关于开展习近平新时代中国特色社会主义思想和中共十九大、十九届四中全会精神集中宣讲活动的宣讲安排方案》，联合县委宣传部、县委党校，组成县委理论宣讲组，利用10月28日至12月30日2个月时间，对县直机关单位开展中共十九大精神和十九届四中全会集中宣讲活动，通过宣讲活动的深入开展，广大机关党员干部更加自觉地用理论武装头脑，指导实践，推动工作。

【创新党员理论教育】 推广“学习强国”平台，积极探索党员教育形式。坚持用党的创新理论武装党员干部，加强对党建工作的宣传，以共产党员微信、易信、河北省党员干部网络学院等平台为载体，学习弘扬宣传党的路线方针政策，积极传播党的思想理论。推动“学习强国”学习平台推广使用工作，扩大学习教育覆盖面，教育引导各党（总）支部深刻认识“学习强国”学习平台推广使用工作的重大政治意义和政治责任，切实提高政治站位。通过个别辅导、交流座谈、举办学习管理员培训会等多种形式，县直机关党员“学习强国”学习平台覆盖率达到100%。

【开展主题党日活动】 4月，组织机关党员深入社区开展“美化环境·靓丽县城”志愿服务活动，帮助清扫街道、清扫院落，对居民房前屋后的生活垃圾、建筑渣土和杂草等进行一次彻底清除，受到社会各界的一致好评。6月，同县妇联、县教体局一起组织开展“大手拉小手”活动，对农村留守儿童、家庭贫困儿童进行帮扶，鼓励他们认真学习、快乐生活、健康成长。

在中国共产党建党98周年之际，深入推进“基层党建规范提升年”活动开展，制发《关于开展庆“七一”系列活动实施方案》，组织县直机关基层党组织认真开展七个一系列活动（开展一次学党史讲党课教育活动、开展一次走访慰问活动、开展一次党员志愿服务活动、开展入党积极分子和发展对象培训、开展一次“七一”主题党日活动、开展一次红色教育、开展一次先进典型事迹宣传活动）。县直机关工委组织县武装部、县自然资源和规划局、县卫健局、县市场监督管理局等多个县直部门的党员干部分别到狼牙山、卢沟桥、西柏坡等革命教育基地重温入党誓词、接受红色教育、学习红色精神庆祝党的生日。

【开展党员“一句话承诺”活动】 组织县直机关党组织开展党员亮身份“一句话承诺”活动，每名党员结合工作实际，立足岗位职责，围绕“守初心，担使命，抓差距，抓落实”行动，以一句话形式做出公开承诺，将党员的姓名、职务、职责和“一句话承诺”在公开栏内公示，做到亮身份、践承诺，促工作。县级党员干部和县委大院各单位主要负责人“一句话承诺”，统一在县委大楼门口进行公示，接受群众监督。

【加强机关党组织建设】 深入开展机关党建示范点创建活动。按照年初县委印发的《关于开展“基层党建规范提升年”活动的实施方案》工作安排，利用两周时间对全县县直机关党建整体情况进行调查摸底，确定县教育局、县税务局、县医院（卫健局）、县国土局、县检察院、县交通局、县财政局、县环保局、县市场监督管理局、县人社局等10个机关党建示范点。通过采取召开调度会安排部署、实地指导软硬件建设、督导检查推进等措施，以点带面提升县直机关党建整体水平。制定下发《关于开展好党建活动建立党建资料月报制度》，特别是县直机关“两室”建设标准不同程度的改善和县委教育活动中心初步建成，促进“三会一课”、主题党日、组织生活会、民主生活会、民主评议党员教育培训等党建活动的更好开展。

【全力做好集中换届选举工作】 7月，制定换届选举工作方案，并印发至县直机关工委所属各总支、支部，对换届工作各项程序提出明确要求。县直机关工委全体委员分区督促、现场指导各机关基层党组织召开换届选举党员大会，确保会议程序规范，选举结果公平、公正，县直机关基层党组织如期完成换届工作，党组织领导班子和党务干部队伍建设进一步加强。

【规范党组织设置和发展党员工作】 2019年，因机构改革涉及部分县直单位撤并、新建，工作单位发生变化的党员干部人数较多，为便于开展机关党建工作，加强党员管理，共撤并党组织6个，新建党组织13个。做好发展党员工作，增强党员队伍的生机和活力，按照“控制数量、提高质量、严格程序、落实责任”的总要求制定发展党员工作年度规划。重点落实好完善预备党员档案资料、参加指导支部发展党员大会、预备党员谈话等各项制度，确保新党员发展的质量。2019 年全年共接受预备党员 45 名，转正党员 40 名。培养积极分子 130 余名。

【加强基层组织建设】 加强党建业务指导和党员、党务干部教育培训。依据《中国共产党党组工作条例》《中国共产党党员教育管理工作条例》等多部党内法规，为帮助机关党组织学好党务知识，先后到县交通局、县人社局、县交通局、县农业农村局、县卫健局、县教体局等 10 个单位进行培训指导，详细解读新党规和相关的党务知识。提高入党积极分子和党员的政治理论和业务素质，7 月 19—20 日，利用 2 天时间，联合县委党校举办入党积极分子、党员培训班，邀请省委党校教授李巨山授课，参训人员达 200 余人。为进一步提高基层党组织书记和党务干部综合素质，11 月 29—30 日，利用 2 天时间，县直机关工委联合县委党校举办新任党组织书记、党务干部培训班，参训人员达 160 余人。

11 月 29 日，定兴县县直机关党组织书记、党务干部培训班开班

【扎实做好基础性工作】 严格程序，规范操作，认真做好党员信息统计和组织关系接转、补录工作。7 月，集中利用一周时间，组织各机关党委、总支、支部，完成党务系统数据采集。对 2019 年因机构改革涉及的 30 多个党组织信息进行调整、变更名称和新建，对涉及的 353 名党员组织关系按程序进行接转。严格把好审核党员档案关口，做好党员组织关系接转和补录工作，全年转入党员 101 名，转出党员 93 名，补录党员 29 名。

（许宏明）

老干部工作

【概况】 中共定兴县委老干部局是县委分管老干部工作的职能部门。主要职责是负责贯彻落实中央及省、市有关离退休干部的方针政策，督促指导各部门落实老干部政治、生活待遇，抓好离休干部离休费、医疗费的落实，调查研究老干部政治待遇和生活待遇中的问题，协调有关部门提出解决办法，协助组织部门抓好老干部党支部建设，加强和改进新形势下老干部的思想政治工作，指导各单位组织老干部继续在政治、经济、文化等领域发挥正能量作用。内设机构有办公室。编制 6 名，局长 1 名，副局长 1 名。2019 年，县委老干部局认真贯彻落实中共十九大精神，以习近平新时代中国特色社会主义思想为指导，深入贯彻全国及省、市老干部工作会议精神，积极开展“讲政治、转作风、强责任、抓落实”和“不忘初心、牢记使命”主题教育活动，紧密围绕“贯彻落实离休干部各项政治待遇、生活待遇，维护老干部队伍思想稳定”开展工作，不断加强老干部服务工作，保持老干部队伍的整体稳定。

【重视老干部工作】 县委、县政府主要负责人高度重视老干部工作，定期听取老干部工作汇报，专题研究部署老干部工作，并在老干部参观考察、体检、特需经费、公用经费等重大事项上及时研究安排部署，使关系离退休干部切身利益的政治、生活待遇得到很好的贯彻落实；多次主持召开协调会，解决离退休干部实际困难。全年为离休干部解决医药费240万元；切实解决租赁老干部活动中心面积狭小、出行不畅、远远不能满足老干部活动需求问题，将县文化广场西侧税务大厅整体交付老干部局，保障老干部学习健身需求。充实健全县委老干部工作领导小组，搭建乡镇、部门共同关心老干部、服务老干部的工作平台。

【落实离退休老干部政治待遇】 6月，组织13名离退休老干部参加省委巡视座谈会。11月，为全县离退休老干部订阅老人世界620份，各级党报120份。定期召开老干部恳谈会、座谈会，广泛征求意见建议，加强思想沟通。

【建设活动室推进老年教育】 按照2019年学习活动计划，积极组织象棋、乒乓球、台球、戏曲、书画、舞蹈活动小组开展学习娱乐活动。为庆祝中华人民共和国70周年华诞，9月，举办“守初心、庆双节、颂党恩”书法笔会，老干部创作书画作品30幅。全年组织开展3次主题书画笔会、1次书画展览，创作作品50幅。参加保定市建党98周年、中华人民共和国成立70周年老年书画展1次，选送作品7幅。

【完善老干部生活待遇】 认真组织离退休干部体检活动，5月，共有离休干部、县级退休干部50人参加健康体检。严格按照有关政策要求，落实离休干部交通费、护理费调标。坚持“五必到四必访”制度，全年看望离退休重病老干部、困难户近60人次。联系帮扶贫困户1户，慰问特困离退休干部40人，发放困难帮扶资金5万元。组织开展“七一”走访慰问活动，走访慰问离休干部39人，并为每一名离休干部发放生日蛋糕卡。组织开展离退休干部春节走访慰问活动，走访看望离退休干部620人，其中县委、县政府领导走访看望县级离退休干部25人，县直部门、乡镇组织看望离退休干部595人。

（潘　欣）

信访工作

【概况】 定兴县信访局为县委工作机关，机构规格正科级。主要职责是研究提出全县信访工作思路，拟订信访工作规范性文件；办理人民群众来信，接待群众来访，受理群众网上投诉，查办信访案件，负责人民群众建议征集工作；调查研究和综合分析全县信访形势及信访工作状况，总结推广各乡镇各部门信访工作经验，提出改进和加强信访工作的意见和建议等。内设机构有办公室、接待股、办信股。行政编制11名，机关工勤编制1名。2019年，共受理群众信访事项705批次1969人次，同比下降5%和4%。全年除到县集体访以外，其他各项信访数据较上年均有不同程度下降，尤其是“四访”重要指标大幅下降，在全市综合排名第四。反映问题主要集中在征地拆迁、农村宅基纠纷、干部违纪、房地产遗留、冬季取暖、欠薪等方面问题。

【持续开展信访攻坚专项行动】 2019年全年共化解各类信访案件545件，其中，化解积案231件：2～5年积案化解99件、5～10年积案化解108件、10年以上积案化解24件。

信访攻坚清零专项行动。2018年12月19日至2019年2月底，纳入督办工作进展情况的275件，共答复44件、息诉225件，息诉率81.8%。信访清零及信访攻坚行动。4月1日至6月底，纳入督办工作进展情况的信访案件共199件，共答复25件、息诉156件，息诉率78.4%。信访“百日攻坚”行动及化解信访积案调处矛盾纠纷集中攻坚行动。7月初至9月底，纳入督办工作进展情况的信访案件共167件，共答复19件、息诉102件，息诉率61%。关于在“不忘初心、牢记使命”主题教育中开展化解信访积案攻坚行动。2019年11月27日至2020年1月底，纳入督办工作进展情况的信访案件共110件，共答复25件、息诉62件，息诉率56.4%。

【完成上级交办信访事项】 “四大攻坚”专项行动中，国家信访局、省信访局交办四大攻坚信访事项6件，全部办结，息诉4件。清零及攻坚行动中，省交办10件信访事项，全部办结，息诉7件；市交办重复信访事项40件，全部办结，息诉37件。

（王　晴）

网信工作

【概况】 根据深化党和国家机构改革方案，中共定兴县委网络安全和信息化委员会办公室于2019年1月正式挂牌成立。为中共定兴县委网络安全和信息化委员会的办事机构，作为县委工作机关，机构规格正科级。对外加挂定兴县互联网信息办公室牌子。主要职责是负责县委网络安全和信息化委员会的日常工作；贯彻执行互联网信息传播方针政策和法规，依法完善与信息化相关的统计调查制度等。县委网信办机关行政编制6名。股级领导职数1名。2019年，在县委、县政府的坚强有力领导和大力支持下开展一系列工作，完成机构内部的组织建设、股室划分、建章立制、程序规范等。始终坚持贯彻落实习近平新时代中国特色社会主义思想，坚持“不忘初心、牢记使命”。扎实做好网络安全和信息化各项工作。

【全面加强党对网信工作的领导】 领导班子团结和带领全体人员牢固树立“四个意识”，坚定“四个自信”，坚决做到“两个维护”，用习近平网络强国重要思想统领网信工作全局。推动党中央和省市决策部署在定兴县落地落实。细化分解工作目标责任，确保党中央和省、市关于网信工作重大决策在定兴县落地见效。贯彻落实网络意识形态责任制。健全完善网络意识形态联席会议制度，实行工作会商机制。在依法管理、网络统战、组织保障等方面，明确切实可行措施，为加强全县自媒体有效管理和下一步成立自媒体联盟奠定坚实的基础。

【全力防范网上风险】 着力完善工作机制，为县委、县政府及时掌握民生动态，科学决策提供有力支撑。健全敏感热点与突发事件应急管理机制。提升网络安全保障能力。组织对全县重要信息系统和网络信息安全开展专项排查，推进网络安全责任制落实，全面查找风险漏洞，及时督促整改，提高网络安全防护能力。强化普法宣传，加大对《中华人民共和国网络安全法》的宣传力度，普及网络安全防护知识，增强全民网络安全意识。

【全力塑造定兴形象】 突出重点，抓好主题宣传。围绕庆祝中华人民共和国成立70周年，组织新闻网站和“两微一端”开设“壮丽70年·奋斗新时代”专题，加大网上宣传频次和力度，奏响网上宣传最强音。大力宣传“定兴好人”先进事迹，用先进典型激荡正能量。凝聚宣传合力，加强网络宣传阵地建设。加强统筹协调，把握宣传时度效，突出县委、县政府中心工作，围绕时间节点，充分利用魅力定兴、网信定兴、微博定兴、定兴县政府网等官方主流媒体平台，宣传党的声音，打造品牌效应。加强网评队伍建设，发挥微信矩阵作用。

【营造清朗的网络空间】 深入贯彻落实习近平总书记重要指示精神，深入开展网络生态治理行动。全面排查摸底属地网站及自媒体情况。深入开展“净网”专项行动。推进网络综合治理。

【推进信息化工作上水平】 以网络强县为目标，用信息化发展推动各领域业态重塑和新旧动能转换，不断提升数字政府治理和信息惠民服务水平。完成信息化工作摸底。对全县信息化发展情况进行摸底调查，初步掌握县域内电子政务和信息化发展动态。网络基础设施建设加速升级。积极推进“三网”融合、实施“宽带中国”计划、加强网络及通信基础设施建设。组织完成上报工作。开展科级干部互联网知识培训。通过对5G+电子政务、智慧城市、云服务等内容的授课，进一步在各乡镇、各部门普及互联网知识，为对接服务雄安，提升全县信息化工作水平奠定基础。

（李艳丽　宋梓瑞）

巡察工作

【概况】 中共定兴县委巡察工作办公室（简称县委巡察办）成立于2018年12月，为县委工作机关，设在县纪律检查委员会，机构规格正科级。县委巡察办的主要职责是贯彻落实县委和县委巡察工作领导小组做出的决策和部署，向市委巡察工作领导小组办公室和县委巡察工作领导小组报告巡察工作情况等。内设综合股、县委第一巡察组、县委第二巡察组、县委第三巡察组、县委第四巡察组。机关行政编制16名。2019年，县委巡察办在县委的坚强领导和市委巡察办的有力指导下，坚持以习近平新时代中国特色社会主义思想为指导，深入贯彻中共十九大精神，全面落实中央和省市委关于巡视巡察工作的系列安排部署，严把政治巡察定位，以巡视整改为契机，不断完善工作制度，规范工作程序，全面提升巡察工作质量，巡察工作取得了新突破。

【提升巡察工作领导力】 加强组织领导。坚持县委统一领导、巡察工作领导小组组织实施、巡察机构具体落实、纪检和组织等部门支持配合、被巡察单位党组织主动接受监督的领导体制和工作机制，形成齐抓共管、各司其职、各负其责的巡察工作格局。研究制定《关于县委加强对巡察工作研究指导的工作制度》，对县委常委会、县委书记专题会、县委巡察工作领导小组会召开时限、议定事项、责任要求进一步进行明确和规范。提升领导力。加强对巡察工作的研究部署，把巡察工作列入县委常委会年度工作要点，列为重要议事日程。2019年全年，县委共研究巡察工作7次，召开县委巡察工作领导小组会议5次，听取巡察组汇报4次，县委书记多次对巡察工作做出批示指示。提升执行力。强化巡察结果运用，狠抓责任追究，制定《关于加强县委巡察整改情况督查督办工作的实施办法》，进一步加大督查督办力度，追踪整改任务落实，确保问题切实整改到位。坚持点面结合，对于巡察中发现的普遍性问题，及时查找工作机制、上级主管部门管理方面的漏洞，建章立制，精准施策，确保从根本上解决问题。

【提升巡察干部履职能力】 配齐配强巡察干部队伍。新增设1个巡察组机构人员编制，常设巡察机构达到“一办四组”，优选优配巡察干部15人。制定下发《定兴县委巡察工作人才库人员选配与管理暂行办法》，对巡察工作人才库进行优化更新，优选184名45周岁以下党员干部纳入巡察工作人才库，其中组长人才库成员53名，具备财会、审计、组织、纪检、意识形态等工作专长的人员54名，为更好开展巡察工作提供人才保障。加强巡察干部培训。针对巡察干部业务能力不强的问题，采取集中培训、专题培训、巡前培训、跟班学习“以干代训”的方式大力加强巡察干部的培训力度。共组织专题培训3次，组织学习研讨2次，跟班学习4人次，巡察干部业务素质和业务能力得到明显提升。加强巡察干部管理。制定下发《关于巡察组干部考评工作的实施办法（试行）》，完善《关于进一步加强对巡察干部监督的意见》，严格对巡察干部的管理、考核。严格落实巡察干部“十严禁”工作纪律，每轮巡察与干部签订《保密承诺书》《纪律承诺书》，严明纪律要求，严肃查处以巡谋私、超越权限、跑风漏气等行为，防止“灯下黑”，努力打造一支忠诚、干净、担当的巡察干部队伍。

【拓宽巡察工作开展覆盖面】 在巡察工作中牢牢把握政治巡察定位，县委坚持把“两个维护”作为根本政治任务，把“六个围绕、一个加强”作为政治巡察主要内容，紧盯党的领导弱化、党的建设缺失、管党治党不力“三大问题”，紧扣被巡察单位职能职责，聚焦重点，精准发力，高质量开展巡察工作。按照《县委2019年度巡察工作计划》安排，完成县委第四轮、第五轮、第六轮巡察，对县委办公室、县委政法委、县城市管理综合行政执法局、县商务局、县文化广电和旅游局、县审计局、县应急管理局、县工信局、县直机关工委、县自然资源和规划局、县水利局等多个县直单位进行常规巡察，对定兴镇、天宫寺镇、北南蔡乡的13个村与省市委开展上下联动巡察。

【提升巡察工作开展精准度】 强化整改措施，狠抓整改落实，补短板，强弱项，以整改促进巡察工作质量的全面提升，以巡察工作质量的全面提升确保整改取得扎实成效。整改期间，对照省委第九巡视组巡察工作专项检查组《关于对定兴县委巡察工作开展专项检查的情况报告》中指出的在组织领导、巡察质量、成果运用、队伍建设等4个方面16项整改任务，进行全面彻底整改。从建立长效机制入手，在原有制度基础上，新制定制度机制10个，其中加强县委领导方面的制度2个（《关于县委加强对巡察工作研究指导的工作制度》《关于加强县委巡察整改情况督查督办工作的实施办法》）、工作规程方面的制度3个（《中共定兴县委巡察工作领导小组工作规则》《中共定兴县委巡察工作领导小组办公室工作规则》《中共定兴县委巡察组工作规则》）、巡察工作实务操作类的1个（《巡察报告问题底稿管理办法》）、协调协作类的2个（《关于建立健全县委巡察机构与县纪委监委有关部门协作配合机制的意见》、县委组织部《关于加强县委巡视巡察整改落实日常监督和督查督办工作办法(试行)》)、巡察干部队伍建设方面的2个（《定兴县委巡察工作人才库人员选配与管理暂行办法》《关于巡察组干部考评工作的实施办法（试行）》）。同时，编印《巡察监督操作实务手册》《定兴县政治巡察工作内容参考手册》《政策法规汇编》，形成一整套比较完善的巡察工作制度机制，为确保巡视整改工作成效，推动全县巡察工作高质量发展提供制度遵循和工作保障，巡察工作质量和规范化水平得到一进步提升。

（史丽颖）

党校工作

【概况】 中共定兴县委党校隶属定兴县委。主要职责是在县委的直接领导和统一安排下，承办副科级以上干部培训班和农村党支部书记、村主任培训班以及各系统各部门专职干部培训班。创建定兴党建研究会并出版会刊。党校校长由县委副书记兼任。内设机构有办公室、教务室、教研室、总务处。编制 20 名。2019 年，中共定兴县委党校在县委的正确领导下，紧紧围绕中共十九大、十九届四中全会精神和“不忘初心、牢记使命”主题教育的学习贯彻，结合党校的业务特点，全面完成全年工作任务。

【干部培训工作】 根据定兴 2019 年干部教育培训计划的要求，完成干部培训任务。2019 年，党校配合相关部门共举办主体培训班 14 期。其中，与县委组织部共同举办定兴县科级干部培训班 2 期，培训 200 余人；举办农村基层党组织书记（主任）培训班 4 期，培训 800 余人次；举办选调生及2019年新录用公务员培训班1期，培训 80 人；与县直机关工委共同举办县直机关党务干部、新党员、积极分子培训班 2 期，培训 200 余人；与县政法系统共同举办相关法律培训 2 期，培训 200 余人；举办培训非公企业和社会组织党组织书记培训班 2 期和新调整干部培训班 1 期。

【强化党校师资培训】 强化师资培训，教学能力进一步提高。为了更新教师的知识结构，提升教师业务能力和教学水平，在县委的支持下，先后派出 3 批 4 人次参加省委党校主体班学习，全方位提升党校讲师的素质和能力。党校有 1 人获得市委党校主题征文二等奖，4 人获得三等奖。通过师资培训，党校讲师加快知识更新，扩大知识储备，教学能力得到提高。

【推进脱贫攻坚】 积极参与脱贫攻坚工作，选派 3 名干部和 2 名教职员工到肖村乡、定兴镇等乡镇参与结对帮扶工作，帮助贫困户 7 户，对贫困户的家庭情况进行详细摸底，因户制宜，制订相应的帮扶清单，积极送去过冬物料，帮助贫困户克服困难，争取早日脱贫。

【加强组织建设】 加强组织建设，促进党支部建设标准化，积极落实日常党建，力求党建工作严肃而活泼。主题党日活动多元化，每月 15 日为支部主题党日，按照实际情况，灵活变动，将主题党日活动与学习交流、脱贫攻坚相结合。开展党员强党性学习教育活动，坚持戴党徽、亮身份、强党性不动摇。

【定兴党建研究会】 出版发行党建研究会会刊 4 期，集中展示全县“四中全会”“两会期间习总书记讲话精神”“不忘初心、牢记使命主题教育”等活动，打造定兴党建工作新平台。

（秦立国）

档案工作

【概况】 定兴县档案馆2019年1月根据《定兴县机构改革方案》和《中共定兴县委机构编制委员会办公室关于对定兴县档案馆机构设置、主要职责和人员编制进行重新明确的通知》文件，将定兴县档案局的行政管理职责划入县委办公室，将定兴县档案馆调整为县委直属事业单位，不再保留定兴县档案局。主要职责是接收县委、县人大、县政府、县政协、县纪委及县直机关、团体、事业单位应进馆的档案资料，对馆藏档案进行保管、保护、编研、利用、保密工作。内设办公室、保管利用和技术股、接收征集股、编研开发股、财务股。人员编制13名。2019年，在县委、县政府的正确领导下，坚持"围绕中心、服务大局、强化业务、优化服务"的档案工作思路，紧密围绕县委、县政府中心工作，完成年初各项目标任务。2019年底，档案馆馆藏档案135个全宗，73362卷63022件。

【宣传工作】 利用《今日定兴》电视节目和"6•9国际档案日"的宣传活动，以档案服务于民为导向，普及档案法律法规知识，讲述档案故事，挖掘档案历史，提高民众档案认识，在全县形成珍惜档案资源、重视档案工作的良好氛围。

【开展档案数字化建设项目】 对馆藏文件及目录数据库进行著录、校对、保存、备份。对存档数字化档案进行校对、查漏补缺、修改、扫描、对接、索引，建立数字档案资源库，2019年全年完成4558卷，为服务利用档案打下坚实基础。

（王常春）

定兴县人民代表大会

综　述

【概况】 2019 年，县十五届人大常委会在中共定兴县委的坚强领导下，全面贯彻中共十九大及十九届二中、三中、四中全会精神，以习近平新时代中国特色社会主义思想为指导，深入贯彻落实习近平总书记关于坚持和完善人民代表大会制度的重要思想，认真贯彻县委十四届三次全会做出的决策部署，坚持“16448”工作思路，以建设生态智慧卫星城为任务目标，支持服务雄安、借势发展定兴。依法履行宪法和法律赋予的各项职责，为实现定兴跨越崛起打下坚实基础。定兴县人民代表大会常务委员会内设办公室、代表工委、财经工委、法制工委、教科文卫工委、社会建设工委。行政编制 27 名。

【增设社会建设工委】 根据全县深化机构改革需要，加强社会建设，创新社会管理，更好地保障和改善民生，推进社会领域法律制度建设，增设县人大社会建设工作委员会，作为县人大常委会下设办事机构。主要职责是，研究、拟订、审议劳动就业、社会保障、民政事务、群团组织、安全生产等方面的有关议案，开展有关调查研究，开展有关执法检查等。

重要会议

【县十五届人大三次会议】 2019 年 1 月 28—30 日召开。会议听取和审议县人民政府工作报告；审查批准定兴县 2018 年国民经济和社会发展计划执行情况与 2019 年国民经济和社会发展计划的报告；审查批准定兴县 2018 年财政预算执行情况与 2019 年财政预算的报告；听取和审议县人大常委会工作报告、县人民法院工作报告、县人民检察院工作报告，并对六项报告作出决议。会议期间，代表们共提出议案 4 件，批评、建议和意见 51 件，涉及环境保护、城市建设、城市管理、道路交通等方面问题。会议依法补选吴鹏为定兴县人民政府县长；表决通过定兴县第十五届人民代表大会社会建设委员会组成人员。

【县人大常委会会议】 2019 年县人大常委会共召开了 9 次会议。

2019年定兴县第十五届人大常委会会议一览表

表1

届次	时间	主持人	主要议程
第十五次会议	1月4日	副主任蔡占全	选举事项
第十六次会议	1月21日	副主任吴奇玲	1. 通过关于接受葛维波辞去定兴县第十五届人大常委会代表职务请求的决定； 2. 听取定兴县人大常委会代表资格审查委员会关于县第十五届人民代表大会补选代表资格的审查报告； 3. 听取定兴县人大常委会代表资格审查委员会关于县第十五届人民代表大会代表变动情况的报告； 4. 听取定兴县第十五届人民代表大会第三次会议筹备情况的报告； 5. 审议通过定兴县人大常委会关于召开县十五届人大三次会议的决定； 6. 审议通过定兴县第十五届人大三次会议议程（草案）； 7. 审议通过定兴县第十五届人大常委会工作报告（征求意见稿）； 8. 通过定兴县第十五届人大三次会议选举办法（草案）； 9. 审议通过定兴县第十五届人大三次会议主席团、各项名单及日程安排（草案）； 10. 审议通过关于设立定兴县十五届人大社会建设委员会的决定（草案）； 11. 审议通过定兴县十五届人大社会建设委员会人选表决办法（草案）； 12. 审议通过定兴县十五届人大社会建设委员会组成人员名单（草案）； 13. 听取定兴县人大常委会代表工委关于县十五届人大二次会议代表议案、建议办理情况的报告； 14. 人事任免事项
第十七次会议	3月27日	副主任耿建明	1. 学习《中华人民共和国宪法》第二章（公民的基本权利和义务）和第三章（国家机构）及全国“两会”精神； 2. 听取和审议县政府关于学前教育工作情况的报告； 3. 听取和审议县公安局关于扫黑除恶工作情况的报告； 4. 其他事项
第十八次会议	4月27日	副主任秦振国	通过关于接受张永山辞去定兴县第十五届人大代表职务请求的决定（草案）及辞呈

续表1

届次	时间	主持人	主要议程
第十九次会议	5月28日	副主任蔡占全	1. 学习《中华人民共和国宪法》第三章（第二、三、四节）； 2. 审查和批准县政府关于2019年新增政府债务限额安排使用方案（草案）的报告； 3. 听取和审议县政府关于脱贫攻坚工作开展情况的报告； 4. 听取和审议县政府关于食品药品安全工作开展情况的报告； 5. 听取和审议县政府关于贯彻落实《中华人民共和国水污染防治法》工作情况的报告； 6. 听取和审议县人大执法检查组关于县政府贯彻落实《中华人民共和国水污染防治法》工作情况的报告； 7. 通过关于接受徐阿宝辞去定兴县第十五届人大代表职务请求的决定（草案）及辞呈； 8. 关于提请确认许可对闫泽强代表采取强制措施的报告； 9. 书面审查“县政府关于学前教育工作情况的报告”审议意见落实情况的报告； 10. 书面审查“县公安局关于扫黑除恶工作情况的报告”审议意见落实情况的报告； 11. 其他事项
第二十次会议	7月26日	副主任耿建明	1. 学习《中华人民共和国宪法》第三章（第五、六、七、八节）、第四章； 2. 听取和审议县政府关于2018年预算执行及其他财政收支审计情况的报告； 3. 听取和审议县政府关于2019年上半年国民经济和社会发展计划执行情况的报告； 4. 听取和审议县政府关于2019年上半年预算执行情况的报告； 5. 审查和批准县政府关于2019年第二批地方政府债券资金安排及其预算调整方案（草案）的报告； 6. 听取和审议县法院关于上半年工作完成情况的报告； 7. 听取和审议县检察院关于上半年工作完成情况的报告； 8. 通过定兴县人大常委会《关于开展专项工作满意度测评的实施方案》； 9. 关于提请确认许可对唐志存代表采取强制措施的报告； 10. 书面审查“县政府关于脱贫攻坚工作开展情况的报告”审议意见落实情况的报告； 11. 书面审查“县政府关于食品药品安全工作开展情况的报告”审议意见落实情况的报告； 12. 书面审查“县政府关于贯彻落实《中华人民共和国水污染防治法》工作情况的报告”审议意见落实情况的报告； 13. 其他事项

续表 1

届次	时间	主持人	主要议程
第二十一次会议	9 月 26 日	副主任蔡占全	1. 学习《中华人民共和国监察法》； 2. 听取和审议县政府关于县十五届人大三次会议代表议案、建议办理情况的报告； 3. 听取和审议县政府关于深化三项联动监督相关问题整改工作情况的报告； 4. 听取和审议县政府关于《中华人民共和国安全生产法》贯彻实施情况的报告； 5. 听取和审议县政府关于国有资产管理情况的报告； 6. 审查和批准县政府关于定兴县 2018 年财政决算情况的报告； 7. 通过县人大常委会《关于实施县政府民生实施项目人大代表票决制工作的决定（草案）》； 8. 书面审查“县政府 2018 年预算执行及其他财政收支审计情况的报告”审议意见落实情况的报告； 9. 书面审查“县政府 2019 年上半年国民经济和社会发展计划执行情况的报告”审议意见落实情况的报告； 10. 书面审查“县政府 2019 年上半年预算执行情况的报告”审议意见落实情况的报告； 11. 书面审查“县法院关于上半年工作完成情况的报告”审议意见落实情况的报告； 12. 书面审查“县检察院关于上半年工作完成情况的报告”审议意见落实情况的报告； 13. 其他事项
第二十二次会议	11 月 27 日	党组成员张志辉	1. 学习《中华人民共和国监察法》； 2. 审查和批准县政府关于 2019 年预算调整方案的报告； 3. 听取和审议县政府关于环境状况和环境保护目标完成情况的报告； 4. 听取和审议县政府关于卫生健康工作情况的报告； 5. 根据《关于开展专项工作满意度测评的实施方案》，对以上环境保护、卫生健康等两项工作进行满意度测评； 6. 书面审查“县政府关于《中华人民共和国安全生产法》贯彻实施情况的报告”审议意见落实情况的报告； 7. 书面审查“县政府关于县十五届人大三次会议代表议案、建议办理情况的报告”审议意见落实情况的报告； 8. 书面审查“县政府关于深化三项联动监督相关问题整改工作情况的报告”审议意见落实情况的报告； 9. 书面审查“县政府关于国有资产管理情况的报告”审议意见落实情况的报告； 10. 其他事项
第二十三次会议	12 月 30 日	副主任耿建明	人事任免事项

人大工作

【代表议案、建议办理】 县十五届人大三次会议期间共收到人大代表所提议案、建议 56 件（其中，会上 55 件、闭会后 1 件），最后确定议案 4 件、建议 52 件，涉及环境保护、城市建设、城市管理、道路交通等多个方面。大会闭幕后，县人大常委会将涉及政府系统的 4 件议案和 52 条建议向县政府进行交办。9 月 26 日，县十五届人大常委会第二十一次会议听取和审议县政府关于县十五届人大三次会议代表议案建议办理情况的报告。截至 12 月底，所有议案、建议均已按时办理完毕，答复率达 100%，走访率达 100%，满意率达 98% 以上。56 件议案、建议中，已得到解决或基本解决的有 31 件，占建议总数的 55%；列入规划逐步解决的有 18 件，占建议总数的 32%；受政策和财力等客观条件限制，暂时不能解决、做出解释说明的有 7 件，占建议总数的 13%。

【调查研究】 针对社会关注、群众关切的热点、难点问题，县人大常委会组织代表、委员进行调研。3 月 20 日，县人大常委会副主任吴奇玲带领县人大教科文卫委员会专职委员、部分省市县人大代表及县教育和体育局负责人，先后到定兴镇南辛告村七色光幼儿园、新建县幼儿园选址、县幼儿园、第二实验幼儿园开展调研，深入到教室、食堂、多功能室等详细查看幼儿生活、学习情况，并召开座谈会，委员和代表结合调研和自身感受积极发言，提出有针对性的意见和建议。3 月 21 日，县人大常委会副主任蔡占全带领县人大法制委员会部分委员和人大代表深入县公安局进行调研。听取县公安局扫黑除恶工作中案件办理、案件线索核查和警力配备情况的汇报，委员和代表们对全县扫黑除恶工作成效予以充分肯定，并就如何继续保持高压态势、高昂斗志进行积极发言，提出意见和建议。2019 年 3 月 28 日，县人大法制委员会组织部分代表和委员参加县法院的庭审旁听，对县法院工作进行监督。5 月 13 日，县人大常委会副主任耿建明带领县人大社会建设委员会专职委员、部分人大代表和县直相关部门负责人进行调研并主持召开座谈会，听取县民政局（扶贫办）等 11 个部门的工作汇报，委员和代表们围绕如何更加扎实有效地推动全县脱贫攻坚工作献计献策，提出工作意见和建议。5 月 16 日，县人大常委会副主任吴奇玲带领县人大教科文卫委员会专职委员、部分人大代表和县市场监管局负责人，先后到昌盛医药连锁公司、新天奕商场、巨兴饭店等进行调研，并召开座谈会，委员和代表们结合调研和亲身感受提出意见和建议。5 月 20 日，县人大常委会副主任耿建明带领县人大财经工委对 2019 年新增政府债券和再融资债券资金安排及其预算调整情况进行调研。分别在第 19 次、20 次常委会会议上，对县政府 2019 年新增政府债券和再融资债券资金安排方案和 2019 年第二批地方政府债券资金安排方案进行审查批准。7 月 23—24 日，县人大常委会副主任蔡占全带领部分委员先后到县检察院、县法院开展调研，召开座谈会听取县检察院、县法院工作汇报，与会人员对“两院”下一步工作提出意见和建议。8 月 22 日，县人大常委会副主任蔡占全带领部分委员深入北河镇、李郁庄乡对乡村振兴战略进行调研，撰写《关于全县乡村振兴战略的几点思考》的调研报告，提出有针对性的工作建议，交办相关部门整改落实。10 月，县人大常委会副主任耿建明带领县人大财经工委对全县防范化解金融风险工作进行专题调研，对监管对象隐蔽、监管难度增加、监管力度缺失和监管压力加大等问题，剖析原因并提出工作建议。11月7日，县人大常委会副主任吴奇玲带领县人大教科文卫工委和部分委员、代表，先后到肖村乡卫生院、县医院进行调研，并召开座谈会，县卫生健康局汇报全县卫生健康工作开展情况，委员和代表们积极发言，提出意见和建议。

【执法检查】 县人大常委会积极探索实践，实现对“一府一委两院”监督检查工作全覆盖。5月22日，县人大常委会主任荆明志、副主任秦振国带领执法检查组深入到定兴镇污水处理厂、河北马大姐食品有限公司、南拒马河北河店水质自动监测站、县地表水厂等进行执法检查，查看水污染防治设施建设、运行、管理等情况，并召开座谈会，听取县政府和有关部门工作汇报，检查组指出工作中存在的问题，并提出改进意见。8月8—9日，县人大常委会副主任蔡占全带领县人大法制委员会部分委员对《中华人民共和国律师法》《河北省律师执业保障和规范条例》贯彻执行情况进行执法检查。检查分“部门自查、实地检查、座谈发言”三步进行，执法检查组掌握全县律师执业情况和存在的问题后撰写执法检查报告，提出改进意见和建议。9月19日，县人大组成执法检查组深入到新奥天然气公司、保定恒兴食品公司、新消防站等，对全县贯彻实施《中华人民共和国安全生产法》情况进行执法检查并召开座谈会，提出意见和建议。

【深化三项联动监督主题实践活动】 根据省人大常委会“河北发展、人大尽责”统一部署，巩固2018年“扶贫脱贫攻坚、大气污染防治、优化营商环境”三项联动监督成果，县人大常委会组织开展深化三项联动监督主题实践活动。推行“四阶段、三本账、三摸清”工作法（四阶段就是科学确立组建小组、制定方案、代表活动、汇总情况四个节点；三本账就是省人大执法检查组交办问题清单、县人大执法检查问题清单、代表小组问题清单；三摸清就是摸清问题整改情况、摸清意见建议、摸清问题整改效果），组织150余名省市县乡四级人大代表参加，累计调研走访企业24家、贫困户138户、重点项目7个、窗口单位21个，编发简报13期，媒体报道5次，依托“代表联络站”收集选民意见建议110余条。形成详细的工作报告，转交县政府整改落实。深化三项联动监督成效明显，助推全县脱贫攻坚顺利通过省考核验收和第三方评估，营商环境明显优化，大气污染防治水平有效提升。县人大深化三项联动监督特色做法，被市人大推荐申报省“河北发展、人大尽责”主题实践活动创新奖。

【人事任免】 县人大常委会始终坚持党管干部和依法任免相统一原则，严格行使人事任免权。2019年，依法任免国家工作人员44人次，严格执行任前法律考试、任后颁发任命书和《中华人民共和国宪法》宣誓制度。

（赵春海　田　东）

综 述

【概况】 2019年，县政府深入贯彻习近平新时代中国特色社会主义思想和中共十九届二中、三中、四中全会精神，认真落实市委、市政府和县委决策部署，抢抓京津冀协同发展和雄安新区建设重大历史机遇,坚持稳中求进总基调，践行新发展理念，把握高质量发展要求，统筹推进稳增长、促改革、调结构、惠民生、防风险、保稳定各项工作，较好的完成全年确定的目标任务。2019年县域生产总值完成145.2亿元，增长5.7%；固定资产投资完成102.5亿元，增长8.5%；规上工业增加值完成25.6亿元，同比增长5%；全部财政收入完成14.8亿元，公共预算收入达到8.21亿元，增长11.1%；城镇居民人均可支配收入34372元，增长8%；农村居民人均可支配收入17372元，增长11%；社会消费品零售总额完成87亿元，增长9%。

【施政辑要】 全力以赴，服务保障雄安取得了新进展。聘请河北规划专家提供政策技术支持，完成《定兴县国土空间规划大纲》编制。积极开展秋冬季造林绿化工作，完成环雄安林带、高铁两侧和“三河两岸”绿化任务1.47万亩，生态环境更加靓丽。克服资金、土地等多重困难，南拒马河防洪工程6个标段顺利开工，工程进度不断加快。坚持顶层设计，聘请专业团队高标准规划回迁安置区建设。强化与雄安新区路网对接，加快荣乌高速、容易线建设，实现交通互联互通。张雄特高压工程稳步推进。严厉打击违法建设、河道内圈占地等行为，环雄安周边建设得到有效管控，服务保障雄安新区取得阶段性进展。

多措并举，“三大攻坚战”取得了新突破。脱贫攻坚稳步推进。聚焦“两不愁、三保障”，实现1446户2414人稳定脱贫。广大贫困群众收入和生活水平明显提高，教育、医疗、住房、饮水得到充分保障，基础设施显著提升，顺利通过了省实地考核和第三方评估验收，群众满意度达到99.73%。狠抓教育扶贫，稳步推进健康扶贫，产业扶贫持续发力。污染防治成效明显。持续开展大气、水、土壤、生态绿化“四个全域”治理行动，坚持科学治理、精准施策。深入落实控车、抑尘、禁煤、治企等综合管控措施，生态环境持续改善。坚守“不让一滴污水流入白洋淀”政治底线，严格落实河长制，积极开展入淀河流全面清理，扎实开展土壤污染现状详查，推进工业用地和农业用地生态修复。风险防控扎实有力。制定《打好防范化解重大金融风险攻坚战工作方案》，深入开展政府债务、非法集资、房地产领域风险隐患排查。规范政府举债融资行为，最大限度化解存量、严控增量，坚决守住不发生系统性区域性风险的底线。扎实开展重点领域规范整治工作，保持安全生产形势持续平稳。

提质增效，优化产业结构取得了新提升。坚持高质量发展理念，推动传统企业转型升级，加快特色产业发展，积极培育高新技术产业，实施科技创新计划。项目建设趁势奋进。14个项目纳入省市重点项目，开工率100%，完成投资18.1亿元。民营经济量质齐升。全年新增规上工业企业5家、省高新技术企业4家，净增市场主体3422户，净增目标完成比例141%，居全市前列。现代农业加速发展。主要农作物总产量131万吨，蔬菜总产量72万吨，落实小麦节水及配套技术推广补贴面积5.2万亩，推广蔬菜绿色发展十大技术8万亩，5项蔬菜生产关键技术1.2万亩。建设生态花海2600亩，种植品种20余个。大力发展科技农业、绿色农业、品牌农业和质量农业，不断提升县域农业产业知名度。

双城联创，城市建设展现了新面貌。以打造宜居县城为目标，以提升县城质量为根本，扎实开展创建国家园林县城和创建省级文明县城活动。高标准新建10座公厕，城区“如厕难”问题得到基本解决。全方位、高品位实施园林绿化项目，打造街头巷尾游园，实现“300米见绿，500米见园”的均衡布局。成功入选国家园林县城公示名单。开展三大片区改造集中攻坚，完成拆迁247户，630套棚户区改造任务。连续三年获评县城建设示范标杆县。

大胆创新，乡村振兴呈现了新亮点。积极发展农业经营主体，家庭农场达到168家，农业产业化龙头企业达到13家。大力实施农村人居环境整治三年行动计划，完成84个村通村道路硬化和10公里“四好”农村公路建设。大力推进厕所革命，完成农村厕所改造1.7万座。招标两家环卫企业，对全县农村垃圾统一管理，垃圾治理实现城乡一体化。着眼长远，与中国城乡发展国际交流协会签订战略合作协议，科学规划农业产业体系，高标准推进固德引线蔬菜、畜禽养殖、产业加工乡村振兴绿色隆起带建设。

倾心倾力，社会事业取得了新成就。持续加大民生投入，累计支出27.2亿元，占公共预算支出的80%。30件惠民事项按期完成。强力推进县城学校建设三年攻坚行动，中高考继续位居保定市第一平台。深化医药卫生体制改革，城乡居民参保率达98.04%，为14.58万人次居民报免费用2.29亿元，医保年度最高支付限额提高至20万元，医疗保障能力显著增强。深化扫黑除恶专项斗争，社会治安不断好转，群众安全感不断提高。坚决拱卫首都政治“护城河”，开展食品药品安全治理、安全稳定百日攻坚等系列行动，以实际行动践行初心使命。

矢志不渝，自身建设展现了新气象。以深化机构改革为契机，全面加强政府自身建设，提升治理能力现代化水平。深入开展“讲政治、转作风、强责任、抓落实”行动，不断提高政治站位和政治觉悟，持续增强“四个意识”、坚定“四个自信”、做到“两个维护”。扎实推进“不忘初心、牢记使命”主题教育和“十个专项整治”，全面落实从严治党要求，狠抓省委巡视反馈问题整改。坚持依法行政，努力提升政府效能。打造阳光政府，深入推进“互联网+政务服务”，充分发挥政府网站、微博微信等平台作用，发布公开政府信息6000余条，办理群众来电来信和网友留言600余件，办结率 100%。严格落实“一岗双责”，从严监督管理干部，把党风廉政建设和反腐败斗争贯彻到各项工作中，干部作风建设得到新加强。

【县政府工作部门】 2019 年，县政府设置直属工作部门 25 个：县政府办公室、县发展和改革局、县教育和体育局、县工业和信息化局、县公安局、县民政局、县司法局、县财政局、县人力资源和社会保障局、县自然资源和规划局、县住房和城乡建设局、县交通运输局、县水利局、县农业农村局、县商务局、县文化广电和旅游局、县卫生健康局、县审计局、县市场监督管理局、县应急管理局、县统计局、县行政审批局、县退役军人事务局、县医疗保障局、县城市管理综合行政执法局。县政府设置直属事业单位 4 个：县市场建设服务中心、定兴县志编纂委员会办公室、县机关事务管理局、县广播电视台。

重要会议

2019 年定兴县政府常务会议一览表

表 2

届次	时间	主要内容
第二十三次会议	1月7日	研究县政府主要负责人在县委十四届三次全体会议上的讲话（讨论稿），听取市环保局定兴分局关于省委、省政府第八环境保护督察组反馈意见整改方案的汇报，研究《定兴县撤县设市三年行动计划》《定兴县生态环境保护“十三五”规划》。会上集中学习中共中央办公厅印发《关于进一步激励广大干部新时代新担当新作为的意见》、保定市政府办公厅印发《关于保定市河（湖）长制工作督察督办制度（试行）等三项制度的通知》等文件
第二十四次会议	1 月 21 日	会议听取县自然资源和规划局关于正道森林项目有关情况的汇报。研究县政府各项重点工作
第二十五次会议	1 月 29 日	研究百度云计算（定兴）中心项目协议和 2016 年美丽乡村建设遗留问题解决情况
第二十六次会议	2 月 24 日	听取有关单位关于中央环保督察“回头看”，大气污染防治专项督导和省委、省政府反馈意见整改落实，生态环境大排查大整治工作整改，国家园林县城创建，引入社会资本新建第六中学，自备井关停等情况汇报。会议研究《定兴县落实白洋淀生态环境治理和保护规划实施方案（2019—2035 年）》《2019 年脱贫攻坚工作方案》等文件
第二十七次会议	3 月 13 日	传达 3 月 12 日晚保定市侵占生态保护红线违法违规房地产项目排查整治工作视频调度会议精神，通报省环境保护督察工作领导小组办公室《第二批白洋淀生态环境治理和保护督查反馈意见》，研究 2019 年中小学教师招聘、解决御景嘉苑等房地产项目遗留问题、“大棚房”整治、高闫路建设等工作，原则通过《关于改革完善全科医生培养与使用激励机制的实施意见》《定兴县 2019 年国土绿化工作实施方案》等文件。会上集中学习河北省人民政府《关于推动创新创业高质量发展打造“双创”升级版若干政策措施》等文件

续表 2

届次	时间	主要议程
第二十八次会议	4 月 3 日	研究城乡一体化垃圾运转和终端处理特许经营权招标方案、调整保障房配建比例、解决工业项目遗留问题、中医医院迁建规划意向等工作，原则通过《定兴县 2019 年安全生产工作要点》《关于农村危房改造工作实施方案》《关于定兴县农村房屋保暖修缮工作实施方案》《关于构建保障农民工工资支付工作长效机制的实施意见》《定兴县 2019 年农村卫生厕所改造工作实施方案》《2019—2022 年县域特色产业振兴计划（食品产业和汽车及零部件产业）》等文件。会议进行集中学习
第二十九次会议	4 月 23 日	研究《白洋淀流域治理省第三专员办反馈问题整改方案》《全面推行行政执法公示制度执法全过程记录制度重大执法决定法制审核制度工作方案》，听取集中拆违工作汇报，学习《中华人民共和国水污染防治法》及全省贯彻《中华人民共和国水污染防治法》加强水环境治理保护工作视频会议精神等内容
第三十次会议	5 月 14 日	研究通过《定兴县关于落实白洋淀生态环境治理和保护规划实施方案》《定兴县河长制巡河员管理办法》《定兴县农村公路“路长制”实施方案》，听取县残联脱贫攻坚等工作的汇报
第三十一次会议	5 月 21 日	听取有关单位关于城乡环卫一体化招标工作、关于雄安新区南拒马河防洪治理工程项目永久占地征地费用意见的汇报。研究通过关于 2019 年新增政府债券资金安排及其预算调整方案的汇报、《定兴县机关事业单位劳务派遣人员管理暂行办法（讨论稿）》
第三十二次会议	5 月 28 日	听取县公安局、县市场监管局、县住建局等部门关于扫黑除恶工作情况的汇报，县扶贫办关于扶贫成效第三方评估存在问题及工作开展情况的汇报。研究南拒马河防洪治理工程拆迁补偿和工作推进方案等工作
第三十三次会议	6 月 14 日	传达省政府和市政府廉政工作会议精神，就召开县政府全会暨廉政工作会议进行研究部署；听取“双创双服”活动、白洋淀生态环境治理和保护专项督察反馈意见整改、成品油治理与打击黑加油站（点）、殡葬设施提升改造、防汛抗旱准备、新增政府债券资金安排及预算调整等工作情况的汇报；研究《定兴县净土保卫战三年行动实施方案》《定兴县碧水保卫战三年行动实施方案》《定兴县农村人居环境整治示范县项目建设实施方案》《定兴县 2019 年推进财政扶贫资金支持资产收益扶贫健康发展的实施方案》《定兴县扶贫小额信贷风险补偿基金管理办法》《定兴县市场监管领域全面推行部门联合“双随机一公开”监管的实施意见》《定兴县职业教育改革发展实施方案》等文件
第三十四次会议	7 月 27 日	听取乡村振兴、农村小学生营养改善、散煤治理等工作情况的汇报，研究《定兴县“生态修复和城市修补”试点工作实施方案》《定兴县 2019 年秋冬季造林绿化实施意见》《定兴县加强农村道路交通安全综合治理工作实施方案》《定兴县 2019 年劣质散煤强化治理工作方案》等文件

续表 2

届次	时间	主要议程
第三十五次会议	8 月 16 日	学习省委书记王东峰在全省经济工作推进会暨新型城镇化建设工作会议上的讲话精神，听取管道天然气价格调整、招聘聘任制教师等工作的汇报，研究《定兴县南拒马河防洪治理工程（定兴段）拆迁补偿安置方案》《定兴县政府投资项目管理办法》《定兴县引进高端人才企业薪金收入个人所得税奖励暂行办法》《定兴县精准防贫保险救助工作实施方案（试行）》等文件
第三十六次会议	9 月 12 日	会议听取违法违规用地建设采矿采砂和破坏生态环境问题专项整治、脱贫攻坚“两不愁三保障”突出问题整改等工作的汇报
第三十七次会议	10 月 12 日	听取县住建局关于城区雨污分流工程计划、县城集中式饮用水备用水源供水工程建设等情况的汇报；研究推进三大片区改造、压缩机厂家属院片区（一期）和嘉会庄片区拆迁改造项目相关事宜；研究《定兴县打击非法采砂网格化长效共同监管实施方案》《定兴县采砂管理目标责任考核办法》《定兴县农村饮水工程维修养护基金管理办法》《定兴县深化工程建设项目审批制度改革暨拿地即开工审批模式实施细则》等文件
第三十八次会议	11 月 26 日	听取关于进一步提升审批服务效能、安全生产、乡村振兴等工作情况的汇报，研究讨论《定兴县关于深化农业综合执法改革实施方案》《定兴县深化交通运输综合行政执法改革实施方案》《定兴县关于深化全县文化市场综合行政执法改革实施方案》《定兴县关于深化市场监管综合行政执法改革实施方案》等文件
第三十九次会议	12 月 19 日	听取关于2019年食品药品安全、法治建设、消防、扫黑除恶等工作情况的汇报，研究讨论《定兴县招商引资流程》《定兴县采砂地块综合整治专项行动实施方案》《定兴县南拒马河防洪工程拆迁安置区建设实施方案》《定兴县职业技能提升行动实施方案》等文件，学习省委办公厅、省政府办公厅《关于深化统计管理体制改革提高统计数据真实性的实施意见》等文件
第四十次会议	12 月 23 日	研究讨论吴鹏在县委十四届五次全体会议上的讲话（讨论稿）和定兴县 2020 年拟实施的民生实事，听取关于统筹解决恒源御景和御景佳苑项目遗留问题及配套幼儿园问题等工作情况的汇报
第四十一次会议	12 月 30 日	研究讨论《2020 年政府工作报告（讨论稿）》《关于定兴县 2019 年国民经济和社会发展计划执行情况及 2020 年国民经济和社会发展计划安排意见（草案）的报告》《关于定兴县 2019 年预算执行情况和 2020 年预算（草案）的报告》等文件

县政府办公室工作

【概况】 定兴县人民政府办公室为县政府工作部门，其主要职责是围绕县政府各个时期的中心工作和重点工作，加强调查研究，随时了解、掌握经济和社会发展动态，及时向县政府领导反映情况，提出建议等。内设综合股，督查股，信息技术股，行政股，财务股，机要股，挂定兴县人民防空办公室、定兴县地方金融监督管理局（金融工作办公室）牌子。定兴县委外事工作委员会办公室设在县政府办公室，接受县委外事工作委员会的直接领导，承担县委外事工作委员会的具体工作，负责处理县委外事工作委员会日常事务。2019年，县政府办公室在县委、县政府的正确领导下，深入贯彻学习习近平新时代中国特 色社会主义思想和中共十九大及十九届二中、三中、四中全会精神，紧紧围绕县委、县政府中心工作，牢固树立服务领导、服务基层、服务群众和服务大局意识，不断改进工作方式，不断优化服务，切实加强班子自身建设，较好地完成各项工作任务，有力保障县政府工作高效运转。

10月28日，组织召开县政府机关党组书记讲专题党课

【公文办理工作】 2019年全年，共起草编发县政府文件105件，县政府办公室文件119件，县政府专题会议纪要74件，严格把控文件标准和质量，提高政府工作的时效性。全年累计接收上级文件及下级请示汇报文件6800余件。完成政府全会、领导干部大会、扶贫攻坚工作、经济工作等会议讲话和汇报。

【综合协调工作】 2019年全年，组织县政府常务会议、县长办公会议、党组会议及各类专题会议110余次，收听收看国家及省、市电视电话会议120余次，保证县政府决策事项及政务工作的贯彻落实和正常开展，共受理“961890”群众服务热线转办事项4750件，全部办理完成。认真落实公车使用、公务接待、请销假等相关制度和规定，严格实行带班、值班制度，做到电话接听及时、事件办理妥善，值班日志填写完整，维护办公室良好形象。

【信息调研工作】 加强政务公开，强化和改进政府网站、信息公开专栏的日常管理和微信微博内容发布等工作，严格规范信息发布审核机制，明确专人负责信息发布，充分做到内容实时更新。县政府网站公开各类信息2325条，县政府信息公开平台主动公开各类信息1181条，政务微博公开各类信息2087条，政务微信发布信息506条。建立专人负责“日处理、日交办”工作机制，及时回复群众留言，共计办理群众留言425件，办结率100%，持续跟踪做好重大会议、活动信息编发和领导关注事项调研反馈工作，共编发《综合政务信息》37期。

【督查信访工作】 对市《政府工作报告》中涉及定兴县22项、县《政府工作报告》中92项重点工作，做到每月跟踪要账，并整理汇总、及时反馈。承办县领导批办交办事项18件，下发“督办卡”30件，均按时办结，做到跟踪问效，反馈及时。按照县委、县政府主要领导和县政府办公室的统一安排，开展“双创双服”、“黑加油站”、农村中小学营养餐等问题抽查、白洋淀上游流域整改问题专项督查活动，下沉一线进行实地核查。对重点信访案件、重点项目建设等热点难点问题开展专项督查，有力促进全县重点工作的落实。加强同县人代工委、政协提案委的沟通协作，积极办理人大代表建议、政协委员提案，全年共办理人大代表建议、政协提案 121 件，办结率 100%，满意率和基本满意率 100%，有力促进政府效能提高。

【大气治理工作】 开展燃煤污染综合治理。加大散煤管控力度，设立 3 个入境检查站，明确专人 24 小时在岗，负责对入县境的运输煤炭车辆实施全面检查，共劝返运煤车辆 200 余台次。同时，成立散煤管控巡查队，广泛开展劣质散煤管控宣传教育活动，提升公众杜绝燃用劣质散煤意识。开展扬尘污染综合整治。建立城区环境卫生管理目标责任制，完善环卫清扫保洁工作程序，明确洁净城市工作成效考核标准。对城区主次干道进行机械化冲洗、洗扫作业，城区垃圾运输实现密闭化，垃圾清运率达到 100%。开展加油站整治和重型柴油机械管控工作，车、油、路污染整治得到有效治理。明确施工项目扬尘治理责任体系，与施工单位签订扬尘治理责任书，促进县域建筑施工扬尘治理。严格落实重污染天气应急响应，全县提升空气质量。

【金融服务工作】 做好小贷公司监管工作。对县域四家小贷公司进行季度巡查，督促开展防范和打击非法集资工作和扫黑除恶宣传工作，确保 2018 年度审计报告中的问题整改落实。做好防范和打击非法集资工作。根据全市要求，在全县开展非法集资排查整治活动，印发《定兴县坚决当好首都政治“护城河”大力开展防范打击非法集资风险和信访攻坚行动方案》《2019年防范非法集资宣传月活动工作方案》，印发明白纸 10000 份，悬挂宣传标语 150 条。完成 e 租宝核实登记工作。支持实体经济，做好银企对接。出台《关于建立定兴县企业挂牌上市工作联席会议制度的通知》，协调企业上市过程中存在的困难和问题。积极培育河北智同生物制药股份有限公司、河北玖兴农牧发展有限公司、河北嘉旭福美科技股份有限公司等企业上市。河北西麦食品有限公司作为分公司，于 6 月 19 日成功在深圳证券交易所挂牌上市。开展金融扶贫工作。制定《定兴县扶贫贷款贴息资金管理办法（试行）》与《定兴县扶贫小额信贷风险补偿基金管理暂行办法》，建立风险补偿机制，完善县乡村三级金融服务网络。实现金融扶贫宣传全覆盖，发放扶贫小额贷款 8 笔 21.5 万元。

（肖云星）

退役军人工作

【概况】 根据《定兴县机构改革方案》要求，2019 年 1 月 15 日，组建定兴县退役军人事务局，是县政府工作部门。主要职责是贯彻执行国家及省、市退役军人思想政治、管理保障和安置优抚等工作政策法规，拟订县退役军人思想政治、管理保障和安置优抚等规范性文件并组织实施等。内设机构有办公室、移交安置和就业创业股、优抚股（双拥股），下设 2 个事业单位：退役军人服务中心、军队离退休干部休养所。核定行政编制 10 名，事业编制 18 名。2019 年，退役军人事务局以习近平新时代中国特色社会主义思想为指导，“不忘初心、牢记使命”，努力实现“让军人成为全社会尊崇的职业”的最终目标。

【搭建平台，提升服务】 县、乡（镇）、村全部安装视频一体化平台，充分利用信息化手段加强退役军人管理服务，提升管理服务便捷化、智能化、精准化水平，同时，局主要负责人在电视台公开作出承诺，全心全意为退役军人服务。为体现国家和社会对退役军人的尊重，动员社会力量积极参与关爱退役军人行动，按照省委办公厅、省政府办公厅《关于设立退役军人关爱基金的指导意见》要求，定兴县关爱退役军人基金会于2019年9月30日成立，基金会成立的主要作用是帮助困难军人解决生活需求，拓宽困难退役军人就业渠道，为他们的幸福生活保驾护航。

【公开选岗，阳光安置】 按照省市安置要求，对接收的符合政府安排工作条件的退役士兵和军队转业干部实行阳光安置，公开选岗，纪委全程监督等程序，同时按照县委书记韩朝红要求，将“不忘初心、牢记使命”主题教育活动延伸到退役士兵，讲一堂党课，进行一次入党宣誓，并撰写以“作为一名退役军人，如何做‘不忘初心、牢记使命’，在新的岗位上做到退役不褪色，再立新功”为主题的心得体会，切实将主题教育落到实处、深处，并通过定兴县退役军人事务局微信公众号及时发布选岗过程及结果，做到阳光、透明，完成退役士兵的安置工作。

【提高技能，拓宽渠道】 为提高退役军人专业技能和职业素养，尽快适应、融入社会，充分发挥退役军人的主观能动性，积极引导有招聘意向的企业向退役军人提供岗位倾斜，拓宽就业渠道，提供订单式培训，进一步提升退役军人就业创业能力，切实让退役军人创业成为全县经济社会长足发展的新动能。

【发扬典型，缅怀先烈】 弘扬新时代拥军优属光荣传统，营造关爱退役军人的良好社会氛围，组织安排为立功受奖的退役军人送去喜报和奖金。此次活动由县委常委、武装部部长安明福带队，退役军人事务局主要负责人参加，乡村两级主要负责人陪同，组织锣鼓队，将立功受奖和奖金分别发放到现役军人家中。充分肯定现役军人的贡献，赢得全社会的尊崇。为缅怀革命先烈，告慰英烈忠魂，清明节期间，组织开展“传承2019、清明祭英烈”主题活动；9月30日，开展烈士纪念日祭扫活动，组织机关单位、中小学校等，共2万多人次参加。通过祭扫活动，宣传烈士的先进事迹。

（王　玲）

机关事务管理

【概况】 定兴县机关事务管理局是定兴县人民政府直属事业单位。主要职责是围绕县委、县人大、县政府、县政协中心工作，结合实际，研究制定关于机关事务管理服务工作的具体办法并组织实施等。内设办公室、机动科、后勤科、保卫科。全额事业费人员40名。2019年，定兴县机关事务管理局在县委、县政府坚强领导下，深入学习习近平新时代中国特色社会主义思想和习近平总书记系列重要讲话精神，理论联系实践，狠抓落实，完成全年各项职能任务目标，实现机关后勤管理、服务整体工作上新水平。

【公务用车管理】 严格按照《定兴县保留公务用车管理使用办法》，通过公务用车信息化平台对全县240辆公务用车进行监督，杜绝公车私用、私车公养等违规现象的发生，同时选择车况较好的22辆车成立公务用车服务平台，按照《定兴县公务用车服务平台管理办法》，责成专人做好县直各部门公务出行保障工作，并严格履行派车审批手续。2019年初，对全县党政机关公务用车编制进行重新核定，对全县事业单位进行车改，核定公务用车编制87辆，保留公务用车87辆，处置车辆6辆。全年完成环保督查、基层党建、脱贫攻坚等公务用车保障服务3000余车次。

【办公用房核查】 严格按照相关规定，对全县77个单位的办公用房进行使用情况核查，杜绝超标准配备办公用房、杜绝另设休息室、杜绝领导干部违规配备卫生间等问题。

【公共机构节能宣传】 积极开展节水、节能宣传活动。6月17—23日，组织开展以“绿色发展，节能发展”为主题的节水宣传活动和“低碳行动，保卫蓝天”主题节能宣传周活动，通过悬挂条幅，张贴宣传画和标识，制作节水宣传栏等形式，共发放节能宣传页500余份，为全县公共机构营造良好的节水、节能氛围，使广大民众自觉参与节水、节能活动。

【综合服务保障】 不断提高会务服务水平，累计会务服务600余次；通过提升食堂服务态度，改善饭菜质量，得到就餐人员的认可。搞好机关食堂、理发、会务服务等工作，确保县委、县政府，县人大、政协，县纪委（监委）“三个大院”正常运转。

（张　勇　侯月华）

地方志工作

【概况】 定兴县志编纂委员会办公室是县政府直属事业单位。其职责是贯彻实施国务院《地方志工作条例》，组织、指导、督促和检查地方志工作，拟定地方志工作规划和编纂方案，组织编纂地方志书和地方综合年鉴，搜集、保存地方志文献和资料，组织整理旧志，推动方志理论研究，组织开发利用地方志资源。全额事业编制5名（含工勤1名）。2019年，定兴县志编纂委员会办公室主动融入京津冀协同发展大势，服务雄安发展，坚持依法修志，深入挖掘历史文化资源，讲好定兴故事，全面推进全县地方志工作。在“河北省地方志成果展”活动、2018年度县级综合年鉴编纂工作中，被市地方志办公室通报表扬。

【县志编纂】 完成《定兴县志（1991—2010）》改造提升工作。县志办以“特点、重点、亮点、看点”为修改目标，加大对文化和民生内容的丰富。认真借鉴修志专家修志经验，聘请修志顾问，对志书内容进行指导、补充、完善，使《定兴县志》无论质量还是从篇幅都有很大提高。加大照片资料的采集力度和范围，继续与县摄影协会合作，征集拍摄照片资料500余张，特别是加大航拍片征集力度，扩大视野，更全面地展现出定兴县20年来的巨大变化与建设成就。

县志办特约摄影师温德军拍摄北齐石柱

【年鉴编纂】 5月底，按时完成《河北年鉴2019》《保定年鉴2019》定兴部分的文稿撰写。8月，完成《定兴年鉴2018》的出版发行工作。《定兴年鉴2018》是定兴县第一部公开出版发行的全彩色年鉴。此卷文前彩图30页，正文320余页，含特载、大事记、定兴概况、各部门及各乡镇工作、文献选编等25个板块，45万字。于8月份下发各乡镇和县直单位。11月，完成《定兴年鉴2019》样稿的编纂工作。

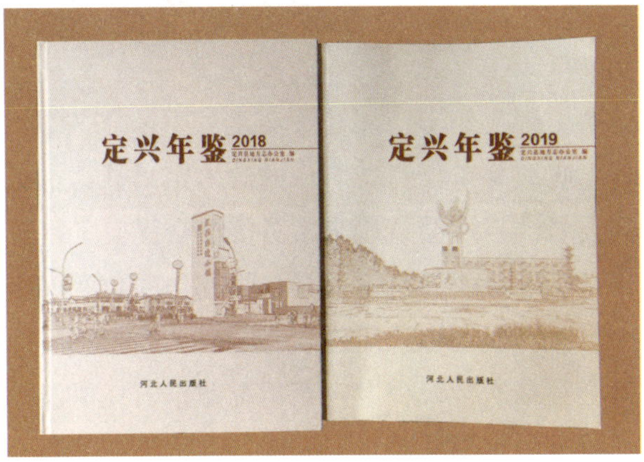

《定兴年鉴2018》《定兴年鉴2019》

【旧志整理和地情书编纂】 积极开展旧志整理工作。光绪《定兴县志》的点校工作基本完成。10月印制样书20册，专家进行最后审阅。乾隆《定兴县志》的初步点校已经完成，请专业人士进一步点校。通过旧志的整理，使这一丰厚的历史地情信息资源服务定兴经济建设、文化建设和社会管理。积极谋划定兴地情丛书《黄金台文库》的编纂。通过精心整理，《易水情缘》《血沃中原》《名将张柔》正式出版，《王实甫杂剧故事》《王实甫杂剧注释》《淮阳集》《林石逸兴》已经送交出版社。

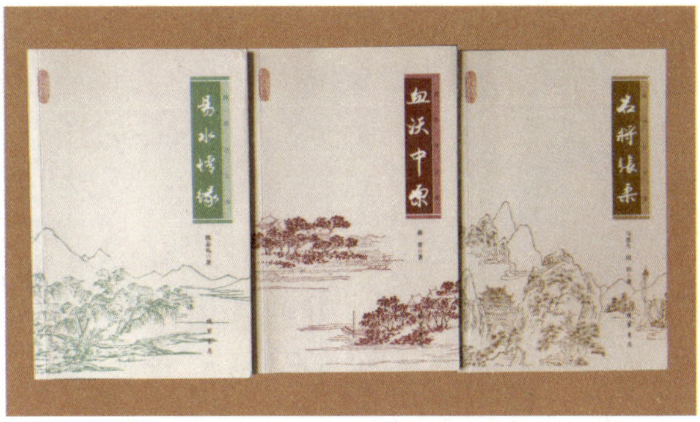

《易水情缘》《血沃中原》《名将张柔》出版发行

【信息化工作】 以"传承范阳文化，讲好定兴故事"为目标，截至2019年底"方志金台"公众号已经刊发378期。通过"方志金台"公众号广泛宣传，让更多人了解定兴，热爱定兴。持续推进方志文化在全社会的宣传。2月21日，召开河北省信息化工作座谈会，定兴县志办"方志金台"公众号受邀参加，保定市被邀参加的仅有定兴、安国两家县级单位。

【特色工作】 积极组织参与完成"庆祝中华人民共和国成立70周年暨双城联创惠民生"摄影大赛、摄影展工作。大赛征集反映定兴县70年辉煌成就和双城联创丰硕成果的作品2300余张，评出一、二、三等奖和优秀奖、组织奖，其中遴选出120张优秀作品，在黄金台博物馆特展展厅展出，受到全县人民的普遍好评。"方志金台"公众号连续推出十四期《图说定兴》"庆祝中华人民共和国成立70周年暨双城联创惠民生"摄影大赛作品选登，点击转载量20万次，将活动推向高潮。

（徐兴国　孙艳华）

政协定兴县委员会

综　述

【概况】　政协定兴县委员会是中国人民政治协商会议的地方委员会之一，在中共定兴县委的领导和保定市政协的指导下开展工作。内设机构有办公室、经济委员会、社会法制提案民族宗教委员会、科教文卫委员会、农业农村委员会。

【指导思想】　2019 年是中共定兴县委提出撤县建市、跨越崛起的第一年。县政协在中共定兴县委的坚强领导下，坚持以习近平新时代中国特色社会主义思想为指导，牢牢把握团结和民主两大主题，紧紧围绕政治协商、民主监督、参政议政三大职能，在服务发展中准确定位，在履职实践中主动作为，为全县跨越崛起做出积极贡献。

重要会议

【政协定兴县第十三届委员会第三次会议】政协定兴县第十三届委员会第三次会议于 1 月 27—29 日举行。会议听取并审议傅勤所作的政协定兴县第十三届委员会常务委员会工作报告；听取并审议肖钧所作的政协定兴县第十三届委员会三次会议以来常务委员会提案工作报告；听取并协商讨论代县长吴鹏作的政府工作报告；听取刘晓涛所作政协定兴县第十三届委员会第二次会议提案审查情况的报告；审议并通过政协定兴县第十三届委员会常务委员会工作报告和提案工作报告的决议；审议通过政协定兴县第十三届委员会第三次会议政治决议；刘晓涛宣读《争做“四新”委员，在定兴撤县建市跨越崛起中建功立业的倡议书》。

【县政协常委会】　2019 年全年共召开 4 次常委会会议。

1 月 18 日，县政协第十三届委员会第八次常委会议召开。会议审议通过关于召开县政协十三届三次全会的决定，审议通过县政协十三届三次全会的议程、日程等草案，会议就县政协工作报告和县政协提案工作报告征求常委意见。

1 月 29 日，县政协第十三届委员会召开第九次常委会议。会议审议通过县政协十三届三次会议提案审查情况的报告、县政协十三届三次会议工作报告的决议（草案）、县政协十三届三次会议提案工作报告的决议（草案）、县政协十三届三次会议政治决议（草案）。

5 月 16 日，县政协第十三届委员会召开第十次常委会议。会前，参会人员考察大北环建设情况、创园工作进展情况及华建路立交桥建设情况。会上，县交通局汇报大北环公路和华建路立交桥建设情况、县执法局汇报创园工作开展情况、县住建局汇报创园工作开展情况。政协委员郑文奎等人围绕创园工作进行发言。县委常委、副县长刘旭就做好创园工作发表重要意见。县政协主席傅勤充分肯定创园工作取得各项成绩，希望各部门继续加大工作力度，进一步完善城市基础设施建设，不断提升城市建设水平和品位。

7 月 24 日，县政协第十三届委员会召开第十一次常委会议。会前，参会人员考察保定通美晶体制造有限公司、河北匠工新型建筑材料有限公司、河北紫光新锐智能消防设备有限公司、河北德嵩生物科技有限公司。会上，金台经济开发区汇报全县项目建设情况、县水利局汇报南拒马河防洪工程建设情况、杨村乡汇报辖区内南拒马河防洪工程建设情况。

9 月 16 日，县政协召开“双城联创”专题工作会议。会前，参会人员实地考察明湖公园、金台公园、首府花园建设情况。会议分别听取县住建局、县执法局关于创园工作开展情况的汇报。县委常委、副县长常伟通报县创园工作开展情况，并就下一步工作发表具体意见。县政协常委和委员做交流发言。

主要工作

【巩固思想政治基础】 认真贯彻落实中央《关于加强新时代人民政协党的建设工作的若干意见》，先后5次组织县政协委员和县机关干部参加省、市、县培训会议，强化理论基础，提升政治站位。按照县委要求，认真开展“不忘初心、牢记使命”主题教育，经县政协党组研究，不仅要在党内把主题教育搞好、搞实、搞出成效，而且要将主题教育集中学习延伸至全体机关干部，并号召广大政协常委、委员主动参与其中。各位党组成员带头做交流发言，党员干部结合各自思想和工作实际，以深入检视问题为契机，聚焦思想、政治、能力、作风和廉政等方面，查找问题35条，制定改进措施12条，机关作风明显改善。

【协商议政】 聚焦乡村振兴集思广益。围绕“加快产业发展，助推乡村振兴”，8月2日，县政协主席傅勤带队到北京市密云区对“红酥梨种植”项目进行考察，就项目的引进达成初步协议。11月22日，组织县农业农村局、李郁庄乡、贤寓镇工作人员等到北京新发地进行学习考察，与北京丰台区政协及有关企业进行深入交流。

【民主监督】 认真贯彻落实中共中央办公厅《关于加强和改进人民政协民主监督工作的意见》，选派54名政协委员参与行风评议、价格听证、农村环境治理等监督活动。将提升质量作为提案工作的重点来抓。会前编写《提案参考题目》，保证委员选题有的放矢；会中指导委员书写提案；会后狠抓落实，各位主席采取跟踪督办、电话催办、现场督办及表彰先进等措施，确保提案“事事有着落、件件有回音”。县政协十三届三次会议以来，共提出提案52件，全部办理完毕，答复率100%，走访率100%，委员满意和基本满意率98%，做到“四满意”（即委员满意、群众满意、提案办理部门满意、领导满意）。10月22日，全市提案办理协商平台建设现场会在定兴县召开。

【关注民意回应诉求】 针对大家普遍反映强烈的城市道路拥堵问题，12月23—26日，会同县执法局、县交通局、县财政局、县交警大队负责人先后到唐县、曲阳进行调研，学习大力发展公共交通事业、解决城市道路拥堵问题的好经验、好做法。同时到大钟寺立交桥、火车站立交桥、通兴路、南环路等易堵路段实地调研，撰写专题调研报告，提出具体意见和建议。

【党的建设】 先后2次到邯郸市曲周县学习考察政协党的建设工作。结合定兴实际向县委写出专门报告，建议按界别、区域，在全县政协委员中建立10个党支部。县政协成立专门推进小组，高标准、高规格建成京通客运第一党支部，为实现全覆盖奠定坚实基础。

【对外宣传】 按照“发出定兴好声音，弘扬定兴正能量”办刊宗旨，改进栏目、丰富内容，讲好定兴故事、讲好政协故事、讲好政协委员故事，高质量完成2期《乡情》刊物的编辑出版工作，刊物的社会影响力越来越大。建设完成政协信息化网络服务平台，实现提案动态化管理，委员服务、社情民意直通信息化管理，提升政协机关工作效率。

【模范引领】 政协十三届三次全会发出“争做‘四新’委员，在定兴撤县建市跨越崛起中建功立业的倡议”之后，各委员小组积极响应、制定计划，形成比学赶超的浓厚氛围。各委员小组之间、县直组与乡村委员之间，党员委员与非党员委员之间展开争星竞赛，优胜者在政协常委会上做经验交流，焕发大家干事创业的激情。12月，通过个人自荐、小组推荐、社会推荐、政协专委会推荐、综合评审，经县纪委监委审核、网上公示后，产生10名“跨越崛起委员标兵”、35名“优秀政协委员”、10件“优秀提案”。

（孙志国）

纪检 监察

综　述

【概况】　中共定兴县纪律检查委员会、定兴县监察委员会实行合署办公，履行纪检、监察两项职能。内设机构有办公室、组织部、信访室、党风政风监督室、案件监督管理室、案件审理室、第一监督检查室、第二监督检查室、第三监督检查室、第四监督检查室、第五监督检查室、第六监督检查室、第七审查调查室、第八审查调查室、第九审查调查室、第十审查调查室。编制86名。

【指导思想】　在市纪委监委和县委的正确领导下，深入学习贯彻习近平新时代中国特色社会主义思想，忠诚履行监督执纪问责和监督调查处置职责，坚持聚焦主责主业，持之以恒正风反腐，深化运用监督执纪“四种形态”，持续推进纪律检查体制改革和国家监察体制改革，全面从严治党取得新进展新成效。

主要工作

【主题教育】　全县纪检监察干部认真学习贯彻习近平新时代中国特色社会主义思想，切实做好“学习教育、调查研究、检视问题、整改落实”每一环节的具体任务，在“守初心、担使命，找差距、抓落实”上深化认识、强化自觉；县纪委监委领导班子带头重温中共十九大报告和党章、讲授专题党课、深入基层调研、对照党章党规找差距、开好专题民主生活会，有力促进思想认识提高和党性增强。深入推进全面从严治党政治责任落实。结合市纪委十一届三次全会和县纪委九届四次全会精神，研究制发《2019年定兴县纪委监委落实全面从严治党监督责任清单》；印发“一本通”纪实手册500余册，督促各乡镇纪委和县直部门纪检组制定监督责任清单并签订责任书；深挖细查落实全面从严治党“两个责任”工作不力的问题，全年共问责领导干部13人，党纪政务处分11人，诫勉谈话2人。深入推进廉政教育。研究制发《2019年全县党风廉政建设宣传教育工作要点》《关于建立警示教育制度化常态化的实施办法》等制度文件，协助县委召开全县领导干部政治性警示教育大会3次，通报典型案例20起；指导督促全县各单位各部门开展警示教育活动107次，组织观看警示教育片5次；开通定兴纪检监察微信公众号，及时发布法律法规解读及廉政提醒100条，发布典型案例4起；拍摄警示教育片《田氏家族覆灭记——定兴县纪委2•14专案查处工作实录》，结合定兴工作实际编印《定兴县全面从严治党法律法规文件汇编》，为推动全面从严治党在基层落地生根提供工作指南。

【落实上级重大决策部署】 加强对重大决策部署贯彻落实情况的监督检查。认真贯彻落实中央及省市纪委监委关于违建别墅和京津冀违建大棚房整治工作的指示精神，对侵占生态保护红线违法违规房地产项目、“大棚房”清理整治工作和全县春季拆违攻坚行动进行监督检查；做好中华人民共和国成立70周年国庆、全国“两会”等重要时间节点期间的稳定保障工作，制发专题文件3个，排查信访隐患20件；协助县委推动阳光问政、群众满意度测评和“基层减负年”等活动扎实开展，推动县委“16448”工作部署有效落实；加强对深化机构改革纪律执行情况的监督检查；建立《关于宗教工作监督执纪问责工作日常沟通机制》，确保党中央关于宗教工作的重大决策部署在定兴县落地见效。切实整治形式主义、官僚主义。开展整治形式主义突出问题专项检查，对2019年查处的定兴县动物防疫监督站固城分站站长刘某某等人工作作风不扎实典型案例进行公开通报。扎实把好廉政审查关。严把选人用人工作政治关、品行关、作风关、廉洁关，对新提拔的56名领导干部严格把关，组织任前廉政考试5次，开展任前廉政谈话5次，筑牢新任职领导干部的廉洁思想防线。切实做好营商环境领域监督执纪工作。印发《关于对优化营商环境、项目落地过程中重大政策措施落实情况开展监督检查的通知》，精准监督检查职能部门不作为、慢作为、乱作为、吃拿卡要等影响营商关系的人和事。

【纪检监察体制改革】 推进“两为主”工作机制深入落实。建立县纪委监委监督检查室联系指导单位部门工作机制，各监督检查室指导各乡镇处置问题线索111个，立案24个，结案24个，党纪处分28人；联合县委组织部对10个乡镇纪委书记进行人选提名和考察，对12个乡镇纪委副书记人选进行提名考察和任命，17个乡镇纪检监察人员已全部配备到位；制发《严格执行下级纪委向上级纪委请示报告制度的通知》，加强对基层纪检监察组织的管理。推进国家监察体制改革深入开展。推进监察职能向基层延伸，完成向乡镇派出监察办公室工作；督促全县纪检监察干部严格按照相关规定规范使用审查调查措施和制式文书，确保依纪依法办案。推进乡镇纪委规范化建设。制发《关于推进全县乡镇纪检组织规范化建设的工作方案》，指导督促各乡镇深入推进乡镇纪检组织建设；联合县编办对乡镇纪检监察干部编制及乡镇监察办公室机构进行明确；建立乡镇纪检监察干部动态信息档案；指导督促乡镇纪委加强办公室场所建设，各乡镇设置“走读式”谈话室1间，安装视频监控设备，配备办案必要的设备；结合工作实际选取5个乡镇，顺利完成第一阶段乡镇纪委谈话室软包工程建设；协调督促县财政局将各乡镇纪委的日常工作经费、办案经费按照相关标准纳入县级财政预算。切实做好派驻机构改革。制发《定兴县纪委监委派驻机构改革方案》《关于深化县纪委监委派驻机构改革的实施意见》《定兴县纪委监委机关内设机构调整方案》，撤并5个内设机构，派驻5个纪检监察组，派驻机构均已挂牌，组长和其他任职人员均已到位，实现对全县53个党政机关和群团组织的派驻监督全覆盖。

【监督执纪】　着力开展联乡监督。县纪委监委领导班子不定期深入基层监督检查，督促各乡镇、党委开展办公用房使用情况专项治理，发现问题线索19条，立行立改10条，审查调查9条，党纪政务处分2人，诫勉谈话1人，责令检查2人；督促各乡镇、党委组织村“两委”干部开展非法采砂、违法占地廉政承诺活动，强化廉洁从政意识。着力开展专项监督。组织开展领导干部利用名贵特产类特殊资源牟取私利问题专项整治，督促全县73个单位进行自查自纠；组织开展“一桌餐”“天价烟”等隐形四风问题监督检查，对县城内20家重点企业、312户烟草零售户进行走访调查；组织开展“私车公养”专项整治，督促全县各单位各部门开展自查自纠；开展招标投标不规范问题专项清理整治，组织重点部门进行自查自纠，并全程进行监督；对2019年定兴县面向社会公开招聘义务教育学校教师工作进行全程监督。着力开展集中整治。扎实开展集中整治违反中央八项规定精神工作，印发《关于贯彻习近平总书记重要批示精神深入落实中央八项规定精神开展专项监督检查工作的通知》等文件；组织全县副科级以上党员干部签订《党员领导干部遵守中央八项规定精神承诺书》；成立集中整治违反中央八项规定精神工作专班，先后组建7个检查组，通过实地检查、翻阅资料等方式开展监督检查12次，发现问题线索114条，对情节轻微的78条问题督促有关单位部门立行立改，对工作纪律执行不到位等20个问题进行通报批评，对涉嫌违规违纪的16条问题线索启动审查调查程序；紧扣春节、中秋等重要时间节点，针对全县各单位落实中央八项规定精神等情况进行专项监督检查，自查或接受问题线索49件，已全部查结；全县通报违反中央八项规定类和纠正“四风”类典型案件共计11件，通报违纪人员12人。着力开展日常监督。定期组建监督组对全县各单位各部门纪律执行情况进行监督检查，发现问题线索20件，对17件轻微的问题线索责令相关单位立行立改，对3件问题线索进行审查调查，党纪处分1人，组织处理5人；要求全县各单位各部门加强对党员领导干部和国家公职人员严格执行公务人员操办婚丧喜庆事宜规定情况的监督，共有22名科级干部报备婚庆丧葬事宜。着力推进县管干部廉政档案建设。制发《定兴县领导干部廉政档案管理办法（试行）》，将全县所有县委管理领导干部相关档案进行统一整理，县纪委监委已为全县741名县管干部建立廉政档案；建立动态更新机制，夯实筑牢党内政治生态的基础性工作。

【惩治腐败】　切实加大审查调查工作力度。2019年，全县纪检监察机关共处置问题线索536件，立案219件，查结206件，党纪政务处分283人，挽回经济损失1849万元并全部上缴国库；运用监督执纪第一种形态处置596人次，占比67.2%；运用第二种形态处置248人次，占比27.9%；运用第三种形态处置23人次，占比2.6%；运用第四种形态处置20人次，占比2.3%。加强重大典型性案件查处力度，完成消除“两个空白点”任务，采取留置措施2人次；查办贪腐类案件2件，党内警告2人，开除党籍2人，并移送检察机关审查起诉。切实做好纪检监察信访工作。全年共接到群众举报941件，其中有效检举控告187件，重访举报754件，受理信访举报总量与上年同期相比减少97件，同比下降9.3%；深入开展乡镇信访案件清零专项活动，全面排查乡镇未办结的信访案件；通过清零专项行动，全县各乡镇共上报信访案件52件，查结52件。切实做好审查调查工作“后半篇”文章。开展处分决定执行不到位问题专项整治，对2013年至2018年全县纪律处分决定执行情况逐人逐项进行自查，发现存在公务员受处分期未按规定降低级别、工资待遇及处分期内晋级晋档、考核不规范问题20个，整改到位17个，未整改到位3个，追责3人；制定《关于重大典型违纪违法案件推行“以案促改”的实施意见》，发挥典型案件的警示教育作用。切实增强反腐败协调工作水平。进一步健全县委反腐败领导小组，将县生态环境局、县自然资源和规划局等21个具有行政处罚权的单位纳入县委反腐败协调小组；加大问题线索移交力度，向司法机关移送2人，其他单位向县纪委监委移交问题线索36条，查结34条，正在审查调查2条。切实增强办案安全工作力度。严格执行县纪委监委领导班子留置点带班值班制度，严格管理督促、强化沟通协调；按时对专案组和陪护人员办案安全情况进行检查，严格把好审查调查安全关；组织召开谈话室规范使用专题培训会；健全安全员制度，明确专人对县纪委谈话室进行统一管理，切实提升谈话室管理使用规范化水平；与县医院沟通协调，建立医疗“绿色通道”，明确具体医护人员和急救病房，配备常用应急药品和必要的医疗设备，坚决杜绝意外突发事故的发生。

【作风整治】 组织全县纪检监察干部认真学习省市纪检监察系统工作会议精神，并进行专项整治，梳理4月18日前的群众身边腐败问题线索244条，均已全部办结，运用“四种形态”处置316人；开展侵害群众利益问题专项整治，组织全县各单位进行自查，共发现问题线索104件，查结49件，正在调查1件，给予党纪处分10人，组织处理24人，已答复解释或协调解决54件。强力推进涉黑涉恶腐败专项治理。持续压实“两个责任”，严格落实“一案三查”工作机制，彻底查清黑恶势力背后“关系网”“保护伞”案件背后的腐败问题和失职失责问题。审查调查上级纪委转交的问题线索30件，收到县扫黑办转来问题线索114件，正在核查问题线索46件。强力推进扶贫领域腐败和作风问题专项治理。将扶贫专项治理作为联乡监督的重点内容，县纪委监委领导班子成员不定期带队进村入户督导扶贫工作；2019年，共查处扶贫领域违纪问题4件，党纪处分5人，通报典型案例2件。强力开展加强生态环境保护监督执纪工作。2019年全年，共查处破坏生态环境案件17件，追责问责29人，党纪政务处分29人，涉及科级干部1人。开展“一问责八清理”重点任务整改“回头看”工作。在组织各牵头单位、责任单位对2016年、2017年“一问责八清理”专项行动发现问题整改情况、2018年“一问责八清理”专项行动回头看发现问题整改情况及2019年巡视发现个别干部办公用房超标、违规经商办企、长期“吃空饷”等问题进行全面自查的基础上，组建督导组开展重点抽查核查，查处办公用房管理不到位问题1件，政务处分1人；在企业兼职取酬问题2件，党纪处分2人，诫勉谈话2人，责令检查2人；查处违规经商办企业问题1件，党纪处分1人。

【教育监督管理】 健全干部队伍理论学习工作机制。健全完善县纪委监委理论中心组学习制度，认真学习习近平新时代中国特色社会主义思想、十九大和十九届四中全会及中央省市纪委全会精神；抓好县纪委监委机关意识形态工作，调整意识形态工作领导小组，制发意识形态工作安排。健全干部队伍教育培训工作机制。制定《2019年全县纪检监察干部培训工作计划》，组织全县纪检监察干部开展党性教育、纪检监察业务知识和法律法规文书使用等专题培训22次；认真组织相关人员参加中纪委纪检监察干部系列课程培训和省纪委监委学习贯彻《中国共产党纪律检查机关监督执纪工作规则》《监察机关监督执法工作规定》专题培训会议，组织开展《中国共产党纪律检查机关监督执纪工作规则》《监察机关监督执法工作规定》专题测试5次、旁听公开庭审职务犯罪案件1次。健全机关内部管理机制。健全完善机关保密、干部请销假、公文处理、公车管理、值班工作和差旅费管理等制度机制，编辑制发《县纪委监委机关工作制度汇编》；加强纪检监察干部队伍教育管理，提醒谈话1人，函询1人，坚决防止“灯下黑”。

【提高巡察工作质量】 高质量开展政治巡察。县委高度重视巡察工作，把巡察工作列入县委常委会年度工作要点、列入重要议事日程。高质量做好巡察工作“后半篇文章”。对照省委第九巡视组《关于对定兴县委巡察工作开展专项检查的情况报告》中指出的问题，制定完善《关于县委加强对巡察工作研究指导的工作制度》《巡察报告问题底稿管理办法》等10个制度文件，健全完善促进整改落实的制度机制，持续跟踪督办被巡察党组织的整改落实，督促做好“后半篇文章”。高质量推进机构队伍建设。增设1个巡察组机构人员编制，常设巡察机构达到“一办四组”的规模；制定下发《定兴县委巡察工作人才库人员选配与管理暂行办法》，对巡察工作人才库进行优化更新；制定巡察干部年度学习培训计划；制定下发《关于巡察组干部考评工作的实施办法（试行）》，健全完善《关于进一步加强对巡察干部监督的意见》，严格对巡察干部的管理、考核，严格落实巡察干部“十严禁”工作纪律，打造一支忠诚、干净、担当的巡察干部队伍。

（李俊颖）

定兴县总工会

【概况】 定兴县总工会是中共定兴县委领导下的全县职工自愿结合的工人阶级群众组织，是党联系职工群众的桥梁和纽带，是会员和职工利益的代表。县总工会业务上接受保定市工会工作指导。内设办公室、基层部、财务部。行政编制5名。2019年，定兴县总工会以中共十九大会议精神为指导，全面贯彻县委和市总工会对工会工作的新要求，紧紧围绕京津冀协同发展，全面履行工会各项职能，突出“四级联创五个好”工程，坚持“三为”理念，强化改革创新、强化依法治会、强化求真务实、凝神聚力、攻坚克难、不断创新完善“五大工作体系”，努力打造实力工会、活力工会、魅力工会，团结动员全县各级工会组织和广大职工，为打造“京南生态卫星城”，实现定兴跨越式发展而努力奋斗。

【主题教育】 根据县委《关于在全县开展“讲政治、转作风、强责任、抓落实”行动实施方案》精神，县总工会结合实际，制定具体、可操作的实施方案。认真学习相关文件，召开反思总结会，对照市委书记聂瑞平“九个始终记在心上”讲话要求和市委书记郭建英“九个为什么”深刻反思，查找工作短板，明确努力方向，全面完成整改。认真开展“不忘初心、牢记使命”主题教育，认真学习《习近平新时代中国特色社会主义学习纲要》、《习近平“不忘初心、牢记使命”论述摘编》和习近平系列重要讲话精神，在学深、学精、学透上下功夫。班子成员围绕“践初心、问良策、解难题、办完事”主体，认真开展调查研究，深刻剖析问题根源，制定切实可行的整改措施，全面完成整改。

【党风廉政建设】 认真学习贯彻中央及各级党委、纪委关于党风廉政建设和反腐败工作部署要求，坚持把党风廉政建设工作放到更加突出的位置，将党风廉政建设工作和业务工作有机结合起来，践行党的群众路线和“三严三实”要求，严格落实中央八项规定精神，驰而不息纠正“四风”，持续整治“庸懒散奢”“吃拿卡要”等不作为、乱作为问题，严格党内组织生活，定期组织召开领导班子民主生活会，在思想观念转变和作风建设责任落实上，提出具体的整改措施，进一步健全作风建设长效机制，彻底把形式主义、官僚主义、享乐主义和奢靡之风排除在工会之外，确保作风建设取得扎实成效。

【“三深化、三提升”工作】 深入开展政治纪律专题教育，继续加大对不遵守上下班时间、工作日饮酒、24小时带班值班及其他违反工作纪律等问题的惩处，规范完善各项规章制度，引导干部自觉坚持和维护“四个服从”，找准自己的定位和任务，针对自己存在的问题制定具体落实措施，不折不扣落实到位。

【职工帮扶及劳模管理工作】 组织开展第八期“职工互助一日捐”活动。发动100家企事业单位参加，参与职工7296人，筹款364800元。开展困难职工帮扶。县总工会干部分成8组，对在档困难职工进行一对一“帮扶”，月月走访，核实真实情况，了解实际需求，制定针对性措施帮助其解困脱困。在重要节日，帮扶责任人深入一线，对在档的困难职工进行走访慰问，并送去米、面、牛奶等慰问品。对在档困难职工入户调查，全面开展重新识别认定、建档立卡工作。符合条件的在档困难职工由2017年底的211名精准到8名，并分别制定具体的脱困措施，全面实施帮扶。年底前，完成在档8名困难职工脱困解困目标。

【推进工资集体协商规范化进程】 2019年，按照细化、量化、硬化“三化”标准，集中在提高协商质量、突出实效上下功夫，通过开展工资集体协商百日行动，下乡进企，重点抓私营企业职工的工资集体协商，对推荐代表、发出要约、双方协商、职代会审议合同、劳动部门审查、合同文本公布等程序进行面对面指导，大幅提高集体协商覆盖面。

【基层组织规范化建设】 开展基层工会建会和换届工作专项行动。力争做到“应建尽建、应入尽入”“应换尽换”。2019年全年共完成基层工会换届107个，新建工会6个。

【文娱活动】 举办“庆元旦”首届职工运动会。运动会设三人篮球、游泳2个大项。来自全县40多个基层工会代表队，200多名运动员，在为期3天的竞技大舞台上，以“参与、健身、团结、奋进”为宗旨，有力展示“更快、更高、更强”的体育精神和职工奋勇争先的拼搏精神。举办2期太极拳、太极剑培训班，增强职工体质，丰富职工业余生活，深受职工好评。举办定兴县第三届“美创装饰”杯职工羽毛球混合团体赛。来自县直、企事业干部职工100余人参加比赛。为纪念中国共产党成立98周年暨中华人民共和国成立70周年，与县委统战部联合举办“翰墨颂党恩”主题书画笔会。全县30余名书画家用画笔抒发对党的热爱和对祖国的赞美之情。成功举办庆祝中华人民共和国成立70周年文艺会演。

【慰问活动】 在元旦、春节、端午节、中秋节日前夕，对分包的13个贫困户和在档的8名困难职工进行走访慰问，在六一前夕对贫困户和困难职工在校中小学生送去书包、文具等学习用具，让贫困群众体会到党和政府的关怀和温暖。认真开展“冬送温暖”和“夏送清凉”活动，对定兴龙源热力有限公司、吉忠热力公司、县供电公司电力施工人员、县公安局执勤民警和北控环境公司环卫工人等进行走访慰问。

（王　欢）

中国共产主义青年团定兴县委员会

【概况】 团县委是中国共产主义青年团的地方组织，受中共定兴县委和保定团市委直接领导，负责全县共青团工作，指导全县少先队工作，对全县青年的社团组织进行指导和管理等。内设机构有办公室、组宣部、工农部、学少部。机关行政编制5名，领导职数2名。2019年，在团市委和县委的领导下，深入学习习近平新时代中国特色社会主义思想，认真贯彻落实中共十九大会议精神，以服务中心工作大局和青年成长成才需求为重点，抓特色，求突破，深化服务，开拓创新，实现共青团事业新发展，为助推县域经济发展作出积极的贡献。全县共有基层团委27个，团总支32个，团支部614个，团员14547名，专职团干部5名，兼职团干部639名。

【政治建设】 扎实推进《定兴县中长期青年发展规划联席会议制度》有效落地，组织召开定兴县中长期青年发展规划联席会议第一次全体会议。会议审议通过《定兴县贯彻落实省、市中长期青年发展规划（2018—2025年）2019年度重点工作(草案）》，为推动《规划》落实奠定坚实基础，为加快推动定兴跨越崛起贡献

6月28日，县委宣传部、团县委、县委党校、县教体局联合举办“时代新人说—我和祖国共成长”演讲比赛

青春力量。组织“时代新人说——我和祖国共成长”庆七一演讲比赛和“不忘初心、牢记使命”主题教育演讲比赛，充分展现党员干部、团员青年积极向上、勇于拼搏的精神风貌，进一步激发青年干事创业的热情。

【服务全县大局】 充分发挥共青团组织优势，助力“乡村振兴”。团县委联合龙华火龙果农业生态基地组织团员青年、少先队员以及青年家长开展多次参观活动，让青少年们亲身了解农业生产一线，引领更多的青少年深入乡村，了解农业、农村知识，让全县广大团员、少先队员和青少年们融入时代，共同铸就乡村振兴的伟大志向，为乡村振兴贡献青春力量。围绕县委中心工作组织开展各类志愿服务工作。组织开展“大手牵小手、小手拉小手”系列活动，助力扶贫攻坚。团县委多次联合社会爱心人士，组织青年志愿者开展3次主题为“大手牵小手 扶贫志愿行”的扶贫慰问志愿服务活动。活动中，志愿者们为贤寓镇、李郁庄乡和北南蔡乡3个乡镇共计50余名建档立卡贫困儿童送上慰问金以及羽绒服、书包、文具等学习生活用品。充分发挥青年在传播文明、弘扬新风中的先锋模范作用，努力为贫困儿童贫困户排忧解难，营造人人参与扶贫脱贫的社会氛围。助力“双城联创”工作，积极响应县委、县政府创建国家级园林城市、省级文明县城的号召，召开“双城联创”工作团干部动员会。印制、发放“创城”倡议书，制作1000余套志愿者马甲、帽子和300多个志愿者绶带、袖标，为“双城联创”志愿工作提供保障。组织开展“双城联创”商家公开承诺活动，组织商家签订《“双城联创”商户门前三包承诺书》，形成全社会共同支持、共同参与的“双创”工作格局，确保定兴县完成“双城联创”验收。组

织500余名志愿者开展一系列志愿活动。组织安排志愿者上街进行志愿服务，清理垃圾，指挥交通，为城市市容市貌作出巨大贡献，极大地方便市民的生活。组织开展10期“小小交通劝导员”学雷锋志愿服务活动，在迎宾大街与通兴路交叉口，迎宾大街与开放路交叉口实地指挥交通安全。增强全民交通法治意识、安全意识和公德意识，进行“文明交通 从我做起”交通劝导，以实际行动呼吁广大群众自觉遵守交通规则，文明出行，营造全社会关心、支持、参与、推动“双城联创”的浓厚氛围。

【提升团建水平】 召开“辉煌七十载 青春一百年”2019年五四青年节庆祝大会。4月30日上午，团县委组织全县共计400余优秀青年开展五四青年节庆祝大会。县委书记韩朝红，县长吴鹏，县委常委、组织部长张志辉，县委常委、宣传部长赵胜男，县人大副主任耿建明，副县长王波，县政协副主席王洪波出席会议。团市委副书记杨树林应邀出席会议。会上表彰2018年度五四红旗团委(团支部)、优秀团干部、优秀共青团员、优秀青年志愿者、青年文明号，完成少代会换届选举工作。6月，按照团省委、团市委要求的时间节点召开中国少年先锋队定兴县第四次代表大会，完成少工委换届选举工作,并在全市范围内率先完成全县县直中小学、各乡镇中心校少工委换届工作，获得团市委领导一致赞扬，扎实推进定兴县少先队基层组织建设和基层工作。完成团代会换届选举工作。12月27日，共青团定兴县第十六次代表大会开幕。来自全县各条战线、各行各业的131名团代表牢记团员嘱托，肩负历史使命，以高度的责任感和荣誉感，共同绘制定兴县共青团未来发展的蓝图，并在大会完成各项议程后，选举产生共青团定兴县第十六届委员领导班子。

【提高工作实效】 举办定兴县首届“青春杯”足球联赛。自4月20日正式开幕，组织开展为期2个月定兴县首届“青春杯”足球联赛，积极响应全民健身号召，推动广大青年体育锻炼的广泛开展，打造一个以大众足球运动为核心，展现定兴足球风采为主导的足球娱乐平台，促进青年身心健康，营造崇尚健身、参与健身、追求健康文明生活方式的良好氛围。组织开展“感党恩、敬老行”爱老敬老系列活动。7月6日、10月7日组织青年志愿者分别到李郁庄乡永安庄村、张家庄乡开展“感党恩、敬老行”爱老敬老行动，为当地老人包饺子，奉上饺子宴，并带去爱心物资，充分发挥青年在传播文明、弘扬新风中的先锋模范作用，努力为老年人排忧解难，营造敬老爱老让老的社会氛围。组织开展“爱心助力高考”志愿服务活动。6月7—8日，组织100余名青年志愿者在每个考点搭建遮阳帐篷、设置青年志愿服务岗，为考生免费提供2B铅笔、橡皮等考试文具，安排“爱心送考车”，为考生、交警和其他志愿者提供矿泉水、绿豆汤等防暑用品，以及风油精、藿香正气水、藿香正气软胶囊等应急药品，为考生和考务人员排忧解暑。每场考试结束后，青年志愿者们主动清理学校周边的卫生，为高考营造舒适整洁的环境。

(王丽颖)

定兴县妇女联合会

【概况】 定兴县妇女联合会是县委领导下的社会群众团体，主要职责是代表和维护妇女权益，促进男女平等。下辖17个乡镇（城区）妇联。内设办公室。行政编制5名，实有4名，领导职数2名。2019年，县妇联牢牢把握政治性、先进性、群众性要求，坚持党的领导、强化政治引领，团结带领广大妇女为实现定兴跨越崛起，全面建成小康社会贡献巾帼力量。3月，被授予保定市妇联系统先进集体称号。

【思想建设】 组织全县妇联干部通过学习强国平台、河北干部网络学院等进行中共十九大知识学习和答题活动；深化纠正“四风”和作风纪律专项整治，推进“讲政治、转作风、强责任、抓落实”行动，开展“不忘初心、牢记使命”主题教育活动。推荐京通客运公司妇委会为省级“巾帼文明岗”，推荐保定恒兴食品有限公司为全国“巾帼文明岗”。

【文明创建】 3月7日，召开“三八”国际妇女节庆祝大会，评选表彰 “三八红旗手”50名，“三八红旗集体”10个，“巾帼建功标兵”44个，巾帼文明岗15个，为2018年度48个最美家庭举办魅力女性大讲堂，女神俱乐部创始人孙曼曼围绕职业魅力女性形象进行演讲。3—4月，联合县教体局共同开展以“扬家风 传美德 正品行 共成长”为主题的家庭亲子朗读竞赛活动。4月28和29日，联合县实验幼儿园举办以“拥抱春天 悦动童年·大手牵小手 亲子齐步走”为主题的第五届亲子运动节。5月30日，与县教体局、县城区管委会共同举办家庭教育主题宣传活动启动会暨公益讲座进社区活动。7月30日至8月19日，在微信公众号开办“培育善美家风·践行初心使命”家教家风主题展13期。

【关注妇女、儿童弱势群体】 5月12日，为建档立卡户20名贫困母亲送去米、面、油和洗涤用品，并送去鲜花表示祝福；“六一”前夕，对全县建档立卡户54名贫困小学生进行慰问，送去装有学习、生活用品的“爱心书包”；7月31日，与县民政局携手环航世纪股份集团、天新月欣传媒联合对定兴镇、杨村乡、城区3个乡镇的500名建档立卡人员送去价值10万元的米、面、油等物资；联合县人社局、县职教中心重点扶持定兴县优玥家政公司举办育婴师培训，共培训256人，就业率达50%，8月19日，举办首期育婴员家政服务技能大赛；与县人寿保险公司联合开展“关爱女性健康助力精准脱贫”活动，共为343名妇女办理“巾帼保”业务；1月19—20日、7月20—21日、12月14—15日，组织巾帼志愿者与北京仁爱慈善基金会的志愿者分组深入78名困难学生家中进行走访慰问，送去救助金及米面油、学习用品、衣物等，款物价值共计26万元。

【开展妇女、儿童法律宣传活动】 3月，组织开展“三八”妇女维权周妇女维权法律知识微信竞答活动。组织开展“促平等促和谐 巾帼筑梦新时代”为主题的法律宣传活动。5月29日，联合县教体局在固城镇国兴小学举办“木兰有约”法治宣讲进校园活动，为第一批定兴县“木兰有约”法治宣讲团的16名志愿讲师颁发聘书。12月4日，与县委办、县政府办、县司法局等30个单位以“弘扬宪法精神，推进国家治理体系和治理能力现代化”为活动主题，在县文化广场开展集中宣传活动。

【“美丽庭院”创建】 制定《2019年定兴县农村人居环境整治·美丽庭院创建专项行动实施方案》，明确创建工作指导思想、总体要求、创建标准、任务目标、保障措施，将美丽庭院创建任务按照各乡镇实际情况进行细化分解。通过现场观摩明方向，微信矩阵广传播，抖音短视频打通“最后一公里”，6月28日，组织召开全县美丽庭院观摩推进会，建立美丽庭院创建工作群，注册“定兴妇联”抖音号，形象直接地展示各地典型经验和美丽庭院事迹。做精做细“党建+美丽庭院”“美丽庭院+巾帼志愿服务”“美丽庭院+家风家训”。县级财政拨付8项资金26.55万元，全县已累计完成美丽庭院创建任务78600户，精品庭院16100户，均超额完成省定目标任务。张军平、冯玉兰、曹慧芝等家庭分别荣获省、市级百优美丽庭院创建户。

【意识形态工作】 4月18日，《中国妇女报》驻河北站站长周丽婷对定兴县京绣传承人梁淑平进行采访，5月15日，《中国妇女报》以《用心诠释‘花随玉指添春色’的京绣神韵》为题对国家级非物质文化传承人梁淑平进行专题报道；8月22日、27日、28日、31日，与县委宣传部、县工商联、县残联、县总工会、团县委联合开展多种形式的宣传志愿服务活动，向沿街商铺及过往群众发放明白纸宣传页，营造“双城联创”宣传氛围；12月13日，与县教体局、县总工会、团县委、县科协联合特邀北京慧宇教育集团讲师、国家二级心理咨询师王志坚围绕“做智慧父母，培养优秀孩子”进行专题授课。

【宣传十九届四中全会精神】 11月22日，举办巾帼宣讲骨干培训班，县委党校教师张亚楠以《坚持制度自信，推进国家治理现代化》为题作十九届四中全会精神宣讲辅导。各乡镇妇联主席及专职副主席、部分村妇联主席，县直各部门及10家重点企业妇委会主任共计120余人参加培训。12月23日，《中国妇女报》以《河北保定宣讲四中全会精神有她声音 “巾帼宣讲团，让我们离党的声音更近了”》为题，报道此项工作。

【县级妇联换届】 12月30日，召开定兴县妇女第十一次代表大会，市妇联副调研员季志清，县委书记韩朝红，县长吴鹏，县委副书记刘旭，县委常委、宣传部长赵胜男，县人大副主任吴奇玲、 副县长李红娜、县政协副主席刘晓涛出席开幕式，团县委等群团组织负责人列席开幕式。大会听取并审议通过刘晴所做的题为《以习近平新时代中国特色社会主义思想为引领凝聚巾帼力量 服务发展大局 为加快建设生态智慧卫星城而努力奋斗》的工作报告。选举产生第十一届妇联执行委员会领导班子，选举产生主席1名、专职副主席1名，挂职副主席1名，兼职副主席2名，常务委员10名。会上为因车祸造成家庭生活困难的固城镇陈村营张海涛家庭进行捐款。

（李学军）

定兴县科学技术协会

【概况】 定兴县科学技术协会是全县科技工作者的群众组织，是中国共产党领导下的人民团体，是党和政府联系科技工作者的桥梁和纽带，是国家推动科技事业发展的重要力量。内设办公室、普及部、学会部、宣传部。行政编制6名。2019年，在县委、县政府的正确领导下，在省、市科协的科学指导下，以习近平新时代中国特色社会主义思想为指引，牢固树立“四个意识”、坚定“四个自信”、坚决做到“两个维护”。继续强化党的领导，认真开展“不忘初心、牢记使命”主题教育，积极推进党风廉政建设，求真务实、锐意进取，创造性开展科普工作，为提高全民科学素质做出应有贡献。

【科普宣传】 以重点工作推动科普活动开展，在“5·12”全国防灾减灾日来临之际，积极开展科普“进校园、进社区、进企业”防灾减灾宣传教育活动。于5月10日联合县教体局、县消防大队，在第四实验小学举行消防安全知识培训及火灾应急演练，全校师生共2000余人参加。在“9·16”全国科普日来临之际，县科协与保定市科协共同举办以“礼赞共和国，智慧新生活”为主题的“全国科普日”系列活动，市科协负责人、县委宣传部主要负责人以及相关单位参加宣传启动仪式，县科协在文化广场布设宣传展板、发放宣传资料，吸引当地群众及小学生参观学习，达到宣传普及科学知识、倡导科学精神的预期效果。此项活动获得“2019年河北省全国科普日优秀组织奖”“2019年河北省全国科普日特色活动奖”。开展科普进社区活动，走进水榭康都、燕城秀府等社区，组织开展“智慧父母课堂，培养新时代少年”活动，布设展板，设立科普展台，内容包括：食品安全、安全用电、健康指南等；发放科普图书《科学生活》《致富金桥》等科普资料。向社区居民普及科普知识，突出环保生活新理念，为创建文明县城做出积极贡献。积极与省、市科协联系，争取“中国流动科技馆”到定兴巡展。9月14日“中国流动科技馆”正式在定兴向社会公众开放，其间吸引众多家长和中小学生、社会教育平台参观，通过实物观摩体验，有效激发青少年及群众对科学原理、健康生活等科学知识的兴趣。加快科普信息化建设，建立科普e站，2019年新建科普e站2个，全县共建成科普e站5个。推进“网上科协”平台建设，通过“科协微信公众号”及时发布科普信息，向社会公众普及科学知识，弘扬科学精神。

【服务科技工作者】 积极推举宣传优秀科技工作者。为加快科协系统智库建设，县科协按照严格评选程序，评选出农林系统优秀专家2人和定兴职教中心优秀人才，分别推荐报送省市科协，为河北创新发展、绿色发展、高质量发展提供智力支撑。组织开展“5·30”全国科技工作者日慰问科技工作者活动。5月底，在第三个全国科技工作者日到来之际，深入到定兴县医院、河北嘉旭福美、县第四中学、河北华智抽纱等单位，对部分科技工作者代表进行走访慰问，并勉励其为创建生态智慧卫星城总目标做出应有贡献。

【服务科技企业】 深入嘉旭福美、华智抽纱、龙华蔬菜、智同生物制药等企业、协会开展调研，寻找为全县龙头企业开展技术服务的最佳结合点，探索如何通过科协组织为企业服务，如何为企业开展科普示范增添动力。积极发展基层协会建设，助力定兴绿色发展。筹备成立苗木协会和新农村建设科技促进会，为建设京南生态智慧卫星城做出积极贡献。对保定、涞水创客空间的选址建设、企业遴选、人才引进、运营模式等进行实地考察，为建立定兴县科技工作者创新创业之家奠定基础。

（崔志英）

定兴县工商业联合会

【概况】 定兴县工商业联合会是中共定兴县委领导下的群团组织。主要职能和任务是积极参与政治、经济、社会生活中的重大的政治协商，发挥民主监督作用，积极参政议政，密切与会员的联系，畅通反映意见和建议的渠道，表彰宣传他们中的先进典型，做好工商界代表人士政治安排的推荐工作等。定兴县工商联核定编制4名。主席1名，副主席1名，秘书长1名。2019年，在县委、县政府的正确领导下，县工商联坚持深入学习贯彻落实中共十九大精神和习近平新时代中国特色社会主义思想，树牢“四个意识”，坚定“四个自信”，坚决做到“两个维护”，紧紧围绕县委、县政府决策部署，积极履行职责，主动融入全县改革发展稳定大局，以服务“两个健康”为基点，在参政议政、基层商会建设、百企扶百村等方面工作取得新突破，定兴县工商联被全国工商联确定为国家级“五好工商联”。

【思想工作】 强化理想信念教育。全年组织500名非公经济人士开展理想信念教育活动3次，不断强化理想信念教育，巩固和提升社会主义核心价值观在引领非公经济人士成长中的核心地位。引导企业家感恩社会积极推进光彩事业。组织商会会员、非公企业家、工商联界别政协委员，积极参与捐资助学等社会公益事业活动，在术仁国学学校和定兴镇南关小学组织举行捐赠活动2次，累计募捐资金6万余元。以国庆节等节点为契机，加强对非公经济人士爱国主义教育。国庆节前夕，在龙源热力有限公司举办“唱响新时代 争做追梦人”庆祝中华人民共和国成立70周年系列活动。组织非公经济人士到北京展览馆参观，接受爱国主义教育。

【搭建平台】 精心筹划，做好金融服务，积极与定兴丰源村镇银行对接，谋划银企交流活动，为非公有企业搭建金融服务桥梁。整合资源，做好服务。与新疆五家渠市工商联对接2次，搭建好民营企业“走出去”的交流平台。紧扣主题，做好发展服务。围绕如何促进实体经济的发展，学习习近平总书记在民营企业座谈会上的讲话精神，4月，举行县工商联3次执委会，组织160余名非公经济人士接受中共十九大精神培训。与县检察院共同举办“检察护航民企发展”主题开放日活动，增强非公经济人士法律意识，学会运用法律武器维护自身企业合法权益。联系实际，做好解忧服务。积极主动靠前服务，利用“双创双服”等平台，想方设法帮助非公企业协调解决电力、用地、税务等方面问题60多件。

【基层商会发展】 发展新生力量。成立定兴县苗木商会、定兴县青创会和定兴县女企业家联谊会，有力提升基层商会的影响力和凝聚力。切实加强会员队伍建设。重点发展高科技企业入会，重点发展政治素质高、热爱工商联事业、有社会责任心、参政议政能力强、在行业内有影响的非公有制经济代表人士入会，改善会员结构。全年新吸纳工商联会员26名，对2名会员予以除名。

【深化参政议政广度深度】 加强学习促进提高。围绕学习贯彻中共十九大精神，组织工商联界别政协委员开展集中学习2次，始终做到坚持党的领导，切实增强“四个意识”，为县域经济社会发展履职尽责。围绕主题开展调研。充分发挥工商联组织中的人大代表、政协委员的作用，组织引导他们通过经常性的深入调研，在政协全会上提交有质量、有深度的提案，为经济社会发展建言献策。

（高艳红）

定兴县文学艺术界联合会

【概况】 定兴县文学艺术界联合会（简称县

文联）是党领导下的群众团体组织，是联系广大文艺工作者的桥梁和纽带。设主席1名。2019年，县文联认真学习贯彻中共十九大精神和党在文艺方面的方针政策，在习近平新时代中国特色社会主义思想指引下，团结和带领全县文艺工作者，兢兢业业，恪尽职守，文艺工作取得显著成绩，为繁荣定兴文艺事业，促进定兴经济又快又好地发展做出突出贡献，被市文联评为优秀文联。

【文艺创作成绩】 2019年文艺工作认真坚持“二为”方向和“双百”方针，坚持精品创作，狠抓队伍建设。县作家协会召开第三届四次会员代表会议，部署全年的工作。全年出版文艺作品11部，其中长篇小说《知音》等6部，诗集《易水秋风》等5部。《今日定兴》出报35期，《古槐乡情》刊物出刊8期。在各类报刊、媒体上发表作品350余篇。《鹿传霖藏松砚斋法帖》《鹿善继年谱》《定兴鹿氏名人传》《范阳纪事》等刊印成册。

【文化资源调查】 4月，对全县文化资源进行调查，撰写《挖掘定兴文化资源，助力雄安文化旅游乐章》论文。9月22日，召开全县文化工作座谈会，认真贯彻省第十次文代会、省第七次作代会及市文联基层文联会议精神。

【文化交流】 4月15日，县文联主席王振林、县人大常委会原主任蒋克学一行4人赴北京参加“不忘初心，砥砺前行”，纪念中华老年文化交流会成立30周年会。5月6日，赴北京参加范阳卢氏研讨会，来自全国各地的卢氏后裔500余人参加会议。会上，县文联主席王振林就范阳卢氏的起源，范阳与定兴的关系和卢氏后裔进行广泛的研讨。9月18日，参加和高碑店主办的“不忘初心，牢记使命”庆祝中华人民共和国成立70周年京津冀书法邀请展。9月24日，赴涿州参加“养我初心”张葆冬金石书法展。9月27日，县戏曲协会参加“第六届保定市舞蹈大赛”。11月24日，参加易县“纪念燕下都考古发掘90周年纪念会”，与会专家就燕文化的历史进行深入研讨。通过交流，加强与上级文联和兄弟市县文联的联系，提升县文联的工作经验。

【文化活动】 4月23日，县文联、县文旅局举办“4·23”世界读书日——2019“全民阅读，书香定兴”活动，受到广大读者的热烈欢迎。8月8日，向省民协申报定兴老字号“源兴斋”。“源兴斋”糕点铺位于定兴老城慈云阁旁，始于清光绪十一年(1885年)，至2019年已有六代。9月12日，举办“助力新时代，共筑中国梦”主题笔会。9月15日，举办“礼赞新中国，讴歌新时代”定兴县第五届广场舞大赛。9月15—28日，举办庆祝中华人民共和国成立70周年暨“双城联创惠民生”主题摄影展。9月22日，举办“翰墨抒怀，共庆华诞”庆祝中华人民共和国成立70周年定兴书画联谊会。9月25日，在黄金台博物馆举办“我和我的祖国——保定市书画展”。

（王振林）

政法委及综治工作

【概况】 中共定兴县委政法委员会是县委领导和管理政法工作的职能部门。主要职责是深入贯彻习近平新时代中国特色社会主义思想，坚持党对政法工作的绝对领导，坚持维护习近平总书记在党中央的核心，全党的核心地位，坚持维护党中央权威和党中央统一领导，深入贯彻党的路线方针政策和中央及省委、市委、县委的决策部署，研究协调政法单位之间、政法单位和有关部门、地方之间有关重大事项，推动完善和落实政治轮训和政治督察制度等。内设机构有办公室、综治督导室、维稳协调室。人员编制10名。2019年，深入学习中共十九届四中全会精神，进一步巩固扩大“不忘初心、牢记使命”主题教育成果，教育和带领全县政法机关进一步增强“四个意识”、坚定“四个自信”、做到“两个维护”，保持高度的政治清醒和政治自觉，始终自觉把政法工作置于县委的绝对领导之下，任何时候都不能有丝毫动摇，永葆忠诚于党的政治本色。

【平安创建】 扎实做好全国“两会”“中华人民共和国成立70周年”期间安保工作，强化重要设施公共安全防控，为人民群众营造安全稳定的社会环境。全面启动“三道防线”，有效过滤各类不安全因素。加强重要设施看护值守，严格管控社会面。全面启动“水电路油气缆”六护安保机制，共投入正式安保人员1200人、平安志愿者及村干部、巡防队员1500余人从事巡护看守工作；加大街面见警率、管控率，打现行、压发案，确保社会面治安秩序稳定，社会面持续稳定。启动日排查、日报告制度。“两会”期间和国庆安保期间，成立安保联勤指挥部，相关部门每天集中研判调度，及时妥善处置各类问题信息。加强重点行业监管，杜绝各类事故隐患。县应急管理局、公安、市场监管、交通、住建、教育和体育局等职能部门加大执法监管力度，及时发现问题，立即化解，未发生安全隐患。确保全县社会治安的持续稳定，人民群众安全感普遍增强。

【科技防范】 建立数字化城市管理信息系统，总投资600多万元，建有指挥中心、中心机房、70个网络高清摄像头，将整个城区划分为7个网格全面覆盖，东至107国道、西至定易路、南至昌盛南大街、北至城区北出入口，覆盖面积达16平方千米。经测绘勘察，将县城部件分为7大类、61小项，将城市事件分为6大类、57小项；利用70个视频摄像头资源，及时掌握大街小巷管理问题的动态情况和突发事件的处置，并与公安系统实现互通互联，资源共享，共同推进平安县城建设和城市治理。

【“两个排查”】 全面推进“两个排查”工作，统一印制矛盾纠纷排查调处台账，发放到各个村（居委会），统一模式、统一步调，实现274个村全覆盖。工作中严格落实“日排查、周调度、月汇总、季分析”机制，进一步促其规范化、制度化、长效化，全县“两个排查”工作机制日臻完善，工作运转正常，全县上下解决信访问题、化解矛盾纠纷的能力进一步增强，基层“第一道防线”更加牢固，“大排查、大调处、大维稳”的网格已经形成，使定兴平安建设的基础进一步夯实。2019年全年，共排查各类矛盾纠纷255件，调处255件。

【反邪教工作】 开展“双清”活动，做到随发现随清理，净化社会面环境。深入开展警示教育宣传活动，设置反邪教内容的公益广告牌25组。加大宣传力度，印制反邪教倡议书10000份、反邪教明白纸20000份、宣传册5000册，并在人群密集区域开展宣讲和发放，通过开展多种形式的宣传活动，教育广大群众崇尚科学，远离邪教。

【严打整治专项斗争】 以国庆70周年安保为主线，不断加大对严重暴力犯罪以及抢劫、抢夺、盗窃、破坏电力设施等影响群众安全感的多发性侵财犯罪的打击力度。加大对“黄、赌、毒”等社会丑恶现象的查禁力度，进一步净化社会环境。公安机关共破获各类刑事案件605起；刑事拘留670人，逮捕犯罪嫌疑人459人，移送起诉560人，抓获各类网上在逃人员181人；行政拘留各类违法人员718人，打掉各类犯罪团伙21个，其中恶势力犯罪集团2个，恶势力犯罪团伙5个，一般犯罪团伙14个。深化公安机关漠视群众利益专项整治行动和交通秩序专项整治行动。加大对酒驾等违法行为查处力度和频次，从源头上减少隐患，形成震慑。

【政法队伍建设】 以学习贯彻落实《中国共产党政法工作条例》为抓手，出台《关于进一步加强政法队伍建设的实施意见》和县委《关于推进政法系统全面从严治党20条措施》，认真贯彻落实《全市政法系统巡视整改反馈问题集中整改工作方案》和《全面彻底整改中央巡视反馈问题进一步正风肃纪营造政法系统良好政治生态》的实施意见要求，严肃查处和有效预防政法干警违纪违法行为，敢于刀刃向内，坚决清除政法队伍中的害群之马。召开政法系统警示教育大会，狠抓纪律作风整顿和正风肃纪，始终保持从严治警的高压态势，造就一支忠诚干净担当的高素质政法干部队伍。强化政治理论学习，确保正确方向。结合“不忘初心、牢记使命”主题教育，全面深入系统学习习近平新时代中国特色社会主义思想，做到入心入脑、融会贯通、指导实践。强化政治思想建设，确保忠诚担当。强化思想引领和政治建设，大力加强对政法部门的领导、管理、指导和督导，始终把政法工作置于党的绝对领导之下。强化纪律作风建设，确保清正廉洁。持续开展政治性警示教育，严格落实“两个责任”，坚决做到“两个维护”，认真履行“一岗双责”，切实加强政法队伍的监督管理，确保队伍纯洁，不出问题。不断加强政法队伍教育管理，提高政治业务素质。定期组织政法委员和政法干警学习培训，参加政法大讲堂等系列学习活动，邀请专家教授等围绕维护社会稳定工作、加强社会治安综合治理，强化治安防控体系建设、扎实做好基层矛盾纠纷排查化解、提升处理复杂问题和应急处突的能力水平等进行辅导讲课，为做好新形势下社会稳定工作提供参考和借鉴。

（王佳伟）

公 安

【概况】 定兴县公安局是县政府主管全县公安工作的职能部门，主要任务是：在县政府的领导下，贯彻执行党的有关公安工作的方针政策、国家法律和上级部署，领导和管理全县社会治安和安全保卫工作，防范和打击各类刑事犯罪活动，保障公民权利，维护社会治安和交通秩序，保卫和促进经济建设，加强人民民主专政，保障国家安全。内设机构有纪检监察室（警务督察大队）、政治处、警务保障室、指挥中心、法制大队、治安管理大队、国内安全保卫大队、巡警特警大队、出入境管理大队、网络安全保卫大队、食品药品安全保卫大队、环境安全保卫大队、刑事侦查大队、交通管理大队。下辖路东、路西、北河、固城、东落堡、高里、贤寓、姚村、张家庄、肖村、柳桌、李郁庄、天宫寺、小朱庄、北田、杨村、北南蔡、市场、机场19个派出所，其中2个专业派出所，4个责任刑警中队，2个监管场所（看守所、拘留所）。2019年有在册人员273名，其中录警正式民警181名，未录警人员92名。2019年，全面贯彻中共十九大精神，深入落实县委、县政府和市局的部署要求，紧紧围绕做好中华人民共和国成立70周年安保工作，创新举措、夯实基础，规范制度、严格管理，切实提高维护稳定、惩治犯罪、服务发展的能力水平，为全县经济社会发展创造持续稳定的治安环境。

【维护社会稳定】 始终把维护政治安全作为第一责任。切实发挥主力军作用，确保全县社会治安大局平稳。忠诚履职，完成全年各项任务。完善发现、核查、管控、惩治暴恐犯罪机制。全年共破获各类刑事案件359起，刑事拘留458人，抓获各类网上在逃人员122人，逮捕302人，移送起诉392人，行政拘留各类违法人员478人。

【深入开展扫黑除恶专项斗争】 在夯实2018年扫黑除恶工作的基础上，重点突出“深挖根治”阶段性要求，相继制定《2019年强化扫黑除恶专项斗争实施办法》和《2019年扫黑除恶工作要点》，逐项明确工作重点，层层压实各项责任。4月，组织召开全体民警大会，对扫黑除恶工作进行再动员、再部署。以辖区派出所为责任单位，对易于滋生黑恶势力的民间借贷、交通运输、娱乐场所、土地项目等重点行业和领域全面开展调查摸排，从中发现涉黑涉恶线索；深入开展案件大清理行动，对聚众斗殴、寻衅滋事、故意伤害等刑事、治安、经济类案件进行全面梳理，深挖涉黑涉恶线索和“保护伞”。2019年共收集线索128件，包括部转5件，全国“扫黑办”交办6件，省转2件，市转44件，部门交办66件，群众举报5件。已办结91件，其中查实18件，查否69件，移交4件，正在核查37件。通过线索成功打掉赵某等恶势力团伙1个，共抓获犯罪嫌疑人14人，上网追逃2人；破获涉及故意伤害、寻衅滋事、聚众斗殴等刑事案件4起；个案15件。

9月19日，定兴县公安系统和武警、路政等相关部门举行反恐演练

【道路交通整治】　全面加大交通违法整治力度，预防道路交通事故。结合季节特点和交通违法行为发生规律，相继组织开展交通秩序整治工程、打击整治“百日攻坚”整交行动、机动车污染整治百日行动、农村道路交通管理工作及打击整治百日攻坚行动，始终保持道路交通高压管控、严查严治的态势。全年共查处交通违法26278例，其中酒后驾驶446例，醉酒驾驶9例，涉牌涉证121例，超载215例，超员100例，乱变道7833例，不礼让斑马线2072例，行人违法3327例，机动车乱停乱放8818例，闯禁行537例，收缴报废车5辆，行政拘留36人，刑事拘留11人，其他交通违法行为2800起。

【安全宣传教育】　结合农村“大喇叭”工作，开展面对面“新五进”进农村宣传1000次，城区宣传100次，媒体宣传10次；使用蓝鲸FM平台共直播16次；上安全课12场，展板6套，发放宣传品20000张。处罚非校车提供校车服务1例，设置一级交通安全劝导站2处。累计发放宣传品12000余份，受教育10000余人。召开校园联席会议1次，发放致学生和家长的一封信20000张，检查学校幼儿园45家，检查辖区运输企业和较大有车单位40次，给逾期未审验和满分未学习的驾驶人，逾期未检验、未报废和有3起以上未处理的大货车发放通知书8000张，建立重点车辆驾驶人的微信群，定期向重点驾驶人发生安全提示信息，累计发送信息60条，受教育人数760人次。

【落实“放管服”服务】　车管所各部位负责人和全体工作人员立足本职岗位，积极开展车驾管相关工作，在严格按照规定流程办理业务的基础上，提高工作效率，严格落实便民利民措施。全年共计办理驾驶员补换证5393人，驾驶员面签3338人，驾驶员审验3349人，驾驶员考试1281人，机动车新车上照4865辆，机动车免检13151辆，机动车审验36565辆，机动车抵押登记5443辆，机动车注销登记1406辆，机动车变更登记594辆，其他机动车业务8787辆。乡镇中队建设方面。按照交通秩序整治工程实施方案要求，已建设完成乡镇交警中队16个，积极推进农村道路交通安全管理系统信息录入工作。

【大气污染防治】　在大气重污染治理期间，依托东落堡中队设置散煤治理点，对途经县域的超载车辆全天候进行查处。共检查运煤车辆115辆，其中过境车辆56辆，　劝返59辆。根据污染程 度和政府要求，及时采取每天限两个尾号通行措施。同时城内执勤岗点，对发现闯禁行的车辆，依据交通法规，严格处罚。为有效净化城区道路交通环境。持续加大对电动三轮车、四轮车、出租车、低速载货汽车等交通违法行为查处力度，全年查扣三轮车134辆。

【整治治安】　按照公安部、省厅关于全力维护安全稳定的安排部署，高度重视对涉枪、涉爆违法犯罪的查处打击工作。在管理上始终坚持“枪、爆无小事，责任重于泰山”。加强公务用枪管理，加强民用枪支、危爆物品管理。结合治爆缉枪、安全大检查、危爆物品清查等行动，制定切实可行的实施方案。全年查处非法储存危险物质案件4起，行政拘留4人。共计收缴炮弹、手榴弹、地雷5枚，子弹80发，管制刀具12把。确保全县的绝对安全。

【惩治各领域犯罪】 在经济犯罪方面。共受理各类经济犯罪案件25起，立案20起，不予立案5起，破案16起，抓获犯罪嫌疑人12人，刑拘12人，取保5人，逮捕7人，移送起诉8人，挽回经济损失300余万元。办理各信访及领导批示件12起，协助外地公安机关办理案件32起。在环境安全领域。严格落实县委、县政府指示精神，以改善环境质量、保护群众健康、保障环境安全为己任，严厉惩治各类污染环境违法犯罪行为，全年共破获行政案件17起，行政拘留32人，破获污染环境类刑事案件3起，刑拘4人、批捕4人、移送起诉2人。在食品药品安全方面。共破获刑事案件7起，抓获犯罪嫌疑人9人，逮捕4人，移送起诉6人，其中药品类案件6案6人，食品类案件1案3人。

（乔艳阎）

检 察

【概况】 定兴县人民检察院依据《中华人民共和国宪法》《中华人民共和国检察院组织法》和全国人民代表大会常务委员会的决定设置，是国家的法律监督机关。通过行使检察权，追诉犯罪，维护国家安全和社会秩序，维护个人和组织的合法权益，维护国家利益和社会公共利益，保障法律正确实施，维护社会公平正义，维护国家法治统一、尊严和权威，保障中国特色社会主义建设的顺利进行。人民检察院行使下列职权：依照法律规定对有关刑事案件行使侦查权；对刑事案件进行审查，批准或者决定是否逮捕犯罪嫌疑人；对刑事案件进行审查，决定是否提起公诉，对决定提起公诉的案件支持公诉；依照法律规定提起公益诉讼；对诉讼活动实行法律监督；对判决、裁定等生效法律文书的执行工作实行法律监督；对监狱、看守所的执法活动实行法律监督；法律规定的其他职权。为进一步深化司法体制改革，优化检察机构职能配备，根据省市院对内设机构改革以及深化司法改革的有关要求，10月底，按照《河北省设区市和基层人民检察院职能配置、内设机构和人员编制规定》检察院内设机构为办公室、第一检察部、第二检察部、第三检察部、政治部。人员编制44名，实有42名。2019年，在县委和上级检察院的正确领导下，在县人大的有效监督下，在县政府、县政协支持下，以习近平新时代中国特色社会主义思想为指导，认真贯彻中共十九大和十九届二中、三中、四中全会精神，以“不忘初心、牢记使命”主题教育为抓手，紧紧围绕县委“16448”总体工作部署和市院“一二三四三”总体工作思路，坚持“讲政治、顾大局、谋发展、重自强”，各项检察工作稳进、落实、提升，取得新进展。

【检察担当】 服务全县工作大局，坚决打好三大攻坚战。服务打好防范化解重大风险攻坚战。坚决惩治各类危害政权安全和影响社会稳定犯罪。依法惩治非法吸收公众存款、集资诈骗等严重破坏金融秩序犯罪7件18人，有力保障金融秩序安全。服务打好污染防治攻坚战。严厉惩治破坏生态环境刑事犯罪，批准逮捕污染环境犯罪嫌疑人2人。开展“5+7”专项整治检察监督活动，针对柴油中硫含量超标污染空气问题，督促县商务局、县市场监管局加强协作配合，保障油品质量。全面细致审查相关部门5年来非法采砂行政处罚案件361件，为白洋淀上游生态环境提供有力司法保障。服务打好精准脱贫攻坚战。严厉惩治惠民资金和涉农补贴领域犯罪，依法严惩危害农村稳定、破坏农业生产和侵害农民利益的犯罪。扶贫队员认真落实帮扶责任，积极解决贫困户困难，确保各项政策落实到位。

8月21日，检察院开展“检察护航民企开放日”活动

【扫黑除恶专项斗争】　进一步提高政治站位。结合“不忘初心、牢记使命”主题教育社会秩序专项整治，开展谈心谈话，夯实干警的思想基础。严格落实“捕诉一体”，成立涉黑恶案件办案组，检察长带头办案。2019年共审查起诉恶势力团伙案件2件16人，法院均作出有罪判决，有力地打击黑恶犯罪嚣张气焰，做到“是黑恶犯罪一个不放过，不是黑恶犯罪一个不凑数”。聚焦线索摸排。持续加大扫黑除恶宣传力度，开展刑事案件摸排线索“回头看”工作，排查发现并向县扫黑办移交涉恶犯罪线索6条。全面推进综合整治。做好中央督导组“回头看”发现问题整改及省委巡视反馈问题整改工作。做好与公安、法院处置涉案财物有机衔接。开展扫黑除恶司法调研，推进“八开展、八跟进”专项行动，在加强社会治理中发现问题提出对策，为经济社会发展创造良好法治环境。

【信访工作】　推进“以人民为中心，坚持事要解决，清理信访积案，维护社会和谐稳定”专项活动，发挥“12309”检察服务中心作用，全面落实群众来信“7日内程序性回复、三个月内实体性答复”要求，全年共接待群众来访26次，来信16件，耐心做好释法说理，按程序进行移送分流，引导信访人依法反映诉求，确保全年未出现涉检信访问题。

【社会治理】　全力护航民营经济健康发展。深入领会习近平总书记“法治是最好的营商环境”重要论述以及在民营企业座谈会上讲话精神，严厉惩治破坏市场经济秩序犯罪，批捕、起诉非法经营案6件6人，诈骗案30件35人，合同诈骗案1件1人。牢固树立“特殊保护”“精准监督”“三个效果有机统一”等检察理念，办理2起民营企业申请检察监督案件，对1起民营企业员工交通肇事案依法作出不起诉决定，为民营企业健康发展提供有力的司法保障。与企业建立经常性联系，主动送法进企。到重点企业开展调研座谈，建立与工商联沟通联系机制，找准检察职能与企业需求结合点。扎实开展“三深化三提升”“双创双服”活动，研究制定实施意见，细化服务举措，为企业发展营造良好的法治环境。灵活运用检察监督新机制。充分发挥“两法衔接”平台监督作用。全年共录入行政处罚案件1238件，录入总数稳居全市检察系统第一名。指导行政机关移送公安机关案件线索9件，有效防止行政执法机关有案不移、有案不立、以罚代刑等问题。依托驻公安局检察室探索引导侦查新机制，通过连接公安办案内网，查阅刑事案件及治安处罚案件，提出完善侦查活动意见、建议。与公安机关就疑难复杂案件的法律适用、侦查取证等进行沟通，提前介入案件30余件，提出侦查建议200余条，进一步强化立案监督和侦查活动监督，形成打击合力。全面加强未成年人司法保护。严格落实涉及未成年人办案程序，不批捕未成年犯罪嫌疑人8人；依法从重打击侵害未成年人犯罪，批捕18人，起诉25人。到定兴中学、定兴第三中学、北河镇红树营小学等学校开展专题法治宣传、讲座6次；针对在校未成年人犯罪案件和侵害未成年人案件增多形势，向县教体局发出检察建议。持续推进最高检“一号检察建议”落实，促进和协同相关部门加强德育教育、法治教育和制度建设，全方位呵护未成年人健康成长。

【提升办案质效】 全力做优刑事检察工作。切实履行刑事诉讼中指控犯罪的主导责任。共审查逮捕各类刑事案件308件395人，提起公诉259件359人，有力地惩治犯罪，保护人民生命财产安全。持续强化刑事诉讼监督。监督侦查机关立案2件，纠正违法20件，追捕漏犯2人，追诉漏罪9起、漏犯15人，确保法律统一正确实施。全面推进刑事执行监督。完成羁押必要性审查9件，纠正社区矫正程序违法2件，针对监管场所和执行机关提出检察建议3件、纠正违法4件。审慎做好中华人民共和国成立70周年特赦监督工作，监督县司法局依法对3名社区矫正人员进行特赦。落实认罪认罚从宽制度。对171人签发认罪认罚具结悔过书，向法院提出从轻处罚的量刑建议，促进办案质量和效率全面提升。

【民事检察】 纠正“重刑轻民”思想，把民事检察作为服务民生、保障发展的重要途径。强化民事检察环节矛盾化解。对民事申诉案件，确有错误的依法监督，不符合监督条件的，说明理由促进案结事了，维护司法权威，减轻当事人诉累。加大对生效裁判、调解书的监督力度。对符合抗诉条件的2件民事申请监督案件，向法院提出再审检察建议，法院已启动再审程序。切实加强民事执行活动监督。对申请执行监督案件，对被执行人确无财产可供执行、法院穷尽措施仍不能执行到位的，做好释法说理；对执行法律程序缺失等问题，提出检察建议 8 件，法院全部采纳，确保执行行为的合法规范。对损害国家、集体民事权益的行为，支持受损害的单位起诉。办理支持金融部门起诉案件 3 件，保护国家和集体利益。

【行政检察】 认真开展民事行政非诉执行监督专项活动，对法院办理的11件行政非诉执行案件进行全面审查，针对发现的问题提出检察建议 6 件，有效规范法院行政诉讼活动。开展国土资源行政非诉执行监督专题调研，认真分析2017年以来县自然资源和规划局申请法院强制执行情况及法院受理情况，提出合理化建议。对于某某、陈某某非法占地被处罚后，土地仍未恢复原状问题，依法督促县自然资源和规划局履职，恢复土地耕种条件，使生态环境受损事实得到有效纠正。

【公益诉讼检察】 牢固树立“转隶就是转机”“双赢多赢共赢”理念，将公益诉讼作为新时代检察工作发力点。立案行政公益诉讼案件 45 件，办理刑事附带民事公益诉讼案件 1 件。加大宣传力度。主动向四大班子领导汇报公益诉讼工作开展情况。对相关职能部门开展公益诉讼专题培训，在定兴检察新媒体刊发典型案、事例，大大提高公益诉讼认知度。打造公益诉讼检察品牌。以食品小摊点为切入点，与县食安办联合打造长效食药安全协作平台。明确乡镇政府在监管中的基础作用，强化县市场监督管理局、县执法局的监管职责，促进食品小摊点依法规范经营，保障百姓舌尖上的安全，典型做法被《河北法制报》刊发。积极稳妥办理定兴县第一起刑事附带民事公益诉讼案件。检察院作为公益诉讼起诉人代表消费者，对在生产豆腐丝过程中非法添加苯甲酸钠的3名被告人，向法院提起刑事附带民事公益诉讼，法院判决3名被告人1至3年不等的有期徒刑及罚金，并责令3名被告公开赔礼道歉、承担案值十倍的惩罚性赔偿金，保障人民群众身体健康权。探索办理安全生产领域公益诉讼案件。针对非法销售瓶装液化气、汽油、柴油，危害群众生命财产安全现象立案3件，向相关单位发出检察建议，各单位积极落实，凝聚安全监管合力。

【践行初心使命】 加强党对检察工作的领导。认真贯彻《中国共产党政法工作条例》，严格执行向党委报告工作制度。深入开展“不忘初心、牢记使命”主题教育，引导干警增强“四个意识”，坚定“四个自信”，做到“两个维护”。坚决执行《中国共产党支部工作条例》，大力加强基层党组织建设。抓实领导班子和队伍建设。坚持党组理论学习中心组制度，民主生活会制度，提高党组的凝聚力和战斗力。提升检察干警政治、业务、职业道德素质，推动干警担当作为。加强检察规范化建设。加强智慧检务建设，立足实用、管用原则，为办案部门配置出庭一体化系统、检委会子系统等设备，不断提升科技强检保障水平。推进检务公开工作，通过“两微一端”共推送信息23000余条，充分展示工作成效和队伍形象。在案件信息公开网发布程序性信息664条，公开法律文书177份，重要案件信息22条，做到以公开促公正、以公开促规范。强化案件质量管理，办案全程进行流程监控，确保程序合法。对全年办结的案件开展评查和互查，特别对不诉不捕案件开展重点评查，促进案件质量和执法水平不断提升。

【队伍履职能力建设】 鼓励干警参加各项业务培训、案例分析、实务研讨和经验交流。结合办案积极运用“检答网”平台，解决疑难复杂问题，切实提高干警业务素质和理论水平。坚持全面从严治检。“一把手”严格履行第一责任，党组成员积极履行“一岗双责”，带头执行中央八项规定，积极推进从严治检。开展经常性警示教育，坚持抓早抓小，防范化解苗头隐患。组织开展纠正“四风”和纪律作风专项整治、“讲转强抓”等活动，促进作风转变。

【落实检务督察制度】 贯彻《人民检察院检务督察工作条例》，强化内部监督管理。贯彻落实中央防止干预司法“三个规定”，对干预司法活动、插手具体案件处理的如实记录在案，确保检察权依法公正行使。以市院党组对全院巡察为契机，坚持问题导向，进一步规范了干警履职尽责、廉洁从检各项纪律。

【接受人大监督和社会监督】 主动向人大常委会报告检察工作，严格执行人大常委会的决议和决定。开展集中走访省级人大代表活动，向市院推介省人大代表“代表委员议检察”征文1篇。联系召开市级人大代表、政协委员征求意见会议1次，邀请代表、委员参加检察开放日3次，以需求为导向，以专业为区分，加强与代表委员沟通联络，精准开展互动交流。参加县人大培训、调研座谈会4次，邀请人民监督员评议案件，畅通人民群众有效监督和有序参与检察工作渠道。

（杨 涛）

法 院

【概况】 定兴县人民法院主管全县的审判工作，业务上受保定市中级人民法院的监督指导，审判法定管辖的第一审案件，审查处理不服法院判决的各类申诉和申请再审案件，监督、指导人民法庭审判工作，依法行使司法执行权和司法决定权。内设机构有刑事审判一庭、刑事审判二庭、民事审判一庭、民事审判二庭、行政审判庭、立案庭、审判监督庭、执行局、执行一庭、执行二庭、法警大队、办公室、政治处、研究室和7个人民法庭。政法专项编制86名。2019年，在县委的坚强领导、县人大的依法监督和县政府、县政协及社会各界的关心支持下，以习近平新时代中国特色社会主义思想为指导，紧紧围绕“努力让人民群众在每一个司法案件中感受到公平正义”的目标，秉承对党忠诚、为民司法的初心和使命，忠实履行宪法和法律赋予的职责，全面加强审判执行工作，持续强化队伍建设，扎实推进司法改革，全院各项工作均取得新进展。2019年受理各类案件2696件（不包括执行案件），审结2564件，结案率达到95.1%，司法质量、效率和公信力都有新的提升。

10月22日，保定市中级人民法院院长梁红继（右侧右三）到定兴县人民法院调研指导工作

【依法惩处各类刑事犯罪】 2019年受理刑事案件267件，全部审结，判处犯罪分子402人。继续深入开展“扫黑除恶”专项斗争中，进一步完善线索查找、工作台账、分析研判、庭审直播、快审快判等工作机制，形成打击合力，自觉承担起维护政治安全、社会稳定的重大责任。依法从重从快审结王某某、马某某等9案30人的涉恶案件，以高压态势遏制黑恶犯罪的发生，净化全县社会环境。始终将打击锋芒对准非法集资、涉枪涉爆和危害食品药品安全等犯罪。富桥担保公司的王某某等15名被告人非法吸收公众存款4000多万元，严重侵害人民财产安全，影响社会稳定，被分别判处十一年至六个月不等的有期徒刑，有效震慑犯罪分子，维护良好的金融秩序和公共秩序。

【保障民营经济发展】 2019年受理民商事案件2429件，审结2297件，结案标的额达1.7亿多元。对有关重点工程、重点项目、重点企业案件，建立“绿色通道”，积极服务全县经济社会发展大局。全面贯彻落实最高法院关于为民营企业营造良好法治环境的指示精神，对涉及民营企业的民、刑、执行案件，不该查封的账号一律不查封，不该冻结的财产一律不冻结，不该对人身采取强制措施的一律不采取，营造民营经济发展的良好环境。全年审结劳动争议案件4件，为农民工追回劳动报酬25.36万元，依法保障劳动者的合法权益。按照“调判结合、调解优先”的家事案件审判原则，以保障未成年人、妇女和老年人的合法权益为重点，建立多元化纠纷解决机制。妥善化解离婚、抚养、赡养等婚姻家庭纠纷1089件，民商事案件调撤率、一审服判息诉率等主要指标在全市法院名列前茅。

【法治定兴建设】 加大行政非诉案件审查执行力度，切实保护公民、法人和其他组织的合法权益。全年审查非诉行政执行案件53件，依法支持重点工程项目建设顺利推进。针对农村专业合作社存在运行不规范的问题及时向有关单位提出司法建议，为促进行政执法机关规范执法行为提供司法借鉴和行为遵循。

【网络查控、联动惩戒】 2019年全年受理执行案件1049件，执结913件。工作中，根据执行情况的新变化，不断调整执行工作思路，制作执行案件流程示意图和项目清单，定期对主要质效指标进行分析、研判。创新联动执行机制，严厉打击失信被执行人，升级执行办案平台，采取网上专人查询财产，统一发布执行通知书和财产报告令，开通“一案一账号”“老赖地图”小程序等方法，在机关大门口电子屏滚动播放失信被执行人名单，有力地震慑一批“老赖”，促进生效法律文书的执行。全年对拒不履行执行生效法律文书的被执行人司法拘留7人，以拒执罪追究刑事责任2人，依法向社会公布失信被执行人376人次，限制高消费694人次，执行工作“3+1”核心数据指标全部达标，“一处失信、处处受限”的信用监督和惩戒机制初步完成，为建设诚信社会注入法治能量。

【党建带队建】 完成院党总支和三个支部的换届改选工作，为强化党的领导和思想作风建设提供组织保证。认真坚持“三会一课”、领导班子理论学习、院党组书记讲党课、周一上午党员集中学习日等党内生活制度，做到党建工作与提升队伍素质建设同频共振。在喜迎国庆70周年之际，开展聆听和学习习近平总书记讲话、升国旗、唱国歌、演讲比赛以及祭奠革命英烈等活动。

【廉政建设】 开展纪律作风整顿活动，严格落实“一岗双责”，层层签订责任状，积极推行风险岗位廉政评估管理，切实发挥主体责任和监督责任，将党风廉政建设贯穿到审判、执行、行政管理工作的每个环节，由此确保干警坚守底线，不越红线，构筑起全面从严治院的整体氛围，全年未发生一起干警违法违纪问题。

【推行新型办案机制】 组建起新型审执团队，实行“法官+法官助理+书记员”为基本架构的办案新模式，院庭长办案呈现常态化，实现“让审理者裁判、由裁判者负责”的改革目标。积极推进小额速裁、繁简分流、简案速裁等审判方式，对交通事故案件由城关法庭进行专项审理，利用道交一体化网上系统进行办案，既节约审判资源，又减少群众诉累。

【创新审判权力运行机制】 实行司法绩效按月排位通报，建立与分类管理相适应的绩效考核制度，有效激发改革内生动力。强化院长约谈、庭长督办措施，下大力气解决个别案件审执周期长、办案节奏慢的问题。开展清理积案专项活动，对长期未审执结的案件建立台账，逐案交办、限期结案，以此提升审判质效，增强司法公信。

【“一乡一法庭”工作】 将政治素质过硬，法理功底扎实，工作经验丰富的院庭负责人任用为“一乡一法庭”的负责人，每周定期到法庭诉前调解离婚、赡养、继承等常发性纠纷案件，并积极参与当地乡镇社会治安综合治理工作。全年诉前调解民事纠纷案件296件，接待群众咨询632次，把农村大量的矛盾纠纷降到最低点，为在全县争创“无讼村街”做出积极的贡献。

【丰富便民诉讼措施】 坚持以群众需求为导向，建成网上“跨域立案”系统，安装诉状自动生成辅助机，采取网上预约立案，网上质证、开庭、送达等举措，诉讼服务中心在建机制方面在全省法院系统名列前茅，为人民群众提供现场、网上、线下多渠道便捷服务，打通司法服务的“最后一公里”。高度关注弱势群体诉讼案件，加大对困难群众的司法救助力度，全年依法为困难群众缓减免诉讼费10.2万元，确保经济困难当事人打得起官司。

【信息化深度应用】 以“网上办案、网上办公”为抓手，积极构建人力与科技深度融合的司法运行新模式。开通河北移动微法院、互联网法庭、重大案件监督平台等系统，依托信息化大数据破解公正与效率的难题，切实提高办案质量和效率。

【拓宽民意沟通渠道】 创建“互联网+审判”新模式，依托公开平台，全年发布审判流程信息3716件，公开裁判文书3805件，庭审直播455场次。继续加强人民陪审工作，一审案件人民陪审员参审率达到93.8%。组织“法院开放日”活动2次，让公众走进法院、近距离感受司法。

【媒体推介法院工作成效】 积极推动法院工作与新媒体融合发展，建立微信、微博、门户网站等数字化的新媒体矩阵，不断提升网络舆论的传播力、影响力和公信力。将法院重大活动、重大事项、典型案例积极向外推介展示，全年在最高院、省市媒体发表稿件20余篇，刊发信息简报31期，发稿量在全市法院系统名列前茅，向社会传递司法正能量。

（张新征）

司法行政

【概况】 根据《定兴县机构改革方案》要求，2019年1月，重新组建县司法局。将县司法局的职责和县政府办公室（县法制办公室）的法制工作职责整合，作为县政府的工作部门，其主要职责是业务上受保定市司法局、县委政法委的指导，具有组织指导普法、依法治理、民间矛盾纠纷调解、法律服务、公证、法律援助、安置帮教、社区矫正、司法医学鉴定等职能。内设机构有县委依法治县办秘书处、办公室、社区矫正和基层管理股、普法和依法治理办公室、法律援助中心、法律服务管理股、法制股、政治处。编制54名。全县共有16个乡镇司法所，2个律师事务所，3个法律服务所，1个公证处，1个医学司法鉴定中心。2019年，在县委、县政府及县委政法委的正确领导下，以习近平新时代中国特色社会主义思想为指导，以“不忘初心、牢记使命”主题教育活动为契机，充分发挥司法局职能作用，扎实开展人民调解、社区矫正、安置帮教、依法治理、法律服务、法律宣传、法律援助工作。县司法局坚定不移地贯彻落实县委、县政府重大决策部署，推进机构、职能、人员的整合，提升定兴县依法治县水平，为打造平安定兴、法治定兴提供坚强的法治保障。

【基层工作】 在“春节”和全国“两会”期间，在全县范围内组织开展民间矛盾纠纷排查调处“百日攻坚”行动。在“建国七十周年安全保卫百日会战”期间，加强安全保卫工作，定期开展隐患排查整治。同时，按照县委政法委统一安排，开展一次重点领域矛盾纠纷排查调处行动，切实防止“民转刑”案件发生。全年各级调解组织受理调处矛盾纠纷255件，调处成功255件，调处成功率达100%，保障社会和谐稳定。

【社区矫正和安置帮教工作】 对所有的刑释解教人员和社区矫正对象进行摸底调查，全部落实帮教责任人，进行过渡性安置和接茬帮教，同时，进一步规范社区矫正档案资料，组织全县社区矫正人员进行集中学习教育和义务劳动。全县共接收社区服刑人员182人，安置帮教126人。正在接受矫正的社区服刑人员有250人，其中缓刑247人，暂予监外执行3人。按照中央及省、市要求，根据第十三届全国人大常委会第十一次会议《关于在中华人民共和国成立七十周年之际对部分服刑罪犯予以特赦的决定》，对全县社区矫正服刑人员逐人逐档筛查，按规定程序完成筛查甄别、报请特赦等工作，经保定市中级人民法院裁定，3名社区矫正服刑人员通过特赦。

【普法工作】 制定下发《2019年定兴县法治宣传教育工作要点》，使普法依法治理工作得以有序开展；为贯彻落实“谁执法谁普法”普法责任制，编写、印发《县直各部门普法责任清单》，明确县直各部门应承担的普法工作责任；积极推进“法律九进”工作开展，普法工作呈现良好态势，1月10日下午，32名处级干部参加保定市第十次处级干部宪法法律知识考试。6月26日上午，县司法局联合县禁毒委员会、县委政法委、县公安局在燕兴公园开展以“珍爱生命 拒绝毒品 健康人生 绿色无毒”为主题的国际禁毒日法治宣传活动。7月4日、5日，联合县委政法委、县委党校举办庆“七一”法治培训班，各乡镇（城区）政法委员，27个行政执法部门分管普法工作的负责人，公、检、法、司中层以上干部共计112人参加了培训。7月25日上午，组织全县31名处级干部参加保定市第十一次处级干部宪法法律知识考试；结合全县重点工作，大力宣传扫黑除恶专项斗争。11月26日，深入乡村开展“宪法宣传进乡村、普法惠民暖民心”为主题的系列宣传活动；大力加强法治文化建设，不断加强媒体普法宣传，筹备建设法治公园。

【依法治理工作】 依据定兴县“三定”（定机构、定职能、定编制）方案，设立县委依法治县办秘书处，配备专职人员1人，8月8日，组织召开依法治县委员会第一次会议，会议研究讨论并通过《中共定兴县委全面依法治县委员会工作规则》《中共定兴县委全面依法治县委员会协调小组工作规则》《中共定兴县委全面依法治县委员会办公室工作细则》《中共定兴县委全面依法治县委员会2019年工作要点》等文件。积极推进县委、县政府法律顾问队伍建设，初步实现县、乡两级党委、政府及县委、县政府组成部门法律顾问全覆盖。加强行政复议和行政应诉工作，全年共受理行政复议申请19件，办结19件；受理行政诉讼案件共4件，办理3件。完善决策机制，着力提高决策科学化水平，严格执行重大行政决策程序规定，为县政府决策提供法律保障。贯彻学法制度，全面规范行政执法行为，积极推进干部学法制度，起草《全面推行行政执法公示制度执法全过程记录制度重大执法决定法制审核制度工作方案》，组织各行政执法部门开展重大执法决定法制审核事项清单、执法事项清单、执法人员清单、执法流程图等清单文本的修订或重新编制工作，统一在县政府网站行政执法公示专栏公示。

【法律服务工作】 加强完善综合法律服务中心建设，是包涵多项法律服务的“一站式”服务窗口，能够“一站式”解决群众的法律诉求，为群众提供优质高效的法律服务。做实法律援助民心工程，全县已形成以县公共法律服务中心为核心、以16个乡级公共法律服务中心为依托、以全县各村公共法律服务工作站为触手的覆盖全县的公共法律服务网络，县级公共法律服务中心建筑面积326平方米，无障碍通道、办公桌椅等办公设施基本配备齐全，共办理法律援助案件100件，律师代理案件185件。为落实互联网+全国战略的需要，公证处配备专用的电脑及档案信息化软件、高速扫描仪等设备，共办理公证业务778件。司法鉴定工作依法依规开展，严格按照程序出具司法鉴定结论，共出具鉴定结论220件。

【队伍建设】 制定《定兴县司法局2019年学习计划》和《定兴县司法局理论中心组学习计划》，利用每周三集中学习日，组织机关全体干警学习，并结合县司法局工作实际，制定《定兴县司法局关于组织开展纪律作风整顿实施方案》，积极组织机关干警开展专题教育活动。召开意识形态工作培训会议和“讲政治、转作风、强责任、抓落实”暨纪律作风整顿动员大会，向全体干警传达活动精神。按照县委安排部署，开展“不忘初心、牢记使命”主题教育活动。在中华人民共和国成立70周年之际，开展一系列庆祝活动，在局机关大院开展升国旗、唱国歌、共同观看阅兵式等活动，并录制“我和我的祖国”快闪视频，以中华人民共和国成立70周年大庆活动为契机，让爱岗敬业、忠诚担当成为每一个人的价值取向。

（张 莹）

军事

人民武装部

【概况】 中国人民解放军河北省定兴县人民武装部是地方军事领导指挥机关，是县委的军事部和地方政府的兵役机关，受中国人民解放军保定军分区和定兴县委、县政府的双重领导。主要职责是负责定兴县的民兵、征兵工作。2019年，在保定军分区和县委、县政府的正确领导下，县人武部坚持以毛泽东思想、邓小平理论、“三个代表”重要思想、科学发展观和习近平新时代中国特色社会主义思想为指导，以新时期军事战略方针为统揽，狠抓各项工作的落实。党委班子建设更加坚强有力，机关正规化建设稳步发展，党管武装工作进一步加强。

【党委班子建设】 县人武部党委始终按照“不忘初心、牢记使命”和“传承红色基因，担当强军重任”主题教育活动的要求抓班子、带队伍。坚持领导干部带头，以上率下；坚持学思用贯通、知信行合一；坚持党委议学、集体评学、个人自学等不放松。

【政治教育】 将主题教育和专题教育紧密结合，将党委班子教育和干部民兵教育紧密结合，认真贯彻“守初心、担使命，找差距、抓落实”的总要求，全过程贯穿落实“学习教育、调查研究、检视问题、整改落实”四个方面，既抓规定动作，又创新开展自选动作，既确保学习内容一个不漏，又确保学习环节一个不重。按照省军区“四个秩序”（规范战备秩序、规范训练秩序、规范工作秩序、规范生活秩序）建设要求，更新政治环境，新检荣誉室。

【民兵工作】 建立水上救援分队。在支援涞源扑救山火行动中，连夜出动20人，购买1000个水壶，按时到达指定位置，完成上级赋予的任务。对连、排全面建设进一步明确要求，投资购置民兵装备器材，充实民兵装备器材库。建设定兴镇、北河镇、天宫寺镇、肖村乡4个过硬基层武装部，促进全县基层武装工作发展。对全县连、排部进行联检联查，对存在的问题及时进行整改，确保整组工作落到实处。依托长城公司训练场、戎智汇军事训练基地，系统对县民兵应急连和部分基干民兵进行军事训练2次，主要学习应急抢险知识和支援保障专业技能。

【征兵工作】 组织县人武部工作人员和乡镇

专武干部对适龄青年家庭进行入户走访，发放宣传资料。利用村大喇叭等广播系统每天早晚播放征兵公告。制作征兵宣传条幅1000条，分发到全县280多个乡村、街道。在县电视台、主要路口LED大屏幕播放征兵宣传公告，印制征兵宣传册15000多份、张贴公告1500多张，营造浓厚的参军氛围。深入到乡村、学校，与适龄青年及家长面对面交谈，宣传征兵各项政策规定。对发现的问题，及时进行讨论研究，督促县、乡、村三级抓好各项工作落实，确保适龄青年上站体检人数。召开全县和各乡镇征兵工作会议；组织征兵办成员、乡镇专武部部长和体检医生开展业务培训，做到所有参加征兵人员熟知各项规定。组织召开征兵政治考核培训会议，印发培训资料，分批次对新兵进行集中专题教育，为新兵安心服役打下思想基础。

（陈　旺）

人防工作

【概况】 2019年，开展人防工程防汛、安全隐患排查整治、设备设施维护管理等重点工作。2019年定兴县人防工程未发生一起安全事故。认真组织开展日常训练活动，全年共完成各项训练77次。

【人防宣传】 制定《定兴县人防宣传教育活动的实施方案》，开展人防集中宣传活动3次，现场发放《防空防灾应急知识读本》600余册。通过展示宣传板、发放宣传资料、悬挂条幅等形式集中宣传人民防空的法律法规和防灾减灾、自救互救知识。

（肖云星）

综合管理

发展改革工作

【概况】 根据《定兴县机构改革方案》要求，定兴县发展改革局更名为定兴县发展和改革局，加挂县粮食和物资储备局牌子。中共定兴县委财经委员会办公室设在县发展和改革局，接受中共定兴县委财经委员会的直接领导，是县政府宏观管理国民经济和社会发展的综合部门。主要职责是拟订并组织实施全县国民经济和社会发展战略、中长期规划和年度计划等。内设办公室、综合股、协同办、大项目办、价格调控管理股、粮食储备股。行政编制17名。2019年，县域生产总值完成159.8亿元，同比增长6.6%；固定资产投资102.5亿元，同比增长8.5%；规上工业增加值完成25.8亿元，同比增长5.3%；城镇居民人均可支配收入35008元，同比增长8%，农民人均纯收入17215元，同比增长11%；公共财政预算收入8.2亿元，同比增长11.1%。社会消费品零售总额87亿元，同比增长9%。细颗粒物（$PM_{2.5}$）浓度等约束性指标达到省市确定目标。

【产业结构调整】 三次产业结构达到18.1∶33.1∶48.8，服务业对经济增长的贡献度达到历史最高水平，产业结构进一步优化，经济质量进一步提升。粮食生产稳定增长。全年农作物播种面积124.5万亩，预计总产量131万吨。小麦单产达496.5千克/亩，玉米单产611千克/亩，花生单产298千克/亩。蔬菜产业晋档升级。蔬菜作物播种面积14万亩，总产72万吨。战略新兴产业发展壮大。通美晶体、嘉旭福美、百度云中心、智同二期、天浩二期、中科锂电等一批战略新兴产业项目落地，相继投产运行，产业实力发展壮大。全年新增规上工业企业5家，省高新技术企业4家。第三产业占据半壁江山。全面落实省委对定兴“打造以现代服务业和科技研发为主的生态文化智慧城市”的定位，提高现代服务业在三次产业中的比重，已由上一年的43.6%提高到2019年底的48.8%。电子商务发展壮大，广世通电子商务公司果蔬配送网络拓展农村市场，在全县建立覆盖110个村、130个超市或商店的配送网络。河北省定兴县医药药材有限责任公司入选“2019河北省民营企业服务业100强”。

【项目建设】 全县14个省市重点建设项目（2个省重点，12个市重点），其中战略新兴产业占比50%。全年完成投资18.1亿元，占年度计划的 114%。嘉旭福美、通美晶体、新奥燃气、中天建筑、匠工建材等5个项目实现部分投产。全县筛选 52 个需重点推进的五大类项目，产业类项目 15 个、环保类项目 5 个、民生社会事业类 16 个、城建类 13 个、农林水类 3 个。25 个项目竣工或部分竣工，18 个在建，9 个正在按计划积极推进。

【服务雄安重点工程】 以推进定兴现代服务业和科技研发为主的生态文化智慧城市为目标，借助中规院、中城院等前沿规划团队完成《定兴县国土空间规划大纲》《定兴县产业振兴战略规划》编制。雄安新区南拒马河防洪治理工程（定兴段）完成投资3.95亿元，六个标段已开工建设。荣乌高速公路新线县境内全长15.6千米，已开工建设。容易线完成勘界登统，正有序推进土地组卷和征拆工作。G107国道北河大桥按200年一遇防洪标准实施改造，已进场施工。张雄特高压工程征占工作顺利推进。固城镇污水处理厂主要构筑物已完成，进入进水调试阶段。

【增进民生福祉】 全年空气质量综合指数6.06，同比下降6.87%；$PM_{2.5}$年浓度54微克/立方米，同比下降16.7%，优良天气201天。气代煤工程全面完成，实现县域全覆盖，改造户数180505户。脱贫攻坚取得成效。1446户2414名贫困户实现脱贫，顺利通过省实地考核和第三方评估验收，群众满意度达到99.73%。社会保障不断加强。农村低保累计发放1405.8万元，城镇低保累计发放132.18万元，临时救助916人次，发放救助金67.5万元。登记失业率2.97%。教育事业全面进步。高考成绩继续保持全市先进序列。争取上级教育专项资金1.17亿元，实施了定兴县第七实验小学、定兴县第四中学及18所中小学幼儿园建设项目。医疗体系不断完善。城乡居民医保年度最高支付限额提高至20万元，医疗保障能力显著增强。

【“双创双服”活动】 开展以“创新、创业、服务发展、服务民生”为主题的“双创双服”活动，确定23项民心工程46件惠民事项和41个专项实施方案，全部工程均按计划节点完成，在市考核排名第六。

（付云山）

统计工作

【概况】 定兴县统计局为县政府工作部门，主要任务是贯彻落实党中央和省委、市委、县委关于统计工作的方针政策和决策部署，坚持和加强党对统计工作的集中统一领导，主管全县统计工作和国民经济核算等。内设办公室、综合股、能源和服务业统计股、普查中心。行政编制 10 名，事业编制 16 名。2019 年，在县委、县政府的正确领导下，在国家及省市局的业务指导下，紧紧围绕中心工作，认真践行初心和使命，全力提升统计工作整体水平，服务县域经济发展。

【主题教育】 认真抓好党组理论中心组学习，更加坚定理想信念，通过成立领导小组、制定学习计划、强化学习纪律，建章立制，使党组理论中心组的学习制度化、规范化，采取集中宣讲和支部党课等多种形式，提高学习的质量和效果，努力使理论学习往深里走、往实里走、往心里走，使每位成员理论知识更丰富、政策把握更精准、理想信念更坚定、政治素养再提升，筑牢信仰之基、补足精神之钙、把稳思想之舵，增强“四个意识”、坚定“四个自信”、做到“两个维护”。强化宗旨意识，认真践行群众路线，主动下基层、接地气、靠前站，认真学习理论，深入调查研究，密切联系群众，真正打成一片，掌握群众所思、所想、所盼，解决群众所急、所需、所求，切实做到贴近群众、依靠群众、服务群众。切实搞好意识形态工作。开展精准扶贫工作，派出5人深入农村开展精准扶贫工作，制定帮扶户脱贫工作规划和年度工作计划，通过走访调研，了解贫困户生产生活情况、政策落实情况，协调解决具体问题，切实解决实际困难，真正帮扶贫困户走出困境，脱贫致富。顺利完成县委第一巡察组对县统计局的巡察工作，通过巡查整改，提高每一位人员的政治意识、纪律意识、责任意识、担当意识，机关作风和工作效率明显提高。

【统计工作】 2019年是统计培训年，通过“以会代训”、专业制度培训等多种形式，有针对性地开展统计业务培训，全年共培训基层统计人员约1000人次，通过培训，基层统计人员业务水平有了不同程度的提升。

【统计报表、考核指标监测考核工作】 通过精心组织、明确责任、加强评估、沟通协调等有效措施，扎实做好农业、工业、投资、建筑业、房地产、劳动工资、住户调查、贸易、能源、科技等常规统计专业月度、季度上报工作，纳入“企业一套表”联网直报平台的155家“四上”企业（规模以上工业企业、资质等级建筑业企业、限额以上批零住餐企业、规模以上服务业企业等这四类规模以上企业的统称）均按时完成统计网报工作，联网直报率达100%。积极推进畜禽监测、粮食生产能力考核监测、小康监测、县域经济发展评价等工作。认真开展人口抽样调查工作。全力配合做好撤县设市指标的搜集测算工作。

【第四次全国经济普查】 县统计局对全县各乡镇共700余名普查指导员和普查员开展集中培训，按照既定的工作计划，认真抓好各环节工作的落实。全县共普查一套表单位155个，非一套表单位5838个，其中法人单位5240个、产业活动单位598个，法人单位中企业单位4603个、行政事业单位587个、民间非营利组织50个，抽样登记个体户1848户，普查数据由基层单位填报，直接传送国家数据平台。积极开展普查数据应用工作。

【经济运行动态监测预警】 围绕全县经济社会发展大局，加强重点指标的趋势性、结构性、支撑性分析，对考核指标的进展情况进行动态分析，及时整理提供反映全县经济社会发展动态和趋势的统计数据资料，精准预测经济社会运行态势，为全县经济持续健康稳定发展起到良好的参谋辅助作用。每月编印《定兴县月度主要统计指标一览》，及时报送县委、县政府及相关部门，每月召开主要经济指标数据评估分析会，撰写专题分析，评估当前数据、预测下月（下季）走势、提出可操作性建议，及时发布《定兴县国民经济统计公报》，编印《定兴县国民经济统计年鉴》。

【统计法治建设】 深入开展统计普法和用法工作，充分发挥《中华人民共和国统计法》和《河北省统计条例》的压舱石作用，利用“统计开放日”等多种形式，加大统计法律法规的宣传普及力度，创新宣传方式和宣传载体，认真组织开展对基层报表单位的《中华人民共和国统计法》执行情况检查工作，推动统计法制检查制度化、规范化，依法查处各种统计违法行为，确保统计工作依法、依规、有序进行。

（刘 震）

人力资源和社会保障

【概况】 定兴县人力资源和社会保障局是主管全县人力资源和社会保障工作行政事务的县政府工作部门。主要负责就业再就业、社会保险、工资福利、农村劳动力转移、劳动合同、劳动信访、劳动仲裁、劳动保障监察、人事人才、职称评聘、工人技术等级考核、退休审批等。内设机构有办公室、人事股、工资福利股、劳动股（工考办）、监察股（基金监督股）、信息中心、劳动保障监察大队、就业服务局、社会保险事业管理局、城乡居民社会养老保险中心。在职职工130名，其中公务员8名，工勤1名，事业编制121名。2019年，在县委、县政府正确领导下，在市局关怀指导下，以党的政治建设为统领，遵循以人民为中心的发展思想，紧紧围绕“民生为本，人才优先”主线，秉持“让权力运行更加公开规范、让干部工作更加主动担当、让群众办事更加便捷舒心、让人社形象更加优质阳光”的工作理念，认真贯彻落实“16448”工作思路，强化使命担当，锁定目标、奋发作为，强力推动各项工作落地见效，为实现定兴跨越崛起做出积极贡献。

6月21日，县委书记韩朝红（右三），县委常委、组织部长张志辉（右一）一行到人社局调研机关党建工作

【就业形势】 实施就业优先政策，多渠道拓展就业空间，抓好就业困难人员、高校毕业生、退役军人、“零就业家庭”人员等重点群体的就业援助工作。全县完成新增就业人员4578人，完成市核目标的120%；下岗失业人员再就业1325人，完成市核目标的120%；安置就业困难对象519人，完成市核目标的121%；登记失业率2.97%，控制在市核目标4.5%内，各项工作任务稳步推进。公益性岗位安置各类就业困难人员173人，支出公益性岗位补贴269.5万元，社会保险补贴127.4万元，灵活社保补贴78.5万元。

【就业服务】 征集就业岗位2000余个，建立岗位清单，积极组织各类劳动者参加人才招聘会和就业援助月、春风行动、民营企业招聘周、高校毕业生就业服务月、创业就业服务展示交流等系列活动，为各类城乡劳动力提供人岗对接平台。2019年全年共举办招聘会6场，参加企业80余家，提供各类就业岗位3200余个，达成就业意向1500余人。创新培训方式，采取长期或短期、集中大班或分散小班等灵活多样的形式开展培训。对培训全程进行监管，特别是第一节课、中间抽查、检查验收等重点环节，确保培训人员符合政策，确保培训时间和效果。2019年全年共开展各类培训班22期，完成各类培训1671人。

【就业扶贫】 确定就业帮扶“三个全覆盖”（就业政策宣传全覆盖、就业技能培训全覆盖、就业岗位精准帮扶全覆盖）的工作目标，组织20名精干力量，分别于3月26日至4月29日、5月20日至6月20日、8月份对全县955名贫困劳动力开展三轮“就业服务月”活动，逐户逐人走访调研，面对面提供政策咨询、证件办理、职业指导、职业介绍等“一站式”就业服务，取得良好的帮扶效果，全年有730名贫困劳动力实现自主就业。

【社保基金】 健全完善社会保险财务会计、业务经办等收、支、管理相关内控制度，加强基础工作管理，严格按照内控要求做到不相容岗位相互分离，业务环节既独立操作，又相互衔接、相互制约，确保各岗位工作人员在其职权范围内开展工作。加大社会保险稽核力度，成立社会保险稽核领导小组，专职2人，兼职3人。深入企业进行稽查，在稽核参保单位的同时对经办机构内部进行内部审计，确保堵塞各业务环节经办的漏洞和风险。建立与公安、民政、卫生、社区等部门协查机制，对涉及人员生存状况和死亡时间进行认真核查，发现冒领养老金现象立即追回，确保基金安全。2019年全年共有城乡居民养老保险参保人数31万人，参保率98%，2019年扩面12627人，征缴保费4020万元，为9万人发放养老保险待遇1.16亿元；企业养老保险参保人数41892人，扩面2200人，占省核任务1900人的116%；机关事业养老保险参保人数15812人；工伤保险参保人数27418人；失业保险参保人数9024人。

【治欠保支】 发挥领导小组办公室作用，牵头制定出台《定兴县构建保障农民工工资支付工作长效机制实施意见》压实属地、属事管理责任，明确职责任务和处置程序，首次将各乡镇政府一并列入为成员单位，形成工作合力。建立属地、属事双排查机制，形成有效的排查、监控、处置链条。充分发挥劳动保障监察“两网化”作用，加强日常巡察和专项检查，对县域内用人单位实行动态监管，对所有在建项目，特别是政府投资项目工资发放情况进行拉网式排查，实行限时化解机制，相关部门研判分析、合力攻坚。实行无障碍举报投诉制度，向社会公布举报投诉电话，设立接待窗口，及时受理群众反映的欠薪举报投诉，做到有案必接，有报必查。全年解决欠薪案件41起，涉及农民工170人，涉及金额119万元，同比上年下降50%。

【人事人才、工资福利】 完成2019年度教师招聘、机关事业单位年度考核奖惩，职称评聘、级别（岗位）晋升、企业薪酬调查等工作。加强干部、工人、人事档案工作的管理工作，推进档案管理工作信息化、专业化、制度化，提高人事档案质量和利用价值。

9月27日，人社局举办定兴县庆祝中华人民共和国成立70周年文艺汇演

【信息化建设】 利用“定兴人社”微信公众号服务平台将人社系统政策规定、办理流程、各股室各窗口工作职能及联系方式全部上线公开，开通社保缴费、健康认证、社保卡办理公共服务事项，实现“让信息多跑路，让群众少跑腿”的目标。关注人数突破19万人，发放社会保障卡541046张，覆盖全县人口90%以上。

【主题教育】 局党组把主题教育作为重要政治任务，严格落实主体责任，集中精力、统筹安排、精心组织、扎实推进，确保主题教育各项安排部署落实落地。成立“不忘初心、牢记使命”主题教育领导小组，班子成员和各支部书记齐抓共管分类指导。结合实际制定《关于开展“不忘初心、牢记使命”主题教育的实施方案》和《主题教育有关重点工作安排》，明确责任目标，确保主题教育高位推动、高效开展，实现全覆盖。通过自学与领学、线上与线下、交流与实践、学习与践行相结合等方式，全体党员干部理论素养得到明显提升。立足工作实际，科学选定调研课题，深入一线开展调查研究，为推动根治欠薪及失地农民参加养老保险工作落地见效奠定坚实基础。将主题教育和当前工作结合起来，在工作中检视理论学习成果、检视干事创业激情、检视为民服务情怀、检视党员干部忠诚。

（张亨礼）

自然资源和规划

【概况】 根据《定兴县机构改革方案》要求，原定兴县国土资源局与原定兴县城乡规划管理局合并为定兴县自然资源和规划局。履行全民所有土地、矿产、森林、草原、湿地、水、野生动植物等自然资源资产所有者职责和所有国土空间用途管制职责。负责全县自然资源调查监测评价。负责全县自然资源统一确权登记工作。负责全县自然资源资产有偿使用工作。负责全县自然资源的合理开发利用等。内设办公室(政策法规股)、自然资源开发利用股、自然资源监测监督股、国土空间规划股、林业和草原资源管理股、执法监察股。下辖10个基层中心所：城关中心所、天宫寺中心所、小朱庄中心所、北田中心所、杨村中心所、北河中心所、固城中心所、贤寓中心所、张家庄中心所、高里中心所。行政编制16名，事业编制58名，自收自支147名。2019年，在县委、县政府和市局的领导下，县自然资源和规划局坚持以中共十九大精神和习近平新时代中国特色社会主义思想为指导，以“优空间、护资源、保发展、促民生”为主线，团结和带领全局干部职工深化自然资源和规划领域重大改革，全面落实党要管党、从严治党，不忘初心、牢记使命，忠诚担当、奋发作为，全力服务县域经济跨越式发展，各项工作稳步推进，有序开展。

1月19日，副县长王波（右）、自然资源和规划局局长谢丽军（左）为定兴县自然资源和规划局揭牌

【机构改革】 按照中央和省、市关于机构改革的有关要求，根据《中共保定市委办公厅保定市政府办公厅关于印发<定兴县机构改革方案>的通知》，将原定兴县国土资源局和原定兴县城乡规划管理局合并为定兴县自然资源和规划局，机构规格为正科级。改革后，县自然资源和规划局贯彻和落实党中央和省委、保定市关于自然资源和规划工作的方针政策和县委的决策部署，调整优化机构职能，统一人员编制和队伍，确定股室队所职责，为进一步做好全县自然资源管理工作提供充分保障。

【规划编制】　围绕顶层设计加强规划编制。按照上级关于加快国土空间规划编制工作精神要求，站在统筹县域城乡经济社会发展的高度，积极开展国土空间规划编制工作。组织成立县级国土空间规划编制领导小组和工作专班，制定并下发《关于加快定兴县国土空间规划编制工作的实施方案》和《关于建立全县国土空间规划体系并监督实施的实施意见》，聘请河北省城乡规划设计研究院院长邢天河等12人组成专家咨询委员会，为国土空间规划编制提供政策技术支持。经过与专家咨询委员会多次沟通并交换意见，已确定《定兴县国土空间规划》的规划大纲包含十二章三十八节。阶段性成果已具备报审条件。围绕乡村振兴补足规划短板。为了促进乡村振兴，加强村庄规划，自然资源和规划局作为村庄规划牵头部门，认真研究国家及省有关政策，结合当地实际，逐项分解工作任务。根据县政府意见，确定贤寓镇龙华村和固城镇北庄头村为定兴县开展规划试点村庄，开展村庄规划编制工作，加强业务指导，确保按时高质量完成村庄规划编制工作。围绕重点项目推进规划支撑。启动定兴县中心城区控制性详细规划DX-18和DX-03两个单元的控规调整程序，为中科锂电和定兴六中等重点项目落地提供规划支撑。对规划项目和重点工程相关规划实行逐级审批和集体把关，严格执行“一书三证”审批程序和建设方案审查程序，共办理《建设项目选址意见书》11件，“建设用地规划许可证”24件，“建设工程规划许可证”26件，“乡村建设规划许可证”11件。

【土地资源保障】　加快建设用地组卷报批进度。积极跑省进市，取得上级政府部门支持，与兄弟县市沟通协调用地指标。2019年，共完成征地组卷并获得省政府批准建设用地330.23亩（其中征收耕地324亩），保障工业园电站、东落堡电站、县污水处理厂提升、垃圾中转站扩建以及茂华塑料、东田汽车等10个工业项目用地需求。按照县政府安排，对重点项目土地利用总体规划修改工作逐级上报省自然资源厅审查。加快国有土地市场供应步伐。挂牌出让土地26宗，面积756.73亩，解决林生自然城、世代三期等一批房地产解遗项目，保障百度云计算等一批重点项目及时合法用地；划拨土地11宗，面积141.68亩，解决定兴县第五中学、定兴县第七实验小学等教育发展用地，促进黄金台博物馆、污水处理厂等基础设施建设。自主实施耕地后备资源挖潜。按省市文件要求开展定兴县高里乡等5个乡镇8个村土地整治（自主实施）项目，项目区总面积79.9817公顷，高里乡易上村、易上营村，贤寓镇贤寓村、小牛村，肖村乡东肖村，姚村乡留村，张家庄乡西魏家庄村、固店村。项目完成后可将林地、园地纳入补充耕地管理，新增耕地40.8007公顷。11月已完成勘测定界，经相关部门、市级专家论证后县政府已出具可行性论证意见，并通过市级部门验收，已组卷上报至省厅，待省厅核查认定。夯实业务工作基础。积极推进第三次国土调查工作。为查清全县土地利用状况，掌握真实准确的土地基础数据，满足全县经济社会等各项工作需要，按照上级安排部署，细致组织开展调查工作。定兴县调查数据成果，已通过省厅组织的多轮审查，8月底已上报自然资源部，正在按照自然资源部要求进一步整改完善。按要求完成2018年度土地变更调查工作。加强土地利用规划和地籍管理，严格进行规划审查和地籍核查，确保资料准确、数据精确。开展耕地质量等别评价工作，上报省自然资源厅。完成土地整治规划备案工作。按照省市统一安排，开展永久基本农田储备区划定工作，总面积约17800亩，已通过市级专家论证，上报省自然资源厅。加快推进自主开发项目实施，第一批612亩已报至省自然资源厅，第二批约300亩已报至市局审核。市级组织全面核查年度耕地保护目标综合考核工作，据初步考核结果定兴县进入优秀行列。

【自然生态保护】 严格保护各类自然资源，按照省、市、县相关工作要求，开展打击破坏自然资源生态违法行为，依法行政、文明执法，不断加强自然资源生态保护力度。扎实开展“一加五专项行动”工作。以扎实开展“一加五”专项行动为工作总揽，多措并举，强力推进土地例行督察整改、违法占地专项整治、土地卫片执法等工作。进一步加强源头管控，严格落实网格化监管工作机制，严控新增违法占地建设。为全面落实河北省违法用地专项整治三年行动实施方案要求，联合多部门集中组织12次土地违法占地整改集中拆除行动，共拆除违法占地89处，面积136.62亩（其中例行督察整改图斑19个，面积55.65亩；卫片整改图斑22个，面积37.65亩；新增违法占地46处，面积43.32亩），出动人员约1500人次，动用机械设备116台次，拆出效果、拆出声势，形成拆违强大攻势，对违法占地行为起到极大的震慑作用，取得良好的执法效果和社会响应。按照国家确定的违建别墅问题清查整治工作要求，组织开展清查整治专项行动，定兴县发现2处疑似违建别墅问题，均已全部拆除整改到位。严厉打击非法采砂行为。采取日查和夜查相结合的方式加大巡查频率，抽调20名执法人员分夜查组和机动组，不定时不间断开展巡查，累计出动巡查车辆120余辆次，人员600余人次，查扣盗采矿砂设备和车辆80余辆。同时加强宣传，出动宣传车100余辆次，发放宣传材料5000余份。对重点盗采地块实行断道，禁止盗采设备和车辆通行，断道80余条。联合水利、公安部门在运输盗采矿砂咽喉路段设立治砂检查站，查扣无合法运砂凭证的车辆。及时移交盗砂人员，加大打击力度。联合乡镇对已有砂坑采用回填、平整绿化、恢复种植等方式进行综合治理，已初步整改完成13个。建设“天眼”系统和无人机巡查相结合的立体化执法管理系统，对重点区域实行24小时监控。推进林业执法工作开展。按照2019年森林督查工作要求，深入核查130块疑似图斑，全部完成130块图斑核实核查工作，对其中违法违规图斑20块进行查处。“绿卫2019”执法专项行动，查处违法侵占林地案件12件，立案12宗，处理12人，违法面积1.72公顷，罚款36.5669万元。救助野生二级保护动物白鹭2只、猕猴1只，送至保定市野生动物保护中心。

【服务雄安新区发展】 根据《雄安新区南拒马河防洪治理工程建设征用移民安置规划大纲》要求，积极推动移民安置区的选址论证工作，同步启动北河镇规划修编工作，积极准备北河小城镇总体城市设计和安置区详细城市设计编制准备工作，为移民安置规划建设提供规划保障。雄安新区南拒马河防洪治理工程（定兴段）申请先行用地共计3074.37亩，通过自然资源部批准，已领取相关批复文件；项目申请临时用地及取土用地共计3763.1235亩，按照相关规定已编制土地复垦方案，并呈报至省厅审查通过。杨村、卷子村、西重楼、南重楼、北田、大北召村取土手续已通过批准。荣乌高速新线（定兴段）项目占用定兴县土地1822.63亩，工程征地组卷已报省厅审查。雄安建材通道容易公路（定兴段）占用县土地64亩，积极进行用地组卷报批。配合开展雄安新区白洋淀上游流域整治工作。配合农业部门对流域两侧的养殖占地进行摸底排查；配合环保部门对“散乱污”企业进行摸底排查，为雄安新区建设创造良好的生态环境。

【提升民生幸福指数】 促进民生保障，优化服务环境。严格按照全县解决房地产开发领域历史遗留问题的安排部署，统筹安排，强化举措，扎实推进房地产开发领域历史遗留问题发证工作。解决林生自然城、世代三期等一批房地产解遗项目，已完成27个小区的落宗发证问题，共计办理转移登记9604宗，维护群众的切身利益，提升群众心中的获得感。按照县委、县政府安排，成立扶贫工作专项领导小组，明确22名机关干部驻村参与帮扶，共帮扶95户，全部帮扶到人。按照要求建立帮扶手册及台账，定期调度部署，强化保障措施，加强帮扶方面的业务培训。帮扶人员充分利用有限的时间积极下村入户，为贫困人员早日脱贫脱困进行帮扶指导，确保各项党的脱贫攻坚政策落实到位，提升群众的存在感、温暖感。优化生态绿化，营造宜居环境。推进环雄安湿地建设步伐。县湿地建设涉及兰沟洼湿地和易马湿地。其中兰沟洼湿地，市自然资源和规划局就定兴县兰沟洼湿地公园规划范围和实施建议向市政府作汇报。经与中国林科院紧密沟通，已确定易马湿地建设范围和规划建议，并向县政府作专题汇报，自然资源和规划局将按照县政府及有关部门意见认真研究和完善，并积极编制易马湿地修复与保护规划方案。开展环雄安生态造林绿化。主动对接雄安新区生态建设，编制完成《环雄安管控区景观概念性规划》，制定2019年国土绿化实施方案、秋冬季造林绿化实施意见和工作方案，对年度国土绿化的任务目标进行具体安排。2019年完成万亩森林营林1万亩。全县造林绿化任务2.2万亩，已完成2.8万亩并上图上表，占任务的127%，其中完成环雄安林带绿化任务0.6万亩；定易片林绿化0.25万亩；完成京港澳高速、京石高铁断带补植补造和“花海”绿化任务0.19万亩；水系和村庄绿化1.76万亩，大幅提升定兴县民众生态宜居的舒适感。

【主题活动】 认真组织开展“不忘初心、牢记使命”主题教育。按照中央关于开展第二批主题教育活动的安排部署，为全面贯彻落实习近平总书记系列重要讲话精神和党中央决策部署，扎实开展“不忘初心、牢记使命”主题教育，紧密结合实际，制定印发《中共定兴县自然资源和规划局党组关于在全局开展“不忘初心、牢记使命”主题教育的实施方案》。将主题教育与工作实际相结合，牢牢把握定兴跨越崛起的历史性窗口期和战略性机遇期，全力以赴在国土空间规划编制、“1+5专项行动”、违法采砂治理、强化自然资源监测监管、保障和改善民生等重点工作事项上攻坚克难、担当作为。全局利用每周五开展集中学习，并邀请县委党校讲师为全体党员干部进行党课宣讲，指导推动开展学习教育活动。组织干部职工100余人次观看《复兴之路》《我们走在大路上》相关主题片以及庆祝中华人民共和国成立70周年大会电视盛况。组织150人次参观北京卢沟桥中国人民抗日战争纪念馆、北京展览馆中华人民共和国成立70周年大型成就展。在全局党员干部中推广使用“学习强国”等方式，组织引导党员干部强化创新理论武装，推动习近平新时代中国特色社会主义思想往深里走、往心里走、往实里走。

（许学光　许静萧）

市场监督管理

【概况】 根据《定兴县机构改革方案》要求，2019年1月，将县市场监督管理局（县工商行政管理局、县食品药品监督管理局）、县质量技术监督管理局职责，以及县发展改革局（县物价局）的价格监督检查和反价格垄断相关职责，县商务局的反垄断相关职责，县工业和信息化局（县科学技术局）的知识产权管理职责等整合，重新组建县市场监督管理局（简称县市场监管局），作为县政府工作部门，加挂定兴县知识产权局牌子。承担县政府食品安全委员会的具体工作。依法负责全县市场综合监督管理、行政执法和技术监督等工作。内设机构有办公室、组织人事股、法规股、信用监管股、价格监督检查股、知识产权保护和广告监管股、市场规范消保股、食品药品安全综合协调督查股、食品生产安全监管股、食品流通监管股、餐饮服务食品监管股、特殊食品和盐类监管股、医疗器械监管股、药品监管股、化妆品监管股、质量发展股、产品质量安全监督股、特种设备安全监察股、计量和标准技术管理股、监察室。下辖执法稽查大队、质量技术监督检验所、路东市场监督管理所、路西市场监督管理所、北河市场监督管理所、固城市场监督管理所、贤寓市场监督管理所、高里市场监督管理所、杨村市场监督管理所、天宫寺市场监督管理所。行政编制135名，其中，机关行政编制46名，派出机构行政编制89名。2019年，在县委、县政府坚强领导下，坚持以习近平新时代中国特色社会主义思想为指导，深入贯彻落实中共十九大精神，积极践行“三深化三提升”“讲政治、转作风、强责任、抓落实”行动，深入开展“不忘初心、牢记使命”主题教育活动，深化市场监管体制机制改革，强力推进机构改革干部队伍融合，实现体制机构改革与工作职责履行同落实、同促进，各项主要工作取得明显成效。

【市场主体培育】 深入贯彻落实“双创双服”活动总体部署，扎实推进市场主体培育活动。切实把为民服务在一线落到实处，优化办事流程、减少开办环节，市场主体开办审批时间大幅压减，有力激发创新创业激情，促进各类市场主体扩大总量。截至12月底，全县个体工商户净增3424户，超额完成2019年净增1914户的工作目标，12月末，主体总量净增比例排名全市第3。新设市场主体大幅增长，成为创业创新和扩大就业的重要支撑，成为全县经济转型升级和高质量发展的重要推动力。

【商标品牌培育】 坚持“商标兴企、商标富农、商标强县”发展战略，大力推进品牌培育工作。按照“普遍指导、重点扶持”的原则，积极向企业宣传注册商标的重要意义及新形势下的品牌效应，提升企业商标战略意识，有力调动企业申请注册商标的积极性，同时做好新申请注册商标的指导工作。新增注册商标525件，比上年增长27.7%。

【质量强县建设】 牵头引领实施质量强县战略，强力推动全县质量水平全面提升。2019年为提升市场监管质量水平，推进“全国质量强县示范县”建设，推动定兴跨越崛起，制定《质量提升工程实施方案（2019—2021年）》；推动设立县政府质量奖，并推进首届定兴县政府质量奖评选工作。在全县范围内组织开展“质量月”、质量技术服务“百分百”活动；组织长城、五合窖、喜之郎等企业参加质量管理小组、质量信得过班组培训交流活动。推动实施质量提升“双十百千工程”。遴选8家优秀企业，推动其导入先进质量管理模式；成功推荐保定五合窖酒业有限公司和河北喜之郎食品有限公司的4位质量管理专家成为保定市质量管理专家；成功推荐保定五合窖酒业有限公司成为2019年保定市质量典型标杆示范单位。

【食品安全监管】 食品、餐饮整治工作成效显著，县市场监管局开展学校幼儿园食堂、熟肉制品、清真食品、食用油食堂、网络食品餐饮外卖、农贸市场食品等30余项食品、餐饮专项整治行动，尤其是加大对学校、幼儿园、托幼机构食堂以及会议供餐场所的整治力度，组织开展节日、中高考等特殊时段餐饮服务食品安全专项整治，全力保证县“两会”、被动房大会、双城联创、太极拳大会等重大会议、活动的饮食服务安全。食药规范化管理有新成效，积极发挥县食安办综合协调作用，推进食品网格化监管工作机制，先后起草下发6个基础性文件，构建完善食品药品安全监管大格局体系，县、乡、村三级网格齐备，乡镇食安办和村（社区）协管人员工作补贴纳入财政保障，有效发放。在食品生产、食品流通环节开展食品生产小作坊专项整治、猪瘟疫情防控、农村“山寨”食品专项整治和校园周边食品治理，全年共检查食品、餐饮各环节监管对象6500余户次，查办案件385起，罚没款118.88万元。

6月21日，在文化广场举行2019年定兴县食品安全宣传周启动仪式

【“两品一械”监管】 加强药品医疗器械、化妆品监管，保障人民群众用药用妆用械安全。开展药品、化妆品、医疗器械安全专项整治工作，在药品经营环节着力推进药品购进验收环节管控、执业药师挂证整治、处方药销售管理、药品储存管控工作；在医疗器械领域有效开展安全风险隐患排查整治、医疗机构使用环节监督检查。医疗器械不良事件监测、药品不良反应监测均按照上级要求有序开展。对药品医疗器械从业人员加强宣传教育培训，全年开展警示教育培训活动20次，有效提升主体责任意识。共查办各类药品医疗器械案件26件，其中来源违法药品案件19起，罚没款25.62万元，没收各类非法药品800余盒。

【特种设备安全】 强化特种设备安全专项整治，全力防控各类安全隐患，深化特种设备安全隐患大排查大整治及安全百日攻坚行动，组织开展液化石油气气瓶充装专项治理、快开门式压力容器专项整治和化工行业专项整治行动。严格设备检验，提高定检率，确保在用设备应检必检，对超期未检验设备和使用单位采取行政执法手段，以执法促检验。配合河北省特种设备监督检验研究院共检验电梯950台，起重机92台，叉车50台，压力容器56台，锅炉8台。

【产品质量安全】 开展工业产品质量安全专项整治，确保工业产品质量安全，强化对生产企业监督检查，做到日常监管检查、巡查和专项检查相结合。对1家无证生产危险化学品容器企业，责令其停止生产；严厉查处生产假冒伪劣产品，无生产许可证、强制性产品认证证书生产违法行为。查处违法违规案件7件，罚没款15.09万元。

9月21日，县市场监督管理局执法人员对河北喜之郎食品有限公司进行执法检查

【信用信息监管】　结合“三定”职责和执法依据，调整抽查事项清单，将有执法资格的执法人员全部录入执法检查人员名录库，并对“两库”（市场主体名录库、执法检查人员名录库）实施动态管理，编印下发《关于违法行为的惩戒和责任追究操作指引》，组织开展3次“双随机”行动，定向联合抽查市场主体240户，完成检查、录入、公示工作。开展县级联合抽查1次，随机抽取4户企业和5户农民专业合作社，按规定开展抽查和后续处置。

【监管执法工作】　以营造公平竞争的市场环境为目标，扎实开展集中整治公用企业限制竞争和垄断行为突出问题专项执法行动。坚决纠正在市场经营活动中违反商业道德和市场规则、制造销售假冒伪劣商品的各种违法违规行为。开展宣传活动22次，发放宣传资料5760份，检查各类企业385家，查办结案8起，上缴罚没款30.43万元。没收侵权黄金饰品2件（货值2744元）、冒牌运动鞋200双、侵权食用盐169件3380千克（货值9000元）、侵权箱包112个。开展查处无照经营专项行动，共检查各类经营户1824户，查处无照经营户数324户，补办营业执照324户，罚款67.76万元。

【散煤管控】　发挥牵头组织、综合协调职责，建立健全散煤管控工作机制；组织各乡镇收缴积存散煤，强化入境管控，严厉查处散煤运销违法行为。通过巡查发现散煤运销违法行为5件，查处取缔散煤摊点1处，农用三轮车兜售蜂窝煤3起，清除摊点往年存煤1处，共没收散煤4.75吨、蜂窝煤1300余块，罚没款1.5万元。

【餐饮油烟监管】　推进数字智慧型监管开展，严格规范油烟净化设施安装运行。严把市场准入关口，严格审查督促新开办餐饮单位高效油烟净化设施完备，健全完善油烟净化设施运行维护制度，城区401户餐饮单位全部安装高效油烟净化设施；坚持日常监管和夜间巡查相结合监管，对餐饮单位多轮次、全覆盖检查，对68家油烟净化设施未及时清理维护、44家未提供油烟净化设施清洗记录餐饮单位采取责令限期整改措施，并已全部整改到位。依法查办案件5起，罚款3.1万元。推进科学智慧监管，推行实施远程监控。加快推进“明厨亮灶”远程监控提升工作建设，实施远程电子监控措施，油烟净化设施排烟口排放情况局、所、企业三级实时、远程监控，有效提升餐饮单位自律意识、管理水平和监管部门监管效能。

【消费者权益保护】　保护消费者合法权益，营造安全消费环境。联合县消协、检察院、商务、农业农村、烟草、移动公司等职能部门和相关企业，在惠友购物广场举行主题为“信用让消费更放心”消费者权益日现场咨询和集中宣传活动。共印发主题宣传材料1500份，出动宣传人员92人，执法车辆20辆，现场为消费者提供咨询服务156人次。整合投诉举报平台到位，加强消费维权力度。全面整合“12315”“12331”“12365”“12358”等投诉举报平台，集合统一受理，初步形成大消费、大调解格局，全年共接收咨询、投诉、举报431件，办结率100%。

（张 驰）

审计工作

【概况】 根据《定兴县机构改革方案》要求，2019年3月，成立中共定兴县委审计委员会，中共定兴县委审计委员会办公室设在县审计局，将县发展改革局的重大项目稽查职责，县财政局（县国有资产管理委员会办公室）的本级预算执行情况和其他财政收支情况的监督检查职责、国有企业领导干部经济责任审计职责等划入县审计局，作为县委议事协调机构，接受中共定兴县委审计委员会的直接领导，承担委员会研究提出审计领域，坚持党的领导、加强党的建设的政策建议，组织研究全县审计工作发展规划、重大决策和改革方案、研究提出预算年度审计项目计划等有关事项的具体工作等。内设机构有办公室（中共县委审计委员会办公室秘书股、法制和政策审计股）、财政金融审计股、社会保障和行政事业审计股、投资审计股，干部职工21名。2019年，在定兴县委、县政府、中共定兴县委审计委员会和市审计局的领导下，深入贯彻中共十九大精神，以习近平新时代中国特色社会主义思想为指导，认真落实全国及省、市审计工作会议精神，坚持新发展理念，全面贯彻从严治党总要求，按照“审计要促发展”工作思路，突出审计重点，依法履行审计监督职责，大力推进审计全覆盖，充分发挥审计在党和国家监督体系中的重要作用，全年共完成审计项目23个，提出审计建议34条，督促落实审计整改问题19个。

【财政预算执行审计】 按以摸清财政底数，提高财政资金使用绩效、保障公共资金安全为目标，财政同级审重点关注政府预算体系完善情况、国有资本预算编制、调整和执行情况、转移支付资金预算管理和使用情况、财政体制运行情况、政府债务管理情况等。围绕部门预算编制及执行、政府采购、国库集中支付等改革措施落实情况。完成对定兴县2018年度县本级预算执行和其他财政收支情况审计，并对县住建局预算执行情况进行延伸审计。针对审计报告中的问题，县财政局、县住建局及相关单位采取措施，积极认真整改。

【经济责任审计】 在开展领导干部经济责任审计过程中，不断调整审计思路和方法，提高审计质量。在涉及专项资金时，重点关注资金使用中有无挤占、截留、挪用和损失浪费等问题；对被审计单位领导人重大投资决策事项进行审计时，注重审查项目决策是否按规定程序实施，项目的资金来源是否落实，基建是否经过招投标程序，设备是否经过政府采购，有无擅自调整预算，项目竣工是否经过决算审计等问题；重点关注“三公经费”及会议费、培训费、维修费等方面，对支出方面发现的疑点实施延伸审计，必要时请纪检监察部门协同调查，通过依法审计，提高被审计领导干部依法行政的能力和水平。受县委组织部的委托，对离任的科级领导干部进行经济责任审计。

【投资审计】 投资审计工作侧重于民生工程，完成对定兴县住房和城乡建设局建设2018

年农村危房改造工程审计，发现部分新建设设施不到位，部分新建房屋至审计日止还未入住问题，提出完善配套设施和及时安排入住等审计建议；对定兴县第四中学体育场、河北定兴中学二期扩建工程体育场及（体育看台）等公益性工程进行跟踪审计；按照上级审计机关的统一安排，完成对定兴县人防办自2013年以来的人防工程专项审计。会同定兴县水利局，对社会进行公开招聘4家甲级资质的造价咨询公司，对正在实施建设的雄安新区南拒马河防洪治理工程进行跟踪审计，确保建设项目有序、规范开展建设。

【专项审计】 进行2016—2018年全县养老服务体系建设专项资金审计。进行了2016—2018年度全县战略性新兴产业发展专项资金审计。进行定兴县人防工程项目审批及人防资金资产使用管理情况专项审计。

【民生服务】 积极做好所包贫困户的帮扶工作。县审计局6名人员所包固城镇、柳卓乡建档立卡贫困户27户，每月至少到访一次，开展节前慰问，做好贫困户的政策宣传及所需解决的问题。开展扶贫审计工作，完成对定兴县2018年扶贫工作的审计，并开展省厅统一组织的对涿州市扶贫审计工作。

【主题教育】 自开展“不忘初心、牢记使命”主题教育以来，坚持全员参与，做好三个层次教育，确保主题教育取得实效。领导带头学，发挥“头雁”作用。党组成员带头晒学习心得、谈学习体会、带头讲党课，带头深入审计一线开展本单位存在的突出问题和群众反映强烈的热点难点问题的调研，认真撰写调研报告，发挥好“头雁”作用。支部组织学，发挥引导作用。党支部通过成立领导小组，制定活动方案，印发主题教育学习资料，组织开展集中学习讨论，观看警示教育片等，积极调动全体党员参与主题教育活动的自觉性、主动性，发挥好支部的组织引导作用。党员自己学，发挥主体作用。全体党员按照活动部署，深入学习习近平新时代中国特色社会主义思想，特别是习近平总书记关于“不忘初心、牢记使命”重要论述，认真撰写心得体会。严格对照党章党规，全面深入检视问题，做到即知即改、立行立改，发挥好全体党员在学习教育活动中的主体作用，推动全局主题教育取得实效。

（杨红兰　张　敬）

应急管理

【概况】 根据《定兴县机构改革方案》要求，2019年1月，组建县应急管理局。将县安全生产监督管理的职责，以及县政府办公室的应急管理职责，县公安局的消防管理职责，县民政局的救灾职责，县国土资源局的地质灾害防治、县水利局的水旱灾害防治、县农业局（县林业局）的草原防火和森林防火相关职责，县工业和信息化局（县科学技术局、县地震局）的地震监测，震灾应急救援等相关职责，县防汛抗旱、减灾、抗震救灾、森林防火指挥部（委员会）的职责等整合，组建县应急管理局。作为县政府工作部门，加挂县地震局牌子。其主要职责是负责应急管理工作，指导各乡镇（城区）、各部门应对安全生产类、自然灾害类等突发事件和综合防灾减灾救灾工作等。内设机构有办公室、应急救援股、应急管理股（地震股）、监管一股、监管二股、法规培训股。编制数为15名。下属事业单位1个：安全生产监察大队。编制数为19名。2019年，深入学习、全面贯彻中共十九大精神和习近平总书记关于安全生产重要指示批示精神，牢固树立以人民为中心的发展思想和安全发展理念，紧紧围绕县委、县政府任务目标，按照“底线思维、顶层设计、问题导向、四化管理”总要求，树牢“一条底线”（杜绝重大以上事故），强化“两个抓手”（执法监管、专项整治），细化“三方责任”（党政领导责任、部门监管责任、企业主体责任），完善“四项机制”（以“网格化”为依托，完善安全监管分工责任体系；以“清单化”为抓手，完善工作落实机制；以“专业化”为目标，完善监察执法和监督检查体系，以“社会化”为导向，完善安全生产技术服务支撑体系），努力夯实安全生产基层基础，提升安全生产工作“标准化、系统化、专业化、精准化”水平，推动全县安全生产形势持续稳定好转，为中华人民共和国成立70周年营造了良好的安全生产环境，为县域建设提供有力的安全保障。

【安全生产大排查大整治攻坚行动】 细化责任，进行横向到边的集中整治。进一步强化政府领导责任、部门行业监管责任、乡镇属地管理责任和企业主体责任，努力构建“全覆盖、无缝隙”的监管网络。全县17个乡镇（城区）及重点部门按照攻坚行动要求，共排查737家次各类单位，查处一般隐患461处，全部整改完毕。突出重点行业领域，进行纵向到底的专项治理。举一反三，深刻汲取江苏盐城化工厂爆炸事故教训，深入推进危险化学品安全综合治理工作，加大检查频次，推动主体责任全面落实，落实风险研判与承诺公告制度。对44家危化企业的设备设施和生产过程进行细致排查。严格落实人防、技防、物防措施，对关键岗位人员和安全管理人员做到逐一叮嘱，实施严格的现场盯防。紧盯烟花爆竹、危险化学品、建筑施工、消防安全、燃气工程、道路交通、校园安全、特种设备等重点行业领域，强化安全生产监察执法，持续开展专项整治行动。

【“百日攻坚”行动】 高度重视，及时安排部署。7月12日，县委常委、常务副县长高巍主持召开全县安全生产、消防安全“百日攻坚”行动动员会，按照行动要求全县各乡镇（城区）、职能部门均制定实施方案，成立以主要负责人为组长的领导组织机构，并及时召开动员会，通过多种形式及时将行动精神传达到企事业单位。加强排查，整治风险隐患。各乡镇（城区）、有关部门和企事业单位按照安全生产百日攻坚行动的要求，在全县组织开展拉网式安全生产隐患大排查，严格执行“六查六看”，不漏一村一企，做到无死角、全覆盖。重点做好有限空间、消防、交通运输、建筑施工、燃气安全、旅游等领域专项整治，全力做好建筑业、特种设备、瓶装液化气、加油站点、有限空间等隐患集中、问题较多的行业和部位的监管整治。开展执法检查，全面加强安全管控，严防事故发生。百日攻坚行动实施以来，全县共出动督导检查人员760余人次，检查生产经营单位794家次，查处一般隐患192处，全部整改完毕。统筹协调，强化调度督导。常务副县长高巍于9月4日召开会议调度百日攻坚行动，对之后工作进行安排部署。县安委办多次召开协调调度会议，及时解决工作中的困难和问题，推动工作顺利深入开展。明确信息报送制度，每周四收集各单位信息，并进行汇总整理，及时上报市局和县领导小组。9月初，县安委办组织对各乡镇、有关部门工作情况进行督促检查，督促有关工作部门各负其责、协调配合、整体联动。9月下旬，组织专家对县住建局、县卫健局、县教育局等10个单位安全生产百日攻坚行动开展情况进行评估，确保活动取得实实在在的效果。

【“双控机制”建设】 加强领导，全面动员部署。9月4日，召开由行业主管部门负责人和100多家企业参加的全县动员会，成立由常务副县长任组长的领导小组，印发《关于定兴县深入推进安全生产分级管控和隐患排查治理双重预防机制建设工作实施方案》。强化宣传培训。全县会议后，各行业分别以召开动员会、宣讲会、培训会等形式迅速安排部署，以最快的速度发动到每一家生产经营单位。县安委办印制《指导书册》，要求各企事业单位严格按《方案》明确的内容、方法和步骤开展工作，必要时聘请第三方机构介入帮扶。培树样板，典型带动。全县率先在机械和轻工两个行业开展示范试点工作，并组织60余家企业在河北喜之郎食品有限公司召开观摩推进会开展专项培训，由长城汽车股份有限公司和喜之郎食品有限公司介绍创建经验，有效推进各行业领域的“双控机制”建设工作。强化督导检查。为确保“双控机制”建设的工作高效推进，制定周报月结的工作制度，保证工作进度，通过随机抽查、重点检查等方式查找企业隐患治理落实情况，倒查企业是否全方位、全过程开展风险辨识，确保安全风险始终处于受控范围，推动企业落实好主体责任。

【宣传培训】 以《河北省地方党政领导干部安全生产责任制实施细则》《河北省安全生产风险管控与隐患治理规定》为重要内容，开展多种形式的宣传培训活动。组织开展安全生产“大培训”活动，全面推进安全知识和防范技能“七进”活动。深入开展安全生产月活动。6月，组织17个单位310余人，在县文化广场开展咨询宣传活动，开设咨询点25个，公开展板110余块、悬挂宣传横幅28条、组织宣传车3辆，提高全社会安全意识。积极推进开展“三职”教育，即安全生产负责人、管理人员、特种作业人员培训。按照谁主管、谁负责的原则，组织开展好危化、建筑、教育、交通、电力等行业的安全知识宣传、安全教育培训，提高员工安全素质，完善安全管理措施，有效控制发生事故的风险。

【理论学习】 认真学习习近平新时代中国特色社会主义思想，牢固树立安全发展理念，弘扬生命至上、安全第一的思想，健全公共安全体系，完善安全生产责任制，坚决遏制重特大安全事故，提升防灾减灾救灾能力。全力做好应急管理、安全生产、防灾减灾救灾工作，确保人民群众的生命财产安全。在全局开展“不忘初心、牢记使命”主题教育活动，营造靠学习进步、靠素质立身的浓厚氛围，进而教育引导党员干部牢固树立长期学习、终身学习的理念，把学习作为一种态度、一种责任、一种追求、一种境界，孜孜以求，苦学不倦，不断在学习中增长知识，提高素质，练就过硬本领，打造一支政治过硬的应急管理队伍。

（赵丽华）

行政审批工作

【概况】 根据《定兴县机构改革方案》要求，2019年1月，将县相关部门的行政审批职责整合，组建定兴县行政审批局（简称县行政审批局），作为县政府工作部门，加挂县政务服务管理办公室牌子。机构规格正科级。主要职责是贯彻执行国家及省、市、县“放管服”改革、行政审批制度改革、政务服务管理、公共资源交易、社会信用体系建设有关方针政策和法律法规。起草有关政府规章，制定有关政策，协调指导并监督实施等。内设机构有办公室、“放管服”改革协调股、政务管理股、政策法规股、政务数据股、建设审批股、经济审批股、社会事务审批股。行政编制20名，股级领导职数8名。2019年，以习近平新时代中国特色社会主义思想为指导，深入贯彻落实中共十九大和十九届二中、三中、四中全会精神，在县委、县政府的正确领导下，不断深化改革，创新突破，突出一个宗旨（坚持以人民为中心），坚持一个定位（服务平台），主攻两个方向（便民和利企），实现三个预期（方便快捷的体验预期、能否办成的心理预期、何时办成的时间预期），全县“放管服”改革等各项工作扎实推进，审批效能显著提高，进一步优化全县政务服务环境。

【审批制度改革】 在审批质量和服务效率上下功夫，优化组合审批整链条、全过程，打造“宽进、快办、便民、公开、联动”审批服务新模式。加快行政审批事项划转，严格按照上级相关时限要求和审批事项划转范围，划转、承接审批事项143项。稳步推进项目审批改革，印发《定兴县深化工程建设项目审批制度改革暨拿地即开工审批模式实施细则》，从项目立项用地规划许可阶段到竣工验收阶段，政府投资项目审批时间控制在66个工作日内，企业投资项目审批时间控制在45个工作日内，实现工程项目审批“受理服务最优、时间最短、环节最少”。全年共受理审批事项4706件，办结4696事项，办件量比上年大幅增加。协调全县34个部门编制公开“三级四同”的政务服务事项目录清单781项和“能同尽同”的实施清单。

5月8日，县委书记韩朝红（前排右四）、县长吴鹏（前排右三）带领县四大班子成员调研项目建设工作

【“互联网+政务服务”建设】 提升网上可办率，按照“三级四同”政务服务事项目录，梳理网上可办事项清单，提高全县网上办理事项，达到网上可办率90%以上。完善政务服务网乡村平台，组织各乡镇梳理乡、村政务服务事项目录，并录入河北政务服务网。加快推进电子证照库建设，按照国务院2019年底前要实现申报材料证照、批文类办理结果100%电子化，实现电子结果在政务服务过程中的协同复用。加大冀时办应用推广力度，梳理健康医疗、社保登记、违章处理、生育登记等方面的便民惠民应用，在各种场合及媒体进行宣传。梳理“互联网+监管”目录清单和实施清单，对全县各部门所涉及的监管目录清单及检查实施清单进行梳理，组织各相关部门对检查行为进行补录。

【社会信用体系建设】 重点围绕推动平台对接、数据共享、联合惩戒落地等问题研究解决机制，加大信用信息归集录入、完善“红黑名单”、联合奖惩制度，调整编制好县本级公共信用信息资源目录，组织各信源单位进行培训，并将公共信用信息在信用平台网站以手工填报、数据库对接、文件传送、服务接口4种方式全方位完善信息归集上报工作。针对实质问题，强化措施解决问题，全县信用信息归集取得实质成效。

【商事制度改革】 印发《第一批“证照分离”改革具体事项表》，牢固树立和贯彻落实中央及省、市“证照分离”改革精神，建立审管多层次、多维度联动机制。按照“标准统一规范、信息共享互认、流程简化优化、服务便捷高效”的原则，对各类企业和农民专业合作社实行“多证合一、一照一码”登记制度改革。

【开设企业开办专区】 税务部门、公安部门、人社部门顺利进驻大厅，企业开办时间得到进一步压减。企业注册登记1个工作日内办结；公章制作和初次发票申领施行并行办理，1个工作日内办结。

【审批服务便民化】 深入推进“一网、一门、一次”改革工作，围绕便民利企总目标，推进标准化、网络化、智能化建设，优化审批服务流程，打造政务服务新平台。通过线上线下双渠道，建立查询辅导—收件预审—受理审批—统一出证全流程、整链条服务模式。大力推出自助办理服务，设立自助服务窗口，自助电脑内置各类文书表格及样本模板，方便群众查询下载、填单仿写。设立微信二维码墙，办事群众只要对号入座，用手机扫一扫，便可获得“事项名称、办事类型、设定依据、申办材料、办理流程、办理时限、收费标准以及办理电话”等信息，做到“手机一扫清”。优化勘验方式和流程，实施“超前辅导、网上勘验、多勘合一、委托勘验”四大举措，整合形成既符合审批实际，又科学的勘验机制，勘验环节的提速，大大提高审批效率。建立企业投资承诺制，在申报材料主件齐全，一般性材料暂缺情况下，实行“企业承诺、先行发证，定期补正、超期撤销”。先后为百度、河北西麦食品有限公司等公司容缺办理项目审批手续。

（赵　柳）

农业

“三农”工作

【概况】 2019年，县委、县政府认真实施“农业强县”战略，贯彻落实中央一号文件和各级农业农村工作会议精神，推进农业供给侧结构性改革，加快发展现代农业，推进全县农业转型升级，农业生产实现较好较快发展。定兴县是全国商品粮基地、国家优质粮食产业工程项目县、全国第一批小型农田水利重点县，全省农业综合排位18位。常年农作物播种面积为122万亩左右，是河北省蔬菜、林果生产大县。为全省60个蔬菜大县之一，保北最大麻山药生产基地，京、津、保等城市的重要蔬菜、果品供应基地，全省首批菜篮子工程示范县和蔬菜产业示范县。

【机构设置】 根据《定兴县机构改革方案》要求，2019年1月9日，组建定兴县农业农村局，将县委农村工作委员会、县农业局的职责，以及县发展改革局的农业投资项目、县财政局的农业综合开发项目、县国土资源局的农田整治项目、县水利局的农田水利建设项目等管理职责整合，组建县农业农村局，作为县政府工作部门。县委农村工作领导小组办公室设在县农业农村局。不再保留县委农村工作委员会、县农业局（县林业局）。县委办、县政府办于2019年2月20日印发《定兴县农业农村局职能配置内设机构和人员编制规定》的通知。定兴县农业农村局是县政府工作部门。主要职责是贯彻中央及省、市、县关于农业农村工作的方针、政策和重大决策部署，统筹研究和组织实施全县“三农”工作的发展战略、中长期规划，指导农业综合执法等。内设机构有办公室、农产品质量安全监管股、人事法规股、农业股（发展计划股）、农机股、畜牧水产股、科教股、农村股。下辖：农业技术推广中心（含植保站、技术站、蔬菜站、土肥站）、畜牧水产站、农机监理站、农机技术推广服务站、农业生态环保所、农审站、农业综合执法大队（含农业执法中队、饲料兽药执法中队、动检执法中队、屠管执法中队）、种子管理站、农畜产品质量安全监管中心（农产品质量检疫检测中心）、动物卫生监督所、动物疫病预防控制中心、城关动物监督检疫分站、高里动物监督检疫分站、张家庄动物监督检疫分站、贤寓动物监督检疫分站、北河动物监督检疫分站、固城动物监督检疫分站、天宫寺动物监督检疫分站、北田动物监督检疫分站、定兴县畜牧水产站、城关农业技术推广区域站、高里农业技术推广区域站、张家庄农业技术推广区域站、贤寓农业技术推广区域站、固城农业技术推广区域站、北河农业技术推广区域站、天宫寺农业技术推广区域站、北田农业技术推广区域站、平罡林场管理站、原种管理站、农业综合开发中心、退耕还林管理站、绿化工作管理站。机关行政编制22名，股级领导职数8名。全额事业编制218名、自收自支事业编制82名、差额事业编制8名。

【种植业】 2019年，按照“稳定面积、调整结构，节本增效、绿色生态，主攻单产、增加总产”的思路，推广精细管理、“一喷三防”“一喷综防”等关键增产技术，大力促进规模生产，实施高标准农田建设等项目，粮食生产再获丰收。全年农作物播种面积124.5万亩，粮食作物播种面积104.3万亩，油料（花生）6万亩。其他作物0.2万亩。小麦单产496.5千克／亩，总产24.82万吨，玉米单产611千克／亩，总产29.9万吨；花生单产298千克／亩，总产1.78万吨。豆类1.5万亩，单产250千克／亩，总产0.375万吨；薯类3.6万亩，平均单产5950千克／亩，总产2.14万吨（折粮）。落实小麦节水及配套技术推广补贴面积5.2万亩，补贴资金364万元。全县共有粮食深加工企业17家，其中代表性工业有河北西麦食品有限公司、保定五合窖酒业有限公司、保定永兴食品有限公司、保定恒兴食品有限公司、河北精益食品有限公司等。

【蔬菜业】 蔬菜作物播种面积16.5万亩，蔬菜亩产达到5140千克，总产84.8万吨。示范推广蔬菜绿色发展十大技术8万亩。建设生态花海2600亩，种植品种20余个。完成华农绿色产品续展、认证工作；康城完成绿色蔬菜年检。完成“定兴茄子”“定兴太平萝卜”两个地标产品申报材料。组织第四届京津冀蔬菜食用菌产销对接大会，“定兴蔬菜”参展作品获“优秀设计奖”。完成试验示范项目11个，减少农药投入36%，减少化肥投入31%，增效17.4%。完成农业农村部“蔬菜生产信息监测预警”和“京冀农产品产销信息监测”项目。推广5项蔬菜生产关键技术1.2万亩。

4月26日，定兴蔬菜参加第四届京津冀蔬菜食用菌产销对接大会

【畜牧水产业】 稳定生猪、家禽生产，大力发展肉奶牛、肉羊，保障肉蛋奶供给。通过实施生猪调出大县奖励、标准化示范场、菜篮子工程等项目，促进规模化、标准化养殖，提升肉奶牛、生猪、肉蛋鸡、中华鳖等特色养殖基地（小区）规模化、标准化水平，推进畜牧业转型升级。2019年全县生猪存栏13.5万头，出栏33.1万头；牛存栏1.25万头，出栏2.64万头；羊存栏12.53万只，出栏21.5万只；鸡存栏311.5万羽，出栏875.45万羽；肉类总产量4.7万吨；奶类总产量1万吨；禽蛋产量1.79万吨；水产养殖面积6公顷，总产量80吨。坚持扶持特色，培育龙头，走高产、高效、优质发展之路，推进肉牛、奶牛、肉鸡、蛋鸡、生猪、中华鳖等养殖基地建设。常年存栏2000头以上的猪场5个，存栏1000头以上猪场12个；存栏50头以上牛场11个，奶牛养殖场2个；存

栏 200 只以上羊场 6 个；肉鸡养殖场 43 个，定兴县成为拥有高标准鸡舍的“肉鸡生产大县”；50 万只以上蛋鸡养殖小区 1 个，存栏 2000 只以上的蛋鸡养殖场 75 个；中华鳖专业养殖村 1 个、农业农村部健康养殖示范场 1 个。

【农业结构调整】 深化农业供给侧改革工作，大力推进农业结构调整工作，苗木绿化、特色种植以高速、高铁为重点，年内计划新增造林绿化2.2万亩，已完成1.1万亩，其中环雄安新增0.7万亩。北田、杨村新建花海2600亩。新增甘薯面积0.2万亩，调减玉米面积2万亩，新增蔬菜面积0.3万亩，新增花生面积0.4万亩。粮食功能区划定。完成47万亩小麦、49万亩玉米功能区划定任务，通过省、部数据对接和汇交。

【重大动物疫病防控】 通过开展排查、消毒等行动，全县未发生重大动物疫情。开展大消毒活动。组织养殖场、屠宰场点、无害化收集点、生猪及其产品和病死动物运输车辆、保险理赔车辆、无害化处理场所等，采用高效消毒药进行彻底清洗消毒。累计消毒面积 208 万平方米，降低非洲猪瘟疫情传播风险。开展大排查活动。累计排查生猪养殖场户 8911 户次，生猪 86.4 万头，累计出动人员 4320 人次，出动车辆 2128 车次。除双轨制排查外，检查猪肉为原料的食品生产企业及小作坊 185 户，排查猪肉原料 9.1 吨；检查生猪产品经营者 906 户次，冷库 2 户，排查生猪产品 46.24 吨；检查餐饮店 680 户次，食堂 96 家次，排查猪肉原料 7.9 吨，未发现有未经检验检疫的生猪产品。

【农业机械】 农机总动力 491098 千瓦，各种机械数量：稻麦收割机 914 台，玉米收割机 1089 台，播种机 2984 台，深松机 510 台，秸秆还田机 1448 台，畜牧机械 1697 台，农产品初加工动力机械 3273 台，拖拉机 9660 台，其中大中型及以上 2271 台，小型机 7389 台。农机购置补贴。2019 年中央财政分配定兴县农机购置补贴资金共计 960 万元。截至年底，共使用补贴资金 960 万元，补贴资金使用比例 100%。受益农户 443 户，补贴各类机具 676 台（套），其中，动力机械 143 台（套），收获机械 300 台（套），耕整地机械 210 台（套），农田基本建设机械 1 台，田间管理机械 9 台（套），种植施肥机械 12 台（套），畜牧机械 1 台；报废机具 20 台（含拖拉机 2 台、收割机 18 台），使用报废补贴资金 16.9 万元，落实更新补贴资金 88.3 万元。秸秆还田作业。50 万亩小麦秸秆还田率达到 100%；49 万亩玉米秸秆综合利用率 98%，其中粉碎还田约 83%、约 40.6 万亩。

【农机深松耕】 2019 年，全县实施高标准农机深松作业任务 3.5 万亩，农机深松专项补贴资金 133 万元。印发《关于申报 2019 年农机深松作业补贴项目作业主体的通知》，择优确定农机深松作业主体。委托农福农机农民专业合作社和昌利农机专业合作社实施深松项目。合作社按照项目建设要求，1404 以上四驱大马力拖拉机安装监测传感器，共 17 台大型拖拉机参与深松作业，免费为项目区内需要深松的农户实施单一深松服务。邀请信翔监测终端、第三方质检机构人员为各机手进行监测终端正确使用、注意事项、作业规范、技术要求等培训。委托保定市鑫天泰农业机械销售有限公司，对 2019 年度农机深松作业开展独立第三方质量检测。11 月 2 日，全面完成农机深松作业任务。

【农产品质量安全】 开展省级农产品质量安

全示范县创建。6月4日，省市验收组对定兴县创建工作进行初步评估，10月10日，接受省农业厅验收，定兴县获“省级农产品质量安全示范县”称号。开展农产品安全专项整治。开展种植养殖环节“两超一非”专项整治百日行动，2019年元旦、春节期间农产品质量安全风险隐患大排查，农资打假专项治理春季行动，农产品质量安全专项整治，暑期和中秋国庆期间农产品质量安全保障工作。做好农产品及投入品监测。合计抽查农产品样品3816个（蔬菜样品2974个、动物产品及投入品样品842个）。检测动物尿样57995份，结果均呈阴性。

【经营体制改革】 农村土地确权颁证工作。农村土地承包经营权确权登记颁证工作基本完成，农村土地承包经营权证书发放率达到87%。农村产权制度改革。全县17个乡镇274个行政村清产核资全部完成，并通过市县两级验收。集体组织成员身份确认基本完成，股权量化、三会建立稳步推进。农民专业合作组织建设。华农、康城两家合作社被列为省级试点，每家合作社获补贴资金20万元，用于合作社规范化建设专项扶持；新增家庭农场10家，总计达到168家；农业产业化龙头企业达到13家，其中，省级产业化龙头企业6家，市级产业化龙头企业7家。采取土地流转、土地承包等多种形式，广泛开展规模经营，农村土地规模经营面积12万多亩，规模经营率（50亩以上）18%。加强农村社区综合服务中心建设，健全完善运营环境，增强服务功能，扩大服务范围。2019年，农村社区综合服务中心覆盖率100%。

6月3日，在华农蔬菜基地举办河北蔬菜产业体系试验

【品牌农业】 确定“定兴蔬菜”公共区域品牌1个，组织申报“定兴茄子”和“定兴太平萝卜”地理商标2个。新增绿色蔬菜认证产品12个、有机蔬菜产品13个。“定兴蔬菜”获京津冀第四届蔬菜产销对接大会优秀设计奖，农业产业规模效应、品牌效应持续增强。

【绿色农业】 加快畜禽粪污治理，推进有机肥厂建设。粪污处理设施配建率达到100%，建设粪污处理设施11万立方米。秸秆综合利用率达到100%。农膜回收率达到80%，重点宣传引导农户进行自主回收。加强拒马河道内3.1万亩耕地化肥农药使用技术指导。组织技术人员分别对拒马河沿线5个乡镇涉及农户进行化肥农药使用减量增效技术培训，要求河道两侧15米范围内耕地禁止使用化肥农药。河道内其他耕地要求实现化肥农药使用零增长，落实减量增效技术要求，推广使用高效低残留农药、有机肥和生物制剂，降低环境污染。

【乡村振兴】 按照“红色党建引领绿色发展、振兴五色产业”的总体思路，以产业振兴为前提，以人才振兴为支撑，以文化振兴为动力，以生态振兴为基础，以组织振兴为保障，优化顶层设计，构建乡村全面振兴发展体系。编制“1+5”规划，即《定兴县乡村振兴战略规划（2018—2022年）》和“产业、生态、文化、组织、人才”五个专项规划。研究制定《定兴县2019年度实施乡村振兴战略工作要点》和“产业、生态、文化、组织、人才”五个工作推进方案。制定出台《定兴县关于坚持农业农村优先发展扎实推进乡村振兴战略实施的意见》，并根据《意见》制定《定兴县乡村振兴工作分工方案》。

12月20日，华农蔬菜基地谋划成立乡村振兴产业发展绿色有机产业联盟

【乡村振兴示范区建设】 根据中共定兴县委、定兴县人民政府《乡村振兴示范区推进工作方案》和中共定兴县委、定兴县人民政府乡村振兴工作领导小组《定兴县2019年创建乡村振兴示范区的实施方案》，确定北河新型社区为定兴县乡村振兴示范区；创建贤寓镇龙华村、固城镇北庄头村、北河镇东刘庄村、李郁庄乡彭各庄村4个乡村振兴示范点。规划确定固德引线两侧为“高效农业产业隆起带”示范带，涉及固城镇、肖村乡、姚村乡、贤寓镇。规划北河新型示范区：示范区规划占地面积约2766亩，北河镇北河店、东刘庄、西刘庄等7村联建。示范区规划建筑面积约251.6万平方米，规划安置人口约2.428万人，解决、拉动就业人口约1.3万人。北河新型社区示范区旨为拓展定兴县产业新业态，推进县域产业结构向绿色生态、文化、健康方向转型升级。推进农业农村高质量发展，促进农村产业转型升级。围绕省级现代农业园区，以贤寓镇高端蔬菜产业、姚村五合窖酒产业、固城镇玖兴畜禽农牧产业、固城镇大棚设施蔬菜产业为重点，打造高效农业产业隆起示范带，带动全县高效农业产业发展。示范带建设面积4.39万亩，涉及固城镇、姚村乡、肖村乡、贤寓镇49个行政村。

【农村人居环境治理】 农村垃圾治理。投资3100万元，招标确定保定亮城、保定善美2家农村生活垃圾清理清运环卫企业，对全县16个乡镇245个行政村实现生活垃圾清扫清运，实现全域生活垃圾城乡一体化治理。聘用保洁人员1500多名，购置垃圾桶13857个，垃圾清运车辆45台，满足农村垃圾日常清理清运需要。实施农村垃圾治理攻坚月行动，全县组织发动5500余人次、出动清理车辆1200余辆次，清理积存垃圾点位648处。组织联查互看活动，推动治理行动，建立奖评机制，垃圾治理取得明显成效，村容村貌明显提升。农村厕所改造。投资3400万元招标确定3家企业，完成16个乡镇210个村17100户厕所改造，建立县、乡、村、户四级改厕台账。农村污水治理。实施县污水处理厂提标扩容工程和定兴镇污水厂提标扩容工程，在已完成12个村庄并入管网的基础上，附近4个村庄纳入污水治理管网。建设固城镇污水处理厂，可收纳附近石油物探住宅小区、新

7月8日，京港澳高速南拒马河两岸万亩花海鲜花盛开

（郝建利 摄）

育村、南堼上村、北堼上村及固城镇107国道两侧商户污水，有效控制生活污水的乱排乱倒现象。畜禽养殖粪污资源化利用。全县规模养殖场粪污处理设施建设已全部完工，完成粪污处理设施建设10.2万立方米，并通过验收。村庄清洁行动。完成村内坑塘清理486处，积存垃圾清理648处，清理残垣断壁和杂物500处；建设小菜园、小果园1300个。建设美丽庭院46600个、精品庭院7220个。完成村庄清洁155个村。

【脱贫攻坚】 定兴县建档立卡贫困人口3150户、5364人，通过产业入股分红、低保兜底等政策措施，10月全部实现脱贫。对退出的贫困户，实施脱贫“不脱政策、不脱帮扶、不脱监管”帮扶措施，有效防止脱贫户返贫和致贫现象发生。积极完善城乡居民基本养老保险制度，适度提高养老金待遇水平。

农业重点企业选介

【河北玖兴农牧发展有限公司】 河北玖兴农牧发展有限公司总部位于定兴县金台开发区朝阳路北，总占地面积600亩，建筑面积12万平方米。公司2001年成立，2019年注册资本31452.6万元，总资产10.5亿元。是一家集肉种鸡培育、雏鸡孵化、肉鸡饲养、屠宰加工、饲料生产于一体的农牧科技型企业，下设河北玖兴食品有限公司、玖兴农牧发展涞源有限公司、玖兴农牧（阜平）有限公司等10家全资子公司。公司已形成年存栏父母代肉种鸡52万套，年孵化鸡苗7000万羽，年加工肉鸡配合饲料25万吨，年屠宰加工肉鸡6000万只。玖兴鸡肉产品畅销全国，2019年销售收入16.7亿元。采用“五统一”的养殖模式，2019年养殖增加收入2.09亿元，带动合同养殖户3980户，户均增收5.3万元。公司生产的“玖兴鸡肉”通过农业农村部无公害产品认证，获得河北省著名商标称号，并连年被评为河北省消费者信得过产品。公司是国家农业综合开发产业化经营项目单位、河北省农业产业化经营重点龙头企业、河北省扶贫龙头企业，河北省伊斯兰教协会监制的清真食品生产单位。

河北玖兴农牧发展有限公司种鸡室 （耿超 摄）

【河北马大姐食品有限公司】 河北马大姐食品有限公司位于定兴县金台经济开发区内，占地200亩，成立于2006年8月，法定代表人为马坡，注册资本34000万元。公司是以加工生产糖果为主的食品企业，主要产品有糖果、糕点、面包、果冻、豆干等。公司建有独立的研发中心及新型产品生产基地，拥有现代化的设备和50条自动化生产线，在全国同行业中处于领先地位。公司有健全的销售网络，销售人员总共500多人，产品销售遍及全国。公司在传统的糖果基础上，向多元化发展，研发新的品种。2019年8月，马大姐公司建立生鲜豆制品生产车间，车间占地面积为5000平方米，拥有多条国际先进的自动生产线，主要生产生鲜豆制品、100种产品品项，设计年加工大豆能力10万吨。2019年12月，公司有职工1500多人，总资产5.06亿元，固定资产2.1亿元，年销售额3.17

亿元，年利税 2135 万元。公司自成立以来，率先通过 QS 认证，并认证通过 HACCP，于 2014 年 6 月获得中国驰名商标。被定兴县评为“重点保护企业”，2019 年被评为“保定市农业产业化重点龙头企业”“河北省农业产业化重点龙头企业”。公司秉承“厚德创业，以人为本”的文化理念，坚持“质量第一，顾客至上；市场第一，信誉至上”的宗旨，凝聚了一大批优秀的技术人才和管理精英，始终坚持开拓进取，技术创新和诚信服务，以生产优质产品为根本，以帮助农民致富为主题，进一步为新农村建设做出应有的贡献。

马大姐糖果展厅　（宋海涛 摄）

【河北西麦食品有限公司】 河北西麦食品有限公司位于河北省定兴县金台经济开发区，占地面积 150 亩，于 2012 年 10 月建成投产，是一家以燕麦食品研发、生产和销售为主导产业的健康食品公司，在国内燕麦片加工能力居于领先地位。建立有完善的质量管理和食品安全管理体系，切实将质量管理落实到从供应商、生产过程、储存、出入库、销售、服务等各个环节，确保产品的食品安全和品质稳定，并实施以 ISO 22000 食品安全管理体系平台为基础，推行有机产品认证、绿色食品认证、BRC《食品安全全球标准》、《卓越绩效评价准则》等多维度的质量安全控制体系，品牌价值不断提升。西麦秉持“以客户为中心，以员工为根本”的服务理念，建立了产品研发团队和现代化管理平台；开拓了全国地级以上市场和部分县级市场；在全国设立 8 个业务大区，与经销商建立了互利共赢稳定的合作伙伴关系；形成了一大批具有较高品牌忠诚度的消费者群体，使西麦产品在燕麦行业中始终保有较大的市场份额。2019 年实现营业收入 6.2 亿元，纳税 5723 万元。公司成立以来来，坚持打造西麦燕麦专家形象，塑造消费者信赖的健康食品品牌，并在品牌价值不断提升的过程中获得各界好评：2013 年 3 月荣获“榜样保定”公众健康奖；2014 年 9 月荣获河北省诚信企业荣誉；2015 年 12 月获得河北省产业群龙头企业称号；2016 年 3 月获得全国工业品牌培育示范企业；2017 年荣获工人先锋号、保定市五一劳动奖状、河北省重点龙头企业，同时西麦河北公司还是河北省质量文化协会会员单位。

河北西麦食品有限公司　（温德军 摄）

（张继勇）

工业和信息化工作

【概况】 2019年1月，根据《定兴县机构改革方案》重新组建工业和信息化局。将县工业和信息化局（县科学技术局）的职责，以及县人力资源和社会保障局的外国专家管理职责整合，作为县政府工作部门，加挂县科学技术局牌子。主要职能是提出全县新型工业化发展战略和政策；推进信息化和工业化的融合；监测分析全县工业经济运行态势等。内设机构有办公室、工业和信息化股、科学技术股，机关行政编制12名，股级领导职数3名。2019年，在县委、县政府的正确领导下，深入贯彻习近平新时代中国特色社会主义思想和中共十九届二中、三中、四中全会精神，以促进县域经济发展为目标，以加快工业转型升级为主线，积极培育高新技术产业，实施科技创新计划。全年规模以上工业企业实现增加值25.8亿元，同比增长5.3%，居全市第9位。全年新增规上企业5家，即保定光宇水果加工食品有限公司、定兴县大平原畜禽屠宰加工有限公司、定兴县隆兴制帽有限公司、定兴县新奥燃气有限公司、定兴县华澳天然气有限责任公司；新增省高新技术企业4家，即保定兴安风电设备有限公司、河北微纳环保科技有限公司、河北宏峰耐火材料有限公司、保定森源建筑机械有限责任公司。

【提升科技创新能力】 开展科技型中小企业认定及复审，全年完成新增科技型中小企业71家。支持企业申报河北省高新技术企业，其中保定兴安风电设备有限公司、河北微纳环保科技有限公司、河北宏峰耐火材料有限公司、保定森源建筑机械有限责任公司被认定为2019年高新技术企业。以提升企业自主创新能力为核心，组织企业开展河北省千家领军型企业申报工作。其中河北喜之郎食品有限公司被认定为河北省创新引领型领军企业，河北智同生物制药股份有限公司、保定跃飞新型吸音材料有限公司被认定为河北省高成长型领军企业。推动龙头企业新产品研发，河北智同生物制药股份有限公司“心脑血管新药注射用长春西汀的工艺研究开发”荣获2019年保定市科学技术进步一等奖，保定天浩制药有限公司的“肝爽颗粒工艺改进项目”荣获2019年保定市科学技术进步三等奖。支持企业加强与国内外顶尖高校、研究机构合作。河北智同生物制药股份有限公司的“生化制药国家地方联合工程研究中心”被认定为国家地方联合工程研究中心（工程实验室），保定槐茂食品科技有限公司先后被认定为河北省技术创新中心、保定市工程技术研究中心。组织开展2019年河北省技术创新示范企业申报认定工作，为深入实施创新驱动发展战略，强化企业技术创新主体地位，发挥骨干企业创新示范带动作用，定兴县河北智同生物制药股份有限公司被认定为“河北省技术创新示范企业”。

【工业转型升级】 依据省市《技术改造投资导向目录（2019—2020年）》，明确新一轮工业企业技术改造投资重点，组织河北智同生物制药股份有限公司、河北西麦食品有限公司、河北马大姐食品有限公司等13家企业完成省重点技改项目入库工作。积极推进汽车及零部件、食品两大特色产业集群发展，按照省市要求先后完成三年振兴计划、特色产业发展规划、特色产业产业链发展实施方案等。进一步引导中小企业走“专精特新”发展之路，推动全县中小企业转型升级和创新发展，2019年，河北智同生物制药股份有限公司被工信部认定为“专精特新”小巨人；保定五合窖酒业有限公司、定兴县广源泡沫塑料制造有限公司被认定为“保定市专精特新中小企业”。加强食品工业企业诚信体系建设。组织保定鼎辉食品有限公司、河北鸿鲲食品有限公司等5家企业参加“食品工业诚信管理体系建设工作培训”，并到河北新希望天香乳业有限公司、保定君乐宝乳业有限公司进行参观学习。

【科普活动】 加强科普示范村建设。固城镇北堽上村、小朱庄镇王村被市科技局授牌“科普示范村”，通过开展科技下乡、科学普及活动，传播现代科技信息以及先进管理方法，加速科技成果转化，让科技创新惠及广大人民群众。开展各类科普科技活动。联合县科协、县委宣传部等部门开展“2019年保定市科普日”活动，使科普宣传活动更加贴近实际、贴近生活、贴近群众，让广大群众在生产生活中切身感受到科技服务的益处，推动科技创新能力提升，促进县域经济社会高速发展。

【农业科技发展】 推进农业科技园区建设。为提高现代农业生产水平，推进科技与生产的结合，定兴县积极组织企业申报农业科技园区。11月，河北康城现代农产品开发有限公司被认定为“保定市市级农业科技园区”，通过园区内关键技术培训、参观、观摩等活动，增强农业科技支撑，加速农业科技成果转化，推动农业特色产业关键技术集成创新和示范应用，推进农业科技创新创业。建立定兴县科技服务站。依托河北康城现代农产品开发有限公司和定兴县华农蔬菜专业合作社，建成定兴县科技服务站，充分发挥科技服务队伍农业技术资源优势，有针对性地组织开展以特色产业为主，以传统种植业为辅的农业实用技术培训，集成产业技术成果，打造产业示范基地，创新科技服务能力。

【服务民营企业】 开展清理拖欠民营企业中小企业账款工作。充分发挥牵头作用，积极宣传相关上级政策，推动相关部门、企业扎实开展欠款清查、欠款清偿工作。已全部完成所有清欠工作。支持企业加强对外交流开拓国内国际市场。组织推荐河北豪美金融设备有限公司参加第十六届中国国际中小企业博览会，嘉旭福美参加2019第二十三届中国国际软件博览会、2019中国国际数字经济博览会。组织开展专题培训，9月，河北省“百场万家”公益服务定兴专场成功举办，县域内100余家企业参加活动，全县科技创新发展、工业转型升级发展氛围更加浓厚。

【大气污染防治】 加强“散乱污”企业整治，制定《定兴县“散乱污”企业深度整治行动方案》《定兴县“散乱污”企业持续整治专项行动方案》《定兴县集中整治“散乱污”企业百日攻坚行动工作方案》等，持续开展“散乱污”企业动态清零，严禁反弹现象发生。加强工业企业料堆场规范化管理，建立相关工作台账，开展经常性检查，督促企业进一步完善相关硬件建设，细化抑尘管控措施。

【信息化建设】 推进“三网”融合、实施“宽带中国”计划，加强网络及通信基础设施建设。重视电子政务工作，加快推进“互联网+政务服务”；推动移动互联网、物联网等与现代制造业结合。全县网络基础设施、应用基础设施能力稳步提升，综合型应用平台、垂直型行业平台在经济社会中逐步普及应用，全县信息化建设取得长足发展。

（刘海英）

商务贸易

【概况】 定兴县商务局是县政府工作部门。主要职责是负责招商引资、商贸服务业发展、对外贸易管理、对外经济合作、电子商务建设、规范成品油及再生资源回收市场等工作。内设机构有办公室、投资服务股、贸易服务股、电子商务和信息化股、市场秩序管理股。行政编制18名，干部职工73名。2019年，紧紧围绕县委、县政府工作部署，强力推进招商引资、电子商务建设、商贸服务业发展、对外贸易、成品油市场监管等各项工作。完成实际利用外资3706万美元，全市排位第7位，增速218%，超额完成指标任务；全年进出口实际完成3093万美元，全市排名第15，完成比例122%，全市排名第4位；出口实际完成1420万美元，全市排名第17位，完成比例107.6%，全市排名第6位；完成社会消费品零售总额87.7亿元，增速9.5%，全市排位第8位。完成限上零售额7.6亿元，增速8.7%，全市排第13位。

【招商引资工作】 完成实际利用外资3706万美元。总投资30亿元，拟占地495亩的红星美凯龙·爱琴海购物公园综合体项目已制定项目实施方案和框架协议，后陆续协助企业办理项目规划、注册、备案等前期手续，继续推动项目尽快签署协议，争取早日落地开工。总投资120亿元占地约13.5平方千米的正道爱家生态文旅康养项目已签订框架协议，规划设计等前期手续正在办理中。

【商贸服务业发展】 河北新疆特色农副产品销售基地项目建设一期工程占地42亩，于2019年3月完工，进入试运营阶段；二期工程占地80亩，建成后，将打造成为新疆农副产品在华北地区最大的专属销售基地。定兴县三禾冷库建设项目，5000平方米冷库及2000平方米加工车间投入运营；3000多平方米办公综合楼于11月份完工。深入实施“双创双服”便民市场建设工程，河北兔佳佳食品有限公司新建生鲜超市1个，大钟寺市场服务中心对农贸市场进行升级改造，极大改善营商环境，方便广大人民群众。

【对外贸易】 做好“双创双服”精准服务外

贸企业工作，深入河北西麦食品有限公司、定兴县隆兴制帽有限公司、定兴县正佳箱包厂等重点企业实施精准帮扶，宣讲外贸扶持政策，及时了解和解决企业存在的困难和问题。9月，组织通美晶体、隆兴制帽、金地机械等重点外贸企业参加全省外贸政策业务联合免费培训会，努力提升外贸企业人员业务素质。与县财政部门联合做好中小企业国际市场开拓资金的申报和审核工作，完成金地机械公司境外广告宣传项目的申报。按照省市有关文件精神，积极与相关部门组织外贸转型示范基地的申报，经省、市、县相关程序，定兴县被认定为“食品产业外贸转型示范基地”。组织企业积极参加广交会、东盟博览会等对外展会。在第125届中国进出口商品交易会上定兴县隆兴制帽有限公司和定兴县正佳箱包制品厂分别与国外签订43万美元和40万美元的订单。

【市场监管】 保持对成品油市场监管的高压态势，对国六标准车用汽柴油供应、车用尿素供应、油气回收设施使用情况等进行全面检查。全面规范进油发票、车用尿素销售、各项台账健全完善以及油气回收装置能够正常使用。组织协同县市场监管局、县应急管理局、县公安局、属地乡镇政府等多部门开展对非法加油点拆除加油设施、起出储油罐、拆除罩棚等行动，共计关停取缔县域内非法加油点13家，有效打击违法违规经营行为，规范成品油市场经营秩序。下发置换乙醇汽油的通知，全力规范市场，防治大气污染。

【电子商务建设】 积极推进电子商务发展。大力发展线上线下果蔬配送网络，引导广世通电子商务公司发展配送110个村的130个超市或商店。

（陈建武）

供销合作社联合社

【概况】 定兴县供销合作社联合社主要职责是负责宣传、贯彻党和政府有关农村工作和社会发展的方针、政策，制定并组织实施供销合作社发展规划。开展对外合作，协调与政府部门、社会组织的关系，维护供销合作社《中华全国供销合作总社章程》赋予的合法权益，促进合作经济的发展等。内设机构有办公室(纠风办）、综合业务科、合作指导处、财务科（资产管理中心）、安全统筹科、盐政执法队。在编42名。2019年，坚持“改造自我，服务农民”的办社宗旨，按照县委、县政府安排部署，凝神聚力，开拓创新，全力以赴做好供销社各项工作。

【农合联建设】 定兴县供销农民专业合作社联合社（以下简称农合联）是为当地农民群众提供就近金融、保险服务的综合性服务机构。在服务“三农”方面，大力扶持有市场前景、有技术含量的小型农业项目。向2个蔬菜种植合作社、1个麻山药种植项目、5个粮食收储项目以及其他种养殖项目提供资金支持，累计提供扶持资金1000多万元，每个项目都获得较好的经济效益。积极开发便民服务，安装建行、农行POS机20台，为农民代缴电费400万元，代缴话费15万元，代发养老金200万元，代办粮补70万元，农合联成为广大农民群众的好帮手。

【物资供应服务】 在食盐供应服务工作中，充分发挥食盐供应主渠道作用，积极应对盐业政策调整带来的冲击，与县市场监督管理局共同印发1万多份县政府关于盐业专营工作的通告，和县教育体育局联合下发《规范全县学校食堂安全用盐的通知》。深入全县各超市、饭店、食堂、小饭桌、食品加工点，大力宣传安全用盐。5月15日，与县防疫部门联合举行碘盐宣传活动。代理的“鸿兴源”调味品已完成全县80%的网点选择和货品上架工作，遍及各类商场、超市、便利店，并成功进入了高碑店市部分大型超市，商品品种达100多种，极大丰富广大城乡群众的消费选择，每月销售额突破2万元。在农资供应服务工作中，充分发挥农资公司的龙头带动作用，依托遍布城乡的200多家农资农家店，销售覆盖范围进一步巩固和扩大，累计销售优质化肥8万吨，化肥供应量占市场份额80%左右。在烟花爆竹供应服务工作中，认真落实县政府《关于烟花爆竹经营管理的通告》，严格坚持实名制销售和特殊时段禁售要求，按照“预防为主、安全第一、疏堵结合、综合治理”的原则，在购进、运输、储存、销售等环节，严格落实各项安全经营制度和安全消防措施，确保烟花爆竹的安全经营。

【脱贫攻坚和开拓业务】 承担20户贫困户的分包脱贫工作任务。2018年已脱贫9户，2019年，11户贫困户经产业扶贫、政策扶贫等有力措施，实现全部脱贫。与县域喜果生鲜电商公司密切合作，推进供销品牌的蔬菜配送直销业务，每天生鲜蔬菜销量已达1吨。根据市供销社安排部署，将保险业务作为供销社业务工作的新战场，努力提高思想认识，加强组织领导，与太平洋保险公司积极开展保险业务合作并组织4期保险业务培训。合作开展后，参保车辆已达50多辆。与江苏蚂蚁旅游公司合作，积极开展旅游卡代理销售业务，已售出旅游卡200多张。

【产权交易中心建设】 定兴县农村产权交易中心自挂牌成立后，成立董事会、监事会，任命总经理，工作人员、办公设备、业务资料已全部到位。与省农村产权交易中心签署《关于合作共建定兴县农村产权交易信息化平台的协议》，省中心派人开展员工业务培训，农村产权交易软件已安装完成，达到正式运营的标准。起草《定兴县关于促进农村产权交易市场健康发展的实施意见》和《定兴县农村产权质押、抵押管理办法》，将在全县形成农村产权交易的规范性运作标准。组织工作人员加强业务学习，对交易中心宗旨、交易品种、交易流程、收费标准、服务规程和省、市相关文件反复加强学习，熟悉软件操作，为正式运营做好充分准备。加强下乡宣传工作，由乡镇逐步向村宣传，以达到全县范围内对农村产权交易中心的认知、认可。与县行政审批局商洽进入公共资源交易平台事宜，争取尽快投入运营。

【信访工作】 从畅通信访渠道入手，扎实做好信访工作。建立工作日领导接访制度，每周二由单位主要领导接访，其他工作日由一名副职接访，按照县联席办要求，建立健全信访事项网上办理系统，明确主管领导和具体操作人员，每天通过网络办理信访案件，对信访工作流程进行认真规范。对企业改制、生活困难、涉军退役人员和精准扶贫户开展走访慰问，集中解决一批信访案件，积极化解督导组交办信访案件。接待来信来电来访200多人次，信访人员反映的一批改制遗留问题和个性遗留问题得以充分解决，维护其合法权益。认真开展安全生产百日攻坚行动，积极开展安全生产大检查，紧紧抓住烟花爆竹安全经营、危旧房屋安全使用、重要商品防潮防盗、夏季防汛等关键环节，严格落实各项安全生产制度、安全消防措施和防汛物资储备调运制度，尤其是做好城内瑞兴超市的防汛工作，多次到超市提醒租赁方增强防汛意识，在汛期来临之前下达搬迁通知书。全系统未发生一起安全生产事故，保障全系统安全平稳运行。

【党组织建设】 积极开展“讲政治、转作风、强责任、抓落实”行动和“不忘初心、牢记使命”主题教育活动。成立领导机构，制定工作方案和实施方案，确立工作清单、问题清单和整改清单，加强自我整改。制作墙体展板，每周组织机关党员干部加强学习，做好学习笔记，对年初工作任务进行分解立项，增强工作紧迫感和责任感，营造良好的活动氛围。做好学习强国推广学习活动，组织机关党员干部职工积极组建工作群，安装App，每天加强学习，学习强国的使用率明显上升，学习氛围日益浓厚。加强意识形态工作，坚持党要管党，从严治党，从各方面、各角度加强意识形态工作的组织领导和工作推进。为庆祝建党98周年，组织全体机关干部开展知识竞赛活动。组织党员干部坚持做好“两个维护”，增强“四个意识”和“四个自信”，认真贯彻落实党的各项理论路线方针政策，用良好的意识形态联系统领党员干部的思想阵地。

（任志华）

市场建设

【概况】 定兴县市场建设服务中心主要职责是制定全县市场布局规划、市场建设，组织市场论证，负责市场登记工作。负责对所辖市场经营活动的日常管理，调节市场纠纷，管理市场物业，提供有偿服务，收取设施租赁费等。内设办公室、财务股、市场管理股、市场建设发展股、市场稽查股。下辖一市场管理所、二市场管理所。2019年，在县委、县政府的正确领导和大力支持下，牢记“建设市场、服务百姓”的市场中心服务宗旨，以“立足老市场，拓展新空间，强化服务促发展”的工作思路，抓好市场建设管理工作。

【市场管理】 业务培训及考试合格率达100%（任务目标95%）。市场管理人员从自身做起，严格履行职责，按照中心的各项工作制度，认真开展培训工作，全年培训53人次，不断提高自身政治和业务水平。加强对市场商户的管理，完善市场商户档案。对商品分行划市，合理安排摊位，引导商户合法经营。严格按照有关部门要求，加强市场商品准入检查，做到让人民吃上放心肉、放心菜。配合卫生、市场监管等部门不定期进行检查。强化日常保洁和卫生清扫，落实卫生管理的各项制度。截止到年底，协同北控城市服务（保定定兴）有限公司清除垃圾120立方米。加强食品安全管理。按照定兴县实施方案所涉及目标任务，进行责任分解，按照责任分工，分别负责并责任到人，中心稽查股配合一、二市场管理所市场管理人员利用一个月时间，挨家挨户进行走访，与商户签订食品安全责任状200份。全年无一例食品安全事故发生。

【党风廉政建设】 在县委的坚强领导和县纪委的正确指导下，市场中心党组以落实党风廉政建设责任制为抓手，深入推进党风廉政建设。加强领导，全面落实党风廉政建设责任制，制定责任清单；强化教育，筑牢拒腐防变的思想道德防线；严明纪律，逐步优化市场发展环境。

【“一问责八清理”专项行动】 按照全面从

严治党要求，促进政治生态优化，按照省、市、县统一安排部署，结合中心实际，按照专项活动的要求，及时调整思想工作上的满足情绪，抢抓机遇，积极破解工作中的难题和薄弱环节。拓宽思路，创造性地开展工作，弘扬艰苦奋斗、求真务实的优良作风；集思广益，探索发展新思路，狠抓工作落实，落实整改4项；认真梳理化解在市场建设、管理过程中引发出来的新问题。强化绩效管理和行政问责，健全绩效评估指标体系和评价机制，完善绩效考评方式，提升管理水平。保持风清气正，始终勤政为民，严格执行中央“八项规定”，筑牢防腐拒变的防线。

【文明城市创建】 深入推进定兴县文明城市创建，全面提高城镇建设管理水平，全面提升城乡居民素质和社会文明程度。根据省、市“双创双服”活动工作部署，为全面推进文明城市创建工作，有效改善市容环境，完善城市管理体系，通过加大市场建设力度，逐步引导流动商贩归行入市，有效缓解县城区流动摊点以及占道经营等问题。达到既经营有序、环境整洁、市容美观，又方便群众生活，满足市民日常生活需求的效果。对照责任分搞好对标创建。做好档案资料和学习宣传工作。按照市场中心方案，加强市场管理，落实“门前三包”规定，环境整洁有序。商铺证照齐全、商品明码标价，设置复检计量器具。加强对市场经营秩序、环卫保洁等的管理工作。

【大气污染防治】 按照《定兴县大气污染防治工作领导小组办公室关于开展大气环境综合治理百日攻坚行动的紧急通知》要求，结合市场中心任务目标，制定实施方案，成立领导小组，严查大钟寺市场、一市场、二市场等市场内店铺、摊点散煤积存和使用。对各类市场内餐饮行业油烟净化装置使用情况进行常态化巡查，发现问题及时处理并移交。

【扶贫工作】 做好扶贫对象脱贫帮扶工作，严格要求结对帮扶干部每月至少到村入户1次，认真开展包括户容户貌整理、产业帮扶、教育帮扶等各项扶贫政策的落实。通过耐心细致的工作，19户贫困户生活状况良好，对中心帮扶干部的扶贫工作表示高度认可。

【特色市场】 定兴一市场。定兴县城内一市场占地16.9亩，东西宽68米，南北长168米，1984年建成并投入使用，是定兴县主要的农副产品集散地，年交易额2.4亿元，在农副产品市场中占主导地位。定兴县是全国商品粮基地县、全省“菜篮子”工程示范县。一市场是“菜篮子工程”商品供应的主要场所和农产品流通的主要渠道，与人民群众的日常生活息息相关。城内一市场于2009年2月被省批准为A级标准化农产品批发市场。

（李建国　田　飞）

水 利

【概况】 根据中共定兴县编制委员会办公室《关于调整定兴县水利局机构改革编制事宜的通知》内容，对县水利局机构编制进行调整。将县水利局编制水功能区划、排污口设置管理、流域水环境保护职责划入市生态环境局定兴县分局；将县水利局农田水利建设项目职责划入县农业农村局；将县水利局资源调查和确权登记管理职责划入县自然资源和规划局；将县水利局的水旱灾害防治职责划入县应急管理局。为定兴县人民政府工作部门，机构规格正科级。其主要职责是承担着水资源保护、水利工程建设、水土保持、河道管理、河长制办公室日常工作、指导农村水利、水库移民、查处涉水违法事件、水利行业质量监督等工作。内设办公室、工程建设管理股（政策法规股）、河（湖）管理股。下属事业单位有定兴县人民政府水资源管理委员会办公室（定兴县人民政府节约用水办公室）、河防办事处、拒跃渠管理所、刘兰沟机站、谭城机站、西幸办事处、水利中心站、南召水利技术推广站、西靳水利技术推广站、西幸水利技术推广站、定兴县抗旱服务站、水政监察大队。干部职工 146 名，其中行政编制 9 名，事业编制 137 名。2019 年，实施雄安新区南拒马河防洪治理工程（定兴段）项目、农村饮水安全工程、拒马河流域用水补偿资金项目。完成 2019 年度自备井关停工作、农业水价综合改革、最严格水资源管理制度的落实、全面落实河长制工作、打击河道私挖乱采行为、农村水质检测、防汛等工作。

【雄安新区南拒马河防洪治理工程（定兴段）项目】 南拒马河防洪治理工程是雄安新区率先实施的起步区防洪治理工程，为雄安新区防洪安全提供保障。根据党中央、国务院批复的《河北雄安新区规划纲要》和《大清河流域防洪规划》，南拒马河右堤按 200 年一遇防洪标准，设计堤顶宽 10 米，左堤 20 年一遇防洪标准进行治理，设计堤顶宽 7 米。初步设计批复堤防右堤加固和新建共 21 千米（现状堤防加高加固 14.31 千米，改线 0.89 千米，新建中易水河右堤 5.8 千米）；左堤加固 24.77 千米；批复总投资 29.41 亿元，其中工程部分投资 10.0 亿元，移民环境投资 18.69 亿元，物联网、智能碾压、BIM 及数字化交付等专项 0.72 亿元。工程涉及永久占地 4837.93 亩，占压房屋及附属建筑 473387.88 平方米，涉及 7 个乡镇 45 个村，拆迁安置人口1155户，4120人，需安置用地560亩。涉及临时占地7137.6亩。项目计划完成时间为2020年底。截至2019年底，完成永久占地征用2616亩，完成临时占地征用2461亩，完成占地补偿18967.17万元。水泥搅拌桩完成14.42万米，完成总任务的65.96%，劈裂灌浆完成1.8万米，完成总任务的89.11%，堤防填筑完成41.47万立方米，完成总任务的15.07%。完成工程投资17400万元。

南拒马河防洪治理工程定兴段施工中

【农村饮水安全工程】 实施定兴县2019年革命老区转移支付项目农村饮水安全工程，项目总投资400万元。项目主要建设内容：小朱庄镇韦家营村、张伯庄村、巨兰沟村村内更新机井含配套，铺设村内管网；焦兰沟村、屠家营村、肖村村内更新机井和配套井房。项目已完工，解决6个村13340人生活、生产用水问题。实施定兴县2019年第二批农村饮水安全巩固提升工程，项目总投资66万元，资金来源全部为省级补助资金。建设内容：定兴县小朱庄镇小王庄村新打机井1眼，井房1座，配套1台抽水机，铺设PE管道6240米，新建阀井8座，解决村内饮水问题。项目已完工，解决定兴县小朱庄镇小王庄村960人饮水安全问题。

【拒马河流域用水补偿资金项目】 实施定兴县2017年拒马河流域用水补偿资金项目，总投资150万元。建设内容：小朱庄镇尹黄营村、北张庄村各新打机井1眼，铺设村内管网；杨村乡、固城镇2个乡镇西重楼村、北重楼村、五柳庄村、房家庄村及北堽上5个村各新打机井1眼。项目已完工，解决7个村14134人生活、生产用水问题。实施定兴县2018年拒马河流域引水补偿资金项目，总投资200万元，资金来源为省级补助资金。主要建设内容为定兴县焦兰沟村、屠家营村、肖村3个项目村机井配套、铺设村内管网等。项目已完工，解决定兴县焦兰沟村、屠家营村、肖村3个项目村4400人饮水问题。

【自备井关停工作】 按照《定兴县自备井关停及违法违规机井专项整治实施方案》的要求，成立由水利、住建、公安、法院、综合执法、电力部门组成的联合工作小组，负责受水区内自备井关停工作，共完成自备井关停任务68眼。

【农业水价综合改革】 指导并监督定兴县农民用水户协会进行2017年3个试点乡镇及2018年5个试点乡镇的协会建设工作，统一采购办公用品，完善县、乡、村两级协会建设。完成2300眼灌溉机井计量设施采购招标，实现10万亩农业水价综合改革面积。

【落实水资源管理制度】 为确保全面落实最严格水资源管理制度，2019年初，完成全县用水指标的确立，并对全县17个乡镇以及370户用水单位实行用水计划管理。对年取水量5万立方米以上的用水单位进行重点用水台账建立，并安装在线监测计量设施3套，实现重点用水单位取水远程在线监测。

【落实河长制工作】 开展巡河工作。安装河长云 App 后，各级河长以身作则，严格按照规定频次进行巡河，并通过系统将问题进行上传处理。全年县、乡、村三级河长共巡河 3511 次，上传问题 97 个，已经完成整改 97 个。建立制度情况。按照《保定市实行河长制工作方案》和国家及省河长制工作制度建设要求，制定《定兴县河长名单公告制度（试行）》《定兴县河长制县级会议制度（试行）》《定兴县河长制信息共享制度（试行）》《定兴县河长制工作绩效考核制度（试行）》《定兴县河长制信息报送制度（试行）》《定兴县河长巡查制度（试行）》6 项制度。在制度的基础上，根据工作实际，又制定出台《定兴县巡河员制度》《定兴县河长制提示卡、督办卡制度》《定兴县 2019 年考核制度及考核细则》等制度。制度体系的建立使河长制工作有章可循，逐步实现规范化。实施“提示卡”“督办卡”制度。全年县河长办共发放提示卡 62 件，督办卡 14 件，交办单 66 个。开展督查情况。制定“2019 年定兴县河长制工作督查检查考核年度计划”，7 月 8—11 日，就河长制工作开展情况对全县的 17 个乡镇、城区管委会进行日常督察。督察重点 4 项，分别是政策制度、河长履职、白洋淀上游综合整治、《白洋淀上游生态环境治理和保护专项督查交办问题》整改情况。并下发督查通报，要求各问题乡镇对督查问题进行整改，推动河长制工作的开展。河长制工作开展情况。开展河道垃圾清理。6 月底，完成生态环境治理和保护督查发现问题中河流、沟渠及两岸 1000 米范围内垃圾、建筑材料固体废物等 42 处，共清除垃圾、建筑材料固体废物等 2.905 万立方米，河道垃圾清理工作的开展，保证了河道及周边干净整洁。实施水环境治理、水生态修复项目。通过实施雄安新区南拒马河（定兴段）防洪治理工程、南拒马河溢流坝工程、2019 年度河北省地下水超采综合治理中易水跨京昆高速段河道清理整治工程（定兴段），规范河道秩序，河道景观环境进一步提升，水环境质量明显提高。全面整治入河排污口。对 2018 年保留的 3 处入河排污口纳入规范化管理，进行在册登记设立标识。在生态环境治理和保护督查中发现中斗门河、周家庄小河、易水二干北排干等 26 处非法排污口，县河长办通过下发督办卡，要求有关单位进行核实并限期整改，共封堵 24 处，核销 2 处，26 处非法排污口全部整改完成。河道采砂治理工作。为保护雄安新区上游河道生态环境，打击破坏河道影响河势稳定的私挖乱采行为，县水利局会同县自然资源和规划局、县公安局等部门，联合各乡镇人民政府，多措并举进行打击非法采砂，取得良好成绩，有效维护水行政执法秩序。

【打击河道私挖乱采行为】 为保护雄安新区上游河道生态环境，打击破坏河道影响河势稳定的私挖乱采行为，在县委、县政府的领导下，为有效推进打击非法采砂，强化组织领导，细化工作任务，制定出台《定兴县打击治理非法采砂集中行动实施方案》和《定兴县采砂管理目标责任考核办法》，文件中明确对各乡镇政府和各部门的量化考核，加强对各部门履职的监管，加大打击非法采砂的合力。为更有效打击非法盗采行为，县水利局在原有 16 名执法人员的情况下调入县治砂专班 6 人。2019 年有 10 人组成县水利局执法大队，分成 4 个组，3 个巡查组，1 个监督检查组，每天 2 组 24 小时对县域内所有河道进行巡查。在县委、县政府的支持下新增执法车 2 辆，新购执法记录仪 30 台，全部配备到各组执法人员手中。在重点采砂区域、河段安装高清摄像头 12 个，已全部投入使用，截至年底，共行政立案60起，罚没款20余万元，扣押车辆100余台次，切断非法采砂道路50余条，移交县公安局行政拘留3人，刑事拘留1人。有效维护水行政执法秩序。

【防汛工作】 定兴县水利局与定兴县应急管理局联合办公，承担定兴县防汛抗旱指挥部办公室工作职责。汛前及时调整县防指成员组织机构，全面落实以行政首长负责制为核心的各项防汛抗旱责任制。落实巡堤查险责任人和查险队伍，对险工险段落实县乡两级行政责任人、技术责任人，提前在险工险段存放块石2000多立方米，通过协议落实抢险机械180台。落实蓄滞洪区县、乡、村三级行政责任人、预警责任人、转移责任人。新编制《定兴县2019年防汛抗旱应急预案》，修订完善南拒马河（下段）、中易水河、南拒马河分洪、险工抢险、蓄滞洪区运用、城区防洪、物资调度运用及雄安新区起步区应急抢险等专项预案。通过多种途径和方式落实防汛抢险队伍。组建18942人的群众性抗洪抢险队伍，7月4日，在北田乡南召村组织有400人参加的蓄滞洪区人员避险转移和抢险搜救演习。全年整个汛期未出现洪水和严重内涝，未造成人员伤亡和财产损失。

【脱贫攻坚】 根据县委办、县政府办《关于印发〈定兴县扶贫开发和脱贫工作领导小组工作规则〉的通知》精神，水利局承担的农村扶贫攻坚任务只有“两不愁三保障”中一项，即贫困户饮水安全。农村饮水安全评价由水量、水质、用水方便程度和供水保证率4项指标组成。定兴县属平原县，且地下水资源较丰富，农村饮水在供水水量、方便程度、供水保证率三方面均有保证，而水质是否达标则需要通过有资质的水质检测机构取样检测后予以认定。全县对贫困人口饮水水质进行鉴定，经水质检测单位提供的《水质检测报告》，全部检测合格、水质达标。

（李川龙）

电 力

【概况】 国网河北省电力有限公司定兴县供电分公司担负着全县60万人的供电任务，供电面积近714平方千米。经营范围：电力销售，自有设备租赁、自有房屋租赁。内设机构有办公室、发展建设部、安全监察部、党委组织部、党委党建部、电力调度控制分中心、监察部、财务资产部、2个业务实施机构（运维检修部、营销部），12个供电所（北河供电所、固城供电所、杨村供电所、北南蔡供电所、张家庄供电所、贤寓供电所、高里供电所、周庄供电所、嘉会供电所、小朱庄供电所、玉宝庄供电所、内章供电所）。正式职工480人。2019年是中华人民共和国成立70周年，是全面建成小康社会的关键之年。面对复杂的供电服务形势和艰巨繁重的发展任务，公司上下认真贯彻县委、县政府和省市公司的各项决策部署，全面落实公司九届二次职代会暨2019年工作会议精神，不忘初心、砥砺奋进，公司整体工作取得长足进步。公司全年供电量累计完成9.9951 亿千瓦时，同比增长3.38%；售电量累计完成9.115亿千瓦时，同比增长6.48%；线损率累计8.8%，同比下降2.66个百分点。应收电费完成5.3394亿元，电费回收率完成100%。累计完成平均售电单价585.76元/兆瓦时。营业总收入实现4.88亿元，同比增加0.29亿元，增长率6.21%。最高负荷突破24.39万千瓦大关，电力供应迈入新征程。安全生产情况良好，未发生重大生产性责任事故。2019 年公司综合评价整体在 98 个县公司中排 81 名，在保定市 19 个县公司中排名 11 名，较 2018 年排名提升 9 个名次。

【安全管理】 始终将安全这个“1”挺在前面，强化安全责任，修订全员安全责任清单，明晰各层级安全责任，落实安全“驾照”管理，实施公司领导班子成员、安全总监以及生产单位负责人安全述职，安全责任进一步压实。深化风险隐患管理，持续开展农村低压设施安全隐患排查整治工作，在公司周安全简报中增加曝光台专栏，每周通报安全风险隐患情况并盯办治理进度。公司全年共通报460条具有代表性的安全风险隐患，按照“边查边改”的原则落实整改，有效提升排查治理效果。抓好现场安全管控，加强公司领导干部和管理人员到岗到位管理，盯紧计划作业、应急抢修等各类现场，准确辨识安全风险，严格管控现场作业秩序。周密部署统筹安排，完成应急保电任务，实现中华人民共和国成立70周年等重大保电任务的万无一失。

为了保证秋收正常进行，供电公司员工冒雨抢修地埋电缆线路

【电网发展】 强化落实属地协调责任，建立强有力的组织体系和政企联动机制，克服时间紧、任务重、难度大等诸多困难，完成张北—雄安 1000 千伏特高压工程涉及拆迁及塔基占地用户协议签订工作，保证特高压工程顺利施工。完成工业园 110 千伏输变电工程、东落堡 110 千伏输变电工程征地手续，确保施工按时进场。努力争取上级资金投入，2019 年争取综合计划下达 6 个批次，单体工程 310 个，涉及资金 1.7206 亿元。积极实施整村改造、强网护航、10 千伏改造升级等各项电网建设工程。电网规划紧跟县域经济发展，在加快消除“卡脖子”等薄弱环节的同时，以加快建设一流现代化配电网为主线，积极主动做好项目储备，2019 年完成储备工程项目 56 项，批复资金 1.0025 亿元，为县域经济提供坚强的电力保证。

【经营管理】 加强量价费损基础管理，高、低压用户电费预存比例分别达到 82%、80%。严格按照电价调整要求，完成一般工商业电价调整工作，完成直接交易用户合同签订工作。全面推进数据采集及线损治理工作，年底采集率达到 99.96%，台区同期线损指标完成台区合格率达 99.39%，保定地区排名第 1 位，较年初提升 14 个名次；公司台区实时线损合格占比完成 92.39%，较年初提升 38.14 个百分点。全年查处窃电及违约用电 130 起，追补电量 158.09 万千瓦时，追补电费及追补违约使用电费共计 211.4 万元，在市公司整体排名第 9 名。深化警企联动，全面开展“扫黑除恶，百日反窃电”联合执法专项行动，查处窃电行为 6 起，公安机关介入调查 3 起，强有力地震慑窃电违法行为，有力保障经营成果的颗粒归仓。积极服务大气污染防治工作，配合县政府开展“散乱污”企业治理，对砂石料加工及砂石料堆放点、非法加油站、非法占地等累计断电 165 户，到 2019 年底影响电量约 54 万千瓦时。

（薛志勇）

交通运输

【概况】 定兴县交通运输局是定兴县政府交通行政主管部门，负责《中华人民共和国公路法》等执法内容的宣传、贯彻、实施；主管全县交通的行业管理和运输组织管理；组织全县地方道路及其设施的建设、养护、管理；负责交通工程质量监督；负责全县道路运输市场、汽车维修市场、车辆技术检测、汽车驾驶学校和道路运输从业人员的行业管理。内设机构有办公室、财审股、法制股、人事股、机关事务服务中心。下辖事业单位有公路管理站、工程股、养护中心、运输管理站、出租管理站、路政执法大队、执法案件办理处。干部职工235名。2019年，深入贯彻落实省厅、市局各项安排部署，牢牢抓住规范执法，建立顺畅交通工作主线，紧紧围绕“重学习、深改革、争一流”总目标，着力推进交通基础设施建设，切实加强行业文明规范管理，各项工作取得长足进步。

【公路建设】 抢抓雄安建设机遇，同城化谋划，立体化布局。主动配合荣乌高速公路新线、容易路、107国道北河大桥项目建设，测量登统、征地拆迁工作始终走在全市前列，加快与雄安的立体对接的步伐。加快实施总投资3900万元的华建路立交桥、总投资6000万元的北环路后续工程、南环路下穿高铁工程建设，争取上级资金，重点解决通行条件差，群众反映强烈的农村公路关键路段。全年共新建农村公路13项总里程10.3千米。实施县乡道挖补工程7千米。实施总投资8650万元的道路建设，乡道高闫路改建工程8.8千米完成定界画线。

【主题教育】 召开全局“不忘初心、牢记使命”主题教育动员大会，对开展好主题教育进行动员部署。集中安排一周时间采取学习研讨等形式开展集中学习，每一名领导班子成员都针对计划篇目做领学。根据时间节点认真开展调查研究、讲党课、检视问题、整改等活动内容。同时，将主题教育活动与省委巡视整改紧密结合，集中解决巡视中涉及县交通局4个方面8项问题。通过主题教育活动，促进全局党员干部增强学习意识，提升自身综合素质和工作水平，形成全局各部门协调联动，党员干部冲锋在前的工作作风，展现交通干部队伍能扛事、打胜仗的交通新形象。

【交通运输综合行政执法改革】 按照中央及省、市关于深化交通运输综合行政执法改革指导意见和实施方案要求，实施全县交通运输综合行政执法改革，将交通运输执法事项、职责、队伍进行规范整合。按要求起草《深化交通运输综合行政执法改革实施方案》及时报县委、县政府审批，为下一步组建定兴县交通运输综合执法大队，实行局队合一执法体制打下基础。

【大气污染治理】 与交警、工区联动，在全县范围内严控重型车辆通行，查扣运煤车辆；常态化开展路域环境综合整治，消除公路路域污染源；严格错峰运输各项措施，改善空气质量。截至年底，共劝返大型货运车辆300余辆次，劝返运煤车辆4辆次，清除打场晒粮、摆摊设点、路边施工等占用公路行为400余起，清理县乡道路沿线建筑生活垃圾5000余立方米，全县道路环境得到明显提升。同时大力发展绿色公共交通，2019年继续新增新能源纯电公交车16辆，减少尾气排放污染。

【运输保障工作】 把道路交通安全工作与正在开展的各项工作相结合，同安排、同部署。结合安全生产大排查、安全生产百日攻坚行动，以道路客运、道路危险运输、城市公交交通运营、公路安保和治超、交通建设工程等部位为重点，重点检查全县46家道路运输企业，北环路、华建路立交桥及农村公路建设施工企业，111部县际以上班车和154部城市客运车辆。其间，共出动执法人员470余人次，出动执法车辆180台次，检查道路运输客运车辆700多台次，查处安全设施设备不健全2起，接受并处理旅客投诉3起，全部及时进行处理及整改；发现货运、汽修企业隐患40处，现场整改38处，限时整改2处（均已整改完成）；检查途径定兴县的危化车辆80余台次，未发现违规行为。按照市局要求，为全县111部“两客一危”道路运输车辆安装智能视频监控报警装置。为全县105部新能源城市公交车辆安装驾驶区域防护隔离装置，已安装62部。

【信访工作】 针对交通企业历史遗留问题、公路项目建设征地拆迁信访隐患问题等诸多因素，确定“健全网络、完善制度、延伸触角、依法治理”的工作思路，实行局领导接访制度，对群众上访做到随时接待、随时处置，发现隐患，及时化解，把问题解决在基层，3件交通系统历史遗留信访问题已全部化解清零，确保交通系统整体稳定，保证项目建设征、拆、占任务的顺利推进。

【扫黑除恶专项斗争】 结合交通运输工作实际，准确把握黑恶势力特征，针对工程建设中强揽工程、非法占地，征地拆迁中的“三抢”行为、无故阻碍施工，运输行业中的非法营运、超载超限、垄断经营、欺行霸市等行为，深入驾校、客货、物流、汽修企业和公路施工工地进行走访，听民怨、听民声，发动群众积极参与“扫黑除恶”斗争。全年共走访企业46家（客运3家，出租1家，货运18家，维修20家，驾校4家），走访客货运车主320人次，召开座谈会5次，发现并上报相关线索2条，保持扫黑除恶的高压态势，净化交通运输行业环境，为创建全县安全稳定的社会环境做出积极贡献。10月，县扫黑办刊发专题简报对县交通局扫黑除恶专项斗争开展情况进行宣传表彰。

（党文杰）

养路工区

【概况】 定兴县养路工区隶属保定市交通运输局，主要职责是承担县辖区内国省干线公路的养护管理工作，为公路畅通提供养护保。内设机构有机关办公室、路政大队、财务股、统计室、微机室、档案室、安全生产办公室、养护中心、工程队、工会。职工69名，其中在编职工15名，代表工24名，临时工30名。2019年，在县委、县政府及市局党组的正确领导下，严格按照自身所承担工作任务切实开展公路养护管理、大气污染防治、散煤及超限超载车辆治理工作，取得良好成效。管养国省干线公路78.929千米，其中107线24.8千米，京港澳高速定兴连接线17.473千米，京昆高速固德引线18.741千米，京昆高速定易引线17.915千米。

【公路日常养护】 结合环境保护工作和公路路域环境综合整治等工作要求，对列养公路两侧卫生环境进行持续性不间断的整治工作，安排挖掘机、铲车、翻斗车等机械设备对列养公路沿线大型垃圾进行推进性清理埋盖，充分利用吸扫车对路面进行持续性清扫，安排2部洒水车对路面进行日常性洒水降尘，同时加强养护人员对公路日常性垃圾清理保洁工作，全年开展集中整治活动约10次，累计清理各类垃圾杂物约500立方米，坚持每天对路面吸扫洒水降尘和清扫各1次，循环性修整路肩边坡平台约80千米，3—11月，每天平均完成路面洒水降尘约20千米。

【路政日常管理】 路政大队加大对路产侵权行为的整治力度，按照承包责任，各路政执法中队加强对沿线两侧侵害路产路权行为的管控力度，使得沿线私搭乱建、私设标志、乱堆乱放等行为得到有效控制。切实发挥固德引线车辆检查点作用，24小时不间断开展对存在扬撒遗漏车辆及超限超载车辆的拦截劝返工作，并且针对列养公路两侧违法建筑、违法标志等内容，路政大队积极按照政府部门统一部署，对沿线违法标志、私搭乱建行为进行强力整治，2019年全年，路政执法工作共计查处路政侵权案件12件，清除违章堆放物料80立方米，清理非交通标志56块，规范货运车辆500多辆次。

【公路绿化】 结合县政府创建国家园林城市工作，工区于3月底至4月中旬、8月中旬至10月中旬对列养公路尤其是城区段周边路段缺失花草苗木进行补栽补植，其间，补栽花草3万株，同时针对绿化内容长势及病虫害发生情况，组织一线职工对树木、平台花草等进行修剪、整理、病虫害防治和持续性浇灌工作。至10月底，累计修剪整理花草10万平方米，修剪树木8000株，实施病虫害集中防治5次，持续性花草浇灌每天15千米。

【沿线附属设施日常性维护】 针对沿线挡墙、标志经常出现被车辆撞毁或不整齐情况，工区专门安排人员每天负责对沿线毁损、丢失的挡墙、警示桩、百米桩等进行查找、维修、补齐工作，全年完成维修挡墙50立方米，补齐警示桩、百米桩120根。

【107线路面预养工程】 7月底至9月底，工区按照招投标要求，对107线北河店至徐水界路面实施小修挖补和微表处施工，其间，完成小修挖补7000平方米，完成微表处施工32万平方米，提升路段的路面整体运行水平。

7月25日，对107国道北河店至徐水界段路面实施预养工程

【安全生产】 全年开展职工安全生产培训3次，组织安全小组成员开展统一安全生产检查活动12次，日常性安全巡查60次，及时处置因降雪、降雨导致路面、桥涵积冰、积水等重大安全隐患3处次，改造街道化路段排水沟300米，处理一般性安全隐患25处次，全年未发生安全生产事故。

（肖军会）

邮　政

【概况】 中国邮政集团公司河北省定兴县分公司是经营邮政业务的中央国营通信企业，承担着保证当地政府和人民群众的用邮通信需求的职能。主要经营函件、包件、汇兑、报刊发行、机要通信、特快专递、储蓄、集邮、物流配送、代理保险、代理信息等业务。内设机构有综合办公室、市场营销部，下设8个邮政支局。干部职工145名。

【业务开展】 在市分公司党委的正确领导下，认真学习中共十九届四中全会精神及习近平新时代中国特色社会主义思想，深入贯彻落实省、市邮政工作会议精神，增强三个“意识”，深化三个“坚持”，充分发挥国企党建优势，带领全局干部员工坚定信念、开拓进取、把握机遇，实现企业的平稳健康发展。全年实现业务收入3746万元，完成年计划的100.78%，其中，快递包裹业务投递量144万件，报刊业务投递量454.7万份，完成全年计划。

“双十一”邮件旺季生产期间，定兴县邮政分公司领导慰问一线职工

2019年定兴县邮政分公司营业网点基本情况统计表

表3

支局名称	地　址	业务范围
营业室	定兴县兴华西路20号	邮政
塔头邮政支局	定兴县华建路238号	邮政、储蓄
固城邮政支局	定兴县固城镇普查路11号	邮政、储蓄
北河邮政支局	定兴县北河镇车站街152号	邮政、储蓄

续表 3

支局名称	地　址	业务范围
天宫寺邮政支局	定兴县天宫寺村津兴东路	邮政、储蓄
杨村邮政支局	定兴县杨村四区	邮政、储蓄
姚村邮政支局	定兴县姚村幸福路 37 号	邮政、储蓄
贤寓邮政支局	定兴县贤寓镇财旺路	邮政
高里邮政支局	定兴县高里店村中兴大街老李家胡同 9 号	邮政、储蓄

（张进明　郑卫静）

联　通

【概况】　中国联合网络通信有限公司定兴县分公司，简称中国联通定兴县分公司，企业类型为台、港、澳投资企业分公司，在保定市范围内经营固定网本地电话业务（含本地无线环路业务）、公众电报和用户电报业务、国内通信设施服务业务、固定网国内长途电话业务、固定网国际长途电话业务、IP 电话业务（限 Phone-Phone 的电话业务）、900/1800MHz GSM 第二代数字蜂窝移动通信业务、WCDMA 第三代数字蜂窝移动通信业务、卫星国际专线业务、因特网数据传送业务、国际数据通信业务、26GHz 无线接入业务；在保定市范围内经营 3.5GHz 无线接入业务等。机构内设有综合部、公众客户营销中心；客户响应网格、政企网格、城区营业网格、城区渠道网格、城区营销网格、天宫寺网格、北河网格、杨村网格、贤寓网格。员工 125 名，其中合同制员工 57 名，劳务工 68 名。

【业务开展】　公司始终以习近平新时代中国特色社会主义思想为指导，全面贯彻落实中共十九大和十九届历次全会精神，深入细致落实保定市分公司党委各项部署，在定兴县委、县政府的正确引领下，以党建为统领，紧紧围绕企业效益增长、社会信息化升级开展工作，定兴联通将以更加完善的网络、更加贴心的服务和更加优质惠民的产品、回报社会。全年开通 2 个县乡波分 10G 环网，通过对 OLT 上联端口割接和优化，OLT 上联端口全部改为 10G 口，结束原 1G 口上联方式，具备环网保护功能，保证上联带宽流量无瓶颈。新建 L900M 基站设备 45 个，L1800M 扶贫站点 11 个，截至年底，共拥有 3G 基站 190 个，4G 基站 206 个。积极配合定兴县政府拒马河南堤北堤改造工程，对南北堤两侧光缆线路进行迁改，共迁改光缆线路 62 千米，拆除线杆 800 余棵。达到美化环境，优化网络的双重效果。全年 3G、4G 发展 26938 户，累计达 5.9 万户；发展宽带 7977 户，累计达 3.8 万户。

（张艳杰）

移 动

【概况】 中国移动通信集团河北有限公司定兴分公司（简称定兴移动分公司）于1999年7月成立，是定兴县运营最早、规模最大、拥有客户数量最多的移动通信运营商，负责全县域范围内政府企业、个人客户移动业务发展建设和售后服务工作。员工61名，其中干部3名，职工58名。

【业务开展】 坚持以习近平新时代中国特色社会主义理论为指导，加快5G信息基础设施网络建设，现有基站、汇聚机房共325个。企业在经济效益发展的同时，积极服务定兴县经济、民生建设，为客户提供优质网络服务，推出扶贫优惠资费，免费为贫困学生安装宽带，助力环保、交通、城建等行业信息化建设，提供“智慧校园”云视讯业务，助力定兴县网络教育发展。2019年公司党支部成立“党员突击队”，书记、党员带头进村、入社区服务20余场次，公司全体员工深入农村、社区、学校、工厂、商场，为群众提供现场服务700余场次。在全县开通100M—1000M光纤网络接入业务和各类电信增值业务。中国移动通信网络经过模拟网络、GSM、TD-SCDMA和TD-LTE制式4G移动网络，于12月在迎宾南街营业厅开通5G覆盖，提供5G网络体验业务。

2019年定兴移动分公司营业网点分布情况统计表

表4

网点名称	地　址	业务范围	职工人数（人）
迎宾南街营业厅	定兴县迎宾南大街56号	移动语音数据业务、光纤宽带接入	7
通兴西路营业厅	定兴县通兴西路	移动语音数据业务、光纤宽带接入	3
北河营业厅	定兴县北河镇	移动语音数据业务、光纤宽带接入	3
固城营业厅	定兴县固城镇	移动语音数据业务、光纤宽带接入	3
天宫寺营业厅	定兴县天宫寺镇	移动语音数据业务、光纤宽带接入	3

（徐　刚）

电 信

【概况】 中国电信股份有限公司定兴分公司（简称定兴电信公司）是中国电信集团公司在定兴境内唯一分支机构。主要经营固网、移动网业务。员工50名。

【业务开展】 在网移动用户66855户，固网宽带用户数有36271户。通信基站220个，移动网络覆盖实现全县100%覆盖，互联网业务已实现县城全覆盖，乡镇地区覆盖贤寓、北河、北南蔡、高里、天宫寺等地域。全县范围内有70多个代理商，100多个便民服务站，号段也发展到133、153、180、189、177、181、173、199、191，推出天翼5G畅享套餐、19元大众卡、阿福卡、橙分期业务等一系列通信产品，以满足不同消费人群的需求。政企推出的天翼云业务可以代替传统的机房维护，更加方便用户，达到省时省力省钱的目的。宽带网络已全面升级为 200M 带宽。天翼 5G 畅享套餐的推出标志着移动数据通信时代的到来。

2019 年定兴电信分公司营业网点分布情况统计表

表 5

名　称	性　质	地　址
繁兴街营业厅	自营	定兴县繁兴街路口西南
通兴东路营业厅	自营	定兴县通兴东路广场东北角
昌盛街营业厅	自营	定兴县昌盛大街红绿灯西北角
贤寓支局	自营	定兴县贤寓镇
北河支局	自营	定兴县北河镇车站街
北南蔡支局	自营	定兴县北南蔡乡
高里支局	自营	定兴县高里乡
天宫寺支局	自营	定兴县天宫寺镇

（陈　杰）

城建 环保

城乡建设

【概况】 定兴县住房和城乡建设局主要职责是贯彻国家及省、市住房城乡建设的方针、政策和法规，拟定住房城乡建设方面的地方性法规、政府规章草案；拟订全县住房城乡建设行业发展规划并组织实施；研究提出住房城乡建设重大问题的政策建议；负责住房城乡建设行业安全生产监管等。内设机构有办公室、住房股、工程股（农村燃气安全管理股）、稽查办、房管所、自来水公司、建筑工程质量监督站。干部职工182名。2019年，深入贯彻落实县委、县政府和上级建设行政主管部门有关精神，不断加快城市基础设施建设，大力推进城中村、老旧小区改造，提升城市综合承载能力和宜居水平，强化房地产市场的监管，有力促进全县建筑业健康平稳发展。

【市政基础设施建设】 以“打造京津冀协同发展，建设京南卫星城”为目标，全面实施和完成昌盛街改造、通兴东路挖补罩面、迎宾街北延、国道大街改造、槐茂路断头路等创园7条市政道路和排水工程。为逐步扩大供水覆盖率，实施总长4551米南水北调配水供水管网二期项目，形成一定的供水管网规模。2个污水处理厂水质提标、定兴镇污水处理厂扩容工程和固城镇污水处理厂新建项目，截至2019年底，3个项目构筑物一体化生物池、磁混凝、粗格栅、细格栅、综合工房、室外管线等主要工程已经全部完工，设备安装完毕，开始进行调试。

1月4日，县长吴晓鹏（左四）调研城乡建设，县委常委、副县长刘旭（右三）陪同

【棚户区、农村危房和老旧小区改造项目】 市下达定兴县棚户区改造开工任务630套，基本建成任务200套，已经达到市政府要求。2019年，危房改造任务是794户（包括上半年已完成的152户），其中建档立卡户397户，非建档立卡397户，已经全部完成。完成民政局家属院、县医院家属院、广电小区3个老旧小区改造项目。

【建筑业稳步持续发展】 建筑企业从小到大，从弱到强，经历长期发展过程，建筑业总产值逐年提升，施工地点主要分布在北京、天津、山西、河北等省市，成为定兴县经济发展中的一个支柱产业。截止到2019年底，全县建筑企业达到48家，其中总承包企业18家，一级3家，二级4家，三级11家，专业承包企业16家，劳务企业14家。

（刘文胜）

住房公积金

【概况】 保定市住房公积金管理中心定兴县管理部成立于2005年10月，隶属保定市住房公积金管理中心垂直管理的正科级事业单位。负责全县住房公积金的归集、使用和住房公积金贷款等工作。主要职责：执行、完成住房公积金的归集和使用计划；记载职工住房公积金的缴存、提取、贷款等情况；审核并办理住房公积金的提取和转移；受理职工个人住房委托贷款的申请，负责贷款审核、审批、不动产抵押及有价证券质押登记和贷后管理；负责做好住房公积金的催建、催缴和执法；办理住房公积金的对账和查询；受理住房公积政策咨询；确保资金安全完整；经管委会同意，承办“中心”授权的其他事项。根据国务院《住房公积金管理条例》规定，住房公积金管理实行住房公积金管理委员会决策、住房公积金管理中心运作、银行专户存储、财政监督的原则。人员编制5名。

【业务开展】 2019年，全县归集住房公积金11853.22万元，支取5511.78万元。归集总额81565.48万元，余额44093.61万元。全年为12位职工发放公积金贷款310万元，贷款余额13674.96万元。住房公积金个贷率为31.01%。

（白　曦）

环境保护

【概况】 原保定市环境保护局定兴县分局于2019年1月更名为保定市生态环境局定兴县分局，直属保定市生态环境局。主要职责是依法对县域内的生态环境保护工作实施统一监督管理，全面贯彻执行环境保护法律法规和环境标准，编制环境保护规划计划，负责污染防治的监督管理，调查处理环境污染事故和纠纷，组织开展环境执法、环境监测、宣传教育和自然生态保护等工作。内设机构有办公室、宣教法规股、污控股、项目股、总量办、举报中心、稽查队、会计室。下设执法大队和环境监控中心。干部职工85名。2019年，加大环境保护工作力度，大力解决环境保护工作中的各种困难和问题，全县环境保护工作水平进一步提升，环境状况得到改善，各项环境保护目标完成情况较好。以清洁取暖和散煤污染管控、企业污染治理、机动车污染治理、扬尘和面源污染治理为重点，全力抓好大气污染防治工作，全县空气质量持续好转，全市排名提升。以白洋淀上游流域环境保护为重点，加强水污染防治工作，工业污染管控和河道、坑塘治理，县域内7个河流断面、3个入河排污口监测全部达标；省、市确定的7项水污染防治重点任务全部完成；组织开展农用地土壤污染状况和重点土壤污染源调查，危险废物处置行为得到规范，土壤污染治理防治工作初见成效。

【大气环境保护】 围绕大气污染防治工作采取狠抓散煤污染治理，强化企业污染治理，开展机动车污染综合整治，扬尘和面源污染治理以及科学应对重污染天气等一系列工作举措，完成271个村共计180872户的气代煤及电代煤改造工作；35蒸吨及以下燃煤锅炉清零；“散煤”动态清零；“散乱污”企业动态清零；巩固扬尘治理效果；能够更加科学的应对重污染天气等，取得一系列大气污染防治工作成果，超额完成全年既定目标。全年$PM_{2.5}$年浓度目标值为64微克/立方米，年综合指数目标值为6.38，$PM_{2.5}$浓度为54微克/立方米，全市正排第7名，倒排第15名，空气综合指数6.11，全市正排第5，倒排第17名。全年优良天数比例56.2%。3月，空气质量改善明显，综合指数和$PM_{2.5}$两项指标均实现大幅度下降，空气质量考核排名在河北省134县中为第8，进入河北省前10名，获河北省大气污染防治工作领导小组办公室奖励22万元。2019年，定兴县被评为河北省大气污染防治工作先进县。

【水环境质量改善】 县域内7个河流断面3个入河排污口监测数据全部达标，达到全年水污染防治任务目标。斗门河北大桥污水监测站基建于2019年6月30日前建设完成，已投入使用。2019年完成白洋淀上游流域生态环境大排查大整治工作，在推进水污染防治工作方面取得显著成效。完成生态红线划定工作、集中式饮用水水源环境状况评估数据采集和乡镇及以下集中式饮用水水源地信息录入工作。加快农村生活污水治理和有效管控工作，启动并推进傍水村管控和治理项目建设。稳步推进涉水工业企业2020年底前入园和提标改造工作。完成全县纳污坑塘综合整治工作。

2月23日，定兴县召开白洋淀流域生态环境治理和保护专项督察工作汇报会

【土壤污染防治】 开展农用地土壤污染状况调查。根据2018年农用地土壤污染状况调查结果，取得部分数据，联合农业部门开展调查，根据实际情况开展后续工作。认真开展土壤污染防治重点工业企调查，完成13个单位的污染状况调查信息采集和风险筛查与纠偏工作，确定2家企业并开展初步采样调查。

【污染源普查】 全国第二次污染源普查工作已经基本完成，全县共376家工业企业纳入普查范围，编制《定兴县第二次污染源普查现状评价报告》，对全县产业布局、产排污情况、污染治理情况进行全面总结，增强政府管理水平，增强公众环保观念，为下一步全县产业布局和减排工作提供基础数据支持。

【环境监察】 依托环境网格化监管机制，结合双随机监管、交叉执法及各级督查，适时使用四个配套办法，多措并举，全面加强对排污单位的精细化监督管理，严厉惩治各类环境违法犯罪行为。全年共惩治违法行为100起，罚没300万元，移交县法院强制执行5件，移交公安机关4起，行政拘留4人，有效震慑生态领域环境违法行为。

【建设项目环境管理】 按照“放管服”“双创双服”工作要求，提高环保审批服务水平，打造良好的营商环境。全面公开环评行政许可信息，主动接受公众监督。全年审批环境影响评价项目共44个，环保自主验收39个。网上登记表备案项目88个。

【环境宣传教育】 联合县普法办等单位开展“6·5”世界环境日宣传工作，制作展板12块、标语3条，印制常规宣传手册1000册，组织宣传人员上路宣传，常年不间断播放环保宣传标语，使上级政策和法律法规知识入眼入耳入脑。开展宣传进乡镇、进企业活动，为每个乡镇定制宣传挂图，组织企业开展宣传教育活动，结合“万名领导进万企”活动，让各级领导干部带头将政策、法律法规及环保基本知识带进企业，督导企业认真落实环保措施。全面提升社会环保意识。

（马瑜静）

城市管理行政执法

【概况】 根据《定兴县机构改革方案》要求，2019年1月16日，定兴县城市管理行政执法局正式更名为定兴县城市管理综合行政执法局（简称县城管执法局），为县政府工作部门，挂园林局牌子，机构规格正科级。主要职责是宣传贯彻国家和省、市、县有关城市管理的政策和法规；拟订和实施城市管理有关规定。拟订和实施城市管理长期规划和年度计划等。内设办公室、政策法规股（市政监管股）、园林绿化（综合业务股）。行政编制9名，股级领导职数3名。2019年，以创建国家园林县城为主线，全方位、高品位实施园林绿化项目，打造街头巷尾游园，实现“300米见绿，500米见园”的均衡布局；以人为本，全力推进市政设施建设；依托数字化城管平台，深入推进精细化管理；高度重视，扎实推进意识形态工作；严格按照规定动作，积极推进“不忘初心、牢记使命”主题教育和“讲转强抓”行动。城市载体功能不断完善，城市形象明显提升，完成各项任务目标。

【园林绿化】 完成吉祥路和昌盛路已建段、京港澳高速路口西侧游园、金台生态园提升、文化广场和金台广场绿化提升、城区八条道路破硬建绿、城区道路绿化补栽补种、泰安路北侧临时绿化、滨河公园北段临时绿化等项目。兴盛大街两侧游园因征地遗留问题局部未完成；明湖公园提升项目大部分已完成，但局部因征地遗留问题发生阻工未建完；燕兴公园提升项目正在收尾；兴盛大街北口游园东侧虽已进场施工，但因拆迁遗留问题阻工无明显进展，西侧因没有拆迁无法进场；范阳路两侧绿化一期已完成。

6月24日，县委书记韩朝红（左一）、县长吴鹏（第二排左一）调研双城联创工作

【市政设施建设】 文化广场、燕兴公园、明湖公园以及城区道路适当位置的共计11座公共厕所先后投入使用，极大方便广大群众，也超额完成保定市下达的任务指标（新建5座、改造1座）。推进金街等主次干道照明设施改造。金街、昌盛路、吉祥路、昌盛大街、机场路、新107国道城区段、范阳路路灯建设已完成；通兴东路已完成基础，因项目调整还未立灯杆，其他照明项目因道路建设未完成未实施，将随道路建设及时跟进。加快南店垃圾填埋场生态修复工程进度。完成围挡和渗滤液处理项目，渗滤液处理项目运行正常，每天处理渗滤液30吨；生态修复项目已完成环境实时监测、可研编制、可研专家评审、立项、环评、土地收储、

地质勘查、初步设计、初设专家评审、施工图设计等工作，进行工程造价预算和施工图审查，年底前进入工程招标程序，招标完成后立即启动工程建设。抓紧推进垃圾转运和处理设施建设。中节能（涞水）焚烧发电项目全力推进，2020年初可投入试运行；积极推进全县6个垃圾中转站建设项目，城区中心站已完成选址，抓紧办理用地手续。

10月，文化广场公共卫生间投入使用（耿超 摄）

【数字化城管平台】 全面推行环卫市场化，城区主次道路洗扫、保洁、抑尘实现高标准、常态化。环卫工人每天从凌晨12:00到6:30对城区主次干道全部进行机械化冲洗、洗扫作业；城区垃圾运输全部实现密闭化，垃圾清运率达到100%；非冰冻期每天持续对城区主次干道进行洒水降尘作业，定期对城区道路两侧人行道进行冲洗，最大限度地减少道路浮尘；制定严格的环卫监管巡查制度，环卫监察人员坚持每周一至周五对城区主次干道进行测土考核，对存在的突出问题和薄弱环节进行梳理摸排，制定问题台账，及时解决存在问题。通过市场化运作，城区环卫全面实现“以克论净”和“垃圾限时落地清理”的标准要求，机械化清扫率达到85%以上。深入推进城区市政维护维修市场化，城区市政设施得到全面维护。引入市场化机制，通过公开招标确定施工企业，每年投资400余万元对城区市政设施进行维护维修。成立专门市政监管队伍，及时巡查和发现问题，重点对城区破损的主路面、人行道、井盖、收水排水篦子、路灯等设施进行维护维修，确保及时修复，安全运行。加大对城区绿化养护工作市场化的监管力度，确保城区绿化苗木、设施养护及时到位。结合创建国家园林县城工作，加大对城区绿化养护市场化队伍的监管，实现绿化苗木修剪、浇水、打药、刷白、冬季养护等工作的精细化管理。深入实施城市广告牌匾整治提升行动，打造整洁有序的市容街景。对城区14条道路门头牌匾进行全面整治，确保门头牌匾规格、高度基本一致，颜色、样式灵活多样，实现整齐划一。对城区楼顶广告、单体字、塔牌广告、跨街广告等进行彻底拆除，基本消除广告牌匾安全隐患。理顺城管执法运行机制，城区秩序逐步走向规范化、秩序化、长效化。针对城管执法机制运行不畅的问题，局班子通过深入研究、强力督导，全面落实四大片区管理、网格化管理等运行机制，做到职责明确。针对流动商贩流动性强、易反弹的特点，采取城管队员错时、错峰、轮班等形式，确保执法人员全天候在岗在位，充分发挥个体作用，最大限度查处流动摊贩、马路市场。为推动执法工作，利用数字城管、微信平台、微信群、对讲机等多种形式，发现问题、下达指令、及时解决问题，形成上下全员互动的良好局面，积极开展专项整治行动。开展以取缔店外经营、店外摆放、流动商贩、露天烧烤和马路市场为主要任务的占道经营专项整治行动。共向城区商户发放明白纸2000余份，取缔店外经营196处，查处流动摊点1886个。开展城区“大花脸”专项整治行动。组织城管队员对城区主次道路两侧门店店门、橱窗张贴的春联、宣传广告进行集中清理，共清理3855处。

【意识形态工作】 始终高度重视意识形态工作，调整组织，科学谋划。局新班子调整到位后，立即调整县执法局意识形态工作领导小组，组长由局党组书记、局长王纪青担任，副局长陈国忠、李艳丽，主任科员李学，副主任科员石磊为成员。并积极研究谋划全年意识形态工作，主要包括理论中心组学习、加强网络监管、创建文明城市等。坚持学习，武装头脑。年初制定每周五下午雷打不动的学习制度，制定学习计划，将《习近平新时代中国特色社会主义三十讲》列为主要学习内容，其中穿插安排上级党委要求学习的其他内容。学前印发学习提纲，学中要求认真做好笔记，学后及时撰写学习报告并附有图片。严格要求，管控网络。针对人们大量使用手机微信的现状，县执法局多次召开会议对上网、微信群进行提示要求，大力倡导文明上网行为，反对在网上、微信群、朋友圈等发表低俗、消极、妄议政府等消极言论行为，网络、朋友圈风清气正，杜绝违规言论现象。强国平台，常抓不懈。县委宣传部做出开展“学习强国”平台使用学习的工作部署后，由主任科员李学会同宣教科科长周建和对每位党员使用情况定期督查，通过通报表扬彰前策后，取得较好效果。建设机关，营造氛围。在学习借鉴县委大楼、部分其他县直机关的基础上，在楼道、楼梯两侧科学布置悬挂习近平总书记关于城市建设重要论述、“四个意识”、“四个自信”、“两个维护”、“四讲四有”、“好干部五个标准”、“四个自我”、国学文化等高标准展板。

【主题教育】 采取集中学习和自学相结合的方式，通读规定书目和主题教育辅助材料。组织局班子和部分党员干部进行交流研讨。局班子及班子成员制定调研方案，确定调研课题，深入进行调查，形成调研报告，切实做到摸实情，找症结，从便民市场建设、垃圾分类处理、城区绿化管理等多方面形成调研成果。认真开展党组书记讲党课、平“语”近人感受最深的一段话交流会、对照党章党规找差距等一系列活动。认真召开主题教育民主生活会，会上班子成员进行深刻的自我剖析和辣味十足的相互批评。通过灵活多样的教育形式，让全局广大党员干部在学习中有新体会、新收获，提高运用习近平新时代中国特色社会主义思想武装头脑、指导实践、推动工作的能力，查摆自身不足，查找工作短板。

（王学伟）

财政 税务

财 政

【概况】 定兴县财政局是主管全县财政收支、财税政策、国有资产、政府采购等财政工作的政府部门。内设行政股室9个，分别是办公室、预算股、国库股、农财股、社会保障股、经济建设股、教科文与行政政法股、综合股、定兴县国有资产管理委员会办公室。下属事业单位5个，分别是定兴县财政监督检查局、定兴县非税收入管理局、定兴县财政集中支付中心、定兴县财政信息中心、定兴县财政投资评审中心，垂直管理17个乡镇（城区）财政所。局机关行政编制22名，事业编制48名，实有人员66名。下辖17个乡镇（城区）财政所，事业编制82名，实有人员59名。2019年，在县委、县政府的正确领导下，深入贯彻落实中共十九大精神，以习近平总书记新时代中国特色社会主义思想为指导，以全面打赢脱贫攻坚战为统揽，以奋力冲刺完成全年财政收入为核心，把追赶超越作为财政改革发展原动力，全力推动各项财政工作提质增效、争先进位，为确保财政安全平稳运行、保障和服务全县经济社会发展大局提供有力支撑。省财政厅授予县财政局“2018年度全省财政信息工作先进单位”“2018年度全省优秀财政局”“债务管理较好的县”荣誉。

【财政收入】 2019年全部财政收入完成148414万元，其中一般公共预算收入完成82094万元，同比增收8171万元，增长11.1%；全年地方政府性基金收入完成146118万元，增收65863万元，增长82.1%；社会保险基金预算收入完成98217万元，支出完成88407万元，年收支结余9810万元，年末滚存结余82649万元。

【抢抓积极财政政策机遇】 着力培植优质税源。加大财政扶持力度，加快重点项目建设，加大招商引资力度，百度人工智能云计算、中科锂电新能源科技创新产业园等项目陆续落户定兴，且发展前景向好。持续优化营商环境。认真落实各项减税降费优惠政策，落实支持小微企业创业创新各项政策措施，减轻企业负担，为市场主体创造良好发展环境。定兴县省立涉企行政事业性收费已全部“清零”，共涉及减费企业 7707 户，涉企减费 993 万元。

【依法加大征收力度】 继续推进综合治税，强化涉税信息比对，清理耕地占用税，落实房地产解遗政策等措施增加税收 9160 万元。加强非税收入征管，坚持依法征收，全县非税收入比上年增加 3590 万元。加大资金争取力度，盘活财政存量资金。积极争取上级政策和转移支付倾斜，全年争取上级转移支付资金 97636 万元，争取新增地方政府债券 79300 万元。全年盘活财政存量资金 6485 万元，集中财力保重点支出，统筹用于教育、卫生、农林水事务及生态环境治理等方面支出。

【民生实事项目】 支持教育文化事业，全年落实教育文化资金 72332 万元，用于各阶段教育生均公用经费、实施农村小学营养改善计划、校舍建设、学生资助、农村原民办代课教师教龄补助、公共文化旅游传媒资金等项目。支持社会保障事业，全年落实各项社保政策资金 82617 万元，用于财政对基本养老保险补助、财政对基本医疗保险补助 22596 万元、困难群众生活保障及救助、养老服务体系建设、优抚人员定额及医疗补助、退役安置补助、基本公共卫生服务、原赤脚医生养老保险、计划生育补助、基本药物制度补助、公立医院综合改革补助、就业专项补助等。支持农林水事业，全年落实农业农村事务资金 117266 万元，用于村级组织运转、一事一议及村级集体经济试点建设、农业支持耕地地力保护补贴、农机购置补贴、农村厕所改造、粪污资源化利用、造林绿化土地流转、南拒马河防洪、南水北调水费等。支持城市建设事业，全年落实城市建设资金 23373 万元，用于污水处理厂及地资金 1369 万元、环城路及农村公路建设等。支持生态环保事业，全年落实生态环境治理资金 56348 万元，用于“气代煤电代煤”改造、园林绿化、城区垃圾处理及环卫市场化运营、燃煤锅炉替代改造、农村纳污坑塘治理等项目。支持脱贫扶贫攻坚事业，全年落实财政专项扶贫资金 3171 万元，用于产业扶贫、“雨露计划”、危房改造、少数民族发展等项目。

（陈学东　孙　伟）

国家税务

【概况】 国家税务总局定兴县税务局主要职责是负责贯彻执行党的路线、方针、政策，加强党的全面领导，履行全面从严治党责任，负责党的建设和思想政治建设工作。负责贯彻执行税收、社会保险费和有关非税收入法律、法规、规章和规范性文件，研究制定具体实施办法。组织落实国家规定的税收优惠政策。负责研究拟订本单位税收、社会保险费和有关非税收入中长期规划，参与拟订税收、社会保险费和有关非税收入预算目标并依法组织实施等。内设机构有办公室、法制股、税政一股、税政二股、社会保险费和非税收入股、收入核算股、纳税服务股、征收管理股、风险管理股、财务管理股、人事教育股。另设机关党委、纪检组。派出机构6个：第一税务分局（办税服务厅）、第二税务分局、城区税务分局、固城税务分局、天宫寺税务分局、贤寓税务分局。事业单位1个：信息中心。2019年，在县委、县

11 月 14 日，国家税务总局河北省税务局党委委员、总经济师朱清郁（右二）到定兴县税务局调研

政府及市局的正确领导下，深入开展“不忘初心、牢记使命”主题教育活动，认真贯彻减税降费工作部署，有组织、有步骤、有纪律地抓好组织收入、推进依法治税、提升征管质效、优化纳税服务、转变工作作风，主动服务全县经济社会发展大局。

【主题教育】 全县税务干部在“不忘初心、牢记使命”主题教育中，通过开展学习笔记展晒、理论知识考试等方式，深学细悟习近平新时代中国特色社会主义思想，以理论坚定信念、滋养初心。组织党员干部赴革命圣地西柏坡开展“赶考日”党性教育，重温入党誓词，与企业开展党建联建和“创城”志愿行动，开展经典诵读，组织党员观看教育影片，举办主题党日宣讲。领导班子成员深入一线，通过中层干部座谈会、一般干部恳谈会、实地走访重点税源企业等多种形式，围绕主题教育从多方面谈认识、讲感受、找问题，解决基层干部工作生活中的实际困难11个，积极谋划智能办税服务厅建设，推进主题教育再延伸，实现主题教育活动与全年工作的互促互进。

3月29日，县委书记韩朝红（前排右一）到税务局调研党建工作

【减税降费】 成立工作领导小组及办事机构，充分利用电子税务局、短信平台、微信群等方式向纳税人推送减税降费政策，与县教体局联合开展“税收进校园 税法入童心”活动，通过税收知识小讲堂、税收知识问答、播放动漫宣传片、设置宣传展板等形式，宣传国家减税降费政策，并在中国教育台的全国教育新闻联播播出。同时，实行减税降费周例会制度，主动到县委、县政府、人大、政协、监委等部门汇报减税降费工作，争取各部门的理解和支持，构建减税降费工作合力。

8月3日，定兴县税务局开展税收进校园活动

【抓实各项收入】 定期召开收入调度会，实时督导收入进度。对各项计划任务逐级分解，将组织收入抓早、抓紧、抓实，力争做到均衡入库、应收尽收。组织召开风险管理工作推进会，分析全县税收风险工作形势。对省、市局下发的各类疑点数据加强监控，定期关注工作进度，及时下发工作提醒，认真做好风险应对、推送和反馈，大力提升风险管理质效，提高纳税人对税法的遵从度。以依法治税为抓手，继续强化与财政等部门协作，加强信息共享，强化税收管理，齐抓共管，堵塞漏洞，抓紧抓实各项收入。全年共组织税收收入13.29亿元。

【提升征管质效】 优化税务注销即办服务，简化税务注销办理资料和流程；规范发票管理，认真做好旧版普通发票停发缴销、新版普通发票领取发放工作；加强欠税管理和催报管理，持续推广电子税务局，机构改革后的征管流程、征管质效不断优化升级。认真开展实名办税和电子档案采集。加强采集情况分析和工作督导，强化结果运用，在纳税人办理相关涉税业务时进行实名信息的实时比对，切实减轻执法风险。

【优化税收营商环境】 以纳税人办税堵点、难点问题为突破，进一步落实办税服务制度、创新服务举措、加强办税服务厅管理和增强应急处置能力。为进一步落实“放管服”改革要求，充分发挥“互联网+税务”的高效功能，县税务局在县不动产登记中心设置综合窗口，4月11日，成功征收第一笔契税，交易人随后顺利进行产权登记，标志着定兴县不动产登记税费征缴正式实现“一窗受理，并行办理”。同时，以电子税务局和自助办税终端为依托，引导纳税人多走“网络”、少走“马路”，构建多元办税新模式，让纳税人随时随地轻松办税。

12月4日，定兴县税务局纳税服务获企业赞誉

【干部队伍建设】 大力开展“讲、转、强、抓”专项活动，推广用好“学习强国”平台，不断提升干部理论素养，推进干部作风建设；为促进团队建设，组织开展“粽叶飘香，浓情端午”包粽子活动，为庆祝中国共产党成立98周年，开展“重温入党誓词”、党员“一句话承诺”、“迎七一、听党话、跟党走”主题演讲比赛等系列活动，赞美新时代新发展，抒发对党的忠诚对事业的热爱，进一步激发广大党员爱党爱国情怀，为新税务、新征程汇聚奋进的磅礴力量。

10月1日，定兴县税务局开展庆祝中华人民共和国成立70周年活动，图为“我与国旗合个影”

【党风廉政建设】 领导班子坚持从严治党，把落实“两个责任”与精神文明建设工作统筹推进。党委书记切实履行“第一责任人”职责，与其他班子成员逐一签订履行主体责任承诺书和履行监督责任承诺书。针对新形势新要求，认真开展干部廉政警示教育，用好监督执纪“四种形态”，严格纪律审查，狠纠“四风问题”。深化“两权”监督，严防权力失控。严格落实税收执法权和行政管理权的监督制度，强化权力运行监控，加强对税收执法过程中政策执行、征收管理、税务稽查等关键环节的监督，并积极利用督察内审、税务稽查发现的问题线索开展“一案双查”，推进从严治党向纵深发展，营造良好政治生态。

（梁金虎　马晨阳）

银行业

中国银行保险监督管理委员会保定监管分局定兴监管组

【概况】 中国银行保险监督管理委员会保定监管分局定兴监管组（简称定兴监管组）是中国银行保险监督管理委员会保定监管分局在定兴县的派出机构，于2019年6月27日成立，中国银行保险监督管理委员会保定监管分局在辖内22个县市设立监管组，中国银行业监督管理委员会保定监管分局定兴办事处更名为中国银行保险监督管理委员会保定监管分局定兴监管组（简称“定兴监管组”）。人、财、物由保定银保监分局直接管理。在保定银保监分局的授权和统一领导下，依法依规独立负责所在县市银行业、保险业机构及其业务活动的监管工作，收集所在县市有关金融风险的信息并向上级机构报告，承担交办的其他工作。设组长1名（正科级），干部职工3名。2019年，全县共有银行网点49个。全县银行业存贷款均增长，机构安全，经营稳定。截至年末，全县银行业机构各项存款余额238亿元，各项贷款余额117亿元。

【日常监管】 根据保定银保监分局考核安排，2月，对定兴农联社进行监管评级初评；3月，对定兴农联社高管任职资格进行初审，高管履职情况完成考核；5月，定兴丰源村镇银行高管履职情况完成考核；6月，中国银行保险监督管理委员会保定监管分局定兴监管组（简称定兴监管组）成立；7月，对农联社进行审慎监管会谈；9月，对定兴丰源村镇银行开展农村中小银行机构专项安全检查；10月，对定兴丰源村镇银行股东股权管理状况进行专项排查；11月，对定兴丰源村镇银行不良贷款处置工作进行督导；12月，对定兴农联社高管任职资格进行初审。

（张晓勇）

中国人民银行定兴县支行

【概况】 中国人民银行定兴县支行作为中央银行基层的派出机构，接受中国人民银行保定市中心支行的领导。依据《中华人民共和国中国人民银行法》在辖内履行中央银行职责：认真贯彻落实国家有关法律、法规及上级行的方针、政策、制度和办法；负责辖内货币信贷政策执行及经济金融统计工作；承担辖内经理国库、支付结算和外汇管理职责，发挥在防范和化解县域金融风险中的作用；负责管理辖内金融信贷征信业务；负责承担辖内货币发行、人民币流通管理、反假反洗钱人民币业务和安全保卫工作；加强对县域经济金融发展和调研工作；负责行内人事教育、干部培训、会计财务、内审、基建等工作；承担上级行交办的各项任务。内设机构有金融管理部、综合业务部、综合办公室、纪检监察室。人员编制25名。2019年，在县委、县政府和上级行的领导下，深入学习领会习近平新时代中国特色社会主义思想，认真贯彻中共十九大和十九届二中、三中、四中全会精神，牢固树立和贯彻新发展理念，扎实履行好基层央行各项职责，全力支持地方经济实现高质量发展，各项工作取得新的进展和显著成效。

5月17日，定兴举行征信定兴宣传启动仪式

【金融运行总体情况】 截至年末，县域金融机构存款余额241.52亿元，比年初增长38.61亿元，比上年同期增长19.03%；各项贷款余额116.97亿元，比年初增长20.9亿元，与上年同期相比增长21.75%；按不剔除存款准备金、备付金、财政存款计算的存贷比为48.43%。全年贷款增速高于存款增速，存贷比与上年同期相比提高1.15个百分点。

【存款情况】 与上年同期相比，各项存款增幅较大。县域10家金融机构各项存款与年初相比均有所增长，最多的增长13.8亿元，最少的增长0.92亿元。10家金融机构各项存款与上年同期相比，涨幅最多的达到190.51%，涨幅最少的达7.34%。从存款结构方面看，住户存款（储蓄存款）余额177.28亿元，主要是居民收入存款，比年初增长21.87亿元；非金融企业存款余额15.67亿元，比年初增长2.15亿元。广义政府存款48.57亿元，比年初增长14.59亿元。

【贷款情况】 与上年同期相比县域金融机构贷款增速、增长额都有所上升。县域10家金融机构各项贷款与年初相比均有所增长，最多的增长6.41亿元，最少的增长0.31亿元。10家金融机构各项贷款与上年同期相比，涨幅最多的达到388.75%，涨幅最少的8.52%。从贷款结构上看，住户贷款余额68.79亿元，主要为个人住房贷款和经营性贷款，比年初增加15.1亿元。其中：短期贷款余额14.34亿元，比年初增加3.58亿元；中长期贷款余额54.45亿元，比年初增加11.52亿元。非金融企业及机关团体贷款余额48.19亿元，比年初增加5.8亿元。住户贷款占全部贷款比重为58.8%。

（王艳萍）

中国工商银行股份有限公司定兴支行

【概况】 中国工商银行股份有限公司定兴支行业务范围：办理人民币存款、贷款、结算、办理票据业务、代理发行金融债券，代理发行兑付政府债券，经中国银行监督管理部门批准的其他业务，办理外汇存款、外汇兑换、外汇汇款业务，资信调查业务，办理保函业务、办理银行卡业务、办理代理收付款项业务，保管箱业务、财务顾问、信息服务、代理保险法律法规和行政规章制度许可范围内的险种；基金代销业务，记账式债券的柜面买卖业务，代理证券业务以及证券和期货交易结算，资金存管业务、电子银行业务、个人理财业务、房屋租赁（依法须经批准的项目，经相关部门批准后方可开展经营活动）。内设机构有办公室、市场营销部、个人金融业务部，下辖支行营业室、东城支行营业网点。员工40名。

【业务开展】 2019年，各项存款余额22.46亿元，较年初增加3.19亿元。其中对公存款7.58亿元，较年初增加1.11亿元；储蓄存款14.88亿元，比年初增加2.08亿元。各项贷款余额14.3亿元，比年初增加6.41亿元。中间业务收入615万元，实现利润2738万元。

（刘　巍）

中国建设银行股份有限公司定兴支行

【概况】 中国建设银行股份有限公司定兴支行业务范围：吸收公众存款；发放短期、中期、长期贷款；办理国内外结算；办理票据承兑与贴现；发行金融债券；代理发行、代理兑付、承销政府债券；买卖政府债券、金融债券；从事同业拆借；买卖、代理买卖外汇、从事银行卡业务；提供信用证服务及担保；代理收付款项；提供保管箱业务；经中国银行业监督管理机构等监管部门批准的其他业务；保险法律法规和行政规章制度许可范围内的险种。内设机构有办公室、营业部、综合客户经理部。全员职工32名。下辖1个支行营业部，位于通兴西路3号，职工22名。2019年，按照县委、县政府和保定分行党委的统一指导和决策部署，以中共十九大精神为指引，坚持党建引领，认真贯彻落实总行三大战略、精细化管理，全面提升综合金融服务能力和市场竞争力，重点指标实现同业占比和系统贡献度双提升，各项工作稳中求进。全口径时点存款13.16亿元，新增2.15亿元。其中对公存款时点余额2.76亿元，比年初新增0.60亿元；个人存款时点10.4亿元，比年初新增1.55亿元。各项贷款11.09亿元，比上年增长2.88亿元。对公贷款余额1.76亿元，比年初新增0.43亿元；个人住房贷款9.33亿元，比上年增长2.45亿元。实现中间业务收入748万元，利润总额2567万元。

【业务拓展】 针对机构和重点客户缺乏，客户基础薄弱的实际情况，坚持不懈抓客户，抓产品，抓商户，相互促进，夯实客户基础。截至2019年末，支行纯新营销客户728户，其中基本结算账户657户，均为全区第二；重点业务指标年度计划中的人民币正常结算账户2504户，净增513户，其中基本结算账户2262户，净增453户，均为全区第二；公司机构有效客户折算前762户，净新增243户；折算后1782户，净新增532户，居分行前列；通兑账户当年新增418户，计划完成418%，排名第一；单位结算卡当年新增557户，计划完成464.17%，排名第一；对公一户通当年新增471户，计划完成588.75%，排名第四；完成智能撮合平台客户153户，计划完成104.8%；跨境E+76户，企业ERP535个，企业网银活跃客户1098户，均居分行前列。

【发展普惠金融】 支持小微企业发展，发挥资产带动作用增收提效。根据纳税ABM级白名单和支行账户结算量、日均存款、重要客户上下游等，积极营销小微快贷、云税贷、房押贷、创业贷等信贷产品，小企业贷款客户及投放实现大幅度增长。截至2019年底，注册“惠懂你”816户，存量普惠金融小微客户255户，授信余额2.63亿元，贷款余额1.12亿元（2+1口径），较年初增长0.64亿元，完成年度任务的135.47%。

（郭金旺）

中国农业银行股份有限公司定兴县支行

【概况】 中国农业银行股份有限公司定兴县支行主要经营范围：吸收公众存款，发放短期、中期、长期贷款；办理国内结算，办理票据承兑与贴现；代理开放式基金业务；电话银行、手机银行、网上银行业务；经国务院银行业监督管理机构等监管部门批准的其他业务。内设机构有综合管理部、风险与信贷管理部、客户部和运营财会部；辖营业网点：支行营业室、东城分理处、迎宾分理处。在编在岗员工76名。

【业绩】 2019年，各项存款余额22.55亿元，其中：储蓄存款18.72亿元，较年初增1.37亿元，对公存款3.83亿元，较年初增1.12亿元。各项贷款余额6.64亿元，较年初增长1.15亿元，存贷比29.43%。实现中间业务收入896万元，较上年同期增长101万元。实现利润3843万元。不良贷款率0.05%，控制在较低水平。2019年，被农总行授予“三化三达标”先进支行称号；被河北省银行业协会授予“安全管理工作先进单位”称号；被保定市公安局授予“安全保卫工作先进单位”称号；在定兴县金融机构安全评估中荣获第一名。

2019年中国农业银行股份有限公司定兴县支行营业网点情况统计表

表6

序号	网点名称	营业地址	在岗人数（人）	负责人
1	支行营业室	兴华东路49号	21	和秋生
2	东城分理处	华建路206号	14	许悦华
3	迎宾分理处	迎宾大街28号	13	张志敏

（马　莹）

中国农业发展银行定兴县支行

【概况】 中国农业发展银行定兴县支行业务范围：办理由国务院确定、中国人民银行安排资金并由财政予以贴息的粮食、棉花、油料、猪肉、食糖等主要农副产品的国家专项储备贷款；办理粮、棉、油收购和调拨贷款；办理棉麻系统棉花初加工企业的贷款；办理政府财政支农资金的代理拨付；为政府设立的粮食风险基金开立专户并代理拨付；办理业务范围内开户企事业单位的存款，办理开户企事业单位的结算；办理粮油种子贷款；办理农、林、牧、副、渔产业化龙头企业贷款；办理农业科技贷款；办理农业小企业贷款；办理农村基础设施建设贷款；办理国家规定棉花企业的棉花预购、棉花深加工贷款；办理同业存款；办理农业综合开发贷款业务；经银监会批准、农发行总行、河北省分行授权，开办进出口经常项目和资本项目下的国际结算业务以及与国际结算业务相配套的外汇存款、外汇汇款、代客外汇买卖、结汇售汇、外汇融资等业务，办理经中国银行业监督管理委员会批准的其他业务；代理保险法律法规和行政规章制度许可范围内的险种（依法须经批准的项目，经相关部门批准后方可开展经营活动）。内设机构有办公室、信贷业务部、会计结算部。干部职工18名。

【党建统领】 2019年，在市分行党委的正确领导下，认真贯彻落实省、市分行行长会议精神，以党的建设为统领，全行上下齐心协力、全力以赴盯项目，夯基础、促效益，实现稳步提升。坚持把党的政治建设摆在首位，以党支部规范化建设为抓手，认真贯彻落实年初党建工作会议精神，锲而不舍抓好党建和党风廉政建设工作。立足县域经济与支行业务发展实际，全行干部职工坚定信心，全力推动项目发展，全力提升高质理管理水平，确保主题教育取得实实在在成效。

（单雪莲）

中国银行股份有限公司定兴支行

【概况】 中国银行股份有限公司定兴支行业务范围：办理人民币存款、贷款、结算业务；办理票据贴现业务；代理发行、兑付、销售政府债券；代理发行金融债券；代理收付款项；外汇存款；外汇汇款；外币兑换；结汇、售汇；国际结算；通过上级行办理代客外汇买卖；外汇信用卡的发放、代理国内外信用卡付款；个人黄金买卖业务；经中国银行业监督管理委员会等监管部门批准的其他业务；代理险种：健康保险、人寿保险、意外伤害保险、建筑工程保险、机动车辆保险、安装工程保险、家庭财产保险、企业财产保险（依法须经批准的项目，经相关部门批准后方可开展经营活动）。内设机构有办公室、营业部、公司部。全员职工18名。

【业务推进】 2019年，在县委、县政府的大力支持下，全行上下持续坚持以效益为中心，坚定不移推进高质量发展，以“三比三看三提高”为标准，坚持规模、效益、质量并重的发展理念，以“抓全面、抓细节、抓落实”为工作方法，上存款，快投放，增非息，控不良，强内控。全年两项存款余额120965万元，较年初新增25848万元；两项贷款余额82646万元，较年初新增14682万元。

（高　欢）

保定银行股份有限公司定兴支行

【概况】 保定银行股份有限公司定兴支行业务范围：吸收公众存款；发放短期、中期和长期贷款；办理结算业务；办理票据承兑与贴现；代理发行、代理兑付、承销政府债券；发行金融债券；从事同业拆借；代理收付款业务；从事银行卡业务；提供保管箱服务；提供信用证服务及担保；经中国银监会批准的其他业务。内设机构有办公室、营业室、业务科。员工14名。

【金融服务】 在县委、县政府的正确领导下，立足“服务地方经济，服务中小企业，服务市民百姓”的市场定位，积极为地方中小企业、重点项目、高新产业、社会民生等提供丰富的金融服务，全力支持县域经济发展。截至2019年底，各项存款余额达103610万元，较年初增加67971万元，同比增长190.72%，其中：对公存款67656万元，较年初增加55470万元，同比增长455.19%，储蓄存款35954万元，较年初增加12501万元，同比增长53.30%。支行贷款余额为3910万元，较年初增加3110万元，同比增长388.75%。

5月17日，保定银行定兴支行在定兴县文化广场参加诚信定兴主题活动

（贾达宁）

定兴县农村信用联社股份有限公司

【概况】 定兴县农村信用联社股份有限公司是定兴县金融机构网点数量最多、从业人员最多，存贷款规模最大，覆盖面最全面的金融机构。业务范围：吸收公众存款；发放短期、中期和长期贷款；办理国内结算；办理票据承兑与贴现；代理发行、代理兑付、承销政府债券；买卖政府债券、金融债券；代理收付款项及代理保险业务；代理其他银行的金融业务；参加资金市场，为本联社融通资金；经银行业监督管理委员会批准的其他业务。内设机构有综合办公室、党委办公室、改制办公室、计划财务部、会计结算部、审计部、授信审批部、科技部、市场拓展部、安全保卫部、风险监控部、风险资产经营管理中心、合规部、纪检监察室、公司信贷业务部、个人信贷业务部、小额信贷事业部、微贷中心、资金营运中心，下辖1个营业部、21个信用社、7个分社。职工301名。

【服务“三农”】 始终坚持立足“三农”，面向县域（社区），服务中小企业的市场定位，坚持改革、发展、合规、提升的经营理念，全力支持县域经济发展。截至2019年末，各项存款余额1229498万元，县市场占有率51.76%；各项贷款672632万元，县市场占有率57.5%，已成为县域金融系统支持中小企业和“三农”的主导力量。大力发挥信息科技对发展的“牵引”作用，以满足客户需求为发展目标，以科技信息引领业务发展转变，积极创新金融产品服务，发展手机银行客户119602户，布放ATM和CDM机具124台，不断推出形式多样的产品类型，满足广大客户多元化的金融服务需求。

2019年定兴县农村信用合作联社股份有限公司经营情况统计表

表7 单位：万元

项 目	余 额	比上年增长
各项存款	1229498	138040
各项贷款	672632	52795

续表7　　　　单位：万元

项 目	余 额	比上年增长
总收入：	63630	3540
其中利息收入	38793	4848
总支出：	42211	8893
其中利息支出	23353	4621
利润总额	27469	-1568

2019 年定兴县农村信用联社股份有限公司营业网点统计表

表8

类 别	数 量（个）	职工人数（人）
营业部	1	13
信用社	21	140
信用分社	7	31
合计	29	184

（朱奕铮）

中国邮政储蓄银行股份有限公司定兴县支行

【概况】　中国邮政储蓄银行股份有限公司定兴县支行业务范围：吸收公众存款，办理汇兑业务，从事银行卡业务，代理收付款项，代理机动车辆保险、企业财产保险、家庭财产保险、货物运输保险、船舶保险、工程保险、特殊风险保险、农业保险、责任保险、信用保险、保证保险、人寿保险、年金保险、健康保险、意外伤害保险；代理发行、兑付政府债券，金融债券，代理买卖外汇，代理政策性银行、商业银行及其他金融机构特定业务，办理协议存款，办理个人存款证明服务，提供保管箱服务，办理网上银行业务，从事银团贷款业务，办理小额贷款业务，办理基金代销业务，办理国内外结算，办理票据贴现，从事同业拆借，经国务院银行业监督管理机构批准的其他业务，实物贵金属业务，黄金定投业务（依法须经批准的项目，经相关部门批准后方可开展经营活动）。内设机构有综合管理部、三农金融部、公司业务部，下辖支行营业部、兴华西路支行。人员37名。

【存款业务】　2019 年各项存款余额为 11.79 亿元，较年初增加 0.18 亿元，其中，储蓄存款余额 5.46 亿元，较年初增加 0.5 亿元，对公存款余额 6.33 亿元，较年初增加 -0.32 亿元。年末各项贷款余额4.82亿元，余额净增1.11亿元。全年实现收入3281万元，实现利润2008万元。

（刘　森）

河北银行股份有限公司保定定兴支行

【概况】 河北银行股份有限公司保定定兴支行经营范围：吸收公众存款；发放短期、中期和长期贷款；票据贴现；办理国内结算；办理票据承兑服务、提供信用证业务；代理发行、代理兑付政府债券；银行卡业务；开放式基金代销业务；代理贵金属业务；从事电子银行业务；企业财务顾问业务；资信调查、咨询、见证业务；理财业务销售；经国务院银行业监督管理机构批准的其他业务（依法须经批准的项目，经相关部门批准后方可开展经营活动）。内设机构有信贷部、营业室、办公室。员工15名。

【业务经营】 在县委、县政府正确领导下河北银行定兴支行坚持“三服务”精神以加快发展为主线。坚持求真务实、开拓创新、认真履行工作职责，努力做好各项工作，使业务经营得到健康、有效、快速发展。截至2019年末，全部存款余额40990万元，储蓄日均余额为24264万元，较年初增长5848万元；对公存款时点余额13519万元，较年初新增9330万元，年日均存款余额10045万元，较基数增长1798万元。资产规模：各项贷款余额23134万元，其中小企业贷款余额5337万元，较年初增加1057万元，个人类贷款余额17797万元，较年初增长7175万元。其他指标：中高端客户实际客户数1668户，较年初增长298户，理财中收41.22万元，信用卡全年发卡60张，信用卡中收23.94万元，代理中收完成14.73万元，电子银行覆盖率为24.66%。

（杨亚涛）

定兴丰源村镇银行股份有限公司

【概况】 定兴丰源村镇银行股份有限公司于2018年1月2日批准设立，于9月15日正式开业，地点设在定兴县繁兴大街108号门市。业务范围：吸收公众存款，发放短期、中期和长期贷款，办理国内结算，办理票据承兑与贴现，从事同业拆借，从事银行卡业务，代理发行、代理兑付、承销政府债券，代理收付款项及代理保险业务以及经银行业监督管理机构批准的其他业务。内设机构有综合管理部、业务发展部、营业部、风险合规部。在岗人员30名。

【金融服务】 银行主要为当地农民、农业和农村经济发展提供金融服务。以“农民致富的银行、微企成长的银行、居民兴业的银行”为市场定位，坚持“管理创新，服务至上，成本管控，诚信共赢”的经营理念。2019年末存款余额达到7651.79万元，其中：个人存款7649.39万元，对公存款2.4万元；各项贷款余额达到9052万元；个人客户有效户年末达到1955户，对公有效账户年末达到15户。

（王　帆）

中国人民财产保险股份有限公司定兴支公司

【概况】 中国人民财产保险股份有限公司定兴支公司隶属于中国人民财产保险股份有限公司保定市分公司。业务范围：机动车辆保险、财产损失保险、责任保险、信用保险、意外伤害保险、健康保险及国家政策规定的农业保险、农村治安保险、防贫保险，发挥承担风险、保险补偿、稳定生活的社会职能。内设机构有经理室、综合部、营业厅、理赔分部、农村保险事业部、普惠金融保险事业部、中介业务部、续保业务部、车商业务部、商非业务部和4个营销服务部。员工27名。

【公司业绩】 2019年实现保费收入6407.68万元，实现利润1187.94万元，缴纳税金620.28万元，处理各类案件4006件（起），支付赔款2828.2万元。获市分公司“利润贡献奖”。

2019年人保财险定兴支公司大额赔案统计表

表9

序号	被保险人	赔款金额（元）	结案日期
1	段爱华	620000.00	2019年8月2日
2	赵艳霞	530000.00	2019年1月3日
3	陈世亮	327552.56	2019年5月7日
4	中汽诚运定兴县物流有限公司	291842.00	2019年6月28日
5	许　刚	287914.53	2019年8月7日
6	高　涛	254277.25	2019年6月24日

（崔东霞）

中国人寿保险股份有限公司定兴支公司

【概况】 中国人寿保险股份有限公司定兴支公司经营范围：人寿保险、健康保险、意外伤害保险等各类人身保险业务，人身保险的再保险业务，国家法律法规允许的或国务院批准的资金运用业务，各类人寿保险服务、咨询和代理业务、国家保险监督管理部门批准的其他业务，保证保险、责任保险、机动车辆保险、货物运输保险、安装工程保险、建筑工程保险、家庭财产保险、企业财产保险等。内设机构有营销发展部、收展发展部、机构业务部、综合管理部、客服部和城区、柳卓乡、固城镇、贤寓镇、天宫寺乡、北河镇、姚村镇、张家庄乡、肖村乡、高里乡、北南蔡乡营销服务部。员工23名。

【业务推广】 2019年，结合县域实际，积极推行团体业务，与县公安局、县民政局加强沟通，积极推进执法人员意外险和助老御险、新农小保费的工作开展。积极与县公安局合作，为执法人员提供人身保障，收取保费19.42万元，与县卫计局协商开拓助老御险工作，为全县老年人提供及时的意外保障，收取保费29.59万元，为县域医护人员承保，收取保费7.6万元。扶贫保险收取53.14万元。

2019年中国人寿保险股份有限公司定兴支公司保费收入统计表

表10　　单位：万元

指标名称	累计完成	同比增幅
1、长期险首年标准保费	1206	14%
2、首年期交保费	2263	3%
3、10年以上首年期交保费	1197	12%
4、保障型产品保费	867	42%
5、短期险保费	900	22%

（赵慧稳）

教育

教育和体育

【概况】 根据中共定兴县委、定兴县人民政府印发的《定兴县机构改革方案》，组建定兴县教育和体育局，为县政府工作部门，机构规格正科级。于2019年1月举行挂牌仪式。主要职责是贯彻执行国家关于教育和体育工作的路线、方针、政策；研究制定全县教育和体育工作的发展规划并监督实施；监督国家有关教育和体育方面的法律、法规、方针、政策的贯彻执行；依据有关法律、法规和上级政府及教育和体育行政部门的指示，对各乡镇政府的教育和体育工作、各级各类学校的各项工作进行监督、检查、评估、指导等。内设机构有办公室、人事股、计财股、普教股、督导室、思政体卫股、安监股、工会、法制室、职成教股、电教站、支付中心、规划建设股、内审股、扶贫办、群众体育股、民办教育管理股、教研室。局直属单位有校产办、招生办、电大分校、教师进修学校。人员编制196名。2019年，在县委、县政府和保定市教育局和体育局的支持下，县教体局承办健步走、武学交流会、冰雪运动会等多项体育活动；中考保持全市先进位次，高考综合评价在全市前列，本一和本科上线人数再创历史新高；贯彻习近平总书记新时代中国特色社会主义思想和中共十九大会议精神，落实精准扶贫政策，深切关注农村儿童健康发展，开展“送教上门”“营养餐计划”等教育扶贫活动。

【全县学校基本情况】 2019年全县有幼儿园182所(含县直园1所、乡镇公办园128所、民办园53所)，在园幼儿19030人，学前三年入园率96.9%；义务教育小学145所(含完小92所、非完小21所、教学点30所、民办校2所)，在校生44240人，入学率100%，2019年度巩固率100%；初中13所（含公办初中10所、民办校3所），在校生22560人，入学率100%，2019年度巩固率98.5%；普通高中4所(含公办省级示范性高中2所、普通高中1所，民办1所)，在校生13729人；职教中心1所，在校生1387人；特殊教育中心1所，在校生56人，全县残疾儿童入学率为97.4%。有教职工5602人，其中专任教师5016人，高级职称教师1041人，中级职称教师2699人，初级职称教师1539人，技术工人82人。小学、初中、高中教师学历达标率分别为100%、99.6%和98.4%。

2月27日，县长吴鹏（右三）到实验小学调研教育工作，副县长李红娜（左四）陪同

【全县中考、高考成绩】 高考成绩继续保持全市先进序列。4190名高考生本一上线1221人，比2018年增加310人；本科上线3061人，比2018年增加300人；职业教育实现3人本科升学，普职融通发展初战告捷。中考继续保持全市先进位次。中小学各学科协调发展，调研成绩稳步提升。

【学校项目建设】 全年共竣工18个建设项目。包括第四中学新建教学综合楼、运动场（看台）、高里中学南校区新建综合教学楼、第七实验小学教学及科技楼、定兴职教中心餐饮中心以及13个农村中小学幼儿园项目，建设投资总计8532万元，改扩建面积约4.22万平方米，新增学位5215个，惠及17所学校。北田乡东韩村小学教学楼、张家庄乡张家庄幼儿园教学楼、高里乡古桑小学教学用房、杨村乡南辛庄幼儿园、第五实验小学体育场5个项目截至2019年底仍在施工中。

【教育教学研究】 深化“两点互促”工作，通过“蹲点进校”和“抓点带面”，抓常规工作落实，抓课堂教学改革；以现场会和联盟校、合作单位活动为抓手，加强学校间的联系，典型引路，以点带面，交流学习，使学校管理水平和教研水平全面提升，教学质量不断优化。坚持“科研促教、科研兴教”战略思想，组建中小学各学科县级名师工作室，汇集全县优秀教师引领教研方向；多次邀请省、市名师工作室主持人参与定兴县的作课和教研，提升教研品质。加强课题的研究、管理，指导教师开展校本化“小课题”研究，提高课题研究的针对性和实效性。全年新立项的市级课题7个，县级课题34个。市级结题课题3个，县级课题17个。立项部分课题已取得阶段性成果。组织教师开展优质课、录像课、微型课、论文和教学设计等评选活动，展现教师风采。在2019年保定市《教育研究与评价项目》录像课评比活动中，39名教师获市级一、二等奖，21名教师获市级教师指导奖；在2019年保定市微型课评比活动中152名教师获一、二等奖；在“好课堂”的评优课工作中，328名教师课程获评市级优课；在保定市中考和高考试卷分析评比中29名教师获市级一、二等奖。

【营养餐计划】 以为农村小学生提供营养膳食为基本手段，以提高小学生健康水平为目标，“四措并举”强力组织实施农村小学生营养改善计划。营养改善计划每天定时为每名农村学生提供一盒学生饮用牛奶、一个鸡蛋，全县142所农村小学已全部实现供餐，受益农村小学生人数32773名。各校配备食品储藏间、盥洗室、消毒柜、食品放置架等设施设备，各项情况记录归档。

【教师队伍建设】 全年招聘中小学教师207人，其中：高中15人，初中35人，小学157人；教师资格认定426人，其中：高级中学教师资格66人，中等职业学校教师资格3人，初级中学教师资格50人，小学教师资格277人，幼儿园教师资格30人。聘任副高级职称60人，中级职称115人，助理级职称171人。加强教师队伍管理，制发《定兴县中小学幼儿园师德师风提升年活动实施方案》，开展以“明规范、树楷模、铸师魂”为主题的师德师风提升年活动；印发《中共定兴县委教育工委 定兴县教育和体育局关于印发＜中小学在职教师有偿补课问题专项整治实施方案＞的通知》，持续开展在职教师有偿补课专项治理活动；制发《定兴县教育和体育局关于进一步开展“吃空饷”专项治理工作的通知》，深入开展“吃空饷”专项治理工作。坚持以习近平新时代中国特色社会主义思想为指导，深入贯彻落实《中小学教师职业道德规范》，努力培育新时代“四有”教师，切实加强和推进师德师风建设，涌现出一大批师德高尚，潜心治学，献身教育的优秀教师和优秀教育工作者。2019年全年，1人被评为全国优秀教师，1人被评为河北省中小学骨干校长，3人被评为河北省师德标兵，5人被评为保定市师德标兵，5人被评为保定市最美教师，58人被评选为定兴县师德标兵，45人被评为定兴最美教师，32人被评为定兴县优秀支教教师。

2月27日，县长吴鹏（左七）到定兴三中实验学校调研教育工作，副县长李红娜（左五）陪同

【扶贫助困】 坚持“精准”方略，聚焦不让一个孩子因贫困而失学、辍学的核心目标，实施“扶贫攻坚年”行动，执行教育扶贫人口一人一档、局领导分包乡镇学校月巡查、教育扶贫工作“二帮一”等十二项工作制度。建设教体局—学校—教师—家庭—学生横向到边、纵向到底、上下贯通、协调有力的扶贫工作机制，扎实开展教育扶贫工作，顺利通过省脱贫攻坚成效考核，为全县贫困人口全部脱贫做出积极贡献。落实“1222”工作要求，通过印发明白纸、发放政策台历、媒体宣传、班队会、扶贫日系列活动和干部教师的入户宣讲等途径，广泛宣传国家教育扶贫政策。落实学前教育、义务教育、高中教育、职业教育“减、免、补、助、贷”资助政策，全年减免发放资金846.62375万元、惠及贫困学生10635人次。全年生源地信用助学贷款共签订合同2050个，贷款金额1612.522万元，受到河北省表彰。140所农村小学实施营养改善计划，受益学生人数约3.3万人。聚焦“义务教育有保障”总体目标，认真落实“七长”责任制，按照“保学为先、控辍为重、防治结合、综合治理”的方针，实施“机制控辍、保障控辍、管理控辍、质量控辍、爱心控辍”五项措施，全力做好控辍保学工作，全县义务教育阶段学生无一人因贫困而失学、辍学。落实“志智双扶”思想和“立德树人”根本任务，开展“二帮一”“送教上门”“心理辅导”等教育帮扶工作，维护贫困学生身心健康，促进学生全面发展。

【职业教育】 积极引导贫困人口参加技术培训，立足县域经济开展多专业的职业技能培训、实用技术培训、农村残疾人培训，为全县农民脱贫和农村经济发展提供技术支持和人才保障。成立扶贫助困专项治理工作领导小组，始终坚持问题导向，强化政策宣讲全覆盖、精准资助无遗漏、责任帮扶上水平、制度约束强效能的工作举措，对发现的问题清单式管理，台账式督办，并举一反三，立行立改。严肃追责问责程序，发现问题线索，追责到底。

【安全工作】 始终坚持“安全第一、预防为主、综合治理、教育为先”的安全工作方针，全面加强和规范各级各类学校的安全管理工作，建立健全“党政同责、一岗双责、齐抓共管、失职追责”的安全工作责任体系。印发《定兴县学校（幼儿园）安全工作管理手册》《定兴县教育和体育局学校安全管理事项清单》，组织各级各类学校重新修订了安全工作“三项制度”。制发《深入推进安全生产风险分级管控和隐患排查治理双重预防机制建设工作实施方案》，推进校园安全双控管理机制建设。落实隐患排查整治“一个台账、四个清单”制度、领导包联制度、暗查暗访制度、追责问责制度，坚持落实“日巡查、周检查、月排查、季度总结”安全隐患排查整改制度。开展防溺水专项治理、消防安全专项治理、食品安全专项治理、接送学生车辆专项治理、实验室危化品专项治理、特种设备专项治理。扎实推进校园安保工作。各校园组建校卫队，城区学校全部实现“校园保安化、保安专业化”，投资12万元补充购置安防器材。推动一键报警、视频监控与县公安局联网工作，县教体局监控平台建设和城区13所校园安装一键报警装置、球机摄像头工作有序推进。

【学前教育】 学前教育以提高保教质量，规范园务管理为抓手，继续深入实施学前教育三年行动计划，提升幼教水平。巩固“普三”成果，在实现基本普及的基础上，进一步改善幼儿园办学条件，合理配置保教人员，重点发展农村学前教育，以提升硬件水平、优化内外环境、丰富幼儿活动、自制玩教具、规范园务管理等为重点，促进学前教育内涵发展、优质发展。4月，开展幼儿园自制玩教具和班级环境创设评比活动，有力地促进全县学前教育水平的整体提升。6月，顺利通过保定市幼儿园“小学化”、小学“零起点”专项治理联合督查。

【义务教育】 义务教育阶段落实立德树人根本任务，明确“突出主业、突出正业”工作思路，创新“抓点带面”“蹲点进校”“合作单位”工作机制。面向全县“规范、均衡、高质量”的教育发展理念，促进 “好课堂”与“一师一优课，一课一名师”活动的有效衔接，打造教育教学的高效平台，同时推进深化优化课程改革措施，建设深度课堂、打造思维课堂、培养学生核心素养、提高教学研训水平的新机制新举措。及时召开阶段性教育教学推进会，并根据幼儿园、小学、初中实际情况开设现场会。抓好控辍保学工作。落实控辍保学工作责任制，做好控辍保学政策宣传工作，营造依法治校、依法执教、依法治辍氛围，依法保障适龄儿童少年接受教育的权利。严格执行招生政策，实施初中教育联盟化办学，有效缓解“大班额”“择校热”。加大投资规模，改善办学条件。定兴中学二期扩建工程投入使用，进一步提升全县高中办学硬件水平。积极稳妥推进全县高考综合改革工作，结合《河北省普通高校考试招生制度改革实施方案》，准确把握高考综合改革的政策措施和程序规则，确保高考改革工作顺利实施。

【体育活动】 5月16日，县教体局组织开展首届“嘉旭福美”杯全民健步走活动，吸引来自定兴及周边县市3000余名健步走爱好者参加。起终点均设置在定兴县金台广场南门，沿途经过博物馆南路、非遗小镇、滨河路中段、金台路交叉口、骑行公园，全程约5000米。

5 月 16 日，定兴首届“嘉旭福美”杯全民健步走活动在金台广场举行

为深入贯彻落实习近平总书记关于“广泛开展全民健身活动，加快建设体育强国”重要指示精神，传承和弘扬中华武学文化，促进武学交流，推动地域文化和武学文化和谐交融，10月19日，由保定市体育局、定兴县人民政府联合主办，定兴县教体局承办的河北·定兴“京工万达”杯黄金台武术节暨孙氏武学全国观摩交流大会在定兴黄金台博物馆开幕。全国各地的孙氏武学传人2000余人齐聚定兴黄金台广场，同台竞技，交流研讨；观非遗文化，品休闲美食，助力定兴发展，为中华人民共和国成立七十周年华诞献礼。为实现习总书记提出的到2022年三亿人上冰雪的目标，推动冰雪运动普及和发展，12月29日，召开定兴县首届“迎新春”冰雪运动会，全县数十个代表队，千余名青少年学生、职工参与其中。

12 月 29 日，定兴县“迎新春”职工冰雪运动会在燕兴公园举行

学校选介

定兴县幼儿园

【定兴县幼儿园】 定兴县幼儿园1958年建园，2001年达标省级一类园，2011年达标省级示范园。2019年，县幼儿园根据办园地点划分为3个教学园区：北大街幼儿园、昌盛幼儿园、天马大街实验幼儿园。定兴县幼儿园坚持科学发展观，认真贯彻落实《幼儿园教育指导纲要》《3～6岁儿童学习与发展指南》，以幼儿发展为本，积极营造充满人文精神和生活教育理念的校园文化，为幼儿创设优质和谐的成长环境，努力建设办园理念新，师资力量强，教育管理好，保教质量高的学园、乐园、花园式的幼儿园。定兴县幼儿园连年被评为全县教育工作优秀单位，先后被评为保定市女职工建功立业十佳示范岗、保定市学前教育工作先进集体、保定市安全文明校园、保定市师德建设先进单位、河北省“双合格”家庭教育先进单位、河北省自制玩教具工作先进集体、河北省家长学校工作先进集体、全国女职工建功立业标兵岗。

【第四实验小学】 定兴县第四实验小学位于金台工业园区，成立于2017年，是由国家投资建设的一所县域重点小学。建校初期隶属于定兴县第三实验小学，2019年8月正式更名为定兴县第四实验小学，并建立编制，成立组织机构。学校占地29961.42平方米，由教学区和运动区两部分组成。运动区内有8道次环形塑胶跑道，中间是人工草坪足球场，有4个篮球场，4个羽毛球场，1个轮滑场，有双层看台和室内体育馆。学校建筑面积8649平方米，有2栋教学楼，1栋科技楼，3栋楼有廊道相连，环境优美。学校共有教师45人，由全县各教育中心和三小选调的优秀教师组成。2019年，学校有25个教学班，1600多名学生。学校设有科学实验室、仪器室、兴趣室、美术教室、舞蹈教室、器乐教室、声乐教室、图书阅览室、书法教室，微机教室和录播室。学校把发展艺体教育打造成亮丽的名片。学校成立“书法”“美术”“舞蹈”“器乐演奏”“声乐”“足球”“轮滑”等社团，日常教学中，增设软笔书法课、足球课和形体课，提升学生的综合素养，真正把校园气氛活跃起来，切实促进学生的全面发展。在县艺术节比赛中，学校戏剧演唱、课本剧表演、书画作品、征文、舞蹈、朗诵均获一等奖。县讲故事比赛中，学校2名学生参赛，分别获一、二等奖。2019年六一儿童节，学校举办庆“六一”文艺会演，面向全社会进行直播，赢得社会的广泛赞誉。

定兴县第四实验小学　（温德军　摄）

【河北定兴第三中学】　河北定兴第三中学是一所省级示范性重点高级中学，于2002年12月9日成立。2019年，高考成绩再获新高，承办县运会、中考体考、高考改革培训、双创验收活动，成为上海财经大学优秀生源基地，完成安装空调等硬件升级，实现办学水平的再次跃升。学校占地178亩，建筑面积65000平方米，2019年有76个教学班，学生5000多人。拥有教职工432人。其中，有特级教师1名，省级名师2名，省级骨干教师7名，市级名师11名，市级骨干教师23名，高级教师101名，一级教师126名。规范基层组织建设，构建坚强战斗堡垒。从严落实“三会一课”制度，扎实推进“不忘初心、牢记使命”主题教育活动，将学习教育常态化制度化。认真开展师德师风建设活动，发挥名师引领作用，深化教研，不断提高教师的业务水平。2019年，李玉芹名师工作室送教下乡3次，开展为县名师工作室培训活动，承办省名师工作室联盟活动，成为全国名师工作室成员单位。2019年1月开展师德培训，3月举行微课比赛，4月举行优质课大赛，打造高素质教师队伍。举行崇德明礼、超越梦想、3·15普法、感恩教育等系列主题升旗活动，通过2月百日誓师大会、3月安全教育、4月清明祭扫、5月崇尚科学、8月军训入学教育，9月庆祝中华人民共和国成立70周年演讲及快闪活动、11月诚信教育、12月创建平安校园及宪法日宣传等活动，以“三爱三观”教育为主轴，培养师生爱国精神、提高综合素质。积极落实高中新

河北定兴第三中学　（耿超　摄）

课程改革，形成“强基础，重思维，求发展”的教学特色，在全市起到引领带头作用。精心研究“目标引领，问题导学”教学模式，坚持“学生为主体、教师为主导、思维为主攻、问题为主轴、训练为主线”的五主教学法，通过课题研究、校本研发、集体备课、讲功大赛、青蓝工程、“走出去，请进来”及力促名师工作室、学科教研室活动开展等方式，提高科研工作的针对性和实效性。各年级因材施教，分层教学。低进高出、优进优出成为学校亮色。积极落实全面育人要求，形成“重特长、强素质、创品牌”的文体特色。学校有音乐、舞蹈、美术、书法、朗诵、演讲、足球、篮球、乒乓球、排球、科技制作等十几个社团，组织跑操比赛、秋季运动会、庆元旦书画展、迎新年诗文诵读活动，参加县冰雪运动会、保定市传统戏剧进校园活动，展现学校良好形象，助力更多有特长的学子实现梦想。2019年高考，学校本一上线871人，比上年增长243人，再次实现大幅增长；本一上线率达43%，比上年提高5个百分点，再次实现高端再进。获得定兴县“五四红旗团委”“高考立功单位”“综合考评优胜单位”“安全工作先进集体”“中小学运动会优秀承办单位”和保定市第四届中小学生时事知识竞赛一等奖及高中组团体成绩第一名等多项荣誉。

定兴县第四中学　　（荆永革 摄）

【定兴县第四中学】 定兴县第四中学位于拒马河畔，毗邻黄金台和非遗小镇。现有教职工140人，学生3100多名。学校占地43690平方米，总建筑面积16669平方米。学校在建操场占地25490平方米，正在建设标准跑道和篮球场、排球场、体操活动区。各种专用教室齐全，现代教育技术装备精良，图书室共有藏书89000册，阅览室全天向教职工、学生开放，走廊里还设有图书角，方便学生借阅。6月25日，四中完成党支部换届选举工作。四中党支部开展以“在党言党，爱党忠党”为主题的征文比赛、“不忘初心、牢记使命”主题教育活动、召开动员大会、组织集中学习研讨、“习近平新时代中国特色社会主义思想和十九大精神辅导会”等各项党建活动十余次。规范管理，不断加强制度建设，本年度修订出台《教学常规管理制度》《教学例会制度》《教研活动制度》《教师考核评价办法》《年级事务工作常规》等规章制度。加强教师队伍建设。学校在教师中实施“青蓝工程”，组织年青教师向骨干老师拜师学艺，结对帮扶。学校教师向“一师一优课平台”上传课堂实录41节，其中有13人荣获市级奖励，完成了本年度的晒课任务。学校组织教师积极外出参加培训，全年累计外出培训达98人次，获得市级师德标兵荣誉2人，市级师德先进个人荣誉2人，县级师德标兵和先进个人荣誉4人。9月份，在教师队伍中开展“师德师风建设月”系列活动，开展师德演讲比赛，并对63名优秀干部教师进行了表彰。10月24日，四中联盟单位第一次集中研训活动在学校顺利进行。在教体局组织开展的“不忘初心、牢记使命主题教育课件大赛”活动中，四中三名参赛教师全部获奖，斩获一等奖1名、二等奖1名和三等奖1名。在河北省第十届师德征文比赛中1人获市级奖励、1人获县级奖励；加强学生思想政治教育。2月26日，召开班主任经验交流会，七名优秀老师围绕班级管理进行了典型发言；在五四运动100周年之际，于4月29日组织八年级800多名同学开展了“传承五四魂，激扬青春志”徒步研学活动；9月29日，全校3000多名师生在操场开展了“我和我的祖国”大型主题教育活动。2019年，定兴四中在教育教学工作取得了优异的成绩，三个年级综合评价均位列全县第二名，中考升学率达到52%，较上年提高了5个百分点，创造本校历史最好成绩。在11月的省扶贫考核工作中，圆满完成了各项扶贫工作任务。

5 月 15 日，定兴县职业教育活动周启动

【定兴县职教中心】　定兴县职教中心位于县域东部，定易路北侧。成立于1978年，是一所集普通中专、职业中专、职业高中、社会培训和技能鉴定为一体的公办国家级重点中等职业学校。是教育部中小学国防教育示范校、河北省职业技术教育研究所实验基地、河北省电子行业特有工种职业技能实训基地，获河北省食用菌技术服务三农终身学习活动品牌。学校占地面积55000平方米。专业课教师86人，文化课教师41人，双师型教师39名。在校生1387人。学校重点构建汽车运用与维修、数控技术应用、计算机应用、计算机平面设计、计算机数码产品维修、会计、数字影像技术等7个专业。其中，汽车运用与维修为市级骨干专业；数字影像技术专业为特色专业。强化校企合作。汽修专业与众志北方（北京）教育科技有限公司，计算机专业与北京易初教育科技有限公司，平美专业与河北京慧越教育科技有限公司加强合作，双方联合开展招生、专业建设、实习实训、质量评价。融入京津冀一体化、服务雄安。职教中心与天津职业技术师范大学签订协议，成为该校学生实习基地；进一步加强专业建设，与北京黄庄职业高中进行交流和探讨；为服务雄安新区，开办2个雄安高考班。职教中心广泛开展社团活动，2019年有四大类社团，兴趣拓展社团、技能提升社团、产教融合社团、文化传承社团。在定兴县2019年职业教育活动周活动、黄金台武术节、冰雪运动会上，社团队伍成为大会的一道靓丽风景。

定兴县特殊教育中心　　（温德军　摄）

【定兴县特殊教育中心】　定兴县特殊教育中心原名定兴县特殊教育学校，始建于 1991 年 6 月，是定兴县唯一一所招收盲、聋、智力障碍三类残疾学生的特殊教育学校，坐落于定兴县定兴镇南祖村店村。学校占地面积 2243 平方米；2019 年有学生 61 人，教职工 17 名，专任教师 15 名。2019 年度获得“学校安全工作先进集体”称号。抓好特殊教育，维护残疾儿童的受教育权。4 月 2 日，特教中心召开定兴县残疾儿童“随班就读”“送教上门”工作业务培训会；6 月 1 日，县委书记韩朝红到县特教中心调研，加速提升全县特殊教育保障水平和教育质量。

（肖亚欣）

文化 卫生

文化旅游

【概况】　根据《定兴县机构改革方案》要求，2019 年 1 月，组建定兴县文化广电和旅游局，将县文化广电新闻出版局（县旅游发展局）的文化、广播电视、旅游、文物等管理职责整合，作为县政府工作部门，主要职责是主管文化、文物、旅游工作。内设机构有办公室、旅游股、文化市场行政执法队。下辖博物馆、文化馆、图书馆、评剧团、文物保护管理所、文化市场稽查队。全系统在职干部职工 24 名。2019 年，在县委、县政府的正确领导下，紧紧围绕服务惠民的工作思路，积极稳妥地推进各项工作，被保定市政府授予“保定市加快建设新时代现代化强市先进集体”称号。

【文化工作】　有效整合乡镇文化站资源，考察统计乡镇文化站、村文化活动室数量、文化广场数量以及农家书屋的建设使用情况；完善各文化站制度章程、软硬件设施，确保其有效发挥职能。2019 年有乡镇综合文化站 17 个，各乡镇全面覆盖，非物质文化遗产京绣研究院 1 个。全县 281 个村、居委会均建成综合文化服务中心，村级综合文化服务中心覆盖率达 100%。定兴图书馆、文化馆均成功申报为二级馆，各建有 10 个分馆。县文化馆积极开展“全民免费公开课”，开课 150 余节，课程类别包括古琴、书法、摄影、合唱、广场舞，受培训人数 500 余人；县图书馆坚持开展“全民阅读”“图书进校园”活动；电影下乡演出共计 3288 场；定兴评剧团组织戏曲下乡演出 360 余场。

2 月 25 日，定兴县评剧团文化下乡走进东引村

【新春文化活动】　1 月 29 日，在定兴文化广场开展“免费送春联”活动；正月初二到初八、正月十五，“定兴县欢度春节大型文化惠民活动会演”在黄金台博物馆南广场召开。演出以“迈进新时代，节日更精彩”为主题，演出形式有歌曲、舞蹈、旗袍秀、武术、朗诵等。大型展演为定兴县营造喜庆祥和的新年气氛，为百姓带来欢乐和幸福感。2 月 16 日，在博物馆二楼举办“定兴县庆元宵　京兴书画家联谊会”，

特邀封友文、谷溪、张培功等书画家与定兴书画家交流互动，现场观摩学习群众上万人。

2月10日，定兴县欢度春节文化惠民活动汇演在金台广场举行

【“公益流动书吧”】 4月20日，定兴县图书馆与京通客运公司、初心志愿者团队联合打造的“公益流动书吧”在定兴博物馆广场举行启动仪式。定兴县图书馆公益流动书吧的成立，是县文广旅局推动全民阅读工作的一个新亮点，也是县图书馆与书香企业和社会爱心团体共同合作的一个新举措，开启利民惠民的一扇新窗，成为公共服务体系的一个新的组成部分，彰显定兴县文化品位，升华文化气质，真正把图书馆建在百姓身边，把书送到百姓手中，把服务送到百姓心坎上。

【全民阅读】 4月23日，图书馆举办“4·23”世界读书日全民阅读启动仪式，倡导多读书，让群众更多地了解读书日，为庆祝中华人民共和国成立70周年，9月26日，定兴县图书馆与保定市幼儿师范高等专科学校联袂举办诗歌朗诵会，以此为祖国70华诞献礼。通过活动，让学生和广大群众更多地了解和感受文字的魅力。

4月23日，定兴县举办“4·23世界读书日”全民阅读启动仪式

【主题摄影大赛】 9月，举办庆祝中华人民共和国成立70周年暨“双城联创惠民生”主题摄影大赛，全县社会各界的广大摄影爱好者踊跃投稿，共收集到来自全县49个单位和159名个人投稿的2300余幅摄影作品，涉及自然景观、人文历史、文化旅游、经济社会发展、城市建设、生态绿化、文明新风等多个方面，集中展示定兴县的发展变化和“双城联创”丰硕成果。

【第五届广场舞大赛】 9月14日，由定兴县文化广电和旅游局主办的定兴县第五届广场舞大赛在黄金台广场上演。来自全县各乡镇、城区的20家代表队与文化馆表演队、春光拳友表演队联手为全县人民献上一场精彩纷呈的群众大联欢。比赛节目以歌舞的形式表达对中华人民共和国70华诞的喜悦之情和美好祝愿。

【保定市书画作品展】 9月25日，由保定市文化广电和旅游局、定兴县文化广电和旅游局主办，保定市群众艺术馆、定兴县文化馆承办，东皇文化传播公司协办的“我和我的祖国”保定市书画作品展在定兴县博物馆开幕。各县市书画名家等出席开幕式。此次全市书画作品展展期一个月，总计展出200余幅精品，评选出一等奖11名，二等奖20名，三等奖31名。参展作品主题鲜明、格调高雅，题材广泛，形式多样，从不同的角度热情讴歌党的丰功伟绩，伟大祖国的巨大变化，中华文化的无穷魅力以及保定的快速发展。

【定兴评剧团汇报演出】 11月10日，为庆祝建团60周年，定兴评剧团邀请到部分退休老演员召开座谈会，并在定兴王实甫大剧院演出4天8场，节目有《西厢记》《秦香莲》等经典剧目。

【大型朗诵音乐会】 11月21日，在王实甫大剧院举办庆祝中华人民共和国成立70周年大型朗诵音乐会——我们都是追梦人。来自全县各乡镇、县直各部门干部职工、各书香基地书香家庭、县作家协会、摄影家协会等社会团体和广大图书爱好者600余人参加活动。

【非物质文化遗产保护】 始终重视非遗项目的保护、发展、传承工作。积极支持非遗企业的相关工作，参与国家及省、市和相关各部门的展览、展示、宣传等一系列活动，参与次数多、种类多、数量大。制定常态化的工作机制。2019年申报成功省级非遗：桑叶茶制作技艺、抽纱补花技艺、文彩绣；申报成功市级传承人：杨村“耳朵眼”火烧制作技艺传承人赵艳杰、长乐富少林会传承人井振良、古建砖瓦制作技艺传承人冯振合。

7月25日，省级非遗贤寓调参加2019年戏曲百戏（昆山）盛典

【文化市场管理】 按照县委、县政府的总体部署和要求，认真开展文化市场综合整治，有条不紊地完成年初制定的目标任务，积极开展文化市场专项整治和日常监管工作，切实加大检查力度，全年共出动执法人员600人次、检查经营单位220家次，没收非法图书100册，进一步规范文化市场秩序，净化社会环境。

【文物旅游】 稳步推进公共文化领域重点改革任务和旅游“厕所革命”，3个旅游厕所任务已全部完成，录入数据库；编制《定兴县全域历史文化风貌保护规划》。文物保护所在做好文物保护单位巡查的同时，积极配合省文物院对雄安新区整治易水河的勘探工作，对定兴县境内的文物遗址进行详细的勘探。6月，在实验小学文庙内发掘出石碑两通，碑座一个，并对其进行修复，使其展现历史价值。11月，对清真寺的电路老化问题进行整改，将原有电路全部更换并做好安全保护，解决多年来因线路老化造成的用电安全隐患。

（朱　君）

广播电视

【概况】 定兴县广播电视台主要职责是贯彻执行党和政府有关新闻宣传、广播电视服务的路线方针、政策和法律法规。负责全县广播电视宣传，促进广播电视事业的健康发展；服务乡镇广播电视事业发展的有关事项。负责全县广播电视系统科学技术的研究和开放利用、广播电视网络建设和管理维护；负责全县广播电视队伍建设和专业培训。负责广播电视系统的对外交流和合作。承办县委、县政府交办的其他事项。内设机构有办公室、宣传股、节目审查股、技术股、财务股。事业编制50名，其中副科级职数1名、股级职数2名。2019年，在县委、县政府的正确领导下，以习近平新时代中国特色社会主义思想和中共十九大精神为指导，以新闻宣传为中心，以融媒体建设为契机，以严格管理为保障，以队伍建设为根本，团结奋斗，开拓进取，各项工作实现新突破。

【党的建设】 高度重视党的政治建设，始终树牢“四个意识”，坚定“四个自信”，坚决做到“两个维护”，旗帜鲜明地把维护习近平总书记的核心地位、维护党中央权威和集中统一领导作为党的政治建设的首要要求，严明政治纪律和政治规矩。坚持党的政治领导，学懂弄通做实习近平新时代中国特色社会主义思想，更加突出抓长抓常学、深入系统学、联系实际学，确保党中央及省市县委的决策部署落地见效。紧扣民心这个最大的政治，站稳人民立场，密切党同人民群众的血肉联系，驰而不息纠正“四风”，落实中央八项规定和实施细则精神，解决好人民群众最关心最直接最现实的利益问题。不断加强党内政治文化建设，增强党内政治生活的政治性、时代性、原则性、战斗性，开展严肃认真的党内政治生活，以良好政治文化涵养风清气正的政治生态。工作中切实增强忧患意识，提高政治能力，增强政治敏锐性、政治鉴别力和政治定力，在紧要关头、大是大非面前始终保持头脑清醒和立场坚定。强化理论武装和实践磨炼，善于从政治上分析和处理问题，确保在政治原则问题上旗帜鲜明、态度坚决。

【宣传工作】 新闻宣传方面。县广播电视台作为定兴县的主流媒体，承担着将党和政府声音及时传递到千家万户的重要职责，在推动县域政治、经济、社会、文化发展中具有不可替代的作用。紧跟时代发展，承担党和政府赋予的职责和使命，围绕中心、服务大局，坚持团结、稳定、鼓劲、正面宣传为主的方针，做好习近平新时代中国特色社会主义思想和中共十九大精神的宣传贯彻、十九届四中全会宣传贯彻、“不忘初心、牢记使命”主题教育、党建、工业经济、项目建设、“讲政治、转作风、强责任、抓落实”行动、“壮丽70年奋斗新时代”系列宣传、精准扶贫、乡村振兴、大气污染防治、土地违规治理、“三深化、三提升”、扫黑除恶、双城联创等重点宣传工作，提高宣传质量，推出一批有深度、有力度、有影响力的精品栏目，为加快建成生态智慧卫星城提供舆论支持。《定兴新闻》全年播发稿件1400多篇，部门负责人访谈50多人次，市级以上媒体播发稿件450多篇。专题栏目方面。以打造品牌栏目为重点，倾全力打造各有特色的专题栏目，按内容在不同时段播出，推动节目的本地化。全年制作播出各类专题栏目40多期，受到领导和群众欢迎，取得良好的社会效益。融媒体建设方面。县级融媒体中心是以习近平总书记为核心的党中央作出的重大部署，是落实意识形态工作要求、强化基层宣传思想文化阵地的重大改革举措。2019年，定兴县融媒体中心平台系统、展示系统、虚拟演播室系统、媒资系统、非编设备、户外直播设备等硬件设施已经完成安装调试，大部分设备已经投入使用。冀云融媒办公系统已经开始使用，任务指派、稿件图片回传、线上审核、指挥连线、组内业务讨论等功能已能够实现。完成内部机构整合，制定工作流程、任务职责、绩效考核等规章制度，组织多次的业务培训，切实提高编辑记者使用新设备的能力，着力打造全媒体记者队伍。全力推进冀云平台与长城新媒体集团对接工作，冀云定兴App试用版本已发布，可以通过分享链接方式进行手机安装，新闻、专题类节目已上传。为进一步覆盖各主流应用市场和品牌手机应用商店，方便群众安装和软件推广，App

的软件著作权已完成申报等待批复、各应用平台上传已完成企业实名认证，待软件正式版本完成打包后可立即发布。视频直播功能可通过分享链接方式进行，冀云定兴正式版本上线后可在此 App 中观看。

【提升行业管理水平】 不断强化政治意识，严格责任制度，使行业管理进一步规范。严格新闻宣传管理，认真执行节目审查制度，从内容、语言、画面三方面切实把好关，把好度，确保导向正确，未出现任何偏差。坚持完整转播中央台和省台的新闻节目，加强重大报道和重大活动的转播与配合。严格文艺宣传纪律，认真执行省局影视剧统一供片的规定，实行定期、定人取片制度和三级审片制度，确保播出片的内容健康。严格广告播出管理，认真执行总局的各项规定，杜绝不良广告的播出。严格技术管理，强化岗位责任，细化防范措施，未出现任何政治事故和较大技术事故，实现全年安全优质播出。

【主题教育】 把主题教育作为重要政治任务，严格落实主体责任，集中精力、统筹安排、精心组织、扎实推进，确保主题教育各项安排部署落实落地。成立主题教育领导小组，召开全体干部职工参加的动员部署会，制定定兴县广播电视台《开展"不忘初心、牢记使命"主题教育的实施意见》。坚持把学习习近平新时代中国特色社会主义思想作为根本任务贯穿始终，制定详细的学习计划，安排 7 天的集中学习；开展"践初心、问良策、解难题、办实事"主题教育调研活动，单位主要负责人带头讲党课；对照党章党规，对照人民群众新期待，对照先进典型和身边榜样，查摆自身不足，查找工作短板，深刻检视剖析，形成《领导班子问题整改清单》和《党员领导干部问题整改清单》，召开专题民主生活会和专题组织生活会，开展民主评议党员，及时倾听意见，查找问题；围绕查找出的问题，研究制定整改落实方案，逐项整改，把整改成效作为衡量主题教育质量的重要标准，制定领导班子整治方案和领导干部整治措施，举一反三，研究治本之策，倒查制度原因，完善体制机制。10 个问题已全部整改完成。在开展主题教育中，不断强化宣传引导，开办专栏，重点加大县委安排部署会议、先进典型集体人物、各部门工作举措进展、取得成效等方面的正面宣传，并与重点工作相结合，着力形成良好的正面舆论导向，在全县营造浓厚的政治氛围、舆论氛围和社会氛围。

【全面从严治党】 广播电视台党组高度重视落实全面从严治党主体责任工作，把全面从严治党主体责任纳入整体工作部署，作为班子建设、队伍建设的重要工作抓紧抓实。年初研究制定实施方案，将工作任务分解到每名班子成员，建立和完善主要领导负总责，其他班子成员"一岗双责"的落实全面从严治党主体责任工作机制，做到分工明确，责任明晰。定期召开专题会议，研究解决落实全面从严治党主体责任和反腐倡廉工作的有关问题，充分听取对落实全面从严治党主体责任和反腐倡廉工作的意见建议，分析研判工作中的苗头性问题，从源头上加以预防。把学习贯彻《中国共产党章程》《中国共产党廉洁自律准则》《中国共产党纪律处分条例》等作为重要任务，纳入党员学习教育培训内容，做到全覆盖、无遗漏。结合实际，引导党员干部明纪律、守纪律、懂规矩、守规矩，做清醒人和明白人，坚决维护纪律的严肃性和权威性。开展廉政警示教育活动，并结合个人实际，撰写心得体会，促使广大党员进一步增强讲规矩、守纪律的行为和思想自觉。开展廉政谈话活动，主要负责人与班子成员之间、班子成员与股室负责人之间广泛开展廉政谈话活动。认真贯彻落实“三重一大”决策制度，对重大问题决策、大额资金的使用，做到发扬民主、集体讨论、会议决定，保证每个领导班子成员都能充分行使自己的权力，班子成员坚持集体研究决定，做到大事讲原则、小事讲风格，做到相互尊重、相互信任、相互理解、相互支持。开展述职述廉，接受群众监督，结合实际认真开展履职尽责自评工作，主要领导班子对照年初工作项目清单，就完成情况、存在问题、下一步工作措施进行逐项述职述廉，班子成员和股室负责人就分管工作进行述职述廉，营造出风清气正的良好氛围，为各项工作开展打下坚实基础。

（马向前）

卫生和健康

【概况】 根据《定兴县机构改革方案》要求，2019年1月9日，将县卫生和计划生育局的职责、县民政局的老龄事业管理职责、县安全生产监督管理局的职业安全健康监督管理职责等整合，组建县卫生健康局，加挂县爱国卫生运动委员会办公室牌子。作为县政府工作部门，其主要职责是组织拟订全县国民健康政策，贯彻执行全县卫生健康事业发展地方性法规、政府规章，拟订全县卫生健康规划和政策措施，依法制定地方有关标准和技术规范并组织实施等。内设机构有办公室、人事股、财务股、医政医管股、防保股、人口监测与家庭发展股。行政编制16名。2019年，在县委、县政府正确领导下，贯彻习近平总书记坚持把人民健康放在优先发展的战略思想，牢固树立“大健康、大卫生”这一发展理念，紧紧围绕卫健系统中心工作，强化卫健系统医德医风建设，加强人才培养和基层医疗卫生单位基础设施建设，扎实推进基本公共卫生服务均等化，全面实施健康扶贫、计生关爱等惠民措施，提高医疗卫健系统的服务能力和服务水平。

3月11日，县长吴鹏（前排中间）到定兴县医院调研卫生工作，副县长李红娜（二排左一）陪同

【基本公共卫生服务】 按照《国家基本公共卫生服务规范》要求，开展基本公共卫生服务工作，累计建立居民健康档案512140份，电子建档498765份，电子建档率93.95%。登记65岁及以上老年人50187人，登记管理高血压患者60011人，登记管理糖尿病患者19513人，登记管理重性精神障碍疾病患者2101人，登记报告传染病病例数1738例，免疫接种38473人次，接种率91.2%。

【家庭医生签约服务】 推进“家庭医生签约服务”工作，细化县乡村贫困人口家庭医生签约服务工作职责，制作职责展板308块，由乡镇卫生院、村卫生室上墙公示。充分利用“世界家庭医生日”，加强签约服务宣传工作，利用乡镇卫生院、村卫生室的板报、宣传栏、微信公众号等，定期更新关于家庭医生签约服务方面的内容，增加舆论氛围；完善《定兴县家庭医生签约服务实施方案》，全年累计召开培训会4次，培训512人次，组建以村医为主体、乡镇卫生院指导的家庭医生签约服务团队314个，县医院、妇幼保健院、中医院3家县级医疗保健机构指派内科、中医等专业骨干提供技术支持，全县完成签约居民237608人，签约率45%，实现贫困人口、计生特殊家庭签约工作全覆盖。

【医疗废物管理】 全县共设立医废暂存点31个、消毒清洗池31个、专兼职医废管理人员70人。各医废暂存点严格按照规定标准设置专门房屋以及通风、消毒等设备，进行规范贮存和操作，所有医疗机构全部与中恩医疗废弃物集中处置有限公司签订医废处置合同，各卫生室和诊所转运医废一律采用医废处置公司配备的转运箱封闭运送。各医疗机构从医疗废物产生开始，到送至暂存点、到中恩公司收集运走，每个环节都有详细记录，包括产生科室、时间、种类、重量、责任人等。各医疗机构严格按照医废管理条例、处置流程进行处置，做到责任明晰、制度完备、转运及时、分类合理、处置规范，实现制度化、规范化、无害化处置。

【计划生育服务管理】 按照省、市要求，“多证合一”工作在县妇幼已经全面投入使用。截止到9月30日，共回访6913人次。回访中心通过对网上办事大厅办理生育服务登记和再生育审批对象的回访服务，拨打电话总量达到同期网上办证人数108.32%。截止到9月30日，网上办事大厅共办理证件6382个，第一个子女生育登记卡2279个、第二个子女生育登记卡3338个、独生子女父母光荣证660个，再生育审批人数105个。县、乡镇两级计划生育网上办事大厅在人员设置和设备使用上规范合理。截止到9月30日，网上办事大厅办理生育服务证登记和再生育审批办证率99.83%、及时率达到100%。为了满足群众对母婴设施的需求，支持母乳喂养，保障母婴权益，积极营造生育友好的社会环境，按照《保定市加快推进母婴设施建设实施方案》要求。联合县总工会在定兴县共建立9处，其中，汽车站1处，用人单位3处，惠友购物广场1处，大钟寺购物广场1处，天奕一店1处，天奕2店1处，县医院1处。

【公立医院综合改革】 按照《关于进一步深化公立医院综合改革的实时意见》文件精神，二级公立医疗机构全面推行“两票制”（按规定，麻醉药品、药品类易制毒化学品单方制剂、医疗用毒性药品、放射性药品、中药饮片、防治传染病和寄生虫的免费用药、疫苗、计划生育药品以及为保障临床应用，急（抢）救药品、短缺药品和重点监控药品外，暂不执行“两票制”）。压缩药品流通环节，进一步降低虚高药价。

【健康扶贫】 强化机制建设，制定落实《推进健康扶贫工程的实施意见》《农村贫困患者县域内先诊疗后付费实施方案》《健康扶贫工程“三个一批”行动实施方案》《农村贫困人口大病专项救治实施方案》《家庭医生签约服务实施方案》等一系列相关政策，明确工作标准、工作任务、工作责任，使健康扶贫工作有章可循、有据可依。认真完成政策宣传、精准识别、规范档案管理3项任务，累计印制健康扶贫宣传挂历、宣传画等3万张，局机关、卫生院、卫生室健康扶贫工作人员进村入户，对贫困人员患病情况、大病慢病等病种分类及因病致贫人员摸底排查，精准识别，做到一户一帮、一病一方。提高健康扶贫工作落地水平，集中开展大病救治行动，全县累计 136 名患有大病的贫困人口得到集中救治，将大病集中救治病种增加至 25 种，增加定兴县妇幼保健院为定点救治医院，建档立卡农村贫困人口重症兜底保障机制全面落实，定兴县卫计、人社、民政等 12 部门联合制定《关于推进全县健康扶贫工程的实施意见》，建立以基本医疗、大病医疗保险、医疗救助组成的“三重保障线”，将符合条件的农村贫困人口全部纳入救助范围， 进一步提高救助水平。严格实行先诊疗后付费方案，全县各定点医疗机构均设立“健康扶贫一站式综合服务窗口”，开通就医绿色通道， 全年累计 3584 人享受先诊疗后付费，报免比 92.58%。加强示范创建，典型引领，确定肖村乡和贤寓中心卫生院为健康扶贫工作示范卫生院、肖村乡九汲村卫生室为健康扶贫工作示范村卫生室，按照高标准、严要求的原则，打造示范典型，有力提升全县健康扶贫整体水平。

（杜向宇）

医疗保障

【概况】 按照《定兴县机构改革方案》和《全县机构改革组织实施工作方案》的要求，2019 年 1 月，组建定兴县医疗保障局。将县人力资源和社会保障局的城镇职工和城乡居民基本医疗保险、生育保险职责，县发展改革局（县物价局）的药品和医疗服务价格管理职责，县民政局的医疗救助职责等整合，作为县政府工作部门。其主要职责是完善城镇职工医保的筹资和待遇动态调整机制；实施统一的城乡居民基本医疗保险制度、大病保险制度、补充医疗保险制度，建立健全覆盖城乡的多层次医疗保障体系，确保医保资金稳定可持续、合理使用、安全可控；推进医疗、医保、医药、医价“四医联动”改革，更好保障人民群众的就医需求、减轻医药费用负担。内设机构有办公室、基金监管股、待遇保障股、药品招标采购股、城镇职工医疗保险所、城乡居民医保中心。机关行政编制 8 名，设局长 1 名，副局长 2 名。2019 年，深入学习贯彻中共十九大精神和习近平新时代中国特色社会主义思想，在县委、县政府的正确领导下，牢固树立以人民为中心的思想，按照“不忘初心、牢记使命”主题教育活动要求，医疗保障工作扎实有效开展。取得基本医疗保障制度日趋完善、医保基金安全进一步得到保障、服务群众更加便捷、医保扶贫工作成效显著等良好业绩，实现“实干开路、强势开局”的总体目标。

【医保基金惠企惠民】 城乡居民医保参保率稳步提升，保障能力进一步增强。全年城乡居民累计参保总人数达到 47 万人，参保率突破 96.1%，再创新高。城乡居民医保年度最高支付限额由 15 万元提高至 20 万元。城乡居民医保门诊特殊疾病每人每年单病种最高支付限额由 1000 元提高至 1500 元，两个病种及以上每人每年最高支付限额由 2000 元提高至 3000 元。城乡居民医疗保障能力显著增强。2019 年度，城乡居民医保基金筹资总额为 3.63 亿元，全县累计报销 13.4 万人次，基金累计支出 3 亿元；继续实施阶段性降低城镇职工基本医疗保险用人单位费率政策。城镇职工医保单位参保缴费费率已经落实阶段性降费政策，按照 6% 的优惠费率征收，并且参保扩面成效显著。城镇职工医保费用总收入 8700 万元，享受医疗待遇职工 3000 人次，报销支出 7500 万元。

【药品招采制度改革】 改革药品招采制度。

第一批集中采购单位共计 19 家，3 家公立县级医疗机构和 16 家乡镇卫生院，均按时、按量完成采购工作。按照市局统一安排，10 月份启动第二批“药品集中采购”工作，民营定点医疗机构将纳入采购范围。

【基金监管】 4 月，召开医疗保障工作会议，集中部署全县严厉打击欺诈骗保工作，并联合公安部门发布《关于严厉打击欺诈骗取医疗保险基金行为的通告》，向社会公布举报电话。4 月，开展为期一个月的“打击欺诈骗保，维护基金安全”集中宣传月活动。活动期间，共发放明白纸、宣传页、宣传册等共计 4000 份。全年持续开展直查、清查、互查行动。根据上级交办问题，对案件线索进行重点检查。6 月，组织开展全县范围内定点医药机构全面清查行动，对县内 28 家定点医院和 128 家定点药店进行一户不落的“地毯式”“拉网式”排查，起到规范定点医药机构医疗服务行为，防范基金安全风险的良好效果。8 月，统一组织开展县与县之间的交叉互查行动，进一步增强严厉打击欺诈骗取医保基金的浓厚氛围，真正形成高压态势。自 10 月份起，深入开展打击欺诈骗保“百日攻坚”行动，持续巩固医保监管高压态势。

【“放管服”改革】 8月，启动网上备案渠道，最大程度方便群众就医备案。退休人员异地安置登记、在职人员长驻外地工作登记、县外转诊备案等取消各类单位盖章等环节，可使用手机App或到医保经办机构窗口即时办结。

【脱贫攻坚】 严格执行《关于提高贫困人口医疗保障救助水平解决因病致贫返贫问题实施方案（试行）》和《〈关于提高贫困人口医疗保障救助水平解决因病致贫返贫问题实施（试行）〉实施细则》文件要求，强化责任，突出抓好建档立卡贫困人口全员参保、“三重保障待遇”落实、门诊慢性病鉴定重点工作，着力提高基本医疗保障工作质量，不断增强群众获得感。全年建档立卡贫困人口门诊及住院提高待遇报销 2 万多人次，基本医疗、大病保险、医疗救助“三重保障线”共计提高待遇支出 470 万元。

（刘建华）

计划生育协会

【概况】 定兴县计划生育协会主要职责是贯彻落实国家计划生育方针、政策和法律法规，宣传引导群众自觉实行计划生育；发动会员在统筹解决人口问题，提高出生人口素质、实行计划生育中起带头作用；向群众宣传国家计划生育方针、政策、法律、法规，宣传人口科学理论，传播计划生育生殖健康等科学技术知识；协调社会力量，向群众提供生产、生活、生育服务，发展人口福利事业，拓宽服务领域，帮助群众解决实行计划生育的实际困难和后顾之忧；履行民主参与和民主监督职能，反映群众意愿与要求，维护群众合法权益。2019 年，认真学习贯彻中共十九大精神和习近平总书记系列重要讲话精神，以习近平建设中国特色社会主义思想为统领，按照县委、县政府工作部署和上级职能部门工作要求，深入开展计生协工作，更加注重基层基础建设，更加注重服务民生，更加注重品牌宣传，以基层组织建设、亲情关爱行动、生育关怀项目、计生基层群众自治、群众性宣传教育工作为重点，团结动员广大计生协会和会员发挥积极作用，完成年度工作任务。

【计生协组织建设】 结合村级“两委”班子换届，村级计生协完成换届工作。把基层协会组织建设融入基层党建工作中，以党的建设带动协会建设，优化理事会、会员及志愿者队伍结构，在稳定“五老”会员的同时，积极吸收“五新”人员入会，发动社会人士参与志愿活动，并做好会员、志愿者登记管理工作，确保协会工作不断档缺位。

【“亲情关爱”行动】 对计生特殊困难家庭开展帮扶救助的“亲情关爱”行动， 努力探索为计生特殊困难家庭提供生活扶助、精神慰藉以及养老就医等方面的长效帮扶模式，建设科学的管理机制。积极与县卫计局配合，全面做好帮扶工作。县卫计局、总工会、妇联、团委、计生协在全县联合开展计划生育特殊困难家庭社会关怀活动。为计划生育特殊困难家庭开通就医绿色通道，办理护工保险和意外伤害保险。

【计划生育基层群众自治工作】 以村“两委”班子换届为契机，由村（居）党支部提名党支部书记担任计生协会会长，结合相关部门普惠特惠政策修订完善村规民约，严格规范村规民约修订程序，落实乡级审查备案制度，充分发挥村规民约在社会治理中的重要作用。完善基层计生协工作活动制度，提高计生基层群众自治工作制度化、规范化水平。

【群众性宣传教育活动】 抓好计生宣传工作，在全县组织集中宣传。在日常宣传工作上，通过举办培训班、印发宣传资料、利用广播喇叭宣传等各种形式开展宣传工作。同时，加强对计生特困家庭的政策宣传，讲明现行政策，积极指导下级协会工作。

（杨耀明）

民 政

【概况】 定兴县民政局是政府工作部门。主要职责是贯彻执行民政工作的方针、政策和法律法规 拟订全县民政工作的政策和实施细则、办法；拟订全县民政事业发展规划；制定年度工作计划并组织实施等。内设机构有办公室、扶贫开发股。行政编制8名。2019年，在县委、县政府的正确领导下，在上级民政部门的具体指导和有关部门的大力支持配合下，民政系统全体干部职工“不忘初心、牢记使命”，坚持以习近平新时代中国特色社会主义思想为指导，紧紧围绕全县中心工作，始终坚持“以民为本、为民解困、为民服务”的宗旨，锐意进取，开拓创新，认真做好各项民政工作，按时完成全年工作任务。

【城乡低保工作】 提高城乡低保、特困人员保障标准。农村低保人员低保标准提高到4320元/年/人，城市低保人员低保标准提高到605元/月/人，农村特困供养人员基本生活标准提高到5616元/年/人，城市特困供养人员基本生活标准提高到787元/月/人。截至12月底，为5676户7665人农村低保人员，发放低保金共计1582万元，为145户233人城镇低保人员，发放低保金共计144.2万元。为542名农村五保供养人员发放五保供养金共计292.3万元，照护费共计83.1万元，为152名60岁以上困难半失能老人和80岁以上困难老人，发放养老补贴，共计20.6万元；对916人次实施临时救助，发放救助金共计67.8万元。

【社会事务工作】 收养工作规范运作，全年共办理收养登记10例；殡葬管理稳步推进，认真贯彻落实省、市清明节祭扫工作部署，以“文明祭祀，平安清明”为主题，精心组织、周密安排、扎实开展清明期间安全保障和服务接待工作，完成文明祭扫工作目标，实现安全祭扫零事故、服务接待零投诉目标。全年共为84名社会散居孤儿、2名福利机构养育弃婴，发放生活费共计79.97万元。加强对农村留守儿童和困境儿童关爱保护，为93名留守儿童，346名困境儿童创造健康成长的良好环境，全部实现网上动态管理。

【社政和社会福利工作】 稳健推进社会组织管理制度改革，开展行业协会商会类、公益慈善类等4类社会组织直接登记，全县登记的46

个社会组织中直接登记有4个；加强社会组织党建工作，按照“应建必建”原则积极推进基层党组建设，共成立独立或联合党支部18个，继续推进行业协会商会与行政机构脱钩工作，已完成脱钩17个；农村社区建设试点持续推进，已完成固城镇北店、北庄头和北田乡西靳村3个农村社区建设试点；继续实施“福彩献真情 爱心助学子”活动，为13名优秀困难大学生办理福彩助学金共计7万元；积极探索城乡社区治理创新，加强制度创新，依法、平稳、有序推进城乡社区建设。

5月16日，定兴县民政局组织干部职工参加定兴县首届“嘉旭福美杯”全民健步走活动　（高志鹏 提供）

【慈善和老龄工作】 继续实施80周岁以上老年人高龄津贴发放机制，为7060名高龄老人累计发放老年高龄津贴276.319万元。

【脱贫攻坚】 坚持顶层设计高起点、三级书记齐动员、平时工作高标准、督导整改高要求，按照“1645”工作思路，即把解决“两不愁、三保障”（不愁吃、不愁穿；义务教育有保障、基本医疗有保障、住房安全有保障）突出问题作为核心指标，抓住“六个关键”（一抓保障强化，二抓基础夯实，三抓政策落实，四抓问题整改，五抓防贫机制，六抓村居环境），突出“四个环节”（围绕精准识别下功夫，围绕精准退出下功夫，围绕精准比对下功夫，围绕精准帮扶下功夫），做到“五个着力”（在亲自抓、带头干上着力，在聚合力、同攻坚上着力，在优服务、强保障上着力，在建机制、防返贫上着力，在激活力、树新风上着力），向决战脱贫攻坚、决胜全面小康发力冲刺。截至10月底，全县建档立卡户3048户、5232人，其中一般脱贫户474户1114人、低保脱贫户2282户3812人、特困供养脱贫户292户306人，2019年减贫1508户2498人，实现全部建档立卡贫困户稳定脱贫。

（古成思）

残疾人工作

【概况】 定兴县残疾人联合会是中国残疾人联合会的地方组织，是将残疾人自身代表组织、社会福利团体和事业管理机构融为一体的全县性残疾人事业团体。主要职责是听取残疾人意见，反映残疾人需求，维护残疾人合法权益，为残疾人服务。团结、教育残疾人遵守国家法律，履行应尽的义务，发扬乐观进取精神，自尊、自信、自强、自立，为社会主义建设贡献力量。开展残疾人康复、教育、劳动就业、专项扶贫、文化、体育、用品供应、福利、社会服务、无障碍设施建设和残疾人预防等工作，协调落实对残疾人的各项优惠政策，创造良好的环境和条件，扶助残疾人平等地参与社会生活。县残疾人联合会内设办公室、组织联络部、教育就业部。干部职工36名，其中行政编制10名，事业费人员4名，自收自支事业编制22名。2019年，县残联坚持以马克思列宁主义、毛泽东思想、邓小平理论、“三个代表”重要思想、科学发展观、习近平新时代中国特色社会主义思想作为行动指南，坚持“人道、廉洁、服务、奉献”的原则，紧紧围绕残疾人社会保障和服务两个体系建设，扎实开展各项工作，取得扎扎实实的成效。

【宣传教育】 组织开展第 20 个全国“爱耳日”、第 29 个全国“助残日”、第 24 个全国“爱眼日”、第 28 个“国际残疾人日”等宣传教育活动。在县城各主要路段和乡镇主要街道张贴悬挂条幅标语，出动视频宣传车 30 辆次，宣传助残日主题和《中华人民共和国残疾人保障法》，倡导扶残助残的良好社会风尚，进一步营造扶残助残浓厚氛围。认真处理残疾人咨询信访事件，积极化解矛盾。大力宣传困难残疾人生活补贴和重度残疾人护理补贴、残疾人康复服务和就业扶贫工作、残疾人办证流程、残疾人康复常识等政策知识。

【助残工作】 康复救助。为长期服药的 26 名困难家庭精神残疾人开展药物补贴服务，为 2 名残疾人安装假肢，为 8 名脑瘫患儿提供免费康复训练，发放轮椅、拐杖、坐便椅等残疾人基本辅具 500 件。配合县综治办落实《定兴县精神残疾人康复救助措施》，49 名精神残疾人享受治疗护理服务，其中 35 名是建档立卡残疾人。协助卫计部门完成残疾人家庭医生签约服务，实现全部建档立卡残疾人享受家庭医生签约服务。扶贫救助。开展“阳光行动”，为 262 名建档立卡残疾人发放救助金共计 8 万元。为 50 名残疾人发放 2018 年度的机动轮椅车燃油补贴，为 46 名残疾人申请 2019 年度的机动轮椅车燃油补贴。为 140 名残疾人发放重度残疾人评定补贴，共计 2.1 万元。为建档立卡贫困残疾人开展精准康复服务，对建档立卡贫困户和“边缘户”疑似残疾人实施“清零”行动，共为 209 名“走不动、出不来”的办证困难残疾人办理残疾人证。为 100 名多重残疾、107 名智力残疾人进行康复服务，为 103 名建档立卡精神残疾人发放用药补贴。

【民心工程】 开展贫困残疾人服务工程，为 365 人提供康复服务，为 233 人配发轮椅、拐杖、助行器等辅具，为 82 名残疾人及部分残疾人家属进行家庭护理培训，为 112 名残疾人提供托养服务，完成无障碍改造 289 户，为 23 名残疾大学生及贫困残疾人子女大学生发放补贴。

【社会保障】 残疾人生活保障进一步改善。为 5000 余名重度残疾人办理城镇居民医疗保险、新农保费用补贴，残疾人大病医疗救助按最高标准支付，县医院对困难残疾人就医制定优惠政策。落实残疾人两项补贴政策，配合民政为 2272 名残疾人办理发放生活补贴，为 5979 名重度残疾人办理发放护理补贴。无障碍设施建设有较大进步，县建设规划等部门认真落实河北省无障碍设施建设条例，城区内新建改建道路、酒店、医院等公众场所全部落实无障碍建设的要求。

【残疾人数据动态更新工作】 按照中残联及省、市残联的通知要求，完成涉及 281 个村(居)、1.2572 万人的残疾人数据动态更新入户调查信息采集工作。

(王金光)

综　述

【概况】　河北定兴金台经济开发区是省级经济开发区，位于京津1小时、雄安半小时经济圈内，北距北京89千米，东距天津122千米，南距石家庄176千米，与雄安新区相接，到雄安新区核心区仅15千米。境内有京广铁路、京石高铁、107国道、京港澳、京昆高速纵穿南北，京昆高速定易、固德引线横贯东西以及正在规划北移的荣乌高速，将有快速路连通雄安新区。总体规划面积21.75平方千米，其中，南区11.93平方千米，已建成约8平方千米；北区9.82平方千米，已建成约2平方千米。截至2019年末，河北定兴金台经济开发区入驻企业160余家，其中规模以上企业35家，吸引来自美国、澳大利亚、英国、韩国4个国家，15个省市企业入驻。2019年，企业实现主营业务收入121.1亿元，上缴税金9.04亿元，完成固定资产投资66.7亿元，实际利用外资3706万美元，对财政贡献度75%以上。

【管理机构】　中共河北定兴金台经济开发区工作委员会、河北定兴金台经济开发区管理委员会实行“一区两园”管理，根据中共定兴县委、定兴县人民政府的授权，对河北定兴金台经济开发区行使管理、监督、协调、服务等职能。内设机构有综合办公室、经济社会发展局、招商合作局、建设局（安全生产监督管理局）、财政局、科技人才局。实行人员控制数管理，控制数50名。

主要工作

【投资环境】　定兴金台经济开发区在全市率先通过ISO 9001质量管理体系认证和ISO 14001环境管理体系双认证，园区基础设施完善，截至年底，累计投资10亿元，建成全长41.2千米的“五纵四横”的路网体系，建成集中供热站、污水处理厂、垃圾转运站和3座110千伏变电站，通信、燃气、供电、供水等设施齐备，园区配套能力“新九通一平”（信息通、市场通、法规通、配套通、物流通、资金通、人才通、技术通、服务通、双创平台）也都全部完备。

【扶持政策】　梳理国家及省、市相继出台的人才、科技创新等扶持政策。在招商引资用地保障、资金扶持、金融支持、科技创新、人才服务、行政审批、门槛准入、利用外资等方面统筹给以相关政策支持保障。起草《开发区招商优惠政策》，并完成16年以来中央及省、市各项招商引资支持政策梳理工作。

【梳理招商产业目录】 在谈项目80余个（主要包含科技类、数据数、食品类、药品类、制造类、文创旅游类等），实行项目数据库动态跟进；制定重大招商目标企业清单和重点产业招商指导目录。围绕通美晶体、嘉旭福美、百度人工智能云计算（定兴）中心等半导体、电子信息大数据产业，梳理完成国内知名企业电子信息类、半导体上下游、智能传感器类项目80余个；围绕文旅类产业，梳理国内外知名运营商20余个。

【宣传推介】 高标准制作完成开发区招商宣传片、手提袋、PPT，针对各种推介会的要求，制作完成有针对性的开发区整体推介PPT、食品推介PPT、北区推介PPT，充分宣传推介投资环境、产业结构等内容。

【建立联络机制】 建立重点项目快速反应和重点企业高层联络机制，对经开发区招商引资工作领导小组认定的重大项目和重点企业，迅速启动响应，按照“一事一议”的原则，建立领导分包责任制，提供有针对性的跟踪服务，一个项目、一个班子、一套人马、一抓到底，同时，对项目跟踪引进实行台账式管理，每月上报在谈重点项目进展情况。

【集约用地】 优化产业结构，促进产业集群发展。注重按照产业门类、产业链定向招商，打造“休闲食品加工示范基地”，形成以喜之郎食品等为支柱，美亚斯磷脂等为辅的较为完善的食品加工产业链条；打造“汽车及零部件基地”，形成以长城内燃机等为龙头，中科汽车动力锂电池等为新动力的汽车及零部件产业；打造“高端装备制造基地”，培育以北京长峰金鼎科技有限公司等为龙头的高端装备制造产业；依托保定天浩制药有限公司、河北智同生物制药股份有限公司，引进国内医药行业知名企业，打造生物医药基地，形成四大产业集群，加强相互间的产业合作，降低产业用地数量，提高土地产出效益。制定入园企业评审制度，严把项目准入门槛。开发区新建工业项目固定资产投资强度不得低于250万元/亩，平均容积率不得低于1.0，建筑系数不得低于40%，所需生产办公及生活服务设施用地面积不能超过7%，让有限的土地发挥最大的效益。加快发展战略新兴产业，成功引进美国纳斯达克上市公司AXT通美晶体项目、百度云计算（定兴）中心项目和嘉旭福美大数据产业园项目。多点支撑、布局合理的经济发展框架基本成型。

3月22日，召开定兴县重点招商项目推介会

【招商引资】 开发区深入贯彻落实中共十九大精神，牢牢把握高质量发展的根本要求，紧紧围绕京津冀协同发展、雄安新区规划建设等重大历史机遇，全方位融入京津冀协同发展，全面对标雄安新区产业、资源、技术，主动接受新区辐射带动，科学合理安排产业链和重大生产力布局，做强以食品加工、汽车及零部件、

高端装备制造和生物医药四大传统产业，积极引进新材料、新能源、信息技术和大数据与物联网等战略新兴产业，构建开发区“4+N”产业体系，以“加快转型发展、实现跨越提升”为主线，自我加压，持续发力，紧抓招商引资等工作，推动开发区跨越式发展。不断改革招商引资模式，由传统招商向专业化团队招商、靶向招商、产业链招商、代理招商方式转变，精准选择招商载体，不断“走出去，请进来”，开展以会展招商、品牌招商、领导带队、专业化小组团靶向招商等为主要形式的招商推介活动。开展小团组招商模式。重点针对百度人工智能云计算中心项目、嘉旭福美数字科技产业园等重点落地和在谈项目，制定重点招商企业目录清单，进行跟踪拜访。先后对接中科院雁栖湖创新平台、百度北京总部、山西阳泉基地、浙江中天集团、北京联东集团、京东云、隆基泰和和谷产业园、北京中兴通汇科技创新有限公司、北京普洛斯、中南高科、正威国际集团、中海集团等行业领先集团。7 月 18 日，赴天津、北京两地进行考察对接，精准对接洽谈北方石墨烯产业研究院、清华大学紫荆创新研究院、中国检验检疫科学研究院、北京国盛科技园等相关产业机构，考察学习研究院和科技园的规划、建设和运作模式，积极争取京津产业转移合作。推介宣传开发区。4 月 9—12 日，参加 2019 河北省（香港）投资贸易洽谈会，推介宣传定兴投资环境，寻求更多合作机会与发展空间；4 月 17—19 日，参加“2019 中国天津投资贸易洽谈会暨 PECC 博览会”；5 月 17—18 日，参加廊坊投洽会，进行休闲食品产业推介；5 月 28—29 日，参加 2019 投资洽谈会暨京津冀投资推介会，会上与 30 余家客商进行对接交流。7 月 5 日，参加“2019 中外企业家创新合作发展（保定·中国电谷）”峰会，制作完成开发区介绍、重点企业介绍等工作。围绕在谈成熟项目，做好协议准备工作。完成百度云计算中心项目协议签订，同时起草完成嘉旭福美二期数字产业园项目协议书。加强先进地区入园协议的学习，建立健全产业园项目入园“三级评审”机制，以明确的主导产业方向确定招商项目；用法制化思维明确第三方约束机制，确保落地投资、纳税标准等涉及项目的长期可持续发展。

5 月 17 日，定兴县参加廊坊投洽会，金台经济开发区党工委副书记、管委会副主任丁磊进行休闲食品产业推介

【新区开发】 开发区北区面积 9.82 平方千米，按照产业布局和功能分区，迅速启动开发区北区建设，高起点规划，高标准建设基础设施及其配套工程，为提高园区综合承载能力，加快产业聚集创造基础条件。科学编制规划。紧紧抓住京津冀一体化和“雄安新区”国家战略带来的重大机遇，编制《河北定兴金台经济开发区总体规划》，实施“多规合一”，围绕“一区两园”发展布局，科学编制园区的发展规划，推进用地集约、项目集中、产业集聚，实现园区“一张图、一盘棋”建设、发展和管理。完善基础设施。依托黄金台投资发展有限公司，组建开发区子公司，主动对接经济实力雄厚、经验丰富的园区运营公司合作组建平台公司，对开发区北区进行土地一级整理和二级开发，整体建设运营。加快北区北环路、同兴街、规

划路和供水、供电、供气等管网建设，实现北区“九通一平”的目标。做好项目谋划。以雄安新区设立为契机，结合北区的地理位置优势和交通优势，引入科技园区类、大数据类、总部基地类、楼宇经济类等产业入驻开发区北区，把北区建成二、三产业结合、品位高端、配套完备的先进园区。

【社会事业】 2019年全年开发区组织开展园区春季、秋季大型人才招聘会2期。参加招聘会企业先后共计87家，用工总需求量共计3530人，参加应聘人员达6100余人，现场签订就业意向书人员达2000余人，先后被企业面试录用人员达千余人。积极组织企业参与“百校千企”产学研用合作天津行活动，加强与河北大学、河北农业大学、河北金融学院的交流与合作，组织参加驻保高校校园招聘会3期。每月通过金台开发区微信公众号，不定期发布企业招聘信息，全年共发布29期。继续推广“求职人才信息库”，充分发挥吸纳人才作用，全年共吸纳100余名求职人才入库，并予以推荐安置，达成合作意向并录用的60余人。每季度开展一期“金台企业公开课”活动，共4期，邀请授课导师5名，先后参与企业共计140余家，参与人数达260余人。组织开展“2019年定兴县企业家培训会”1期，培训企业家150余人。加强与京津区域人才的交流合作，赴北京参加“首届全球智慧园区创新论坛”1期。赴燕郊高新区学习交流人才引进、服务及发展工作先进经验和工作方法。组织企业和创业团队高管参加3S双创大讲堂暨2019保定智慧谷高端论坛活动、上市后备企业培训班各1期。组织各企业开展庆祝中华人民共和国成立70周年文艺会演1期，青年联谊活动、企业联谊活动各1期，增进学习交流互鉴。

【创新体制】 重点做好果壳众创空间、金台创新创业孵化基地等运营管理及服务工作。创办“创业微课堂”，为创新创业人员搭建学习交流及对接服务平台，每季度开展1期，共4期。分别邀请优秀创业团队代表、企业高管、创业导师等分享“双创”经验和成果，创业导师辅导创业知识。开展知识产权、科技型中小企业和高新技术企业认定培训班各1期。邀请创业导师、企业家、专业技术人员、专业咨询服务机构、县职能部门等为创新创业人员提供创业辅导、知识产权服务、科技咨询服务等达10余次。果壳众创空间被授予“定兴县全民阅读•果壳众创空间阅读基地”牌匾并赠书。分别赴北京优客工场、清华科技园、格局商学、涿州和谷科技产业园等地考察学习各1次，参加保定市孵化载体服务能力提升论坛创新创业培训等专题培训班3期。参加全省“青年中心”管理员能力提升研讨班1期。

（陈　颖　梁　旭）

定兴镇

【概况】 定兴镇位于定兴县北部，系定兴县委、县政府所在地。东与天宫寺镇、李郁庄乡交界，南与北田乡、北河镇为邻，西隔南拒马河与东落堡乡相望，北与高碑店市区、涞水县义安镇相接，国道107线、京广铁路纵贯南北，京港澳高速公路、京昆高速公路引线横穿东西，为全县政治、经济、文化、交通中心。辖区总面积54.14平方千米，耕地面积38737亩。辖6个居委会：北肖庄居委会、南肖庄居委会、嘉会庄居委会、新庄居委会、杜家庄居委会、小店居委会；26个行政村，4个自然村：北祖村店（北台上）、南祖村店、北侯、南侯、侯村营（南地）、永兴庄、郝家房（回民庄、张家房）、西城、西辛告、东辛告、南辛告、周家庄、小北头、沟头、韩家庄、塔头、李家庄、庞各庄、两合庄、郝家庄、魏家庄、三家疃、大沟、西石桥、东石桥、肖皮庄。2019年末，全镇总户数16351户，人口49589人，人口出生率12.46‰，人口死亡率6.07‰。粮食播种面积2385公顷，粮食总产量1.51万吨。蔬菜产量0.82万吨，瓜果产量220吨。全镇社会生产总值236亿元，农业总产值2.21亿元，固定资产投资134亿元。有小学13所，幼儿园14所，在校生5687人，教师332名。2019年末，有镇文化站1个，村级文化活动中心32个。卫生院2所，卫生室49个，医务从业人员230名。特色产业有沟头村驴肉加工、庞各庄村蔬菜大棚。

【党建工作】 紧紧围绕县“基层党建规范提升年”活动目标任务，促进全镇党建工作上水平。一是发展壮大集体经济。通过盘活土地资源、依托区位优势、开展村企合作多种方式，消灭集体经济空白村6个，实现年收入5万元以上村15个。二是加强党员教育管理。组织领导干部宣讲、两级书记上党课、学习强国平台学习等活动，加强党员干部教育管理，提升干部队伍整体素质。三是加强党员队伍建设。2019年全年共发展党员33名，35岁以下21名，占64%，高中以上学历28名，占85%，消除了三年不发展党员村，党员队伍结构更加优化。四是打造党建特色亮点。南祖村店村投资150余万元，对村内废弃坑塘进行再利用，建成占地面积8亩、建筑面积800平方米，集党员活动室、群众活动室、退役军人服务站、“两个代办”服务室、村卫生室、智能监控室、文化娱乐中心于一身的村民服务中心，成为全县党建示范点；侯村营村自筹资金18万元建成党建文化长廊，成为全镇党建特色亮点。

【项目建设工作】 定兴镇是定兴县工业重镇，规模以上企业48家，全年实现工业总产值142亿元。抓住雄安新区设立机遇期，举全镇之力推进项目建设为定兴发展提供要素保障。实现百度云计算（定兴）中心项目、中科新世纪能源科技有限公司、保定通美晶体制造有限公司、中亦恒祥保定食品有限公司、河北智同生物制药股份有限公司等一大批省、市重点项目落户定兴镇。按期完成百度云计算中心项目区180亩征地清表工作；全力做好双城同创（创建国家园林县城和省级文明城市）工作；完成城区垃圾转运中心和县污水处理厂提升项目征地工作；全面完成兴盛大街东、西两侧游园范围征地工作；彻底解决滨河路、骑行公园内征地遗留问题；扎实做好南拒马河防洪治理工程征地工作，完成大沟村84户30余亩征地和清表工作。

【农业农村工作】 完成2019年夏、秋两季禁烧工作，下发禁烧明白纸6000余张，安排专人对重点区域严防死守。全面推进散煤“清零”管控，确保“不漏一户，全面管控”，全年全镇共回收散煤630吨，回收炉具4034台，积极做好燃气灶推广工作，全年完成燃气灶安装7700余户。开展白洋淀上游流域整治行动。清理南拒马河、周家庄小河垃圾共计10000余立方米，充分发挥镇村河长职责、加强巡视，全镇流域的生态环境逐步好转。扎实开展人居环境整治攻坚行动，出动车辆365台次，人员486人次，清理垃圾5845立方米，村容村貌全面提升，农村人居环境得到切实改善。定兴镇小店村、南祖村店村、魏家庄村、庞各庄村、永兴庄村被确定为县乡风文明示范村，通过完善村规民约、善行功德榜、红白理事会、道德评议会等配套制度，突出村民自治组织的作用，引领文明风尚，发挥文明示范村的示范带动作用，打造乡风文明示范街。定兴镇成功举办两届全镇范围的广场舞大赛，向群众倡导健康文明时尚的生活方式，营造健康、文明、和谐的文化氛围，凝聚起改革发展的正能量。

10月16日，定兴镇举办第七届广场舞大赛

【民生工作】 全力打好脱贫攻坚战，全镇贫困户175户，274人全部实现脱贫。2019年全年发放扶贫工作“回头看”政策明白纸2000余份，召开帮扶责任人业务培训会共计30余次，提高帮扶责任人的业务能力和水平。认真梳理脱贫攻坚镇、村、户三级档案，实现一村一册，一户一档，强化档案规范化管理。利用镇域企业集中的优势，为12名有就业意愿的贫困户成员协调就业岗位增加收入，助其脱贫。2019年全年实现危房改造51户，其中新建15户，修

11月15日，县长吴鹏（左三）到贫困户家走访

缮 36 户。为建档立卡贫困户办理慢性病卡，42 人全部享受慢性病卡持有优惠政策。保障辖区内 8 名贫困大学生享受教育扶贫政策。全年为 52 户 121 名困难群众办理临时救助。为全镇 7938 名 60 岁以上老人进行生存认证。做好退役军人服务管理工作，为退役军人完善录入相关信息。积极做好新农保、新农合、政策性农业保险工作，为 1201 名新增人员办理养老保险，为全镇 3000 余户 12000 余亩土地投保玉米、小麦保险。

2019 年定兴县定兴镇各行政村基本情况统计表

表11

序号	行政村（居委会）	户数（户）	人口数（人）	耕地面积（亩）
1	小店居委会	542	1686	500
2	新庄居委会	483	1230	510
3	杜家庄居委会	282	763	514
4	南肖庄居委会	247	802	42
5	北肖庄居委会	322	967	362
6	嘉会庄居委会	274	782	217
7	南祖村店	645	1953	2188
8	北祖村店	808	2491	3137
9	南　侯	384	1129	1365
10	北　侯	727	2301	3342
11	侯村营	538	1820	2405
12	西　城	865	2540	3137
13	永兴庄	140	461	673
14	郝家房	194	589	613
15	小北头	920	2806	2829
16	李家庄	674	2064	300
17	东辛告	477	1545	1960
18	西辛告	582	1772	1845
19	南辛告	411	1294	1255
20	沟　头	873	2649	3000
21	庞各庄	584	1654	1290

续表11

序号	行政村（居委会）	户数（户）	人口数（人）	耕地面积（亩）
22	塔　头	439	1361	50
23	周家庄	1079	3224	510
24	三家疃	592	1903	700
25	西石桥	448	1329	1267
26	东石桥	256	808	900
27	肖皮庄	245	742	719
28	魏家庄	499	1506	1399
29	郝家庄	351	1047	450
30	两合庄	566	1658	678
31	韩家庄	324	1009	50
32	大　沟	580	1704	530
合　计		16351	49589	38737

（闫文静）

北河镇

【概况】 北河镇位于定兴县中部，镇政府驻地距县城7千米。东与北田乡、柳卓乡交界，南与肖村乡为邻，西与贤寓镇相接，北与定兴镇、高里乡隔中易水河、南拒马河相望。京广铁路、107国道纵贯南北，北塘路横穿东西。距京港澳高速定兴出口4千米，交通优势与区位优势明显。辖区总面积33.29平方千米，耕地面积25692亩。辖10个行政村，3个自然村：北河店、郑村、仓巨、红树、史家庄、红树营（北三里铺、六里铺、泥瓦铺）、耿家庄、西刘家庄、东刘家庄、十五汲。2019年末，全镇总户数7206户，人口24064人。粮食播种面积44825亩，粮食总产20298吨。猪存栏5020头，牛存栏495头，羊存栏7700头，农林牧渔业总产值1.963亿元，农民人均纯收入17005元，财政收入8788万元。镇域有中学1所（北河中学，含高中部和初中部），小学及教学点9所（其中完全小学4所，不完全小学1所，教学点3所，独立幼儿园1所），在校生3633人，教师 244人。卫生院1所，卫生室13个，医务从业人员64名。北河镇被评选为“全省基层平安建设先进单位”“全省第四次全国经济普查先进集体”“农村承包地确权登记颁证工作保定市先进单位”，获得“优秀领导班子”等15项县级荣誉称号。

【党建工作】 以“不忘初心、牢记使命”主题教育为载体，聚焦党建引领，探索党建+社会治理创新的北河模式。扎实推进主题教育，做到“规定动作”不走样，“自选动作”求特色，带头强学习、实调研、重检视、真整改，班子成员撰写调研报告12篇，检视问题69个，制定整改措施69条。2019年全年镇党委召开理论中心组学习会20次，上党课4次，作专题辅导报告22次。大力实施头雁培育工程，加强党员干部的教育培训。通过集中培训、专家授课、外出参观学习等方式，提高党员干部自身素质。共邀请党校老师授课5次，分包县级领导讲党课2次，镇党委书记和各包村干部集中宣讲33次。实施夺旗争星工程，强化阵地提升。按照“四个规范”要求，高标准打造东刘家庄村党建示范点，投资100多万元完成占地5.6亩的党建文化广场和党建文化长廊建设，对主街道路面进行硬化、绿化、美化、亮化。同时，对全镇10个村“两室”（农村党支部办公室和党员活动室）进行改造提升，完善村务党务公开栏、党员一句话承诺等内容。实施党员先锋示范工程，以示范带动促进硬件整体提升。坚持村主任月擂台赛机制。全面推行党员“一句话承诺”、构建“5+3+N”组织架构、“1+10”党员联系户制度。按照“四必到四必访”要求，强化党员五个带头，党员做到“三亮”（亮身份、亮职责、亮承诺），达到群众满意，充分发挥党员的先锋模范作用。创建党建引领社会创新治理工程，构建新型社会治理格局。按照党建引领、“三治”融合、典型示范的要求，坚持示范带动和转化提升相结合，打造基层治理北河模式，创建东刘家庄、红树营村社会治理创新示范村，推进“支部+群团”模式，发挥群防群治的作用，加强对农村新风尚的引领。

【乡风文明建设】 全镇把培育和践行社会主义核心价值观作为根本任务，坚持“两引领一提升”（风尚引领和道德引领提升村民素质）工作法，建立“两会一约”（即道德评议会、红白理事会和村规民约）制度，作为乡村移风易俗的重要抓手和有力载体；为引导人们见贤思齐，崇德向善，按照“四德”（社会公德、职业道德、家庭美德、个人品德）把村里德高望重、有影响力的典型人物评选出来，张榜公示，以榜样的力量引领社会新风尚。以“创建美丽庭院，助力乡村振兴”为主题，创建“美丽庭院”1807户，精品庭院301户，北河镇东刘家庄村冯玉兰家庭在美丽庭院创建活动中被保定市妇联评为先进家庭，并被县妇联推荐为省级“百优”美丽庭院。实施文化惠民工程，开展群众文化活动，实现10个村全覆盖。

9月30日，红树营村举办庆祝中华人民共和国成立70周年文艺演出

【项目建设】 抓住雄安新区设立机遇期，举全镇之力推进重点项目建设，为定兴发展提供要素保障。自我加压，加速推进占地977.8亩的全长5.8千米，涉及6个村、756户的南拒马河防洪治理工程征迁工作；占地154.42亩，涉及95户的拒马河防洪工程西刘家庄安置区已签署协议并支付到位；北河大桥、北塘路铁路桥改扩建工程征地、清表已完成，已顺利进场、顺利施工；单体华北最大、储气2万水立方（1200万立方米）的新奥公司储气站项目，10月底已完成储气并投入使用。

2月2日，县委书记韩朝红（左三）、县长吴鹏（左一）调研南拒马河防洪治理工程建设情况

【民生工作】 一事一议项目，西刘家庄村硬化道路2300米。东刘家庄投资64.7万元对主街道路面进行硬化、绿化、美化。高标准新建东刘家庄、耿家庄、西刘家庄文化广场。十五汲、郑村2个村进行自来水改造，截至2019年底，十五汲村改水已完成，郑村已进场施工。切实改善农村人居环境，加强基础设施建设。扎实推进养老保险、新农保征收工作。利用一个月的时间，对全镇领取待遇的60周岁的老人进行生存验证，完成人员验证4120人；全镇新农保新增待遇人员241人，发放养老金27192.8元；新农合征收466万元，参保人数达18700人，参合率达97.9%；群众看病难、看病贵问题得到有效缓解；完成2019年度城乡医保的扣缴宣传工作，缴费总人数达6100人，扣缴金额达143万元。发放各类计生扶助金40余万元；发放临时救助款76400元；全力推进低保扩面工作，实行动态管理，应保尽保。

【脱贫攻坚】 建档立卡贫困户全年脱贫91户158人；危房改造22户，其中新建4户，修缮18户；为残疾人办理残疾证87人，发放残疾人辅具55个；为符合慢性病条件的62人办理慢性病卡。建档立卡贫困户义务教育阶段学生有23人，全部享受教育扶贫政策。镇党委、政府自筹资金19万元对户容户貌差的54户贫困户集中组织粉刷墙面，修缮屋顶。东刘家庄村为4户建档立卡贫困户安装监控，随时掌握情况，随时解决困难。开展精准扶贫劳动力调查工作，全镇涉及24人，已全部完成人员的信息表填报和政策宣传工作。全镇实现各项扶贫政策全覆盖，在全县组织的两轮脱贫攻坚督导活动中取得优异成绩并获得资金奖励，顺利通过省市脱贫攻坚考核验收。

【污染防治】 加强散煤管控，开展散煤排查清缴专项行动。镇村开展散煤排查清缴行动，逐村逐户共清缴散煤300多吨，收缴炉具1191个。进行扬尘污染综合整治。对镇辖区内2家涉及粉尘污染的工业企业加强巡查监管，粉尘排放污染治理设备必须运行，落实重污染天气预警响应停产机制。加强散装堆放物料的苫盖，有效控制扬尘污染。进行“散乱污”企业排查整治。对原有的12家“散乱污”企业进行“回头看”，未发现“死灰复燃”现象。加大巡查排查力度，对各村实行网格化管理，未发现新增“散乱污”企业。严控秸秆、垃圾焚烧。强化宣传，夯实责任，突出重点，完善手段，形成良性工作机制，切实做好秸秆禁烧和综合利用工作，实现“零火点”目标。扎实开展白洋淀上游流域交办问题整治行动。北干渠污水治理做到四个到位，即垃圾清运到位、小厕所拆除到位、排污口封堵到位、漂浮物打捞到位。建立长效机制，设立警示牌10个、张贴警示标识100条，发放倡议书500份。扎实做好河长制工作，打赢碧水保卫战。认真贯彻河长制，镇、村河长巡河制度化、常态化，对发现的短板问题及时整改，确保水清岸绿。

【人居环境综合治理】 建立垃圾清运环境整治的市场化运行机制，选定专业化保洁公司定兴县亮城公司负责全镇环境卫生清洁。按要求镇域范围内设立仓巨临时堆放点，围挡及标识、防渗等相关设备完善，由专人负责对临时堆放点内垃圾定期清理；设置移动式垃圾收集箱1000多个，聘用保洁员55人；对辖区生活垃圾进行认真摸底和清理，发放《关于农村生活垃圾治理的通告》共200余份，清理10个村的积存垃圾300立方米，清理中易水河、南拒马河垃圾50立方米，已全部清理至垃圾临时堆放点，并顺利完成县里积存垃圾清理验收工作。按照农民自愿、政府全额补贴的方式，对镇域642户农村厕所进行无害化改造。

【维稳工作】 维护社会稳定，加强源头管控。主动作为，将事件化解在萌芽状态，做到“小事不出村，大事不出镇，矛盾不上交”，完成全国“两会”、国庆安保等维稳工作。北河镇党委被评选为“全省基层平安建设先进单位”。深入开展扫黑除恶专项斗争工作，大力度开展宣传发动工作。加大宣传力度利用，营造浓厚氛围，各村利用广播喇叭进行广播，发放明白纸2次共计2000余张。全年共书写墙体标语35条，悬挂条幅50余条；建立风险管控责任分担制度，形成风险防范的整体合力；严格落实“一案三查”，全镇全年未发生一起黑恶势力犯罪。

5月13日，北河镇治安巡逻队在村内巡逻

2019年定兴县北河镇各行政村基本情况统计表

表12

序号	行政村	户数（户）	人口数（人）	耕地面积（亩）
1	北河店	1288	3948	2286
2	红树营	777	2714	3094
3	史家庄	194	603	836
4	红　树	526	1772	2134
5	仓　巨	923	3295	3164
6	郑　村	1073	3770	4337
7	耿家庄	389	1206	1936
8	十五汲	1002	3467	4913
9	西刘家庄	526	1672	1432
10	东刘家庄	508	1617	1560
合　计		7206	24064	25692

（杨　静）

固城镇

【概况】 固城镇位于定兴县南部，东与雄安新区、杨村乡交界，南与徐水区为邻，西与姚村镇、贤寓镇相连，北与柳卓乡、肖村乡相接，国道107线、京港澳高速公路、京广铁路纵贯南北，京昆高速固德引线、容固路横亘东西，具有便利的交通网络，区位优势明显。辖区总面积67.24平方千米，耕地面积71250亩。辖18个行政村，1个自然村：固城二街、固城三街、固城四街（新育村）、固城八街、国兴、三里铺、马家庄、北庄头、北太平庄、南太平庄、北堽上、南堽上、北店、南店、南合庄、陈村营、久安庄、台上。2019年末，全镇总户数16125户，人口53957人。农业生产总值达5.7亿元，财政收入5400万元。依托得天独厚的区位条件，固城镇构建起脉络清晰的产业发展网络，强势推进本土经济高质量发展：以北庄头蔬菜种植协会为主导，发展农村蔬菜种植产业；以玖兴农牧有限公司为主导，发展从饲养、屠宰、熟食到生物肥加工的全链条企业；以智同制药为主导，发展生物制药业。

【三大项目建设】 南、北太平庄环雄安绿化林带落地。根据《定兴县2019年国土绿化工作实施方案》要求，绿化项目共栽植苗木约25万余株，种植总面积达4400亩，有效推进植树造林工作，为构建宁静、和谐、美丽的自然环境打下坚实基础。国兴污水处理厂建设稳步推进。结合河道治理成果，突出水源保护、污染治理、河道清洁、严惩非法排污等工作重点，全力抓好农村环境综合整治，以污水处理厂建设项目促进镇域水环境持续改善，加速提升镇人居环境的承载能力，坚决打赢碧水保卫战。容易路建设项目顺利启动。围绕雄安新区“四纵三横”高速公路网的建设任务，固城镇选派精干力量组成专项工作小组，做好组织协调，全力支持容易路建设工作，积极推动征地、拆迁等相关事宜，确保建设项目有序推进。

【美好家园建设】 以制度建设为基，固城镇推进落实党建引领、自治有力、法治有序、德治有效的定兴善治模式，充分发挥村民代表大会、村民监督委员会、人民调解委员会、村红白理事会、村妇联、村道德评议会等自治组织作用，努力构建自治、法治、德治“三位一体”的乡村治理体系。以示范村建设为抓手，努力把基层党组织建成坚强堡垒，充分发挥党建引领作用，建立健全网格化治理体系，形成“每名党员都分包到户，每个农户都有党员联系”的稳定格局，充分发挥出党员在社会治理中的中坚力量，使从底数排查到日常督导的各个工作环节都牢牢把控住“精准”二字，为确保落实信访、服务对接雄安、保障民生、“5+1”专项行动、主题教育等重点工作打下坚实基础。2019年9月，固城镇率先开展“访贫、问计、解忧、惠民”主题月活动，活动共走访基层群众2800余户，收集问题197条，收集意见与建议246条，内容涵盖基层党组织建设、脱贫攻坚、治安稳定、气代煤工程、人居环境改善、社保、医疗等多个方面。通过活动，固城镇有效落实

“访贫、问计、解忧、惠民”大走访活动中镇党员干部入户走访

反馈问题共计96个，切实拉近党群、干群关系，有力推进矛盾隐患的排查调处，群众安全感和幸福感日益提升。

【脱贫攻坚】 面对艰巨的脱贫任务，固城镇迎难而上、尽锐出战，认真抓好政策落实，坚决打赢这场攻坚战。积极开展“脱贫攻坚党旗红”活动，充分发挥党员干部、积极分子的模范带头作用，依托党小组网格化管理体系开展系列帮扶活动，形成政府组织引领，村委会和帮扶责任人落实推动，企业和社会爱心人士广泛参与的脱贫攻坚大格局。倡导推动遗赠赡养协议签订，针对贫困户中孤寡老人群体比重高、脱贫难度大的问题，在自愿的基础上，积极鼓励与其近亲属签订遗赠赡养协议，使孤寡老人老有所养、老有所依，实现稳定脱贫。对已脱贫人口加强动态监测和跟踪扶持，设立并完善防贫台账，对大病、慢性病涉及人员做重点人员防贫监测，坚持扶持政策不变、支持力度不减、帮扶力量不撤，切实维护好脱贫攻坚工作成果。高质量规范档案资料，组织镇村干部到脱贫攻坚示范点学习先进经验，依托县统筹安排部署，建立健全“1+8+N”档案规范体系，真正从“精心精细精致极致”上下功夫，使镇村扶贫资料种类齐全、分类明确、规范

深入开展“脱贫攻坚党旗红”活动，帮助贫困户整理户容户貌

有序。以灵活就业方式促进“扶志”与“扶智”，将脱贫攻坚工作与当地人居环境整治、散煤治理、社会综治等工作有机结合，合理设置保洁员、巡查员、护路员等就业岗位，优先为有劳动能力且有就业意愿的贫困户人员提供就业机会，增强其主动脱贫意识。

【惠民利民工作】 构建社会保障体系。全镇共有低保户484户607人，五保户109户113人；享受残疾人生活补贴184人，享受残疾人护理补贴622人。2019年，各项补贴均按月足额发放，有效保障困难人口的生活。医疗卫生服务水平稳步提升。固城镇严格落实医保管理制度，按照医保中心的要求，及时完善镇卫生院医保管理制度。建立健全居民健康档案，全面推进家庭医生签约服务工作，截止到2019年12月，全镇建立纸质健康档案48295份，电子健康档案48295份，全镇家庭医生签约人口占总人口的34.4%。文化生活日益丰富。依托镇村综合文化服务中心，固城镇积极探索和研究全镇的特色文化活动，推动农村移风易俗的同时，使新时代中国特色社会主义、社会主义核心价值观等新思想、新理念入心入耳，为带动全镇经济社发展提供强大的精神动力。国庆节前夕，镇文艺会演活动在北太平庄村小学举行。20多支村级文艺团队参与演出，喜迎祖国70华诞。持续关注教育事业发展。固城镇建立健全督导监督机制，全面营造良好的育人环境。一方面，对镇域内的幼儿园进行系统摸排，依法依规取缔违规办园，有效地促进全镇幼儿园的规范管理；另一方面，对全镇学校进行安全检查，确保学生校舍安全、学习生活安全、学校食堂饮食安全、出行安全，保持学校无安全事故出现的良好态势。

2019年定兴县固城镇各行政村基本情况统计表

表13

序号	行政村	户数（户）	人口数（人）	耕地面积（亩）
1	二　街	623	1891	1568
2	三　街	894	2787	2852
3	四　街	683	2202	2179
4	八　街	776	2323	2011
5	国　兴	2017	5977	7286
6	马家庄	331	1074	1286
7	三里铺	245	772	816
8	北庄头	715	2657	4580
9	南堽上	487	1550	2076
10	北堽上	1716	5788	7967
11	南太平庄	470	1584	2584
12	北太平庄	885	2706	4232
13	北　店	1888	6950	10125
14	南　店	1559	5493	7739
15	陈村营	1026	3881	5265
16	南合庄	894	3403	5225
17	久安庄	586	1862	2808
18	台　上	330	1057	651
合　计		16125	53957	71250

（刘俊青）

贤寓镇

【概况】　贤寓镇位于定兴县西南部，镇政府驻地距县城17.5千米，东与肖村乡、北河镇相接，南与固城镇为邻，西与姚村镇、张家庄乡相连，北隔中易水河与高里乡相望。辖区总面积67.22平方千米，耕地面积72786亩。辖13个行政村：贤寓、南幸、北幸、西幸、南旺、常乐富、龙华、陈村、南大牛、北大牛、小牛、沽酒、百楼。2019年末，全镇总户数15204户，人口48360人。粮食播种面积9599公顷，粮食总产量4.8万吨，猪存栏2.5万头，农业总产值5.1亿元，财政收入946.99万元。全镇有初中1所，小学12所，幼儿园14所，在校生3623人，教师285人。卫生院1所，卫生室13个，医务从业人员31名。农业园区1个，为华农精品示范园。

【农业农村工作】 通过落实粮食直补、农机具补贴、粮种补贴，采取深松耕、配方施肥等措施，进一步激发广大群众的种粮积极性，粮食生产实现全面丰收。突出党建引领，依托华农蔬菜专业合作社，大力发展龙华乡村振兴示范点，全方位构建集蔬菜种植、农业采摘、庭院经济等为一体的农业产业化经营模式；发挥太行山农业创新驿站专家团队的引领作用，优化产业布局和结构。2019年以来，华农蔬菜专业合作社年育苗能力达到3000万株，产值2000多万元，成功举办乡村振兴示范点保北观摩会；园区环境进一步提升，对华农路两侧50米进行绿化、亮化、美化，安装路灯200盏，栽植绿化树2000余棵，花草万余株；加强招商合作，与北京、台湾客商广泛合作，引种荷兰芍药鲜切花，并与珠海文德农业发展有限公司签订鱼花共养合作协议，增强园区发展后劲。

8月23日，县委书记韩朝红（前排右二）、县长吴鹏（二排右二）到华农蔬菜合作社调研乡村振兴战略实施工作

华农蔬菜专业合作社荣获“保定市十佳新型经营主体”称号、省农业创新驿站和省农民合作社规范化试点单位，申报省绿色农产品基地示范项目和省级扶贫龙头企业；建设党建教育长廊，科普教育农事体验区，作为河北农大教育教学基地、研究生学习实践基地；承担贤寓镇、姚村镇、高里乡3个乡镇42个村444户842人扶贫工作任务，为入股贫困户分红48万余元。

【环境综合整治】 打好秸秆垃圾禁烧攻坚战，落实禁烧资金支持，宣传教育和依法惩处相结合，下发宣传条幅70余条，明白纸3000余份，每天出动宣传车巡查，切实有效控制露天焚烧现象。全力推进散煤管控工作，各村高音喇叭早中晚三次不间断进行广播，签订散煤管控责任状和禁用散煤承诺书，成立镇村两级散煤管控巡逻队，在各村主要路口设置监控卡点，对散煤锅炉组织清理拆除，消除积存散煤，全镇共收缴炉具889台，上缴散煤114.6吨。广泛开展环境卫生综合整治，集中治理与日常管理相结合，组织垃圾清理工作队负责积存垃圾的清运。共发动900余人次，出动铲车13台，三轮车50辆，清理积存垃圾85处。同时积极联系亮城公司，全镇13个村均已完成交接工作，全部实现垃圾清运市场化运行。加强环保所建设，13名专职网格员进行不间断巡查，促进全镇环保工作的开展。气代煤扫尾工作中，镇政府组织各村与施工企业密切配合，倒排工期，加快工程进度，“一户一表一炉”未改造户已完成安装132户；严厉打击非法采砂、违法建设，已经完成32处沙坑复耕，例行督察拆违、卫片拆违6宗16.5亩；对12家“散乱污”企业进行“回头看”，未出现“死灰复燃”和新增现象；严格落实重污染天气应急预案响应措施。实施春、秋季动物防疫，做好非洲猪瘟防控工作；加强畜禽养殖场（户）综合治理，规模养殖场均已建立粪污处理设施，散养户逐步实现就近就地还田的资源化利用。全力推进“厕所革命”，2019 年全镇共改造无害化厕所 1296 户，并且按照“一户一档”要求，全部登记在册。严格落实“河长制”制度，集中清理河道垃圾，整治非法排污口 1 处；白洋淀上游流域交办问题 10 个，已经全部整改到位。做好扬尘治理、企业排污治理等大气污染防治的重点工作。

【社会事业】 按照全县工作安排，有序推进低保扩面工作，全镇 678 户低收入家庭全部纳入最低生活保障范围，做到应保尽保。贫困群体救助持续发力，发放残疾人“两项补贴”733 人次，新办残疾证 13 人，办理慢性病卡 79 人，危房改造 21 户已全部完工。大力推行新农合、新农保工作，参合率、参保率稳步增长，农村社会保障水平不断提高。认真做好迎接扶贫省检工作，对帮扶责任人、包村领导、包村干部、支部书记进行扶贫政策、业务培训，入户调查核实全部 158 户贫困户户内资料，及时更新信息，提升户容户貌，同时，镇级 11 大类镇档案、7 类村内档案、158 户户档案、1+8+N 台账全部完成归档，顺利通过检查验收。对全镇 158 户 260 人一般、低保、五保贫困户进行产业扶贫，实现产业扶贫全覆盖，同时，政府为其全部购买防贫保险，有效防范贫困人口新增风险。各村文化中心、文化书屋设施齐全，积极开展各项文体活动，京绣、贤寓调（参加昆山全国会演）等非遗项目影响力继续扩大。加大农村公路改造力度，高闫路进行地上附着物的赔偿及征地工作，北塘路至小牛段启动施工，小牛至百楼段 2.6 千米农村公路完成建设，极大地方便群众的生产生活。

【党的基层组织建设】 深入开展“不忘初心、牢记使命”主题教育。辖区内各基层党组织严格按照《贤寓镇主题教育实施方案》要求，将学习教育、调查研究、检视问题、整改落实贯穿主题教育全过程，确保主题教育按阶段落实，有力地推动各项工作落实。以开展“基层党建规范提升年”活动为抓手，积极推进机关领导干部全员抓党建工作机制，结合分片管理和包村分工，形成党委“一把手”负总责，分管领导牵头抓，其他领导协助抓的全员抓党建工作格局。召开 8 次调度会议，重点抓支书主体责任落实，明确支书抓党建的责任清单。重点推进“三会一课”、“坐班值班”、“1+10”党员联系户和党员活动日等制度落实，镇党委每季度对落实情况进行检查，确保各项制度落实到处。有序推进党员发展工作，发展 22 名预备党员。

2019 年定兴县贤寓镇各行政村基本情况统计表

表14

序号	行政村	户数（户）	人口数（人）	耕地面积（亩）
1	贤 寓	2256	6449	7282
2	陈 村	703	2398	3228
3	龙 华	1069	3609	5939
4	常乐富	1947	6488	8845

续表14

序号	行政村	户数（户）	人口数（人）	耕地面积（亩）
5	南　旺	1263	3885	7402
6	南　幸	1188	3937	5049
7	北　幸	1424	4647	6494
8	西　幸	715	2319	3397
9	百　楼	1319	4137	7120
10	南大牛	982	3012	4885
11	北大牛	1017	3251	5880
12	沽　酒	512	1670	2579
13	小　牛	809	2558	4686
合　计		15204	48360	72786

（沈小超）

天宫寺镇

【概况】　天宫寺镇地处定兴县东部，距县城11千米。东、北与高碑店市交界，南与小朱庄镇为邻，西与定兴镇、李郁庄乡相接。镇域交通条件便利，有京港澳高速从镇域中部通过，030省道在镇区南侧通过。辖区面积42.59平方千米，耕地面积45730亩。辖25个行政村：天宫寺、太平庄、张祖庄、李八营、顺河营、闫家营、孙各庄、谷家村、界河铺、北马坊、南马坊、天边村、西黄河、老君屯、辛保庄、高家庄、北斗门、中斗门、南斗门、陶洼、铺头、胡家庄、西王各庄、北王各庄、南王各庄。2019年末，全镇总户数14745户，人口44593人。粮食总产量28366吨，猪存栏3.6万头，农林牧渔业总产值33249万元，财政收入2195.75万元。全镇有初中1所，小学9所，幼儿园12所，在校生5475人，教职工329人。卫生院1所，卫生室38个，医务从业人员70人。

【农业农村工作】　现代农业稳步发展。全镇各村农田电网、道路建设、水利设施等均得到很大提升，农业生产条件进一步完善，粮食总产量连续增长。粮食总产量达到28366吨。24个村完成土地确权颁证工作。落实好强农惠农政策，认真做好粮食直补、良种补贴等工作，鼓励农民运用新技术、采用新方法提高农业生产效益，增加农民收入。做好非洲猪瘟防控工作。对辖区内各村养猪户进行逐户摸排，发放防疫药品，对防疫情况进行登记，减少疫情隐患。

【民营企业发展】　北斗门、中斗门、南斗门三个村以箱包和服装加工为主的电子商务不断发展，销售收入不断上升，发展后劲强劲。界河铺、张祖庄家具制造业发展，春辉、兴达等品牌家具不但在当地市场站稳脚跟，并远销北京、天津、保定等地，产业效益陡增。以天宫寺村为中心，遍及南部15个村的箱包加工业订单源源不断，促进经济发展的同时也吸纳周边村几百名剩余劳动力，解决农村劳动力就业难问题，提高就业率，给村民的生活提供保障，使人民的幸福感不断上升。

【社会事业情况】 全力做好脱贫攻坚工作，全镇贫困户197户287人，所有建档立卡户全部实现产业覆盖，逐户分析脱贫途径，全部实现脱贫。垃圾治理全镇各村实现市场化运行，村内垃圾日产日清、不留死角，效果明显。优先发展教育事业，2019年改建南马坊村小学，北斗门村幼儿园，新建辛保庄中心小学餐厅。

【党建工作】 继续做好党建工作规范提升工作。全力做好软弱涣散党支部李八营村和铺头村的后进转化工作；开展“不忘初心、牢记使命”主题教育，各支部组织专题党课集中宣讲62次，全镇“两委”干部培训班2班次，积极分子集中培训2次，预备党员集中培训3次，全镇共发展预备党员27名，转正19名，为党员队伍注入新活力。大力推进村级活动场所建设，顺河营村、老君屯村投资40余万元完成高标准两室建设；铺头村完成了文化广场建设；按照党建规范提升年的要求，全镇打造天宫寺村等7个镇级党建示范点，基层党建工作整体水平得到全面规范提升。

【基础设施建设、教育扶贫工作】 天宫寺镇为了改善各村村民的生活环境，不断完善基础设施建设。2019年全镇共完成农村改厕1787户。完成危房改造89户。组织对村内所有贫困户家庭的墙面、卫生情况进行摸底，对条件较差的进行墙面刷白，共完成20户。巩固教育扶贫成果，建立健全建档立卡学生资助工作台账，按照不同学习阶段，27人分别享受义务教育阶段“两免一补”和高中、大学阶段“三免一助”政策。

【生态环境保护】 6月5日世界环境日，镇环保所组织全体网格员到天宫寺镇集市开展蓝天保卫战环保宣传，增强群众环保意识。做好秸秆禁烧工作。重点做好夏、秋两季防火工作，制定天宫寺镇实施方案，禁烧责任分组，各村明确地块负责人，严格落实禁烧网格化管理。加大宣传力度，悬挂禁烧条幅150条，指挥部条幅50条，袖标200个。加强散煤管控，收缴燃煤炉具2100余台，拆除遗留小取暖燃煤炉15台，收缴散煤353.16吨。设立禁煤检查点4个，同时，镇政府及各村成立禁煤巡逻队，严查运输车辆和售卖、使用燃煤行为。

2019年定兴县天宫寺镇各行政村基本情况统计表

表15

序号	行政村	户数（户）	人口数（人）	耕地面积（亩）
1	天宫寺	1572	4007	3492
2	孙各庄	621	1780	1768
3	南马坊	662	2076	1923

续表15

序号	行政村	户数（户）	人口数（人）	耕地面积（亩）
4	北马坊	254	814	1166
5	谷家村	413	1335	1093
6	界河铺	831	2661	2349
7	西黄河	333	1228	845
8	老君屯	342	1233	1016
9	天　边	382	1248	966
10	闫家营	615	1648	1390
11	顺河营	416	1360	1186
12	李八营	380	1206	1262
13	张祖庄	1315	3956	4555
14	太平庄	568	1656	2321
15	辛保庄	779	2335	2307
16	高家庄	652	2171	2258
17	胡家庄	164	542	808
18	陶　洼	327	1033	1049
19	铺　头	992	3149	2821
20	南王各庄	559	1548	1910
21	北王各庄	298	920	1303
22	西王各庄	301	906	1145
23	南斗门	791	2184	2750
24	中斗门	633	1946	2262
25	北斗门	545	1651	1785
合　计		14745	44593	45730

（张　雷）

小朱庄镇

【概况】　小朱庄镇位于定兴县城东南部，镇政府驻地距县城 12.5 千米。东与高碑店市东马营乡交界，南与北田乡、北南蔡乡为邻，西与李郁庄乡相连，北与天宫寺镇相接。辖区总面积 44.5 平方千米，耕地面积 45614 亩，辖 25 个行政村：小朱庄、大朱庄、韩家营、臧官营、李各庄、西沟河、东沟河、北张庄、南张庄、北吴家庄、东高家庄、韦家庄、葛家庄、屠家营、夏家营、小王庄、韦家营、张伯庄、尹黄营、常家营、高兰沟、焦兰沟、巨兰沟、刘兰沟、王兰沟。辖区公路长度 50 千米，S030 省道贯穿全境，撤退路通过小朱庄至张伯庄、南张庄至尹黄营 2 条辅路和 S030 省道连接，形成四通八达的交通网，25 个村的进村道路全部硬化。2019 年末，全镇总户数 8517 户，人口 35032 人。粮食播种面积 45731 亩，粮食总产 4.1 万吨，农林牧副渔总产值 2.1 亿元，财政收入 462.68 万元。有初中 1 所，小学 11 所，幼儿园 5 所，教职工 199 人，在校生 2889 人。卫生院 1 所，卫生室 23 个，医务从业人员 50 名。

【党建工作】　深入推进“两学一做”常态化制度化工作，以“不忘初心、牢记使命”主题教育为契机，狠抓基层党建工作。一是大力抓好培训教育工作，对全镇村“两委”干部培训 1 次，邀请党校教师对村党支部书记授课培训 4 次，班子成员进村讲党课 3 次，组织镇村干部进行意识形态理论学习 26 次，有效提升党员干部的思想水平和业务能力。二是做好硬件建设，新建、改扩建村级组织活动场所 3 个，结束小朱庄镇历史上存在无村级组织活动场所村的局面。三是示范引领。打造县级党建示范点 1 个，镇级示范点 8 个，促进镇党建整体水平提升。四是优化党组织体系，以“5+3+N”为架构，健全基层组织，健全村内各项组织，形成镇、村合力抓党建的工作网络。

【精准脱贫】　档案内容标准化，抽调精干人员对扶贫档案进行整理，实现档案规范化、标准化，各项信息一目了然；在 2018 年产业全覆盖的基础上，进一步完成建档立卡贫困户 261 户 457 人产业分红工作，每年每人增加 576 元收益；落实政策兜底政策，按照应保尽保原则，为 162 户 256 人办理低保，18 户 18 人办理五保；落实住房安全政策，维修 50 户，其中建档立卡户 37 户，维修 28 户，新建 9 户；完成精准退出工作，帮扶 123 户 195 人实现脱贫。

【社会事业】　开展移风易俗行动，打造大朱庄等 5 个村示范点，“两会一约”制度上墙，建立善行功德榜，培育文明乡风、良好家风、淳朴民风，弘扬和践行社会主义核心价值观，为维护社会稳定，促进乡风文明，和谐社会发挥重要作用。丰富村民业余活动，新建文化广场 4 处，安装健身器材 5 处。10 月，各村通过戏曲表演、广场舞、文艺表演等方式开展庆祝中华人民共和国成立 70 周年活动，向祖国献礼。

【安全生产】　完善食品药品安全监管体系，构建安全责任网络，发放相关知识宣传册 300 余份，对餐饮单位多监督抽查，整改有质量问题和安全隐患的 5 家，整改无证无照、安全条件差的摊点 31 家，纠正因客观原因造成的一般性质量问题的 2 家，确保全镇人民群众的消费安全。对辖区内 11 家企业开展自查自纠，协助各企业建立“三清单四台账”，有效地防止各类重大安全生产事故的发生。全年对各类加油站、液化气站灌装点、小餐饮、副食批发部、小作坊等开展安全隐患排查活动累计20多次，对发现的安全隐患及时督促整改。加强小学生防溺水教育，发放家长告知书3000余份，排查坑塘隐患，设立警示标志100块。

【环境保护】 持续做好散煤清理及燃煤炉具收缴工作，疏堵结合做好散煤清零工作，设立散煤运输车辆检查站点26个，杜绝散煤销售进镇入村，通过宣传发动，全镇共收缴燃煤炉具1390台，收缴散煤234吨。禁烧工作，细化秸秆及垃圾禁烧管理体制，设立1个镇级禁烧指挥部和25个村级指挥部，悬挂禁烧标语200余条，镇村干部及禁烧人员实行责任网格化，做到禁烧监管无死角、全覆盖。按照重污染天气应急响应机制，全年累计出动检查车辆85车次，人员180人次，督查砂石料场42次，工地25次，企业114次，料堆场18次。扎实开展白洋淀上游流域河道整治工作，多方筹措资金80余万元，对辖区内斗门河、兰沟河和三、四排干，历史积存垃圾进行集中清理，共动用车辆4960余台次，人工1892人次，清理垃圾7.7万立方米，根据需求设置围挡、警示牌和集中堆放点。

2019年定兴县小朱庄镇各行政村基本情况统计表

表16

序号	行政村	户数（户）	人口数（人）	耕地面积（亩）
1	东高家庄	51	247	370
2	韦家庄	66	318	488
3	北张庄	126	608	829
4	西沟河	147	707	1009
5	北吴家庄	177	849	1263
6	南张庄	186	897	1283
7	葛家庄	190	913	1619
8	尹黄营	186	896	1241
9	夏家营	221	1067	1319
10	大朱庄	223	1076	1520
11	李各庄	322	1084	1310
12	屠家营	298	1107	1648
13	小王庄	183	973	1289
14	小朱庄	317	1323	1485
15	东沟河	252	1227	1113
16	常家营	465	1813	2249

续表16

序号	行政村	户数（户）	人口数（人）	耕地面积（亩）
17	韩家营	405	1777	1965
18	刘兰沟	481	1634	2597
19	王兰沟	473	1946	2168
20	焦兰沟	434	1900	2336
21	臧官营	570	2010	2646
22	高兰沟	460	1983	2329
23	巨兰沟	514	2120	2985
24	张伯庄	650	2157	2466
25	韦家营	1120	4400	6087
合　计		8517	35032	45614

（李志磊）

姚村镇

【概况】 姚村镇位于定兴县西南部，距县城36千米，东与固城镇、贤寓镇交界。南与徐水区户木乡为邻，西与易县凌云册乡相连，北与张家庄乡相接。辖区总面积面积30.91平方千米，耕地面积31300亩。辖9个行政村：姚村、留村、西李家庄、仪封、一间房、北城、辛木、西马家庄、侯家庄。2019年末，全镇总户数6218户，人口22830人。粮食播种面积30885亩，粮食总产量2.95万吨。猪存栏1.6万头，牛羊肉产量415.5吨，农业总产值达4.5亿元，财政收入285.36万元。全镇有小学6所，幼儿园6所，在校生1845人，教师116名。镇卫生院1所，村卫生室9个，医务从业人员32名。

【农业农村工作】 以乡村振兴工作为统领，贯彻各项惠农政策，落实农业支持保护补贴、农机具购置补贴10万元，在国家级小麦示范方田，大力推广优质小麦、玉米新品种。粮食单产比2018年增加8%，实现稳产、高产。畜牧养殖业、肉鸡、生猪、肉牛产量分别超过年初预定计划。推进农村土地流转，鼓励农业大户、农业公司转型经营模式，实现土地流转达到6000亩。

【社会事业发展】 强力推进生态环境网格化监管，开展"散乱污"企业与工地扬尘，农村环境，燃煤、机动车污染，畜禽养殖业污染整治等六大专项行动。实现村庄保洁清运市场化运作，共清理积存垃圾8500余立方米，清理院落600户。清理墙皮广告80处，取缔非定点垃圾投放点9处。农村"双代"（气代煤、电代煤）工作，2019年，全镇9村7676户全部实现天然气入户，安装壁挂炉并投入使用；“三夏”“三秋”无焚烧秸秆现象。全力推进精准扶贫工作，严格程序深入排查，精准识别，因户施策，经国家扶贫验收组和第三方验收，全镇160户251人已全部脱贫。推进新农村合作医疗、养老保险网上缴费，全镇农合参保率达95%。

【党建工作】 抓好村级党建活动场所建设，完成西李家庄村、辛木村的“两室”改造升级工作。按照县委组织部统一要求，切实做好党费收缴工作，多次召开党委会议进行专题研究，制定“逐人核算、足额补缴”的工作思路，补缴党费共计20818元，已上缴到县委组织部财政账户。全年培养入党积极分子85名。

【基础设施建设】 完成华农路姚村镇西李家庄跨越老垄沟连通引线的大桥工程。按照“一事一议”完成投资23.9万元，安装西李家庄太阳能路灯79盏。完成姚村投资38.86万元、辛木29.2万元、10125平方米的公路工程建设。

2019年定兴县姚村镇各行政村基本情况统计表

表17

序号	行政村	户数（户）	人口数（人）	耕地面积（亩）
1	姚　村	1175	4194	4800
2	留　村	969	3696	5103
3	仪　封	184	691	889
4	北　城	648	2286	3553
5	辛　木	855	3082	4336
6	侯家庄	439	1754	2580
7	西马家庄	944	3576	5305
8	西李家庄	828	2936	3849
9	一间房	176	615	885
合　计		6218	22830	31300

（杨佳伟）

东落堡乡

【概况】 东落堡乡地处定兴县城西1千米处，东与定兴镇相接、西与高里乡相邻、南与北河镇隔河相望、北与涞水县相接。总面积39.21平方千米，耕地面积38856亩。辖16个行政村，6个自然村：东落堡（落堡新村）、北大位、南大位、吴村、田侯、东五里窑（西五里窑、郭家亭、郭坊）、大田、大任、小任、西陈家庄、西相盖（郭家坟）东相盖、西册上、东册上、南引（南引庄）、东引。2019年末，全乡总户数全乡8488户，人口28977人。粮食播种面积

2.1 万亩，粮食总产量 3.82 万吨。猪存栏 2.5 万头，牛存栏 3000 头，羊存栏 2.4 万只，农业总产值 3.89 亿元，农民人均年可支配收入 1.75 万元，财政收入 1319.56 万元。全乡有小学 8 所，幼儿园 11 所，在校生 1630 名，教师 160 人。卫生院 1 所，卫生室 16 个，医务从业人员 38 名。

【农业与农村工作】 依托九丰农牧专业合作社，恒兴食品、绿源鸡蛋、燕园黑猪、肉牛养殖等产业逐步形成健康发展的产业链条，实现企业经济效益和生态环境的和谐发展。依托南大位蔬菜批发市场，促进白萝卜、大白菜、土豆、拱棚韭菜、香菜等蔬菜产业发展，全乡共发展蔬菜种植面积 6000 亩，形成“高低搭配，四季有菜”的格局，增加农民年收入 500 余万元。依托万亩森林生态园和正道都市森林建设，田侯、吴村、南大位、东引、东册上等村流转土地一万余亩，整合土地资源，发挥土地集约化优势，使全乡 3500 多人从土地中解放出来，开展劳务输出，增加农民收入。

【基础设施建设】 东吴路、定易路整修改造筹集资金 60 万元，整修路面 5000 平方米，方便村民出行。南大位、大任和南引共投资 56.3 万元用于党建示范建设，对村“两室”进行规范提升，为村内党员、群众提供良好的工作学习场所。截止到年底，全乡气代煤工程基本完成。

【生态环境治理】 全乡 16 个行政村生活垃圾全部实现市场化运行，由北控环境公司和保定善美保洁公司负责管理，实现村庄保洁全覆盖，大大改善农村人居环境。各村的秸秆和垃圾禁烧工作有序推进，落实网格化管理，实行全天监管，完成全年禁烧目标。全面推行“河长制”，划定三河沿岸责任区域，对三条河流进行巡逻，发现问题及时处理。印制各类宣传明白纸（承诺书）3.5 万余份、悬挂宣传条幅 3000 余条、书写永久性标语 350 余条、入户宣传 5000 余人次、出动宣传车 1200 余台次。

【重点工作】 惠农政策全面落实。2019 年全乡上下齐心协力，着力办好各项民生实事，农民生活幸福指数逐步提升。惠农支农资金全部落实到位，社会保障体系不断完善，城乡医疗参保人数 23840 人，上缴保费 518.4 万元，参保率达到 82%。城乡居民养老保险参保人数 12754 人，缴纳保费 175.3 万元，参保率达到 80% 以上。加强农村卫生保健、医疗防疫体系建设，提高预防和处理重大疫情及公共卫生突发事件的能力，实行家庭医生签约服务，重点人群和贫困人口签约率 100%。扶贫工作。2019 年，全乡建档立卡贫困户 101 户 174 人实现全员脱贫。计划生育工作。孕前优生健康检查 415 人次，为计生家庭发放惠民资金 393920 元，惠及 654 户计生家庭。

2019 年定兴县东落堡乡各行政村基本情况统计表

表18

序号	行政村	户数（户）	人口数（人）	耕地面积（亩）
1	东落堡	1256	4964	6190
2	南　引	500	1478	2130
3	东　引	784	3011	4107

续表18

序号	行政村	户数（户）	人口数（人）	耕地面积（亩）
4	东册上	361	1490	1885
5	西册上	626	1612	2731
6	西相盖	478	1447	1932
7	东相盖	317	974	1240
8	西陈家庄	211	576	450
9	大　田	719	2041	1560
10	东五里窑	370	1005	1100
11	田　侯	870	3522	4422
12	吴　村	703	2093	3140
13	北大位	397	1687	2261
14	南大位	354	1110	2380
15	小　任	146	482	938
16	大　任	396	1485	2390
合　计		8488	28977	38856

（许　龙　潘丽晶）

高里乡

【概况】　高里乡位于定兴县西部，乡政府驻地距县城8千米。东隔北易水与东落堡乡交界，南隔中易水与贤寓镇、北河镇为邻，西与易县高陌乡相连，北隔北易水与涞水县明义乡相接。交通便利，京昆高速、京昆高速定易引线穿乡而过，乡界西距京昆高速大北城站口1千米。土壤肥沃，中易水、北易水环乡而过，形成了两河夹一乡的独特地貌。辖区总面积82.45平方千米，耕地面积76584亩。辖20个行政村：高里店、东高里、西高里、长安城、金台陈村、平堽、北章、南章、沿村、石柱、古桑、景安、究室、易上、北庄、易上营、王村、辛安甫、韩村、河内。2019年末，全乡总户数18726户，人口56305人。乡域生产总值10.1亿元，财政收入3977万元。全乡有26个基层党支部，党员1799人。有初中1所，小学19所，幼儿园18所，在校学生6879人，教职工539人。卫生院1所，卫生室33个，医务从业人员102名。

【乡村振兴】　高里乡是农业大乡，2015年以来，高效农业和养殖业发展迅速。截至2019年末，成立种养殖农民专业合作社30多家，形成平堽西瓜，北章高效设施蔬菜和葡萄，沿村萝卜，古桑、究室、易上红薯等多个种植基地；高里仔猪、北庄格润德蛋鸡、荣达畜禽种鸡、平堽中华鳖（中华鲟）、沿村奶牛等养殖基地。文化底蕴丰厚，全国重点文物保护单位北齐石柱、县级文物保护单位黄金台遗址、元代名将张弘范墓文化遗产得到有效保护。省级非物质文化遗产金台陈村的“九曲黄河灯阵”和黄金台传说影响深远。

【安全稳定】 扫黑除恶专项斗争持续开展。持续抓宣传，制作各类条幅60条，宣传标语200条，联合公告20000份，采取入户发放、集贸市场宣传、重点道路及部位张贴、村广播等方式广泛宣传发动，营造氛围。安全生产大排查大整治行动全面推进。全年共召开专题会议12次，共出动检查人员120人次，重点排查餐饮服务业、烟花爆竹生产销售企业、加油站、个体工商户等170余家。扎实推进气代煤安全运营工作。

【环境整治】 始终把大气污染防治工作摆在突出位置。在高速及定易引线两侧、乡村主要道路两侧悬挂大气污染防治宣传条幅200余条；制作禁烧、禁沙、禁煤工作宣传音频，由4辆宣传车进村广泛宣传，保持大气污染防治工作强大舆论攻势。开展好“6·5”世界环境日集中宣传教育活动，通过悬挂标语、张贴宣传挂图、发放明白纸和宣传手册、分发环保购物袋等多种形式，大力宣传环境保护知识，营造热爱自然、保护环境浓厚氛围。持续加大生态环境保护宣传力度，营造全社会关心、支持、参与生态环境保护的良好氛围，使环境保护观念深入人心，不断扩大环境保护工作的群众基础。以禁烧指挥部为值守点，突出重点区域、重要路口，统筹推进禁烧、禁沙、禁煤工作，集中力量，打好组合拳。成立巡查队伍，切实加强日常巡查，机动灵活，及时发现问题和隐患，及时处理。进一步加强“散乱污”企业整治。开展“散乱污”企业整治“回头看”工作，严防关停取缔的企业反弹。做好散煤管控和炉具收缴工作。乡村散煤管控巡逻队加大巡逻密度，每个村均设立禁煤检查点，对过往车辆进行查看。乡村干部及专职网格员入户排查，对排查出的散煤及炉具进行收缴。截至2019年末，累计收缴散煤240多吨，炉具约900个。

【脱贫攻坚】 健康扶贫方面。办理门诊慢性病卡65户，家庭医生签约率100%，全面实行城乡居民基本医疗保险、大病保险和医疗救助三重层次的“一站式”报销结算及先诊疗后付费的政策。为全乡195户，328人代缴农村合作医疗。教育扶贫方面。减免学前教育保教费2人，1600元；小学初中寄宿生生活补助13人，8200元；高中“三免一助”资助5人，11389元；雨露计划补助5人，15000元。农业产业扶贫方面。31户贫困户流转土地75亩，增收90000元。全乡195户贫困户全部与华农蔬菜专业合作社签订入股分红协议，共发放项目分红资金262428元。金融扶贫方面。加大宣传力度，张贴宣传展板35个，发放政策明白纸300余份，办理小额贷款2户。社会保障政策方面。发放低保金337344元，五保金35040元，计划生育补助金3840元，残疾人生活补贴53856元，护理补贴48960元，电费补贴14227元，粮补35660元，养老金17820元，60岁以下贫困户全部为其代缴养老保险。其他政策。危房改造25户，就业帮扶10户。

2019年定兴县高里乡各行政村基本情况统计表

表19

序号	行政村	户数（户）	人口数（人）	耕地面积（亩）
1	高里店	921	2435	3253
2	长安城	1222	3599	5001
3	西高里	450	1289	1585
4	东高里	351	905	1321
5	金台陈村	903	2515	4089
6	平　堽	2094	5929	8182
7	北　章	1028	3249	5548
8	南　章	619	1809	2789
9	沿　村	635	1868	3446
10	石　柱	1295	4299	5591
11	古　桑	735	2310	3200
12	景　安	1227	3675	5102
13	究　室	953	2846	4107
14	易　上	1852	5611	7503
15	北　庄	192	570	745
16	易上营	1019	3167	5314
17	王　村	724	2245	2576
18	辛安甫	682	2149	2596
19	韩　村	752	2254	2248
20	河　内	1072	3581	2388
合　计		18726	56305	76584

（陶　蕾）

柳卓乡

【概况】 柳卓乡位于定兴县中南部，乡政府驻地距县城11千米，东与杨村乡交界，南与固城镇为邻，西与肖村乡、北河镇相连，北与北田乡隔南拒马河相望。国道107线和京港澳高速公路横穿全乡，交通极为便利。辖区总面积31.56平方千米，耕地面积29515亩。辖12个行政村：东柳卓、北柳卓、北连、中连、南连、受坊、受坊庄、马村、肖金庄、西江村、东江村、青冢。2019年末，全乡总户数10272户，人口27309人，财政收入1867万元。特色产业有东江村蔬菜大棚，柳卓、马村鲜桃，青冢粉条。东江村土豆种植面积达到35公顷，柳卓、马村鲜桃种植面积达到29公顷。全乡有初中1所，小学6所，幼儿园6所，在校生3118人，教师157名。卫生院1所，卫生室12个，医务从业人员32名。

【民营企业发展】 夯实“西江三禾农业、西江骏枣加工、东江设施蔬菜、青冢粉条生产”为一线的精品农业产业带，实现乡优势农产品“一区一带”建设，增进群众就业创收，增强群众获得感。强化扶持畜牧养殖业力度，以兴民、兴一为龙头的奶牛养殖，存栏数量及鲜奶产量以茂势增长。通过农业龙头企业和种养大户的示范带动，促进农民增收800余万元。

【社会事业】 有效推进新型城乡居民养老保险、新型农村合作医疗工作，参保率和参合率均达到95%以上，为缓解农民因病致贫、返贫起到积极作用。大力发展文化事业，满足人民群众对文化生活的需求。全乡已建村级文化站12个，农家书屋12所，配备图书、活动器材等，为广大群众提供有益的精神食粮和娱乐场所。高效做好困难群众和农村低保户困难补助的发放、医疗救助、农村危房改造、气代煤等工作，按时按效完成退役军人信息采集任务。统筹推进美丽乡村建设，促进综合事业高速发展。

【生态环境建设】 以“生态宜居”为主线，统筹推进生态环境建设。建立健全乡村环境保护长效管理机制并完善网格化监管体系，狠抓关键节点和重点区域环境综合整治。以狠抓秸秆禁烧和打击“土小企业”为重点，深入开展大气污染防治专项行动。以创建生态优美乡镇和生态村为抓手，以转变农民生产生活方式为核心，以农业生产清洁化为原则，全面推进全乡农村生态环境建设。继续深入实施造林绿化三年攻坚行动，全年新增绿化面积300亩，植树造林10000株。加快京港澳高速、固阳路、107国道两侧绿化长廊建设，完成青冢、东江两村高速沿线绿化面积530亩。

2019年定兴县柳卓乡各行政村基本情况统计表

表20

序号	行政村	户数（户）	人口数（人）	耕地面积（亩）
1	青　冢	1467	3853	4750
2	东江村	1622	4310	5130
3	西江村	1567	4221	4445
4	肖金庄	562	1425	2055

续表20

序号	行政村	户数（户）	人口数（人）	耕地面积（亩）
5	受　坊	732	1830	1875
6	受坊庄	259	640	758
7	东柳卓	682	1829	1812
8	北柳卓	676	1720	2031
9	马　村	350	915	1219
10	南　连	487	1301	1065
11	中　连	837	2360	2117
12	北　连	1031	2905	2258
合　计		10272	27309	29515

（董华清）

肖村乡

【概况】 肖村乡位于定兴西南部，乡政府驻地距县城13千米，东与柳卓乡交界，南与固城镇为邻，西与贤寓镇相连，北与北河镇相接。辖区总面积37.51平方千米，耕地面积42458亩，辖11个行政村：肖村、西肖村、东肖村、肖村营、坊上、石象、北七、九汲、九汲庄、六里屯、尚汲铺。2019年末，总户数9337户，人口27572人。农业总产值4.87亿元，财政收入1012万元。辖区有初中1所，小学5所，幼儿园2所，教师175人，在校生1803人，卫生院1所，村卫生室11个，医务从业人员42名，肖村乡是典型的农业之乡，农作物以小麦、玉米为主，另外蔬菜种植、畜禽养殖初具规模。

【“三农”工作】 聚焦乡村振兴，大力发展科技农业、绿色农业、品牌农业和质量农业，引领现代农业向高质量发展。巩固农村承包地确权成果，以河北康城现代农业产业园、北七晋鹤农业公司和爱福家庭农场为龙头，大力发展家庭农场，引导优势农产品规模化、集群化发展。推动农村人居环境整治三年行动，依托亮城丽都科技有限公司，实施农村垃圾城乡一体化治理，着力改善村容村貌、户容户貌，清理整治垃圾3000余吨，完成10个村共计864户的改厕任务。深化农村集体产权制度改革，全面推进清产核资工作，多途径发展壮大集体经济。

【脱贫攻坚】 聚焦扶贫攻坚，把2019年作为“脱贫攻坚冲刺年”，紧盯目标，压实责任，确保年内基本完成脱贫任务。现系统内建档立卡贫困人口共175户269人（实为174户，266人，3人新近死亡系统未变更）。当前剩余贫困户49户，87人。其中：一般贫困户25户55人，低保贫困户22户30人，五保贫困户2户2人。

贫困发生率0.31%。紧扣“两不愁三保障”标准，落实精准要求，下足绣花功夫，确保工作成效。巩固“龙头企业+扶贫”模式，放大产业扶贫辐射作用，提高资金收益分红，确保贫困群众稳定增收。引入降低风险保险机制，有效防范贫困户因灾、因学、因病返贫问题。坚持扶贫与扶志相结合，广泛开展政策大宣讲、技能大培训，提高困难群众“造血”能力。

【生态环境保护】 聚焦生态文明，践行绿水青山就是金山银山理念，坚持源头严防、过程严管、后果严惩，铁腕治理生态环境。打好蓝天保卫战，严控秸秆、垃圾焚烧，强化宣传，形成良性工作机制，实现零火点目标，切实做好秸秆禁烧和综合利用工作。加大扬尘源治理力度，巩固“散乱污”企业整治成果，对辖区内5家关停企业严格管控，防止死灰复燃，实现持续动态清零。强化全域禁煤，逐村逐户共清缴散煤87吨，收缴燃煤炉具820个，严厉打击销售、运输和使用散煤行为。深化碧水净土保卫战，巩固“河长制”成果，推进水污染治理，促进全乡水环境持续改善。抓好农业面源、企业建设用地污染风险管控，全面开展土壤污染状况详查，严格危险废物监管，不断提升土壤修复水平。

【民生改善】 聚焦民生改善，推进尚汲铺、六里屯、肖村自来水改造工程，解决百姓安全饮水问题。实施北七、肖村村内道路硬化建设项目，共计硬化道路2712米、投资166万元，完善路网结构，方便百姓出行。投资210万建成肖村营小学教学楼，投资300余万元建成定兴二中肖村分校教师周转楼项目，共计48套宿舍，力促全乡基础教育设施条件达到更高水平。推进村文化活动中心建设，配备健身器材和文化设施，丰富群众业余文化生活。深入开展扫黑除恶专项斗争，大力宣传、营造浓厚氛围，利用大喇叭工程进行广播，发放明白纸5000余张，书写墙体标语24条，悬挂条幅55条，努力创造和谐安定的社会环境。严格落实安全生产责任制，持续开展安全生产大检查大整治行动，对境内白凌山印刷厂和2个加油站一月一排查，落实监管责任，坚决遏制重特大事故发生。

【政府自身建设】 聚焦担当作为，强化担当意识，坚持勇于攻坚、敢于负责；强化效率意识，坚决杜绝“不作为、慢作为、乱作为”。带头尊法学法守法用法，依法接受人大法律监督和工作监督，自觉接受民主监督，主动接受公众监督、新闻舆论监督。切实把纪律和规矩挺在前面，严格落实党风廉政建设责任制，认真执行中央八项规定，从严整饬“四风”。厉行勤俭节约，严控“三公”经费和一般性支出，不断降低行政成本。深化政府信息公开，全面提升政府公信力。

2019年定兴县肖村乡各行政村基本情况统计表

表21

序号	行政村	户数（户）	人口数（人）	耕地面积（亩）
1	东肖村	725	2118	2964
2	西肖村	1216	3541	6789

续表21

序号	行政村	户数（户）	人口数（人）	耕地面积（亩）
3	肖村营	1178	3520	5414
4	肖　村	518	1407	1648
5	北　七	1560	4534	6691
6	石　象	1624	4882	7710
7	坊　上	536	1731	2717
8	九　汲	869	2484	3479
9	九汲庄	344	1064	1797
10	六里屯	450	1368	1730
11	尚汲铺	317	923	1519
合　计		9337	27572	42458

（任建民）

张家庄乡

【概况】 张家庄乡位于定兴县西南部，乡政府驻地距县城20千米，东与贤寓镇交界，南与姚村镇为邻，西与易县凌云册乡相连，北隔中易水河与高里乡相接。辖区面积27.93平方千米，耕地面积28625亩。辖10个行政村：张家庄、西落堡、西魏家庄、西陶沈、中陶沈、东陶沈、曹家营、北营邱、南营邱、固店。2019年末，全乡有居民7338户，人口21051人。全乡工农业总产值8亿元，财政收入46万元，农民人均纯收入14200元。有乡级文化站1个，村级文化图书室10个和群众性文化组织（张家庄书画协会）1个。幼儿园5所，小学4所（其中完小2所），教师98人，在校生1148人，九年义务教育覆盖率达100%。有卫生院1所，村卫生室9个，医务从业人员50名。

【党建工作】 实施党员干部素质提示工程。规范“三会一课”组织生活制度落实，通过“以会代训”、党委书记专题党课、“学习强国”平台等方式加强对广大党员群众的学习教育。组织开展习主席金句农民书法巡展、升国旗、重温入党誓词、群众联欢等系列活动，凝聚党心民心。扎实组织开展“不忘初心、牢记使命”主题教育，凝聚起全乡上下比业绩、比干劲的精气神。实施后进支部整顿转化工程。针对固店、西落堡信访问题，乡党委成立工作专班，配合纪检部门立案调查，重点化解2个进京访积案，按期实现转化目标。实施阵地建设提升工程。北营邱、西魏家庄村“两室”改造提升完成并投入使用，东陶沈村新建“两室”投入使用，曹家营、西陶沈新建“两室”完成使用，通过实施“三大工程”（党员素质提升工程、后进支部整顿转化工程、阵地建设提升工程）全乡党建水平从党员干部群众素质、软硬件建设水平、服务群众能力等方面都得到有效提高。

【三大攻坚战】 打好脱贫攻坚战。严格落实各项脱贫攻坚工作政策措施，全乡建档立卡贫困户 164 户，283 人，实现“两不愁、三保障”，完成脱贫攻坚任务。污染防治攻坚战。开展环保百日攻坚行动，落实环保网格化监管巡查机制，及时排查发现和整治各类环境隐患，对散乱污企业、无证照加油站（点）、砂石料堆放点进行整治，规模养殖场粪污设施全部达到环保要求；完成气代煤尾欠工程扫尾工作，全乡用气户达到 5300 户，97% 以上实现清洁取暖，开展散煤清零工作，设置散煤检查点，严控散煤输入，组织乡村干部逐村逐户对存煤进行摸底排查并进行补贴式回收。防范和化解重大风险攻坚战。严格落实安全生产责任制，召开安全生产警示教育大会，提高乡村干部安全生产防范意识。开展安全生产大检查活动，落实重点企业安全生产监管领导包联机制，集中取缔液化石油气非法罐装点 9 个。以扫黑除恶宣传、线索收集和摸排为工作重点，持续开展扫黑除恶专项斗争。开展禁毒铲毒工作，铲除毒品滋生土壤。学习“枫桥经验”，落实乡村两级信访维稳捆绑责任制，对新旧信访案进行成功化解。中华人民共和国成立 70 周年大庆安保维稳工作走在全县前列。

【乡村振兴战略】 农业种植结构得到进一步优化。张家庄乡传统农作物以小麦、玉米为主，少量种植花生等经济作物，2012 年以后，绿化苗木、鲜切菊花、兰花种植等特色种植业逐步兴起。畜牧业以蛋鸡养殖及生猪、肉牛养殖为主。乡村振兴试点张家庄村依托鸿祥信彩印刷厂，大力发展兰花种植，种植规模 300 万株，涵盖 8 大类 400 余个品种，截至 2019 年，是华北地区最大的兰花种植基地。邀请河北农大杨军玉教授，就鲜切花种植、病虫害防治等对种植户进行技术培训，黄白菊花、黄莺等鲜切花种植达到 800 余亩。开展环境卫生综合整治行动。落实乡村生活垃圾清理市场化运营机制，亮城丽都保洁公司正式进驻张家庄乡，建立保洁员分片包干定期清扫和保洁公司定期清运的长效机制，全乡垃圾清理逐步实现规范化。在北塘路张家庄村段南侧安装太阳能路灯 60 盏，整体形象进一步提升。加强精神文明建设。以文明村镇创建为目标，借力文明县城创建，突出重点，加强精神文明建设，对全乡 10 个村道德评议会、红白理事会进行规范提高，引领文明新风尚。农村集体资产清产核资、承包地确权发证顺利完成，集体产权制度改革稳步推进，张家庄村幼儿园建设项目完成主体施工。

9 月 21 日，张家庄乡东陶沈村，农民正在采摘向日葵（韩晴晴 摄）

【文化产业蓬勃发展】 投资 6600 万元的印刷企业鸿祥信彩印刷厂已经正常运营。省级非物质文化遗产“中堂”牌书画毡的中堂文化产业园已经完成大楼主体建设。全乡初步形成以图书出版、书画毡制造、鞋垫加工、手工刺绣、戏服加工等为一体的文化产业。

2019年定兴县张家庄乡各行政村基本情况统计表

表22

序号	行政村	户数（户）	人口数（人）	耕地面积（亩）
1	张家庄	2066	5960	7963
2	固　店	1051	3058	4565
3	南营邱	257	676	1127
4	北营邱	246	711	997
5	西陶沈	499	1349	1724
6	西魏家庄	468	1295	1086
7	中陶沈	858	2532	3200
8	东陶沈	656	1876	2801
9	西落堡	727	2072	2699
10	曹家营	510	1522	2463
合　计		7338	21051	28625

（李增启）

李郁庄乡

【概况】 李郁庄乡位于定兴县中部偏东，乡政府驻地距县城9.5千米。东与天宫寺镇交界，南与北田乡为邻，西与定兴镇相连，北与天宫寺镇相接。区位优势明显，交通条件便利，东距白沟30千米，京港澳高速、京石高速铁路纵贯南北，S030省道横穿东西。辖区总面积27.77平方千米，耕地面积31722亩。辖12个行政村：李郁庄、杨各庄、傅家庄、东陈家庄、彭各庄、古庄营、张百户营、牛家庄、侯官营、东史家庄、永安庄、玉保庄。2019年末，全乡总户数6904户，人口20842人。牛存栏215头，猪存栏3200只，羊存栏4800只，家禽10.1万只，农民人均纯收入18139元，社会总产值2.74亿元，财政收入556.6万元。有公办小学8所，幼儿园4所，民办学校1所，幼儿园2所，教师240人，在校学生2707人，适龄儿童入学率100%。卫生院1所，卫生室12个，医务从业人员共计25人。

【党建工作】 开展庆祝中华人民共和国成立70周年系列活动，强化党组织的凝聚力和党员的归属感。开展“不忘初心、牢记使命”主题教育，增强广大党员干部守初心、担使命的思想自觉和行动自觉。彭各庄村作为县级农村党建示范点，开创服务管理“4×4”模式，完成硬件设施的升级改造。推动彭各庄、付家庄2个村的集体经济项目落地，探索基层党组织带动集体经济发展的新模式、新路径，打造集体经济发展示范村，扎实推动基层党组织带动集体经济发展。

【脱贫攻坚】 全乡共脱贫62户78人，实现全乡整体脱贫。扎实开展低保扩面工作，对照“两不愁三保障”等标准，深入核查贫困边缘户，在民主评议的基础上纳入低保户81户141人，切实做到应保尽保，困难群众全部享受国家政策保障。

【民生事业】 完成11个村农村土地承包经营权确权颁证工作，大力倡导土地经营流转，培育农民合作社、专业合作社等新型经营主体，通过政策引导，鼓励措施，农业的规模化、产业化不断提高。完成12个村的清产核资、经济组织成员身份确认及股权设置等工作，12个村全部注册登记股份经济合作社，并为集体经济成员颁发了股权证书。为壮大农村集体经济，保护农民集体资产权益奠定了基础。征集双合格新兵，超额完成上级赋予的征兵任务。办理60岁农村籍退役士兵申报，完成退役军人保险接续工作。

【社会综合治理】 扎实推进党建+社会综合治理，以基层党员干部为基础建立健全网格化管理，划分了61个小网格，并由480余名党员担任网格员，落实包联责任，党员作用充分发挥作用，社会综合治理成效明显。

【农业农村工作】 大力调整优化种植结构，倡导土地经营权合法有序流转，农业规模化、产业化水平不断提高。加大种畜的调购力度，全面加强防疫队伍建设，为畜牧业健康发展保驾护航。全乡共聘用防疫员12名，为全乡的牛、羊、猪、鸡进行春、秋两季各种疫病的防控免疫，免疫率达100%。在春季全面开展牛、羊布病溯源灭点采样检验防控工作，加强疫情监测，截至2019年末，全乡未出现任何疫情。

【生态环境治理】 积极宣传引导，通过广播喇叭、出动宣传车，发放悬挂条幅70余条，明白纸2500张等多种形式开展禁烧宣传，提高了群众禁烧的自觉性。投入资金10万余元，累计出动车辆200余辆次，通过清运坑塘垃圾、设置隔离网、设立警示牌对81个坑塘彻底进行整治，人居环境得到改善。

2019年定兴县李郁庄乡各行政村基本情况统计表

表23

序号	行政村	户数（户）	人口数（人）	耕地面积（亩）
1	李郁庄	819	2213	3121
2	杨各庄	868	2657	3668
3	付家庄	762	2231	3098
4	东陈家庄	221	647	879
5	彭各庄	683	2126	3342
6	古庄营	248	783	1083
7	张百户营	609	1899	2678
8	牛家庄	692	2215	3601

续表23

序号	行政村	户数（户）	人口数（人）	耕地面积（亩）
9	侯官营	618	1780	3312
10	东史家庄	551	1724	2765
11	永安庄	368	1163	2037
12	玉保庄	465	1404	2138
合　计		6904	20842	31722

（付　颖）

北田乡

【概况】　北田乡位于定兴县城东南部，乡政府驻地距县城15千米。东与北南蔡乡交界，南与杨村乡为邻，西与定兴镇、北河镇相连，北与李郁庄乡、小朱庄镇相接。北田乡地理位置优越，交通发达便利，京港澳高速、京石高铁及县城南环路均从北田乡境穿越，建设中的荣乌高速公路也在北田乡境内设立出入口，使北田的交通提升一个档次，也为北田的大发展提供更加便利的交通环境。辖区总面积48.77平方千米，耕地面积50054亩，辖21个行政村：北田、东韩村、章村、曹村、榆林、皂马、尤旺、大佟村、佟北庄、佟高庄、南召、王官、内一村、内二村、内三村、西靳、西章、大北召、小北召、西晓村、东晓村。2019年末，全乡总户数13579户，人口43334人。完成社会总产值6.83亿元，同比增长6.7%，农民人均可支配收入10928元，同比增长7.5%，规模以上工业增加值达到5874万元，全社会固定资产投资40914万元，分别同比增长4.3%和1.5%。有幼儿园8所，小学9所，初中1所，教职工295人，在校生5125人。九年义务教育覆盖率达100%。卫生院1所，卫生室21个，医务从业人员69名。

【党建提升】　抓自身建设，提升党委主责主业意识，确保全乡上下统一思想、统一认识、统一步调、统一行动。抓组织建设，打造基层党建升级版，在2018年村“两室”全面升级改造的基础上，2019年争取资金近50万元，打造北田、西章2个高标准县级党建示范村；投资10万元，打造西靳、内一2个乡级示范村。抓能力建设，做强服务功能；抓党风廉政建设，净化政治生态；抓责任考核体系建设，完善基层考核激励机制。

【扶贫攻坚】　坚持把脱贫攻坚工作作为最大政治责任和最重要民生工程，强化责任抓谋划，创新思路抓落实，确保各项扶贫政策落地见效。狠抓教育扶贫。对57名建档立卡户学生实现资助政策“全覆盖”和“零漏助”，确保不让一个孩子因贫困失学。狠抓健康扶贫。贫困人口全部纳入基本医疗保险、大病医疗保险和医疗救助范围，家庭签约服务做到全覆盖。狠抓住房保障。48处贫困户危房全部完成改造。在防止返贫上用真功夫。加大对重病患者、重度残疾人、困难老人和未成年人等无劳动能力群众的救助力度。在创新举措上下功夫。通过一系列行之有效的措施，北田乡的扶贫工作上一个新台阶，好经验与做法也在全县推广。

【服务雄安新区建设】 农村“两违”（违法用地和违法建设行为）得到有效管控，2019 年共组织 9 次集中拆违行动，拆除违规违法建设面积 10.8 亩。重点项目征迁工作取得实质性进展，雄安防洪工程取土区占地 967 亩，河道疏浚工程涉及 10 个村，占地 285 亩，穿堤建筑占地 30 多亩，全部按时完成，确保雄安工程的如期开工建设。

【生态环境综合治理】 健全组织，完善功能配置。成立乡级环保所，配齐环保网格员，实现环保工作常态化网格化管理。加大对违法违规企业的关停力度。

2019 年定兴县北田乡各行政村基本情况统计表

表24

序号	行政村	户数（户）	人口数（人）	耕地面积（亩）
1	西　靳	1759	5881	6344
2	西　章	575	1849	1935
3	内一村	803	2087	2340
4	内二村	516	1580	1845
5	内三村	404	1295	1425
6	大北召	811	2780	3030
7	小北召	595	1798	2010
8	东晓村	740	2389	2235
9	西晓村	433	1372	1470
10	东韩村	735	2458	2610
11	章　村	776	2356	2400
12	曹　村	769	2389	3330
13	榆　林	508	1593	2340
14	北　田	798	2448	3510
15	南　召	315	965	615
16	大佟村	615	1874	2415
17	佟高庄	587	1963	2220
18	佟北庄	285	844	870
19	尤　旺	506	1671	2100

续表24

序号	行政村	户数（户）	人口数（人）	耕地面积（亩）
20	皂　马	512	1854	2475
21	王　官	537	1888	2535
合　计		13579	43334	50054

（陈国彪）

杨村乡

【概况】　杨村乡位于定兴县东南部，乡政府驻地距县城15.5千米。东、北与北田乡交界，南与雄安新区容城县贾光乡为邻，西与柳卓乡、固城镇相接。京港澳高速、京石高铁纵穿全境，南拒马河南堤、固杨路横贯东西，交通便利。辖区总面积38.56平方千米，耕地面积37083亩。辖22个行政村：杨村、北寨、南寨、西赵、东赵、南冬、南吴家庄、南辛庄、姚家庄、西各庄、房家庄、张里村、老里村、西里村、杨家庄、北谢村、南谢村、北重楼、南重楼、西重楼、卷子村、五柳庄。2019年末，全乡总户数12540户，人口34936人，人口自然增长率4.69‰。粮食播种面积3268公顷，粮食总产量2.205万吨。农业产值1.99亿元，财政收入511.1万元。全乡有小学7所，在校学生2469人；独立幼儿园10所，适龄儿童入学率100%。卫生院1家，卫生室28个，医务从业人员37名。

【党建引领】　扎实开展“基层党建规范提升年”活动。抓班子建设，乡党委书记切实履行第一责任人职责，先后召开专题会议研究部署党建工作，明确党建工作的整体思路和目标任务；组织村“两委”干部业务培训等，强化支部书记抓党建的主责主业意识。抓阵地建设。坚持强基固本，推进标准化建设。召开专题会对全乡危旧狭小“两室”进行排查研究，将西重楼村“两室”进行整改提升；对18个村墙体陈旧的村“两室”进行统一粉刷并书写标语；对19个村的党员活动室进行重新布置，院内统一安装“党员一句话承诺”公示栏，将卷子、杨家庄、西里、西重楼、南冬5个村的“两室”作为全乡示范点进行重点打造。抓制度建设。扎实推行“1+10”党员联系户制度。大力宣传，指导各村根据村情，制定推行方案，合理划分党小组，确定党员联系户；积极推行“党员一句话承诺”制度，全乡874名农村党员积极亮身份，树形象，并统一制作展板上墙，接受群众监督。抓组织体系建设。构建村“5+3+N”组织架构，突出务实、管用、有效。抓集体经济建设。对各村的集体经济发展状况进行全面摸底，并根据各村资源、位置等特点因村制宜，一村一策，建立工作台账，年底全部解决“空白村”问题。抓软弱涣散党组织工作。经过专题研究确定杨家庄村党支部、张里村党支部、经联社党支部为软弱涣散党组织，经过人员调整、对村干部进行培训、乡党委书记谈心谈话等方式进行整改，全部完成整改提升工作。

【民生工作】　脱贫攻坚工作规范化推进。扎实开展贫困户“动态监管”和2019年度脱贫工作，2019年精准脱贫134户，227人，全乡

209 户 323 人建档立卡户全部实现脱贫；坚持遍访贫困户，累计遍访 420 余户次，发现问题 53 件，涉及危房改造、慢性病卡办理、残疾证办理等方面问题，全部解决到位。全力保障冬季取暖。对未安装天然气户分类施策，剩余 45 户建档立卡户全部完成气代煤改造；边缘户 6 户发放电取暖补贴每户 1000 元共 6000 元；符合政策新建房户数 285 户，全部完成改造。全乡共有调压箱 291 个，压力保持在 0.21（2.1 千克）兆帕，实现供气正常，保证全乡的取暖需求。基础设施不断健全。完成房家庄至卷子连村路 2.7 千米硬化；北重楼等 3 个村筹资 210 余万元，完成道路硬化面积 225000 余平方米，缓解道路出行质量差问题；为西重楼等 4 村打深水井 4 眼，房家庄、北重楼完成 1200 余户自来水管道入户，解决村民饮水安全问题。实施纳污坑塘挂、销号管理。55 处坑塘全部清理到位。全乡清理积存垃圾 2 万立方米，投放垃圾桶 850 个，完成垃圾清理市场化运营。大力推进“厕所革命”，完成改厕任务 650 座。爱心社团持续发力。2019 年奖励扶助困难学生 24 名，发放扶助金 43500 元，累计发放 22 万余元。

【社会综合治理】 强化综合治理。坚决当好首都政治“护城河”，守好首都“南大门”，集中开展矛盾纠纷排查化解和风险隐患防控专项行动，及时发现问题、解决问题。坚持学习发展“枫桥经验”，把矛盾化解在乡、村，维护全县稳定。结合基层党建示范村建设，积极探索综合治理示范模式，确定综合治理示范村建设。抓好扫黑除恶专项斗争工作。提高政治站位，继续加大宣传和线索排查力度，对中央督导“回头看”反馈意见坚决进行整改，举一反三，克服松懈思想，坚持“一案三查”，大力度开展宣传发动工作，各村制作固定展牌、举报箱、固定标语，在重点道路两侧悬挂条幅利用村内广播大力度宣传，形成全社会参与的浓厚氛围。抓好安全生产工作。进一步加大对黑加油站的治理，做好取缔关停工作。加强液化气治理，各村排查有无流动倒灌现象，加强巡查，一经发现及时处理。对全乡所有企业全部按要求建立台账，签订责任状，全面排查，不留死角，全面确保企业生产零隐患。

【服务保障雄安新区建设】 高标准完成土地征迁工作。完成南拒马河防洪工程三个标段土地征占，涉及 12 个村，794 户，746 亩，工程建设得以顺利展开；完成卷子等 4 个村取土区临时占地 1600 余亩；主河槽 400 余亩征地全部完成违建拆除。高质量开展违建拆除工作。南拒马河南堤迎水坡违章建筑 32 处、背水坡 27 户，共计违建面积 7000 余平方米，全部按时完成拆除任务。加快环雄安绿化带建设。完成杨村等 9 个村 8000 余亩，遴选 3 个绿化企业入驻栽种。完成西里等片林建设土地流转。坚持巡河制度。对巡河中发现的问题和督察组发现并交办的问题，坚决做到随时交办、随时整改，确保整改到位，坚决保证不让一滴污水流入白洋淀。

【改善人居环境】 加大农村生活垃圾治理力度，严格按照工作时间节点要求，与企业点对点进行无缝对接，持续发力，动员干部群众及保洁员 500 余人，治理积存垃圾点 50 余处，转运积存垃圾 20000 余立方米，房前屋后及街道两侧杂草垃圾 200 余车，全乡垃圾治理取得阶段性成果。加大散煤治理力度，下发散煤治理通告，开展炉具及散煤集中收缴，各村利用喇叭每天滚动广播，做到家喻户晓。2019 年全乡共收缴积存散煤 270 余吨，清缴炉具 3300 余台。加大禁烧工作力度，把禁烧工作作为全年常态性工作进行安排部署，统一乡村干部思想，强化工作措施，各村按网格化要求划片摸底，责任到人，构建起全方位、广覆盖、无死角的禁烧网络体系，确保全乡禁烧工作的良好态势。

2019年定兴县杨村乡各行政村基本情况统计表

表25

序号	行政村	户数（户）	人口数（人）	耕地面积（亩）
1	杨　村	1681	4469	4357
2	西各庄	732	2217	2581
3	东　赵	155	457	345
4	西　赵	249	715	712
5	南　寨	99	268	217
6	北　寨	673	1875	1624
7	南谢村	532	1495	1419
8	北谢村	225	644	592
9	南重楼	635	1806	2512
10	北重楼	678	1828	1443
11	西重楼	505	1416	1685
12	房家庄	1101	3153	3056
13	杨家庄	452	1208	1136
14	张里村	536	1498	1980
15	老里村	865	2269	1839
16	西里村	473	1314	1290
17	南　冬	459	1301	1465
18	五柳庄	675	1908	2580
19	卷子村	930	2680	3343
20	姚家庄	323	896	1328
21	南吴家庄	261	740	776
22	南辛庄	301	779	803
合　计		12540	34936	37083

（杨　明）

北南蔡乡

【概况】　北南蔡乡位于定兴县东南部，乡政府驻地距县城20千米。东与高碑店市东马营镇交界，南隔南拒马河与雄安新区容城县八于乡相望，西与北田乡、雄安新区容城县贾光乡为邻，北与小朱庄镇相接。辖区总面积28.15平方千米，耕地面积27986亩。辖8个行政村：北南蔡、南南蔡、北蔡、中蔡、东辛庄、大留村、南留村、谭城。2019年末，全乡总户数6896户，人口22370人。粮食播种面积22108亩，农业总产值1.33亿元，农民人均纯收入14550元，财政收入365万元。有小学5所（北蔡村小学、大留村小学、南南蔡村小学、谭城村小学和北南蔡中心小学），教师104人，在校学生1255人。卫生院1所，标准化卫生室8个，医务从业人员28名。

【党建引领】　印发《北南蔡乡农村“两委”干部管理办法（试行）》，进一步明确农村“两委”干部的权责，责任更明确、制度更完善、管理更有力。制定《中共北南蔡乡委员会2019年发展党员工作计划》，进一步明确党员发展工作要求，为培养建立一支数量充足、素质较高、结构合理的入党积极分子队伍奠定基础。北南蔡乡积极推动党建阵地规范提升，北南蔡乡党委辖8个农村党支部，对东辛庄村、南南蔡村、谭城村、北蔡村4个党支部“两室”进行整体重建，北南蔡村、大留村、南留村等3个党支部“两室”进行面貌改造提升。北南蔡乡基层党组织阵地建设得到全面提升，真正把村“两室”建设成为服务党员群众的平台。建立健全意识形态工作研判机制，坚持意识形态工作原则，全力打好意识形态工作主动战。2019年全乡围绕意识形态工作共组织中心组学习4次。

【脱贫攻坚】　为6户贫困户申请并办理慢性病卡，有32人享受到慢性病优惠政策；16个贫困户家庭的20人享受教育扶贫政策；25户建档立卡贫困户享受危房改造补助；6人享受大病救治政策；2019年通过走访，并结合低保扩面工作，为符合条件的一般贫困户10户16人申办低保，实现低保保障兜底。全乡开展“送爱心、送温暖、送整洁、送保障”活动，帮助全乡贫困户步伐稳健迈向小康路。

【环境治理】　持续推进环保禁烧工作，广泛宣传农作物秸秆与垃圾禁烧的重要意义，在各村主干街道刷写永久性墙体标语10条、悬挂禁烧横幅60条。积极落实散煤治理工作要求，对辖区内的散煤和炉具进行全面清理，共收缴炉具1305个、散煤155.01吨。深入开展村庄清洁行动和“农村厕所革命”，2019年，共出动清理机械110车次、人工210人次、清理垃圾2750立方米，村容村貌和居民生活环境得到显著改善。

【违建管控】　以集中拆违行动为契机，落实土地巡查网格化责任，加大宣传与巡查力度，切实加强辖区土地监管工作，对3户新发占地（新发生）建房现象全部进行强制拆除。同时，对4处2018年卫片整改与例行督查对象进行整改，土地管控工作成效显著，进一步强化辖区土地管理秩序。

【社会治理】　选优配强纠纷调处精兵强将，筑牢村级第一道防线，全乡8个村均健全民调机构，努力营造“小事不出街、大事不出村，矛盾不上交”的和谐局面。全年在主要路口、集市、广场等共悬挂横幅18条，开展“平安宣传”活动2次。进一步完善各村依法自治的规章制度，全面推进村级自治的良好运行。村规民约修订工作已于6月底全面完成，村风改善提升成效明显。

【安全监管】 制定并下发《中共北南蔡乡委员会关于建立网格化安全监管体系的实施方案》，调整健全由乡政府和各基层站所负责人组成的北南蔡乡安全生产暨农村气代煤安全运行委员会，进一步明确责任和举措，为全力推进安全生产工作提供制度依据和工作标准。制发安全排查明细表6000余份，发放天然气安全使用明白纸6000余份，有效提升辖区群众的安全防范意识，全年辖区内未发生过安全事故。

【民生工程】 为更加方便群众日常出行和生活需要，积极向上级申请道路提标建设，全年通过“村村通”和 “一事一议”项目硬化道路13500余平方米。南拒马河防洪治理工程涉及的征地工作、地上附着物登统全部完成并已发放补偿到位。2019年11月，背水坡50处占压堤防违建已全部完成拆除任务，为南拒马河防洪治理工程下一步顺利施工奠定坚实基础。

【从严治党】 深入开展纪律作风整顿活动，以“不忘初心、牢记使命”主体教育为契机，组织全体机关党员干部对《中国共产党章程》《中国共产党纪律处分条例》《中国共产党廉洁自律准则》的再学习，全年共组织纪律条例学习12次。盯准热点问题。注重关注扶贫领域腐败、侵害群众利益等方面问题，围绕群众反映强烈的重点领域、重点问题，从严执纪监督。全年办结县纪委案管室转来信访案件4起，其中初核了结1件，批评教育1人，责令检查1人，起到问责一个警醒一片的效果，推动廉政建设持续向好。

2019年定兴县北南蔡乡各行政村基本情况统计表

表26

序号	行政村	户数（户）	人口数（人）	耕地面积（亩）
1	北南蔡	917	2863	2918
2	南南蔡	937	3183	2980
3	北　蔡	716	2147	3126
4	中　蔡	627	2022	1925
5	大留村	1080	3565	5775
6	南留村	685	2196	2799
7	谭　城	1224	4086	5170
8	东辛庄	710	2308	3293
合　计		6896	22370	27986

（刘　虹）

城区管理委员会

【概况】　中共定兴县城区工作委员会、定兴县城区管理委员会于2009年12月28日正式挂牌成立，与定兴县社区党委、社区办合署办公。辖区为整个县城区域，面积15.70平方千米，耕地面积4961亩。下辖18个社区居委会，其中城市社区7个（迎宾、国泰、昌盛、新华、繁兴、育才、慈云阁），“村改居”社区10个（一街、二街、三街、四街、车站、后所营、东关、南关、西关、北关），协管央企社区1个（物探社区）。内设党政办公室、财政室、卫计办、组织员室、民政办、综治办、统计站、退役军人服务站。干部职工49名。2019年末，城区总户数24475户，人口76497人，财政收入875.34万元。各社区党组织架构健全，城区党工委下设18个社区党（总）支部，党（总）支部有在册党员1069人。有幼儿园8所，小学5所。标准化卫生室10个，医务从业人员10名。

【不断提升党建工作水平】　以提高执政能力为重点，努力抓好领导班子建设。按照党工委班子建设要求，坚持内强素质、外树形象，加大对中央及省、市、县重大决策的宣传力度，制定学习方案，在工作中班子成员中实行议事例会制度，严格执行中心组理论学习制度，结合双城联创工作，多次开展“不忘初心、牢记使命”主题教育培训会。选取昌盛、迎宾、北关等3个社区作为县级和城区党建示范点进行重点打造，投入资金40万元，对3个社区的党员活动室、文体活动室、儿童之家、便民服务站等各类功能室进行布局装修，班子成员带队开展基层党建专项督导9次，切实达到以巡视提升工作、以行动促进工作的目的，做到党群服务全面，树立社区党建新标杆。

6月30日，召开城区2019年上半年支部书记党建工作述职会议暨支部书记擂台赛

【稳定工作】　2019年城区党工委共召开“扫黑除恶”专题党工委会议5次。营造舆论氛围，安排悬挂宣传条幅49条、循环播放“扫黑除恶专项斗争”宣传标语，广泛动员，发动群众，打响扫黑除恶人民战争。细化问题线索摸排，向县委政法委上报线索1条。

【项目建设】　打响县城建设攻坚战，着力解决群众关心关切的突出问题，拆迁改造、回迁安置、违建管控取得阶段性胜利。完成二街200户居民拆迁工作；对繁兴街北延区域B2区14#、16#楼拆迁扫尾，推动回迁楼建设进度；在做好拆迁工作的同时，督促各片区加快回迁楼建设安置进度，完成信地国际D区8—12#楼5万平方米回迁安置工作，繁兴街北延7期200户、二街90户、一街20户居民全部搬入新居，为下一步拆迁改造工作奠定群众基础。完成燕兴公园周边环境整治、明湖公园南侧猪场拆迁工作，对国泰街与机场路交叉口西南角破旧房屋进行围挡，完成创园工作核定任务。狠刹违法占地建设之风，扫清项目推动障碍，通过巡查组每天巡查管控，全年无新增违法占地情况。

【生态治理】　完善网格化监管体系，在环境综合整治、处理改暖遗留问题、秸秆禁烧、煤炭清零等方面持续加强打击整治力度。共组织开展三次集中清理散煤炉具攻坚活动，累计清理蜂窝煤44000块、收缴各类燃煤炉具551个，辖区内散煤炉具清理实现“清零”目标。进一步深化“散乱污”排查治理，关停取缔的8家“散乱污”企业无一发生反弹，无新滋生；南拒马河城区段河道均有专人负责日常垃圾清理，北关1处纳污坑塘整治完成并通过验收。禁养区内关停取缔的13个畜禽养殖场无一反弹，限养区4家小规模养猪场春秋两季动物防疫率达到100%，非洲猪瘟得到有效控制；环保所和各社区对辖区内的民房施工行为、秸秆垃圾焚烧等情况坚持日常动态巡查监管，上级巡查督察交办的11个问题全部整改到位。实现生活垃圾日产日清，所有街道胡同干净整洁，广大居民生态环保意识普遍得到提升，生活环境得到进一步改善。

【脱贫攻坚】 定期召开扶贫工作专题会，对各社区扶贫工作进行调度安排。制定《城区精准扶贫实施方案》《城区帮扶责任人管理办法》。对城区74名帮扶责任人（县直部门11人，乡镇干部23人，社区“两委”干部40人）定期调度，严格管理，砸实责任、确保实效。积极推动土地流转，使贫困户每年每亩可增加1200元的稳定收入，三街、北关2个社区有17户贫户困完成土地流转；安排体弱多病，但有劳动能力的贫困户为保洁员、禁烧巡逻员和巡河员，每月发放适当生活补贴；为30名有就业意愿的贫困户提供就业岗位；为5名孤寡老人联系由其亲友照顾赡养，并让老人与其亲友签订赡养关系协议。2019年底，30户贫困户已入住回迁楼，21户已签订拆迁补偿协议。在县组织的2次第三方扶贫考核中，城区扶贫工作考核位次位居前列，所有贫困户均已脱贫。

【落实各项惠民政策】 按规定程序共救助121户居民，发放临时救助金18.54万余元。为321名80岁以上老人发放高龄津贴，首批使用手机App对发放津贴的城区老年人年检进行人脸验证；对248名残疾人发放护理补贴，115人发放生活补贴；按照保障房住房要求，全年共入住18户。完成辖区内适龄青年兵役登记，登记率实现100%。健全完善基干民兵应急排和普通民兵营整组、信息资料建档归档工作。完成69人的独生子女一次性补助的发放工作。开展社区“百家宴”“我们的节日——端午”“庆七一”“庆祝中华人民共和国成立70周年”等各类活动35次，其中新华社区“百家宴”活动被6月26日《保定日报》头版进行报道。完成全国第四次经济普查工作，质量抽查44家，名录库录入57家，其中法人单位49家，产业活动单位8家。采集退役军人信息，发放退役军人优待证，为现役军人家庭悬挂“光荣之家”。对监管的企事业单位发放安全提示卡162份，悬挂条幅30余条，组织开展2019年防灾减灾宣传周活动，与定兴县第二实验小学分校共同举办紧急疏散演习活动。处置辖区内石油液化气非法灌装站点和流动站点1处。供暖开始前后，对城区所有小区的供暖分别进行摸排，对摸排发现的供暖温度不足或水管故障等问题的三个小区，协调热力公司及时维修，保证城区居民温暖过冬。

【党风廉政建设】 坚持把党风廉政建设作为促进各项事业发展的根本保证。落实民主生活会、组织生活会和“三会一课”等制度。开展扶贫领域腐败和作风问题、中央八项规定精神落实情况、名贵资产资源占用情况、值班在岗在位情况、办公用房使用情况、漠视侵害群众利益问题等专项检查。组织召开“城区警示教育大会”，通报上级查处的典型案例。2019年，城区纪工委共受理信访件9件，函询4件，全年配合县纪委查办案件15件。

2019年定兴县城区各社区基本情况统计表

表27

序 号	社 区	户数（户）	人口数（人）	耕地面积（亩）
1	国泰社区	2300	7200	
2	繁兴社区	1486	4396	
3	迎宾社区	1400	5600	
4	新华社区	2055	5517	
5	育才社区	4184	12000	
6	慈云阁社区	578	1703	
7	昌盛社区	3778	11334	
8	一街社区	450	1653	235
9	二街社区	477	2000	883
10	三街社区	365	1532	892
11	四街社区	326	1360	30
12	东关社区	768	2780	354
13	西关社区	353	1412	350
14	南关社区	495	1780	92
15	北关社区	847	1780	2125
16	后所营社区	2100	6550	
17	车站社区	1780	5800	
18	物探社区	733	2100	
合 计		24475	76497	4961

（王 宁）

组织机构及负责人名单

【中共定兴县委常务委员会】

书 记	韩朝红（女）
副书记	吴 鹏
	张永山（5月免职）
	刘 旭（5月任职）
常 委	韩朝红（女）
	吴 鹏
	张永山（5月免职）
	刘 旭
	杨文彪（9月离任）
	李贤明（9月任职）
	高 巍
	张志辉（9月离任）
	曹纯章
	常 伟
	赵胜男（女）
	丁 磊（9月任职）
	张祝涛（9月任职）
	安明福

【中共定兴县委办公室】

主 任	常 伟（9月离任）
	丁 磊（9月任职）
常务副主任	刘文鑫（10月离任）
	刘 宁（10月任职）
副主任、督查室主任	王 辉（3月离任）
副主任	何艳薇（女，10月离任）
	刘贵祥（10月任职）
	祖建民（10月任职）
改革办专职副主任	梁启胜
四级主任科员	刘贵祥（10月离任）
	祖建民（10月离任）

【中共定兴县委组织部】

部 长	张志辉（9月离任）
	曹纯章（9月任职）
常务副部长	韩军祥
副部长	张永利
	林则民（1月任职）

【中共定兴县委宣传部】

部　长　赵胜男（女）
常务副部长　孙　强
副部长　李　航
二级主任科员　田伟华

【中共定兴县委机构编制委员会办公室】

主　任　叶同庆
副主任　马　为
　于翔宇（女，4月离任）
二级主任科员　李　嵩

【中共定兴县委统战部】

部　长　张志辉（9月离任）
　曹纯章（9月任职）
常务副部长、工商联党组书记、民宗局长
　宫　瀚
副部长　于建军
　马爱民（女，1月任职）

【中共定兴县县直机关工作委员会】

书　记　侯　伟
副书记　许宏明　李俊龙
二级主任科员　王　飞

【中共定兴县委老干部局】

局　长　岳福静（3月离任）
　卢振东（3月任职）
副局长　郭秀菊（女）
二级主任科员　王　鹏
副科级干部　袁　健

【定兴县信访局】

局　长　梁建光（10月离任）
　于翔宇（女，10月任职）
副局长　李志国　王　晴（女）
二级主任科员　田潇濛（女）
四级主任科员　李晓飞

【中共定兴县委网络安全和信息化委员会办公室】

主　任　刘　会（1月任职）
副主任　李艳丽（1月任职）
　张　华（女，1月任职）

【中共定兴县委巡察工作办公室】

主　任　乔　仟
副主任　田治国

【中共定兴县委党校】

校　长　张永山（兼，5月免职）
　刘　旭（兼，5—9月任职）
　曹纯章（兼，9月任职）
常务副校长　朱桂德
副校长　李熊飞　于常红（女）

【定兴县档案馆】

馆　长　刘　晴（女，3月离任）
　和晓波（3月任职）
副馆长　许志高　刘立英（女）
二级主任科员　王常春（10月任职）
四级主任科员　李春丽（女）

【定兴县第十五届人民代表大会常务委员会】

党组书记、主任　荆明志
党组副书记、副主任　蔡占全
党组副书记　张铁山
副主任　吴奇玲（女）
党组成员　张志辉（9月任职）
党组成员、副主任　耿建明
　秦振国（9月离任）

委　员　张铁山　林　林（7月辞职）
李克清　刘　林
马立强　李占华（女）
刘文鑫（11月辞职）　韩军祥
王卫华（女）张　康　李甲旺
王海波　王增海　王贺堂
龙　华（女）吕长城　马世春
许玉河　赵鸿滨　肖连才
刘立新　李汶声　舒占良
温德民（11月辞职）　李明彬
张广田　李志远　牛宝平
唐志存

【定兴县人大常委会办事机构】

办公室

主　任　林　林（3月离任）
赵春海（3月任职）

副主任　庞　涛（女）

代表工委

主　任　李克清

副主任　陆月珍（女）

财经工委

主　任　刘　林

副主任　唐燕青（女）

教科文卫工委

主　任　马立强

副主任　潘　颖（女）

法制工委

主　任　李占华（女）

副主任　王佳丽（女）

社会建设工委

主　任　杜炳武（1月任职）

副主任　王　鹏（11月任职）

【定兴县人民政府县长、副县长】

县　长　吴　鹏（1月任职）

常务副县长　高　巍

副县长　刘　旭（6月离任）
常　伟（9月任职）
李红娜（女）　王承先
王　波　张希鹏

【定兴县人民政府办公室】

党组书记、主任　郑长海

党组成员、副主任　刘　辉（11月离任）
王颖莉（女）
顾　霄（11月任职）

四级主任科员　张旭东　安佳佳

【定兴县退役军人事务局】

党组书记、局长　李玉红（女，1月任职）

党组成员、副局长　刘文民（1月任职）
闫　锋（10月任职）

二级主任科员　梁天江（1月任职）
刘　哲（10月任职）

正科级干部　刘春华（8月任职）

副科级干部　刘文刚（1月任职）

【定兴县机关事务管理局】

局　长　李　平

副局长　佟志宏（女，10月离任）
张　勇（11月任职）
何　健

【定兴县志编纂委员会办公室】

主　任　耿　超

副主任　徐兴国

【政协定兴县第十三届委员会常务委员会】

主　席　傅　勤

副主席　王洪波　肖　钧

	刘晓涛（女，满）	崔景刚	
秘书长	蔡宝辉		
常务委员	马　安	马连忠	王本卿
	王东升	冯　柱	刘长福
	刘文生	许玉清	李文利（女）
	李文启	李冬梅（女）	
	李　凯	李　根	李　智
	杨海涛	张景和	郑文奎
	赵永健	赵　亮	荆文贵
	宫　瀚	耿福龙	殷文忠
	梁晓彦（女）		韩希庆
	蔡宝启		

【定兴县政协办事机构】

办公室

主　任	蔡宝辉（兼）	
副主任	孙志国	
二级主任科员	秦艳芝（女）	崔元宁
四级主任科员	张凤祥	王　祎（女）

经济委员会

主　任	马文阁
副主任	刘维兵

科教文卫委员会

主　任	李洪信
副主任	霍国庆

社会法制提案民族宗教委员会

主　任	胡新平
副主任	魏琳娜（女）

农业农村委员会

主　任	韩常忠

【中共定兴县纪律检查委员会　定兴县监察委员会】

书　记	杨文彪（9月离任）	
	李贤明（9月任职）	
副书记	任金田	马建国
常　委	刘　宁（10月离任）	
	刘景华（女）	
	高　伟	刘　凯
监委主任	杨文彪（9月离任）	
	李贤明（9月提名监委主任候选人）	
监委副主任	任金田	马建国
监委委员	刘　宁（10月离任）	
	刘景华（女）	冯　炫
	张利华（女）	

【定兴县总工会】

主　席	张铁山
党组书记、常务副主席	王东升
党组成员、副主席、经审会主任	许仲全

【中国共产主义青年团定兴县委员会】

书　记	张　康
副书记	李慰祖（女）

【定兴县妇女联合会】

主　席	王卫华（女，3月离任）
	刘　晴（女，3月任职）
副主席	张　华（女）

【定兴县科学技术协会】

主　席	王　雷	
副主席	刘　立	崔志英（女）
二级主任科员	韩　凯	

【定兴县工商业联合会】

主　席（驻会）	马文阁（3月离任）
	王卫华（女，3月任职）
副主席（驻会）	吕百昌

副主席（不驻会） 刘 立 丁慧勇
李冬梅（女） 李 根
肖连才 王嘉琪（女）
李汶声 张志国
刘兆东 李 智
赵长雨 孙志茹（女）
韩喜泰 李文利（女）
秘书长（驻会） 张双杰

【定兴县文学艺术界联合会】

主 席 王振林

【中共定兴县委政法委员会】

书 记 曹纯章（9月离任）
张祝涛（9月任职）
常务副书记 管志强
副书记 付 冬（1月任职）
张 华

【定兴县公安局】

局 长 孙志江（1月离任）
刘晓明（1月任职）
政 委 王亚和（1月离任）
朱红卫（1月任职）
副局长 肖连启 张 勇
党委委员 武 明
党委委员、政治处主任 古双剑
党委委员 刘学志
党委委员、指挥中心主任 刘书岩
党委委员、刑警大队长 陈玉新
党委委员、国保大队长 张晓晖
党委委员、法制大队长 郭 杰（女）
党委委员、路西派出所所长 贺志强
党委委员、巡特警大队长 王雪峰
党委委员、警务保障室主任 韩爱萍（女）

【定兴县人民检察院】

党组书记、检察长 杨宗豪
党组副书记、副检察长兼任第一检察部负责人 刘建革
党组成员（负责纪检工作） 王 成
党组成员 梁雪松
党组成员（兼任第二检察部负责人） 殷金梅（女）
党组成员（兼任第三检察部负责人） 肖志玲（女）
党组成员 郭金生
党组成员、驻看守所检察室主任 姜保民

【定兴县人民法院】

党组书记、院长 王士华
党组副书记、副院长 王茂林
党组成员、副院长 刘 洋 李德勤
党组成员、执行局长 王 庚
党组成员 张耀水
党组成员、政治处主任 张建强
党组成员 任兴文

【定兴县司法局】

局 长 马瑞森（10月离任）
梁建光（10月任职）
副局长 马术江 杜金勇
政治处主任 肖哲云（女）
二级主任科员 郭向英（女） 曹立华
副科级干部 李泽旭
四级主任科员 田志永（1月任职）

【定兴县发展和改革局】

党组书记、局长 庞东辉（1月离任）
刘兴国（1月任职）
党组成员、副局长 解勇飞

二级主任科员　　张　洋
　　刘　轩（1月任职）

【定兴县统计局】

局　长　　张　标（11月离任）
　　刘　辉（11月任职）
副局长　　许蕴涛　　刘会先（女）
普查中心主任　　杨　浩
二级主任科员　　刘　震　　彭慧杰
　　王光明

【定兴县人力资源和社会保障局】

局　长　　王德柱
副局长　　王建成（11月离任）
　　何艳薇（女，11月任职）
　　牛　河
四级调研员　　王建成
二级主任科员　　张春宝
四级主任科员　　刘宏雷

【定兴县自然资源和规划局】

局　长　　谢丽军
副局长　　史玖玲（1月任职）
　　刘雅明（1月任职）
　　任学云（女）　　许学光
　　马　军（1月任职）
　　邓韶华（1月任职）
四级主任科员　　庞　杰（女）
　　杨卫东（1月任职）

【定兴县市场监督管理局】

党组书记、局长　　戎志国
党组副书记、副局长
　　寇立红（女，1月任职）
　　胡文金（1月任职）
党组成员、副局长　　张志成　　赵　阳
　　姚晓楠
　　于　颖（女，1月任职）
二级主任科员　　李自清
　　王长海（1月任职）
　　温洪顺（1月任职）

【定兴县审计局】

局　长　　李文何（10月离任）
　　刘文鑫（10月任职）
副局长　　马金宝　　张建成
四级主任科员　　杨红兰（女）

【定兴县应急管理局】

局　长　　王学志（10月离任）
　　李爱军（10月任职）
副局长　　牛伯金　　张聪慧
二级主任科员　　张增海
监察大队长　　闫喜秋

【定兴县行政审批局】

党组书记、局长　　苗　强
党组成员、副局长　　谢东坡
　　郭云龙（11月离任）
党组成员、四级主任科员
　　刘静静（女）

【定兴县农业农村局】

党组书记、局长　　林树明
副局长　　李海建（1月任职）
　　张克海
二级主任科员　　田中魁（1月任职）
副科级干部　　许亦农　　苏志刚
　　王建霞（女）
四级主任科员　　董常龙

【定兴县工业和信息化局】

党组书记、局长　袁　庆

副局长　张立新　王建中

四级主任科员　刘海英（女）

【定兴县商务局】

党组书记、局长　徐冶荣（10月离任）

张　标（10月任职）

副局长　彭志成　古英辉

二级主任科员　刘　轩（1月离任）

史渤峰（10月任职）

【定兴县供销合作社联合社】

党组书记、主任　张俊茹（女）

副主任　吴　昆　林科宇

【定兴县市场建设服务中心】

主　任　文　哲（10月离任）

副主任　李建国　董顺义

【定兴县水利局】

党组书记、局长　李爱军（10月离任）

徐冶荣（10月任职）

党组副书记、副局长　廉成森

党组成员、副局长　孙　丹

二级主任科员　柴锦春

党组成员、正科级干部　王立阁

党组成员　徐凤花（女）

【国网河北省电力有限公司定兴县供电分公司】

经　理　甄盼好（7月离任）

朱海涛（7月任职）

书　记　石　峰（12月离任）

周永强（12月任职）

副经理　贾文利　姜喜庆

纪委书记、工会主席　袁玉涛（2月任职）

【定兴县交通运输局】

局　长　刘兴国（1月离任）

赵　周（1月任职）

副局长　边　征　何永强

二级主任科员　张　辉

正科级干部　刘占泉

四级主任科员　孙玉春　孙　辉

【定兴县养路工区】

主　任　刘金涛

副主任　靳凤城　张丙常

【中国邮政集团公司河北省定兴县分公司】

总经理　（缺职）

副总经理

柴亚丽（女，兼寄递事业部总经理）

张晓力（兼寄递事业部常务副总经理）

杜鑫永（兼工会主席）

【中国联合网络通信有限公司定兴县分公司】

党支部书记、总经理　王宝春

副总经理　佘　彬（4月离任）

闫海峰

陈培杰（7月任职）

【中国移动通信集团河北有限公司定兴分公司】

总经理、党支部书记　卢　刚（2月离任）

张艳青（女，8月任职）

副经理　杨朝宇（1月任职）

副经理、党支部副书记

蔡云杰（女，3月—7月主持全面工作）

【中国电信股份有限公司定兴分公司】

总经理　薛任桩

副经理　秦　颖

【定兴县住房和城乡建设局】

局　长　赵　周（1月离任）

庞东辉（1月任职）

副局长　张国锋

【保定市住房公积金管理中心定兴县管理部】

主　任　白　曦（女）

【保定市生态环境局定兴县分局】

党组书记、局长　韩海军

副局长　王云城　卢晓可

正科级干部、党组成员　盛宝华

二级主任科员、党组成员　于冬军　肖　航

党组成员　尚振平

【定兴县城市管理综合行政执法局】

党组书记、局长　王纪青（1月任职）

党组成员、副局长　陈国忠

李艳丽（女，1月任职）

二级主任科员　文　哲（10月任职）

李　学（1月任职）

四级主任科员　石　磊

【定兴县财政局】

党组书记、局长　刘春林

党组成员、二级主任科员　陈学东　潘迎喜

党组成员、副局长　李冬梅（女）

【国家税务总局定兴县税务局】

党委书记、局长　何庆军

党委副书记、副局长　刘　磊

党委委员、副局长　林现河　李振华

史　磊　岳　光

宋春光（12月任职）

吴增军

党委委员、纪检组长　辛　亮

党委委员　郭炳和

【中国银行保险监督管理委员会保定监管分局定兴监管组】

组　长　肖　健（6月任职）

【中国人民银行定兴县支行】

党组书记、行长　李东涛（10月任职）

党组副书记、副行长

李东涛（1月—10月主持全面工作）

党组成员、副行长　刘树来　王会良

党组成员、纪检组长　蔡建忠

二级主任科员　王会洋　刘兰友

【中国工商银行股份有限公司定兴支行】

行　长　袁　康

副行长　王建彤　许海滨

王俊青（11月任职）

内控监察员　王俊青（11月离任）

【中国建设银行股份有限公司定兴支行】

行　长　穆贺飞

副行长　曹大庆　李金艳（女）

【中国农业银行股份有限公司定兴县支行】

行　长　臧洪彬（12月离任）

李建奇（12月任职）

纪委书记　魏志辉

副行长　张晓辉（8月离任）

杨立志（8月任职）

李　帅（8月任职）
行长助理　杨立志（8月离任）

【中国农业发展银行定兴县支行】
行　长　徐广贺
副行长　李　萍（女）　王学军

【中国银行股份有限公司定兴支行】
行　长　华永胜
副行长　赵　蒸

【保定银行股份有限公司定兴支行】
行　长　陈中旺（4月离任）
石泳梅（女，4月任职）

【定兴县农村信用联社股份有限公司】
董事长　王香菊（女）
主　任　冀红午
监事长　马利群
副主任　王洪祺　高　娜（女）
李海亮

【中国邮政储蓄银行股份有限公司定兴县支行】
行　长　杨雪超
副行长　秦　政

【河北银行股份有限公司保定定兴支行】
行　长　王晓明
行长助理　张　尧

【定兴丰源村镇银行股份有限公司】
董事长　劳晓江
行　长　李晓彬
副行长　李明星　张国威

【中国人民财产保险股份有限公司定兴支公司】
经　理　李　健
副经理　高宏伟　耿洪生

【中国人寿保险股份有限公司定兴支公司】
经　理　张秋兰（女，1月离任）
刘建柱（1月任职）
副经理　刘立勇（4月离任）
李文平（4月任职）
经理助理　陈　霞（女）

【定兴县教育和体育局】
县委教育工委书记、局党组书记、局长
王春生
县委教育工委委员、局党组副书记、副局长
齐小刚
副局长　张国君（女）
县教育工委委员、局党组成员、二级主任科员
王德生（1月任职）
局党组成员、四级主任科员　潘志刚

【定兴县文化广电和旅游局】
局　长　朱恩贵
副局长　赵清浩　瞿建勇
科级干部　李建国　张朋娜（女）

【定兴县广播电视台】
台　长　郭全喜（1月任职）
副台长　马向前　张立明
史昕民（女）

【定兴县卫生健康局】
党组书记、局长　陈大为（1月任职）
副局长　许亚军（女）
杜桂江　高贵林

【定兴县医疗保障局】

局　长　　蔡双利
副局长　　牛茂臣　赵彦城
二级主任科员　　肖泽永　周建永

【定兴县计划生育协会】

会　长　　张永山（兼，5 月免职）
　　赵胜男（女，兼，5 月任职）
第一副会长　　李红娜（女，兼）
常务副会长　　高宝玉
专职副会长　　杨耀明

【定兴县民政局】

党组书记、局长　　张少华
党组成员、副局长　　孙晓东（1 月任职）
　　张　萌（7 月任职）
二级主任科员　　高志鹏　吕保军

【定兴县残疾人联合会】

理事长　　郭全喜（1 月离任）
　　于翔宇（女，3—10 月任职）
　　许连科（10 月任职）
副理事长　　贾文龙　任　顺

【河北定兴金台经济开发区管理委员会】

党工委书记　　韩朝红（女）
管委会主任　　吴　鹏
党工委副书记、管委会副主任
　　丁　磊（9 月离任）
　　秦振国（9 月任职）
党工委副书记　　闫宏一（3 月任职）
管委会副主任　　张　竞（10 月离任）
　　白金波
　　殷　超（10 月任职）
　　王赛超
二级主任科员　　刘东光　孙建军

【定兴镇领导班子成员】

党　委

书　记　　王纪青（1 月离任）
　　张　利（3 月任职）
副书记　　史士锋（10 月离任）
　　古洪强（10 月任职）
　　周　健（11 月离任）
　　刘　帅（11 月任职）
纪委书记　　魏连增（1 月离任）
　　郄绍武（7 月任职）
组织委员　　韩雅微（女）
宣传委员　　刘　帅（11 月离任）
　　杨　超（女，11 月任职）
武装部长　　李永军
党委委员　　杨银生　梁晓明

政　府

镇　长　　史士锋（10 月离任）
　　古洪强（10 月任职）
副镇长　　梁晓明　张保才
　　薛玉娟（女）

人大主席团

主　席　　杨银生
副主席　　王　兴（女，10 月离任）

二级主任科员　　何进良　郭　威
　　田宏波（10 月任职）
　　于金忠

【北河镇领导班子成员】

党　委

书　记　　刘　伟
副书记　　崔　迪　闫　峰
纪委书记　　霍　雯（女）
组织委员　　郭　研（女）
宣传委员　　佟健荣（女）

武装部长 丁 洋

委 员 刘晓伟 王立新

政 府

镇 长 崔 迪

副镇长 王立新 杨 静（女）

人大主席团

主 席 刘晓伟

副主席 张 媛（女）

二级主任科员 张春明

【固城镇领导班子成员】

党 委

书 记 陈大为（1 月离任）

刘 刚（3 月任职）

副书记 刘 扬（3 月离任）

王 辉（3 月任职）

李晓飞（11 月离任）

孙 一（11 月任职）

纪委书记 于 铮

组织委员 王佳庆（女，11 月离任）

赵丽丽（女，11 月任职）

宣传委员 李海霞（女）

武装部长 李德会

委 员 徐阿宝（5 月离任）

甄 涛（11 月任职）

梁雪山

政 府

镇 长 刘 扬（3 月离任）

王 辉（3 月任职）

副镇长 梁雪山

杨 超（女，11 月离任）

孙 一（11 月离任）

牛洪达（11 月任职）

人大主席团

主 席 徐阿宝（5 月离任）

甄 涛（11 月任职）

副主席 李海霞（女，7 月任职）

二级主任科员 甄 涛（11 月离任）

胡楠楠

【贤寓镇领导班子成员】

党 委

书 记 王景刚

副书记 崔 迪（3 月离任）

张 伟（3 月任职）

李勇泉（11 月离任）

杨 超（11 月任职）

纪委书记 廉克彪

组织委员 吕仁猛（11 月离任）

沈小超（女，11 月任职）

宣传委员 杨 超（11 月离任）

沈小超（女，11 月兼任）

武装部长 田俊杰

委 员 李勇泉（11 月任职）

秦志龙

政 府

镇 长 崔 迪（3 月离任）

张 伟（3 月任职）

副镇长 秦志龙

人大主席团

人大主席 李勇泉（11 月任职）

副主席 霍 杰

二级主任科员 史渤风（11 月离任）

张宝进

四级主任科员 李 欣

【天宫寺镇领导班子成员】

党　委

书　记　蔡双利（1月离任）
许连科（3—10月任职）
刘　扬（10月任职）

副书记　许连科（3月离任）
娄标文（3月任职）
闫　锋（10月离任）
星福生（10月任职）

纪检书记　赵　楠（女）

组织委员　张　雷（女）

宣传委员　郝丙军

武装部长　王红岩

政　府

镇　长　许连科（3月离任）
娄标文（3月任职）

副镇长　李少华　张宇鹏

人大主席团

主　席　刘旭光（3月离任）
董立广（10月任职）

副主席　杨海龙

二级主任科员　田宏波（10月离任）

【小朱庄镇领导班子成员】

党　委

书　记　张　利（3月离任）
田建华（3月任职）

副书记　田建华（3月离任）
林　林（3月任职）
董立广（11月离任）
李　阳（11月任职）

纪委书记　郄绍武（7月离任）
郭　巍（7月任职）

组织委员　李志磊

宣传委员　王秋玲（女）

武装部长　孙嘉鹏

委　员　王　彬

政　府

镇　长　田建华（3月离任）
林　林（3月任职）

副镇长　李　阳（11月离任）
刘文霞（女）

人大主席团

主　席　王　彬

二级主任科员　刘晨光
刘志国（11月离任）

【姚村镇领导班子成员】

党　委

书　记　张　良

副书记　荆　巍（3月离任）
刘旭光（3月任职）
王　鹏（11月离任）
王　杰（11月任职）

纪委书记　郭宁宁（女，11月离任）
姚建强（11月任职）

组织委员　王　杰（11月兼任）

宣传委员　蔡　畅

武装部长　顾　霄（兼，11月离任）
杨佳伟（兼，11月任职）

委　员　于海龙（11月任职）

政　府

镇　长　荆　巍（3月离任）
刘旭光（3月任职）

副镇长　姚建强（11月离任）
杨佳伟（11月任职）
顾　霄（11月离任）
郭宁宁（女，11月任职）

人大主席团

主　席　　闫宏一（11 月离任）
于海龙（11 月任职）

副主席　　孙金涛（11 月离任）
张爱红（女，11 月任职）

二级主任科员　　王常春（11 月离任）

【东落堡乡领导班子成员】

党　委

书　记　　李玉红（女，1 月离任）
杨忠良（3 月任职）

副书记　　古洪强（10 月离任）
史士丰（10 月任职）
周志军（10 月离任）
许　龙（11 月任职）

纪检书记　　佟克宽

组织委员　　张宝彬（10 月离任）
王洪帅（10 月任职）

宣传委员　　张　鹏（女，11 月任职）

武装部长　　张亚东（兼）

委　员　　刘　哲（10 月离任）
赵　畅（11 月任职）
张亚东

政　府

乡　长　　古洪强（10 月离任）
史士丰（10 月任职）

副乡长　　张亚东
许　龙（11 月离任）

人大主席团

主　席　　刘　哲（10 月离任）
赵　畅（11 月任职）

副主席　　刘　伟

正科级组织员　　刘春华（10 月离任）

二级主任科员　　赵承立　　王春刚

【高里乡领导班子成员】

党　委

书　记　　杜　然

副书记　　顾志伟
星福生（11 月离任）
田　沣（11 月任职）

纪委书记　　王树江（11 月离任）
张彦红（11 月任职）

组织委员　　王洪帅（11 月离任）
马　玲（11 月任职）

宣传委员　　徐海涛

武装部长　　张庆丰

委　员　　侯洪飞　　曹学军

政　府

乡　长　　顾志伟

副乡长　　曹学军　　刘　峥（女）
李艳斋（11 月任职）

人大主席团

主　席　　侯洪飞

副主席　　田　沣（11 月离职）

二级主任科员　　梁金忠　　张风韦（女）

【柳卓乡领导班子成员】

党　委

书　记　　王本富

副书记　　姚国占　　锅　坚

纪检书记　　张艳菊（女）

组织委员　　董　洁（女）

宣传委员　　周　玥（女）

委　员　　吕仁猛（9 月任职）
杨伟生

政　府

乡　长　　姚国占

副乡长　杨伟生
　孙金涛（9月任职）

人大主席团

主　席　吕仁猛

【肖村乡领导班子成员】

党　委

书　记　杨忠良（3月离任）
　王　鉴（3月任职）
副书记　高建华　胡宝柱
纪委书记　许艳玲（女）
组织委员　荆　硕（11月离任）
　丁　青（11月任职）
宣传委员　任华英（女，11月离任）
　王佳庆（女，11月任职）
武装部长　郅建新
委　员　韩春旺　韩立涛

政　府

乡　长　高建华
副乡长　李向阳
　韩立涛（11月离任）
　任华英（女，11月任职）

人大主席团

主　席　韩春旺
副主席　张　盼（女，11月离任）
　荆　硕（11月任职）

二级主任科员　韩立涛（11月任职）

【张家庄乡领导班子成员】

党　委

书　记　耿宏程（3月离任）
　刘　扬（3—11月任职）
　韩　兰（女，11月任职）
副书记　梁国庆　古志军
纪委书记　张忠程（10月离任）
　李　东（10月任职）
组织委员　高　丽（女）
宣传委员　李增启
武装部长　田连松
委　员　郝建权　牛奇峰

政　府

乡　长　梁国庆
副乡长　牛奇峰
　李　东（10月离任）
　张忠程（10月任职）

人大主席团

主　席　郝建权（9月离任）
　屈银华（女，11月任职）
副主席　牛洪达（11月离任）

二级主任科员　田俊杰（女）

【李郁庄乡领导班子成员】

党　委

书　记　耿宏程（9月离任）
　任　才（9月任职）
副书记　文　哲（3月离任）
　荆　巍（3月任职）
　张伟东
纪委书记　张　丹（女）
组织委员　丁　青（10月离任）
　张　盼（女，10月任职）
宣传委员　金素玲（女）
武装部长　星海涛
党委委员　娄标文（3月离任）
　武立宁（女，11月任职）
　李新建

政　府

乡　长　文　哲（3月离任）
　　　　荆　巍（3月任职）
副乡长　李志杰　李新建

人大主席团

主　席　娄标文（3月离任）
　　　　武立宁（女，11月任职）
副主席　刘晓宇（女，7月辞职）
　　　　张　盼（女，7—10月任职）

二级主任科员　李艳华（女）

【北田乡领导班子成员】

党　委

书　记　郭大伟
副书记　田经伟
　　　　张子光（12月离任）
　　　　范志青（挂职）
　　　　周志军（12月任职）
纪委书记　张艳红（女，12月离任）
　　　　史美华（女，12月任职）
组织委员　史美华（女，12月离任）
　　　　王　兴（女，12月任职）
宣传委员　张　萌（9月离任）
　　　　贾璞璇（女，12月任职）
武装部长　韩若庚
委　员　李晓亮

政　府

乡　长　田经伟
副乡长　李晓亮　杨　莹（女）

人大主席团

主　席　潘　涛（12月任职）
副主席　史新辉

二级主任科员　田晓琪

【杨村乡领导班子成员】

党　委

书　记　纪振杰
副书记　任　才（9月离任）
　　　　李占良（9月任职）
　　　　于　洋（女）
纪委书记　康　帅（7月任职）
组织委员　张思明（女）
宣传委员　李海军
武装部长　张海远
政法委员　于　洋（女,4月兼职）
委　员　张　伟（3月离任）
　　　　周　健（11月任职）
　　　　韩志海

政　府

乡　长　任　才（9月离任）
　　　　李占良（9月任职）
副乡长　韩志海　柴永建

人大主席团

主　席　张　伟（3月离任）
　　　　周　健（11月任职）
副主席　刘　明

【北南蔡乡领导班子成员】

党　委

书　记　刘　刚（3月离任）
　　　　王术明（3月任职）
副书记　张　猛（3月任职）
　　　　韩　冰（11月任职）
　　　　闫　峰（11月离任）
纪检书记　韩晓芬（女，11月任职）
组织委员　梁　冰（11月任职）
宣传委员　韩洪丽（女，11月任职）
武装部长　王树昌（11月任职）

委　员　郭云龙（11月任职）
　　　　张爱红（女，11月离任）

政　府

乡　长　王术明（3月离任）
　　　　张　猛（3月任职）

副乡长　李凤芸（女）　王树昌

人大主席团

主　席　郭云龙（11月任职）

副主席　张爱红（女，11月离任）

【城区管理委员会领导班子成员】

党工委

书　记　史艳武

副书记　韩　兰（女，11月离任）
　　　　张　竞（11月任职）
　　　　于海龙（11月离任）
　　　　刘晓文（11月任职）

纪工委书记　肖前华（女，3月离任）
　　　　张　鹏（女，7月任职）

组织委员　潘　涛（11月离任）
　　　　宋文秀（女，11月任职）

武装部长　周万新

委　员　李　丽（女）

管委会

主　任　韩　兰（女，11月离任）
　　　　张　竞（11月任职）

副主任　周万新　董宏刚
　　　　刘志国

定兴县人民代表大会常务委员会工作报告

——2020年1月10日在定兴县第十五届人民代表大会第四次会议上

定兴县人大常委会主任　荆明志

各位代表：

我受定兴县第十五届人民代表大会常务委员会委托，向大会报告工作，请予审议，并请列席会议的同志提出意见。

过去一年的主要工作

2019年是中华人民共和国成立70周年，是实施“十三五”规划的关键之年。县人大常委会深入学习习近平新时代中国特色社会主义思想，全面贯彻落实党的十九大和十九届二中、三中、四中全会精神，以及习近平总书记关于坚持和完善人民代表大会制度的重要思想，深入开展“不忘初心、牢记使命”主题教育和“河北发展、人大尽责”主题实践活动。在中共定兴县委坚强领导下，紧扣“16448”总体部署，依法履行职权，主动担当作为，圆满完成县十五届人大三次会议确定的各项目标任务。一年来，共召开常委会会议9次，主任（扩大）会议20次，组织执法检查、调研30余次，听取和审议工作报告23项，下发审议意见书16件，提出审议意见61条，为推动我县民主法治建设作出了积极努力，为开创定兴跨越崛起新局面贡献了人大力量。

一、坚持党的领导，着力把牢政治方向

常委会始终坚持人大工作正确的政治方向，坚持和维护党的领导，确保县委决策部署不折不扣地落实到人大工作中。

把讲政治作为人大工作的生命线。常委会始终把坚持党的领导作为根本遵循，增强“四个意识”，坚定“四个自信”，做到“两个维护”。坚持用新思想武装新头脑、引领新方向、指导新实践，把学习贯彻习近平新时代中国特色社会主义思想作为首要政治任务，与习近平总书记对河北重要讲话和重要指示批示精神，以及关于坚持和完善人民代表大会制度的重要思想一体学习领会、整体贯彻落实。

把守规矩贯穿依法履职的全过程。认真贯彻落实县委重大决策部署，不折不扣地执行向县委请示报告制度，重大问题及时报告，阶段性工作定期报告，工作动态随时报告。强化常委会党组政治保障职责，依法行使监督、任免和重大事项决定等职权，使县委的主张通过法定程序成为全县人民的意志，使县委推荐的人选通过法定程序成为地方政权机关负责人，保证县委总揽全局、协调各方的领导核心作用充分发挥。

把敢担当融入监督落实的各环节。常委会紧紧围绕县委中心，尽职尽责，敢于担当，积极参与推进经济社会发展各项工作，投身民主法治建设和跨越发展第一线。强化项目建设、

脱贫攻坚、大气污染防治、乡村振兴和生态文明等全过程监督，坚持深入基层调研，研究解决实际问题，形成推动发展的强大合力。特别在事关长远发展的“急、难、险、重”工作上，提出高质量意见建议，当好参谋助手，发挥凝心聚力的表率作用。

二、坚持服务大局，着力强化依法履职

常委会紧紧围绕县委决策部署，依法履行法定职责，推动人大各项工作扎实开展，促进全县经济高质量发展。

助力打好“三大攻坚战”。围绕中央决策部署，常委会以精准之策、严实之态、有效之举，不断加大监督力度，确保经济社会持续健康快速发展。脱贫攻坚方面。开展对全县脱贫攻坚工作调研，听取了县政府专题报告和11个部门工作汇报。针对“两不愁三保障”等政策落实还存在薄弱环节和短板等问题，要求县政府和责任部门进一步强化医疗、住房等惠民政策落实，抓好防返贫长效机制建设，确保打赢脱贫攻坚战。防范化解重大风险方面。对防范化解金融风险情况进行专题调研，全面深入了解金融机构运营情况，形成高质量调研报告和四方面工作建议。强化政府债务监督，依法批准县政府2019年度地方政府债券资金限额，要求县政府严格控制新增债务规模，加强债务资金使用监管，切实防范和化解债务风险。污染防治方面。县人大水污染防治执法检查组深入定兴镇污水处理厂和有关企业，针对处理能力不足等问题，提出加快污水处理厂提标扩容、加强对涉水企业排污监管等有针对性的改进意见。专题听取和审议了县政府《关于2019年度环境状况和环境保护目标完成情况的报告》，指出城乡环境差距较大等问题，提出健全和完善环保目标责任体系建设、加强农村环保基础设施建设等审议意见。结合省环保督察，持续关注“河长制”落实，定期开展“巡河”工作。推进“双城联创”，常委会领导带队，多次进行实地督查指导，有力助推了创建工作。

推动经济平稳有序运行。常委会听取审议2019年上半年国民经济和社会发展计划执行情况报告，建议县政府坚持新发展理念，加快高新技术项目建设，促进产业转型升级，推动经济社会高质量发展。审议我县国有资产管理情况报告，督促县政府摸清国有资产底数，规范和改进管理。听取和审议2019年上半年预算执行情况报告，批准2018年决算和2019年预算调整方案，突出对重点项目支出、重大政策执行的审查，推动预算执行规范化，提高财政资金使用效益。听取和审议县政府2018年预算执行及其他财政收支审计情况的报告，充分运用审计结果，督促问题整改，提高审计监督实效。开通县人大预算联网监督系统，健全完善查询、分析、预警等功能，让政府的每一项支出都在人大实时全程监督之下，预算审查监督时效性和精准度进一步提升。

依法人事任免和决定重大事项。2019年常委会依法任免国家工作人员44人次，严格落实任前法律考试，任后颁发任命书、《中华人民共和国宪法》宣誓制度。认真落实县委《关于健全人大讨论决定重大事项制度、县政府重大决策出台前向县人大报告的实施意见》，全年共下发决议、决定19个。特别是出台《关于实施县政府民生实事项目人大代表票决制工作的决定》，为更好地推进政府决策民主化、科学化和法治化提供了制度保障。

三、坚持务实重行，着力促进民生改善

增进民生福祉是发展的根本目的，也是人大工作的职责所在。常委会时刻不忘向全县人

民的庄严承诺，始终秉承忠于人民、依靠人民、服务人民的宗旨，努力解决人民群众最关心最直接最现实的利益问题。

推动民生事业发展。切实把维护和保障人民群众根本利益作为履职重点，依法开展民生领域监督。教育方面。随着国家人口政策的调整，我县新生幼儿数量明显增加。常委会对学前教育工作开展专题调研，并听取县政府工作报告，提出了科学规划幼儿园布局、规范小区配套幼儿园建设、合理配备幼儿教师等意见和建议。卫生健康方面。组织考察县医院、肖村乡卫生院等县乡医疗机构，听取县政府专项工作汇报，围绕城乡卫生资源配置不均衡、卫生技术人才不足、基础建设历史欠账较多等问题，提出了多渠道加大资金投入、加强专业人才队伍建设和深化医疗体制改革的意见。食品药品安全方面。“民以食为天，食以安为先”，常委会连续两年对食药安全工作进行检查，督促发挥食安委牵头作用，深化食品药品安全专项整治，用“最严谨的标准、最严格的监管、最严厉的处罚、最严肃的问责”，确保广大群众吃得安全、用得放心。安全生产方面。县人大执法检查组围绕《中华人民共和国安全生产法》贯彻实施，深入开展执法检查，常委会上听取了执法检查情况报告，听取和审议县政府关于安全生产工作情况的报告，要求牢固树立“隐患就是事故”的风险意识，抓好各项防范措施落实，防止重特大事故发生。乡村振兴方面。常委会组织部分委员、代表，到华农蔬菜基地等开展实地调研，撰写调查报告，对农村产业发展、环境综合治理提出了意见建议。2019 年 8 月底，广东省佛山市顺德区人大常委会到我县考察，对我县美丽乡村建设、农业高质量发展做法给予充分肯定。

深化三项联动监督。根据省人大常委会统一部署，巩固 2018 年大气污染防治、脱贫攻坚、优化营商环境三项联动监督成果，依法监督，执法必严，有效解决三大领域的突出问题。推行“四阶段、三本账、三摸清”工作法（四阶段就是科学确立组建小组、制定方案、代表活动、汇总情况四个节点；三本账就是省人大执法检查组交办问题清单、县人大执法检查问题清单、代表小组问题清单；三摸清就是摸清问题整改情况、摸清意见建议、摸清问题整改效果），常委会组织 150 余名四级人大代表，累计调研走访企业 24 家、贫困户 138 户、重点项目 7 个、窗口单位 21 个，编发简报 13 期，媒体报道 5 次，依托“代表联络站”收集选民意见建议 110 余条。形成了详细的工作报告，转交县政府整改落实。深化三项联动监督成效明显，脱贫攻坚顺利通过省考核验收和第三方评估，营商环境明显优化，大气污染防治水平全面提升。我县深化三项联动监督特色做法，已被市人大推荐申报省“河北发展、人大尽责”主题实践活动创新奖。

加快法治建设进程。持续关注扫黑除恶专项斗争。深入县公安部门了解工作进展、存在问题，听取工作报告，委员和代表们就继续保持高压态势、健全工作机制提出了意见和建议。强化对“两院”监督。常委会领导先后到县法院、县检察院开展实地调研，组织代表旁听法院庭审活动，听取和审议县法院、县检察院上半年工作报告，就进一步提升审判和检察工作水平提出建议，有效促进司法公正，维护社会公平正义。推动宪法和法律贯彻实施。先后开展《中华人民共和国中小企业促进法》《中华人民共和国水污染防治法》《中华人民共和国动物防疫法》《中华人民共和国律师法》《河北省律师执业保障和规范条例》等执法检查，进一步推动法律法规在我县有效贯彻执行。精心组织“国家宪法日”宣传活动，不断增强人民群众的宪法意识。开展政府规范性文件备案审查。按照《河北省各级人民代表大会常务委员会规范性文件备案审查条例》要求，结合我县实际，进一步理顺机制，明确职能，启动报备信息系统平台。

四、坚持汇聚民智，着力发挥代表作用

常委会始终把加强代表工作作为履职基础，尊重代表主体地位，积极为代表履职创造有利条件，使代表的主体作用得到进一步发挥。

拓宽代表履职渠道。继续完善和提升载体平台建设，在 18 个“人大代表之家”基础上，建成“人大代表联络站”17 个，每月定期接待选民。县领导带头参加“家”“站”活动，发挥了表率作用。组织开展对“一府两院”及政府部门专项工作满意度测评，本届人大常委会任期内，将实现满意度测评全覆盖。2019 年已对生态环境、卫生健康等 9 个部门工作进行测评，结果均为满意。开展县乡两级人大代表述职评议，乡镇人大主席团依托“代表之家”，精心组织述职评议活动，进一步密切代表与选民联系，提高了代表依法履职的自觉性。组织“我为定兴发展献良策”活动，各级代表围绕县委“16448”总体部署，提出建议 130 余条，为全县经济社会发展发挥了积极作用。

强化代表教育培训。常委会把代表培训作为一项基础性工作来抓，按照总体筹划、突出重点的原则，分期分批组织实施。各代表小组都采取专题培训和以会代训的方式，对县乡人大代表进行集中培训。邀请省人大专家以“健全代表家站功能，发挥人大及其代表职能作用”为主题，对 280 余名四级人大代表专题培训，代表整体素质明显提高。

提升办理工作质量。常委会对县十五届人大三次会议确定的 4 件议案、52 件建议及时进行交办。建立县级领导牵头督办、部门分件承办、委室综合协调的办理机制，做到半年有督查、年终有考核。常委会听取了县政府议案建议办理情况的报告，要求县政府及承办单位进一步做好办理和回访工作，提高办理质量。

推动乡镇人大建设。始终注重发挥乡镇人大前沿阵地作用，探索做好基层人大工作的新路子、新方法。坚持常委会领导联系乡镇人大制度，在召开人代会、监督调研、代表小组活动等方面强化业务指导。坚持乡镇人大主席、人大代表列席县人大常委会会议制度。着力提升乡镇人大软硬件建设水平，给予经费保障，促进乡镇人大工作制度化、规范化。

五、坚持强基固本，着力加强自身建设

“打铁必须自身硬”。常委会认真开展“不忘初心、牢记使命”主题教育，将“讲政治、转作风、强责任、抓落实”行动贯穿人大工作全过程，全面打造信念坚定、业务精湛、作风优良的人大干部队伍。

扎实开展“不忘初心、牢记使命”主题教育。按照县委统一部署和要求，常委会党组以深化理论学习为基础，以抓实调查研究为载体，以深入检视问题为契机，以狠抓整改落实为驱动，努力把“学习教育、调查研究、检视问题、整改落实”四项重点措施贯通起来，与人大各项工作有机融合、统筹推进。多次召开党组（扩大）会议，研究部署和推动工作。累计召开不同形式的调研座谈会 20 余次，形成调研报告 6 篇；认真开展 9 个专项整治；高质量开好专题民主生活会，查摆问题全部整改完成。先后开展到阜平城南庄纪念馆缅怀革命先烈、党员“一句话承诺”“我和祖国共成长”主题征文、重温入党誓词等活动。主题教育取得明显成效，实现了“理论学习有收获、思想政治受洗礼、

干事创业敢担当、为民服务解难题、清正廉洁作表率”的目标。

深入贯彻落实“河北发展、人大尽责”主题实践活动。按照省、市人大常委会和县委要求，常委会提出“围绕一个中心、突出一条主线、加快两个创新”的总体思路，即紧紧围绕发展改革这个中心，将主题实践活动作为人大工作的一条主线，加快新时代人大工作理念、方式方法的创新。牢牢把握时间节点、方法步骤，制定5个实施方案，聚焦人民群众普遍关注的热点难点问题，把活动开展与日常工作紧密结合，促进了上级重大决策部署贯彻落实。

积极履行常委会党组主体责任。强化素质提升。按照市人大统一部署，持续开展“学习提升年”活动，完善常委会理论学习中心组学习制度，深入学习贯彻习近平新时代中国特色社会主义思想和中央、省委、市委、县委重要文件，开展十九届四中全会精神进机关活动。常委会领导班子每人一套干部培训教材，机关干部提倡“四个一”（每年制定一份个人学习计划，每半年写一篇心得体会，每月看一本好书，每天读书看报一小时）。开展集中学习讨论12次，理论知识测试3次。常委会学法实现常态化。强化廉政建设。先后召开落实党组主体责任会议10次，班子成员模范遵守党章和《中国共产党廉洁自律准则》《中国共产党纪律处分条例》，主动落实中央八项规定及实施细则，旗帜鲜明反对“四风”。认真抓好省委第九巡视组巡视反馈意见整改落实。组织部分委员、代表、机关干部赴保定监狱接受了警示教育。强化舆论引导。坚持党对意识形态工作的领导权，充分利用网站、微信公众号和微信群等媒介，加大对人大重要会议、重大活动和代表履职先进事迹的宣传力度，传播人大声音，讲好人大故事。《定兴县人大志》编纂工作顺利启动。

另外，按照县委安排，常委会领导积极参与信访维稳、项目建设、安全生产、“双创双服”、人居环境整治、扶贫脱贫攻坚、散煤治理等中心任务，推动了县委决策部署的落实。县委常委会专题听取了人大党组工作汇报，并给予充分肯定。

各位代表，过去的一年，常委会恪尽职守、依法履职，各项工作取得了新成绩。这些成绩的取得，根本在于习近平新时代中国特色社会主义思想的科学指引，是县委正确领导的结果，是全体代表辛勤付出的结果，是“一府一委两院”密切配合的结果，也是社会各界和全县人民信赖支持的结果。在此，我谨代表县人大常委会，向所有关心、支持人大工作的同志和社会各界人士，表示崇高的敬意和衷心的感谢！

面对新时代人大工作的新使命、新要求，我们清醒地认识到，常委会工作距县委的要求和人民的期盼还有一定差距。主要是：监督工作的针对性和实效性需要进一步增强；闭会期间的代表作用需要进一步发挥；人大工作机制创新需要进一步强化；常委会及机关建设需要进一步深化等等。在今后的工作中，我们将采取有效措施，切实加以改进。

今年的主要任务

各位代表，2020年是全面建成小康社会和“十三五”规划的收官之年，是实现第一个百年奋斗目标、开启全面建设社会主义现代化国家新征程的重要一年，是我县撤县建市三年行动的关键一年。县人大常委会将坚持以习近平新时代中国特色社会主义思想为指引，全面贯彻党的十九大和十九届二中、三中、四中全会精神，以及习近平总书记关于坚持和完善人民代表大会制度的重要思想，坚持党的领导、人民当家做主、依法治国有机统一，全面担负起宪法法律赋予的各项职责，紧扣全面建成小康社会目标任务，持续深化“河北发展、人大尽责”主题实践活动，在中共定兴县委的坚强领导下，认真贯彻县委十四届四次、五次全会精神，凝心聚力，担当作为，不断提升人大工作整体水平，为开创全县经济社会高质量发展、跨越式前进新局面作出更大贡献。

一、强化政治建设，更加自觉地坚持党的领导

常委会始终把坚持党的领导作为履职之要，严格落实习近平总书记“五个必须”和“六个从严”的要求，增强“四个意识”，坚定“四个自信”，坚决做到“两个维护”。始终保持政治清醒。带头遵守政治纪律和政治规矩，在思想上、行动上始终与党中央保持高度一致，坚定不移地贯彻中央和省委、市委、县委决策部署。始终找准职责定位。切实把握人大工作规律，把重大事项决定权、监督权、人事任免权有机结合起来，自觉把体现人民意志、保障人民权力贯穿于依法履职的全过程，落实到人大工作的各个方面。始终恪守组织原则。坚持党管干部与人大依法任免相统一，规范行使人事任免权，严格执行宪法宣誓制度。坚持重大问题、重要工作向县委请示报告制度，保证人大工作正确的政治方向。

二、聚焦发展大局，更加主动地依法实施监督

常委会紧紧围绕县委中心工作，坚持依照法定职责、限于法定范围、遵守法定程序的原则，创新监督机制，实施正确监督、有效监督，推动解决实际问题。围绕重大决策监督。聚焦县委提出的“六个年”，开展重点监督。对南拒马河防洪工程、荣乌高速新线等重大基础设施建设开展考察，促进项目按节点实施；对百度云计算中心、通美晶体等重点项目开展调研，支持民营经济发展；听取县城建设、乡村振兴等工作报告，为促进城乡统筹发展建言献策；开展大气、水、土壤、生态绿化“四个全域治理”方面的执法检查，推动生态环境持续改善；针对基层社会治理开展调研，为推进治理能力现代化提出意见建议。严格财政经济监督。健全和完善县级预算联网监督，全口径、全过程监督预算执行情况，推进科学理财、阳光财政，提高财政资金使用绩效。强化国有资产监督职能，确保向人民提交一本“明白账”。听取审议国民经济和社会发展计划执行情况报告，定期进行经济运行分析，推动经济发展提质增效、结构优化。大力加强法律监督。法无授权不可为，法定职责必须为。开展公检法办案质量检查、代表旁听法院庭审等活动，听取“两院”工作情况报告。确定几个司法实践中的重大事项，进行调研，推动司法机关规范司法行为、提高司法水平。开展《中华人民共和国安全生产法》《中华人民共和国食品安全法》《中华人民共和国职业教育法》等法律法规执法检查，确保各项法律法规在我县正确实施。依法做好规范性文件备案审查工作，做到“有件必备”“有备必审”。强化民生事项监督。民有所呼、我有所应，民有所求、我有所为。切实加大对政府民生实事项目实施情况监督力度，制定监督方案，定期要账较真，促进有效落实。继续开展“一府两院”及政府部门专项工作满意度测评，促进其积极履职、充分履职，维护好广大群众切身利益。

三、激发主体动能，更加高效地服务各级代表

常委会坚持代表主体地位，不断完善代表工作机制，创新举措，拓展平台，充分发挥广大代表了解民情、反映民意、集中民智的职能作用。加强代表履职能力培训。组织代表认真学习领会习近平总书记关于坚持和完善人民代表大会制度的重要思想，加强宪法法律知识和人大业务知识学习。适时组织人大干部和代表开展“横向”“纵向”交流，学习借鉴外地先进经验做法。做好代表履职考核和管理。完善人大代表职责、代表履职管理制度，增强代表依法履职和接受选民监督的自觉性。继续深化县乡人大代表向原选区选民述职评议工作。服务和保障代表依法履职。不断拓宽代表参与管理国家事务的渠道，继续深化常委会组成人员联系代表、代表联系选民等“双联”制度。以“家”“站”为依托，以代表小组活动为主要形式，针对涉及群众利益的教育、医疗等民生事项，在闭会期间组织开展多种形式的调研、检查活动。高质量办理代表议案建议。督促承办单位增强责任意识，密切联系代表，提高议案建议办理质量。县人大各委室要加强对群众关注的重点议案建议的跟踪督办，了解办理进度，协调解决困难，不断提高办结率和代表满意率。加快乡镇人大工作规范化。注重乡镇人大机构和队伍建设，进一步完善制度，指导人大主席团加强培训、丰富活动，促进乡镇人大工作再上新台阶。

四、巩固教育成果，更加深入地强化自身建设

常委会进一步巩固“不忘初心、牢记使命”主题教育成果，锤炼忠诚干净担当的政治品格，切实把人大机关建成对党忠诚的政治机关、全面履职的工作机关、密切联系群众的代表机关、人民满意的权力机关。要在学思践悟上用真功。认真学习领会习近平新时代中国特色社会主义思想和党的十九届四中全会精神，跟进学习习近平总书记重要讲话，着力学深弄懂悟透，做到知行合一、以知促行、以行求知。要在提升质效上求突破。加强规范化制度化建设，特别注重提高常委会会议、主任会议、专门委员会会议质量，促进常委会审议意见的落实。要在清正廉洁上树形象。严肃常委会党组各项制度，自觉履行主体责任，认真贯彻落实中央八项规定实施细则，驰而不息纠正“四风”，知敬畏、存戒惧、守底线。要在敢于担当上作表率。切实增强“一线”“火线”意识，以斗争精神推动各项工作，充分展现新时代人大新作为，以一域之光为全局添彩。

各位代表，不忘初心再出发，砥砺奋进谱新篇。让我们更加紧密地团结在以习近平同志为核心的党中央周围，在中共定兴县委正确领导下，牢记使命、依法履职，开拓创新、拼搏竞进，不断开启新时代人大工作新局面，为奋力开创定兴高质量发展、跨越式前进新局面而努力奋斗！

中国人民政治协商会议
定兴县第十三届委员会常务委员会工作报告

——2020 年 1 月 8 日在政协定兴县第十三届委员会第四次会议上

政协定兴县第十三届委员会主席　傅　勤

2019年工作回顾

2019 年是中华人民共和国成立 70 周年，亦是全国政协成立的 70 周年，也是中共定兴县委提出撤县建市、跨越崛起的第一年。县政协在中共定兴县委的坚强领导下，坚持以习近平新时代中国特色社会主义思想为指导，牢牢把握团结和民主两大主题，紧紧围绕政治协商、民主监督、参政议政三大职能，在服务发展中准确定位，在履职实践中主动作为，为我县跨越崛起做出了积极贡献。

一、强化党的领导，旗帜鲜明讲政治

常委会牢牢把握政协是政治组织的定位，始终坚持把思想理论建设放在首位，坚持理论先导、政治引领，强化政治意识、大局意识、核心意识、看齐意识，不断夯实团结奋斗的思想政治基础。

（一）提高政治站位。认真贯彻落实中央《关于加强新时代人民政协党的建设工作的若干意见》，先后 5 次组织政协委员和机关干部参加省、市、县培训会议，强化了理论基础，提升了政治站位。在实际工作中，我们坚持以县委“16448”工作思路为总揽，坚决做到“县委有号召，政协有行动；政府做什么，政协帮什么”的工作定位，围绕全县工作大局，议大事、聚人心、当参谋，县委的重大部署、重要会议精神及时传达不隔天、不过夜，重大事项及时请示，做到始终与县委保持高度一致。

（二）广泛凝聚共识。认真学习习近平新时代中国特色社会主义思想和党的十九大、十九届三中、四中全会精神，以及习近平总书记在中央政协工作会议暨庆祝中国人民政治协商会议成立 70 周年大会上的重要讲话精神，紧跟时代步伐，适应时代要求，筑牢信仰之基、补足精神之钙。通过召开座谈会、协商会、谈心谈话会，加强与各界人士的联系，坚持以更加宽广的政治胸怀，更加开放的思想理念，更加灵活的工作方法，使各界人士紧密围绕县委的中心工作出谋献计，最大限度的凝聚共识。

（三）深化主题教育。按照县委要求，认真开展“不忘初心、牢记使命”主题教育，经政协党组研究，不仅在党内把主题教育搞好、搞实、搞出成效，而且将主题教育集中学习延伸至全体机关干部，并号召广大政协常委、委员主动参与其中。各位党组成员带头做交流发言，党员干部结合各自思想和工作实际，以深入检视问题为契机，聚焦思想、政治、能力、作风和廉政等方面，查找问题 35 条，制定改进

措施12条，机关作风明显改善。

二、围绕中心议大事，协商议政成效显著

常委会把主动服从和服务于全县发展大局作为政协组织的头等大事，紧紧围绕县委中心工作，抓住定兴改革发展中面临的新问题、新挑战，发挥政协优势，凝聚社会发展正能量，同心同向、合力攻坚。

（一）聚焦全县发展协商建言。县政协十三届三次全会期间，广大委员对“一府两院”工作报告及事关定兴经济社会发展的重大事项进行了认真协商讨论，提出了50余条有价值的意见和建议。一些委员在充分调研的基础上，围绕服务对接雄安、加快城市建设、脱贫攻坚等议题踊跃发言，提出了意见建议。

（二）聚焦乡村振兴集思广益。实施乡村振兴战略，是党的十九大作出的重大战略部署，是县委、县政府的工作重心之一。如何助推乡村振兴落地见效，是政协关心关注的重点。围绕“加快产业发展，助推乡村振兴”，县政协组织有关部门和政协委员，于8月2日到北京市密云区对“红酥梨种植”进行考察，就项目的引进达成了初步协议。11月22日又组织县农业农村局、李郁庄乡、贤寓镇等到北京新发地进行学习考察，与丰台区政协、有关企业进行了深入交流。北京新发地农产品有限公司董事长张玉玺表示，春节后将到我县深入考察。

（三）聚焦重点难点合力攻坚。认真落实县委、县政府的重大决策部署，做到大事难事敢担当，乡村一线流汗水。在维护社会稳定中，各位副主席经常深入乡、村、农户，与重点人谈心、联亲、联谊、拉家常、交朋友，拉近距离、密切关系，有力促进了积案化解。在关键节点，吃住在第一线，每天一总结、一分析、一研判，同乡村干部一起挖根源、找症结、定措施，为维护全县稳定大局作出了贡献。在包联企业、重点项目上，更是主动上手，千方百计、不怕千辛万苦，取得了显著成效。修建大北环公路是群众非常期盼的一件大事，县委、县政府将其确定为30件重要民生实事之一。政协班子成员迎难而上，同镇村干部一道，穷尽一切办法，积极做好群众的思想政治工作，终将困难化解。在“双城联创”工作中，我们坚持“一线工作法”，当好分包路段的指挥长、参谋长，做在前，干在先，确保了问题第一时间发现，第一时间解决。

三、关注民生聚合力，民主监督精准发力

群众关注的热点难点就是政协议政建言的重点要点。县政协牢固树立以人民为中心的发展理念，在保障群众的获得感、幸福感、安全感上发挥了应有作用。

（一）民主监督广泛深入。认真贯彻落实中共中央办公厅《关于加强和改进人民政协民主监督工作的意见》，选派54名政协委员参与行风评议、价格听证、农村环境治理等监督活动。监督员积极参与、履职尽责，为改进作风行风、传达党政主张、传递民众心声、促进社会和谐发挥了积极作用。

（二）提案办理惠及民生。我们把提升质量作为提案工作的重点来抓。为使广大委员提出的提案既符合县委、县政府中心工作，又符合人民群众的呼声，政协提案委会前编写了《提案参考题目》，保证委员选题有的放矢；会中指导委员书写提案；会后狠抓落实，各位主席采取跟踪督办、电话催办、现场督办及表彰先进等措施，确保了提案“事事有着落、件件有回音”。县政协十三届三次会议以来，共提出提案52件，截至去年8月底，全部办理完毕，答复率100%，走访率100%，委员满意和基本满意率98%，做到了“四满意”，即委员满意、

群众满意、提案办理部门满意、领导满意。得到了市政协的充分肯定，10 月 22 日，全市提案办理协商平台建设现场会在我县召开。

（三）关注民意回应诉求。把了解把握社情民意作为政协履职的一项重要工作来抓。一年来，政协对群众关注的教育、医疗、卫生、交通等问题主动承接。比如：针对大家普遍反映强烈的城市道路拥堵问题，12 月 23 日至 26 日，县政协几位副主席会同执法局、交通局、财政局、交警大队负责人先后到唐县、曲阳进行调研，并与周边的高碑店、徐水、白沟等县市进行咨询，学习他们大力发展公共交通事业、解决城市道路拥堵问题的好经验、好做法。同时，到大钟寺立交桥、火车站立交桥、通兴路、南环路等易堵路段实地调研，撰写了专题调研报告，提出五方面建议：一是彻底取缔城区三轮车，加大整治力度，制定长效机制，坚持不懈、一抓到底、严防反弹；二是大力发展城市公交，开通县城内所有主干道公交，所到之处实行 1 元票价，雾霾天气市民免费，县政府给予企业补贴；三是高标准建设公交站牌、站亭；四是科学设定县城红绿灯、礼让行人等。五是彻底取消马路市场。县委、县政府主要负责人对此十分重视，相继作出重要批示。县委书记韩朝红批示："政协站在全县经济社会发展大局的高度提出过许多建设性意见建议，请有关部门一定要高度重视人大代表、政协委员的这些真知灼见和调研，认真研究。"县委副书记、县长吴鹏批示："请常伟牵头研究，提出建议，提交政府研究。"县委常委、常务副县长高巍，县委常委、副县长常伟都作出具体批示意见。经政府常务会议、县委常委会议研究，将解决县城交通拥堵问题列入 2020 年民生实事。

（四）脱贫攻坚彰显担当。脱贫攻坚、精准脱贫是县委、县政府确定的八大攻坚战之一。县政协按照县委要求，把做好精准扶贫、精准脱贫作为最大的政治任务牢牢记在心上、抓在手上、扛在肩上，定期下乡督导，进村入户、访贫问暖，查看政策落实，探讨脱贫良策。各位副主席带头到分包乡镇指导，并选派政治素质好、工作作风实、综合能力强的中层骨干，结对帮扶 20 户困难群众。并号召广大政协委员在脱贫帮扶中显身手，县政协常委郑文奎、李文利、李文启主动向政府捐款帮扶资金 30 余万元。据不完全统计，广大政协委员总捐款、捐物达 100 余万元。

四、服务发展深调研，尽心竭力建言资政

调查研究是政协履职的基础。县政协坚持在全局下思考、在大局下行动，把握工作重点，不负使命担当，建睿智之言、出务实之力。

（一）围绕城市建设出谋划策。县政协围绕"双城联创"工作先后开展两次专题调研，组织政协常委、委员对大北环、华建路立交桥、明湖公园、金台公园等进行实地调研，充分肯定了我县在"双城联创"工作中取得的成绩，就突出规划引领、强化刚性执行，提升城市品位、增强群众文明意识等实际问题提出针对性意见建议 13 条。大家普遍对执法局、住建局、交通局、公安交警等单位主动担当、履职尽责、求真务实的工作作风给予了高度评价。比如：去年，定兴镇、城区小组提出了"关于老 107 国道城区段整修工作"的建议，县政协常委会进行专题研究，由一名副主席带队深入调研后，写出了专题报告。县政府高度关注，列入了政府 2019 年 30 件惠民实事之一。去年，先行修通了老 107 国道南段，得到了广大居民商户和企业的好评，并在创园验收中起到了重要作用。

（二）围绕项目建设献计出力。按照县委要求，县政协领导班子对分包的重点项目建设，

强化沟通协调，积极帮助企业协调解决遇到的困难和问题，有力促进了项目的顺利建设。围绕“进一步强化对接京津、助推定兴经济加速发展”，7月24日，县政协十三届十一次常委会对保定通美晶体、河北匠工、河北紫光新锐、河北德嵩生物科技等四个项目生产建设情况进行了调研，广大政协常委对定兴未来发展充满了决心，大家认为定兴发展前途不可限量、大有可为。

（三）围绕服务雄安优化生态。雄安新区是千年大计，国家大事。省、市委对白洋淀上游流域综合治理工作，提出了“不让一滴污水入淀”要求。定兴与雄安接壤，治理任务十分繁重。县政协对服务雄安建设，强化生态对接，推动定兴绿色发展高度关注，县政协常委会专门对拒马河防洪工程建设和滨河景观带水环境治理、定兴镇污水处理厂进行调研，听取水利局、住建局、杨村乡等单位的工作汇报。与会常委和委员们对我县近年来生态建设工作采取的一系列决策措施、取得的成绩给予了高度评价，纷纷为我县生态建设建言献策。6月11日，全国政协常委、提案委员会副主任郭庚茂，到我县考察拒马河沿岸治理情况，对我县的河道治理工作给予了充分肯定。

五、团结民主激活力，广泛凝聚各方力量

始终坚持大团结大联合，认真做好协调关系、化解矛盾、理顺情绪、增进共识的工作，扩大“朋友圈”、画好“同心圆”，不断扩大团结面，为全县改革发展营造良好环境。

（一）强化党的建设。积极适应新形势、新要求，切实加强党对政协工作的领导，狠抓委员队伍建设。按照中央和省、市政协要求，先后两次到邯郸市曲周县学习考察政协党的建设工作。结合我县实际向县委写出专门报告，建议按界别、区域，在全县政协委员中建立10个党支部，通过党员带非党，非党带群众，实现党的组织对党员委员的全覆盖、党的工作对政协委员的全覆盖。县委主要负责人对此非常重视，县委组织部、县直机关工委给予大力支持和指导。县政协成立专门推进小组，高标准、高规格建成了京通客运第一党支部，为实现全覆盖奠定了坚实基础。

（二）强化对外宣传。继续做好《乡情》编辑出版工作，按照“发出定兴好声音，弘扬定兴正能量”办刊宗旨，改进栏目、丰富内容，讲好定兴故事、讲好政协故事、讲好政协委员故事，高质量完成两期刊物的编辑出版工作，刊物的社会影响力越来越大。其他省市政协通过电话和来人考察方式，学习借鉴我县的经验和做法。11月26日，省政协机关刊物《乡音》杂志社主编刘薇专程到我县调研，对县级层面能办出这样的刊物给予了充分肯定。建设完成政协信息化网络服务平台，实现了提案动态化管理，委员服务、社情民意直通信息化管理，进一步增强了委员履职的积极性，提高了协商议政实效，提升了政协机关工作效率。

（三）强化模范引领。标定履职新坐标，把委员履职能力建设放在更加突出位置。政协十三届三次全会发出了“争做‘四新’委员，在定兴撤县建市跨越崛起中建功立业的倡议”之后，各委员小组积极响应、制定计划，形成了比学赶超的浓厚氛围。各委员小组之间、县直组与乡村委员之间，党员委员与非党员委员之间展开了争星竞赛，优胜者在政协常委会上做经验交流，焕发了大家干事创业的激情。在每月一总结、每季一评比、半年一考核、年终总评的基础上，2019年12月初，县政协专门发出通知，对广大委员进行年总评定，通过个人自荐、小组推荐、社会推荐、政协专委会推

荐、综合评审，经纪委监委审核、网上公示后，产生了10名“跨越崛起委员标兵”、35名“优秀政协委员”、10件“优秀提案”。京通客运公司董事长郑文奎，热心民生事业，在公司不盈利、亏损的情况下，初心不改，继续加大投入，发展公交事业；天浩制药有限公司总经理殷文忠，加大技改力度，企业不断发展壮大，年销售收入突破7亿元，上缴税费超亿元，公司实现成功上市；河北匠工集团董事长王正红，致富不忘家乡，投资2.6亿元建成年产值3亿元的环保墙体市面材料生产基地；河北嘉旭福美科技有限公司董事长李冬梅，站在科技前沿，发展智慧产业，实施了嘉旭福美大数据科技产业园项目，被河北省列入省重点保护投产项目；定兴三中实验学校董事长李文利，关心热爱教育事业，全身心投资办学，汇聚一流师资队伍和教育资源，重点打造清北教育班，为定兴教育再添浓墨重彩；定兴燕都刺绣工艺品制造有限公司董事长田建华，传承非遗文化，引领京绣走出国门、走向世界；定兴影视武校校长肖前明，致力于打造华北地区文武并重的知名学校，为社会输送了上万名优秀人才。

各位委员、各位同志，成绩来之不易。这是县委坚强领导的结果，是县政府大力支持的结果，是县直各部门、各乡镇、社会各界齐心协力、密切配合的结果，是广大政协委员积极履职、共同努力的结果。在此，我代表县政协常委会，向所有关心支持政协工作的各位领导、各界人士表示崇高敬意和衷心感谢！

“有源之水常新，有本之木常青”。看到成绩的同时，也应清醒地认识到，我们的工作与新时期新任务相比，与县委的要求相比，与广大委员和人民群众的期望相比，还存在一些不足。比如协商民主成果转化还需加强，民主监督方式方法还需创新，委员履职能力发挥还不充分，建言资政质量还有待提升，这些问题需在今后的工作中认真加以改进。

2020年工作安排

2020年，是全面贯彻党的十九大和十九届三中、四中全会精神、全面建成小康社会的决战决胜之年；也是借势雄安新区大规模建设推动定兴高质量发展的攻坚突破之年。近期召开的县委十四届四次、五次全会，为我们明确了思路、指明了方向。今年，县政协的工作的总体思路是：深入学习贯彻习近平新时代中国特色社会主义思想，以习近平总书记关于加强和改进人民政协工作重要思想为指导，在县委的坚强领导下，牢牢把握“两大主题”（团结和民主），突出“三大职能”（ 政治协商、民主监督、参政议政），发挥“五个作用”（思想引领、协调关系、汇聚力量、建言献策、服务大局），为实现定兴跨越崛起、撤县建市、建设生态文化智慧城市贡献政协力量、谱写政协新篇章。

一、始终强化理论武装，在政治站位上提升新高度

认真学习领会习近平总书记关于加强和改进人民政协工作的重要思想，不断强化思想政治引领，团结引导各界人士和政协委员提高政治站位，树牢“四个意识”，坚定“四个自信”，做到“两个维护”，自觉在政治立场、政治方向、政治道路上同党中央保持高度一致。巩固和深化“不忘初心、牢记使命”主题教育成果，开展大学习、大走访、大调研，用行动诠释初心与使命、用实干践行责任与担当。继续坚持每周集中学习制度不动摇，完善政协党组理论中心组学习制度，提升政协机关干部的理论水平。加强委员培训，邀请省市专家、教授进行专题授课，增强委员履职尽责、建言献策的能力。

二、始终围绕全县大局，在助推发展上展现新作为

高起点谋划工作、高质量调查研究、高水平建言献策。聚焦县委十四届四次、五次全会精神，围绕打造环雄安高端现代服务区、科研转化示范区、绿色休闲产品供应区“三区建设”，发挥雄安新区生态保障、基础设施支撑、产业联动“三个作用”，强化大气、水、土壤、生态绿化“四个全域治理”，构建八个工作体系，围绕“六个年”，精准选择课题，开展调查研究，广泛协商议政，积极建言献策。加强协商议政工作，充分发挥全委会、常委会、主席会协商平台作用，突出城市建设、精准脱贫、服务对接雄安、生态环境治理等议题，开展多层协商，为我县跨越崛起谏良言、献良策。

三、始终践行为民宗旨，在惠及民生上实现新突破

践行全心全意为人民服务的宗旨，沉入一线“察”民情，蹲下身子“听”民声，虚心请教“问”民计，广求良方“解”难题，坚持情况到群众中了解、感情在相处中融洽、效果在发展中体现。扎实做好提案工作，通过重点调研、专题督导等方式，促进提案办理过程更规范、内容更务实、成果更有效。紧扣打赢脱贫攻坚战，组织广大政协委员开展助贫、助学、助医、助业、助残、助老等精准帮扶活动，努力为贫困群众办实事、办好事、办成事。围绕群众关心关注的教育医疗、就医就学、安全稳定等热点难点问题，开展专项监督，切实提升群众的幸福感和获得感。

四、始终坚持团结民主，在履职尽责上树立新形象

“大厦之成，非一木之材；大海之阔，非一流之归”。充分发挥政协联系群众、团结社会各界的桥梁和纽带作用，加强同各界别、社会阶层、各人民团体的联系与合作，把更多有志之士、有识之士团结凝聚在政协组织周围，和县委保持高度一致。深入开展“争当五个表率，在开创定兴经济社会高质量发展、跨越式前进中再立新功”活动，鼓励广大政协委员在推动改革发展中贡献智慧，在促进和谐稳定中担当作为，在定兴跨越崛起中建功立业。加强与上级政协、外地政协的沟通联系、联谊交往，深化和拓展系统联动，讲好定兴故事，传播定兴好声音。加强《乡情》的编辑出版工作，深入挖掘和发现身边的典型事迹，让身边人讲身边事，用身边事感染身边人，弘扬社会正能量。

五、始终注重夯基固本，在提升工作质效上激发新状态

本固则枝繁，源远则流长。切实加强政协党的建设，在认真总结提炼第一党支部成功经验的基础上，力争 3 月底全面完成 10 个党支部的组建任务。在所有党支部中集中开展“三个活动”。一是开展“双联” 活动。政协党组成员联系党员委员、党员委员联系党外委员，实现全覆盖。二是开展“双亮”活动。亮身份、亮承诺，激发委员履职活力。三是开展“双查”活动。政协党组织随机抽查，定期督导检查，确保每个党支部规范运行。严格贯彻落实中央八项规定和实施细则精神，用严格的标准要求，严格的措施管理，严格的纪律约束干部队伍，努力建设一支政治过硬、责任过硬、能力过硬、作风过硬的政协队伍。

征程万里风正劲，重任千钧再扬帆。各位委员、同志们，让我们紧密团结在以习近平同志为核心的党中央周围，在中共定兴县委的坚强领导下，以新时代的担当，奋进者的姿态，继续谱写新时代人民政协事业发展新篇章，为定兴实现跨越崛起贡献智慧和力量！

定兴县人民检察院工作报告

——2020年1月10日在定兴县第十五届人民代表大会第四次会议上

定兴县人民检察院检察长　杨宗豪

2019年工作回顾

2019年，在县委和上级检察院的正确领导下，在县人大的有力监督下，在县政府、县政协的大力支持下，我院以习近平新时代中国特色社会主义思想为指导，认真贯彻党的十九大和十九届二中、三中、四中全会精神，以“不忘初心、牢记使命”主题教育为抓手，紧紧围绕县委“16448”总体工作部署和市院“一二三四三”总体工作思路，坚持“讲政治、顾大局、谋发展、重自强”，各项检察工作稳进、落实、提升，取得了新进展。

一、强化检察担当，在护航发展大局上提升新境界

（一）服务全县工作大局，坚决打好三大攻坚战。一是服务打好防范化解重大风险攻坚战。坚决打击各类危害政权安全和影响社会稳定犯罪。依法惩治非法吸收公众存款、集资诈骗等严重破坏金融秩序犯罪7件18人，有力保障了金融安全。二是服务打好污染防治攻坚战。严厉打击破坏生态环境刑事犯罪，批准逮捕污染环境犯罪2人。开展“5+7”专项整治检察监督活动，针对柴油中硫含量超标污染空气问题，督促商务局、市场监管局加强协作配合，保障油品质量。全面细致审查了相关部门5年来非法采砂行政处罚案件361件，为白洋淀上游生态环境提供了有力司法保障。三是服务打好精准脱贫攻坚战。严厉打击惠民资金和涉农补贴领域犯罪，依法严惩危害农村稳定、破坏农业生产和侵害农民利益的犯罪。扶贫队员认真落实帮扶责任，积极解决贫困户困难，确保各项政策落实到位。

（二）聚焦中央重大部署，深化扫黑除恶专项斗争。一是进一步提高政治站位。结合“不忘初心、牢记使命”主题教育社会秩序专项整治，开展谈心谈话，夯实了干警的思想基础。严格落实“捕诉一体”，成立涉黑恶案件办案组，检察长带头办案。今年共审查起诉恶势力团伙案件2个16人，法院均作出有罪判决，有力地打击了黑恶犯罪嚣张气焰，做到了“是黑恶犯罪一个不放过，不是黑恶犯罪一个不凑数”。二是聚焦线索摸排。持续加大扫黑除恶宣传力度，开展刑事案件摸排线索“回头看”工作，排查发现并向县扫黑办移交涉恶犯罪线索6条。三是全面推进综合整治。做好中央督导组“回头看”发现问题整改及省委巡视反馈问题整改工作。做好与公安、法院处置涉案财物有机衔接。开展扫黑除恶司法调研，推进“八开展、八跟进”专项行动，在加强社会治理中发现问题提出对策，为经济社会发展创造良好法治环境。

（三）当好首都护城河，扎实做好信访工作。推进“以人民为中心，坚持事要解决，清理信访积案，维护社会和谐稳定”专项活动，发挥12309检察服务中心作用，全面落实群众来信“7日内程序性回复、三个月内实体性答复”要求，全年共接待群众来访26次，来信16件，耐心做好释法说理，按程序进行移送分流，引导信访人依法反映诉求，确保了全年没有出现涉检信访问题。

二、把握时代要求，在助推社会治理上展现新作为

（一）全力护航民营经济健康发展。深入领会习近平总书记“法治是最好的营商环境”重要论述以及在民营企业座谈会上讲话精神，严厉打击破坏市场经济秩序犯罪，批捕、起诉了非法经营案6件6人，诈骗案30件35人，合同诈骗案1件1人。牢固树立“特殊保护”“精准监督”“三个效果有机统一”等检察理念，办理2起民营企业申请检察监督案件，对1起民营企业员工交通肇事案依法作出不起诉决定，为民营企业健康发展提供了有力的司法保障。与多家企业建立经常性联系，主动送法进企。到重点企业开展调研座谈，建立与工商联沟通联系机制，找准检察职能与企业需求结合点。扎实开展“三深化三提升”“双创双服”活动，研究制定了我院实施意见，细化了服务举措，为企业发展营造了良好的法治环境。

（二）灵活运用检察监督新机制。充分发挥“两法衔接”平台监督作用。今年共录入行政处罚案件1238件，录入总数稳居全市第一。指导行政机关移送公安机关案件线索9件，有效防止了行政执法机关有案不移、有案不立、以罚代刑等问题。依托驻公安局检察室探索引导侦查新机制，通过连接公安办案内网，查阅刑事案件及治安处罚案件，提出完善侦查活动意见、建议。与公安机关就疑难复杂案件的法律适用、侦查取证等进行沟通，提前介入案件30余件，提出侦查建议200余条，进一步强化了立案监督和侦查活动监督，形成了打击合力。

（三）全面加强未成年人司法保护。严格落实涉及未成年人办案程序，不批捕未成年犯罪嫌疑人8人；依法从重打击侵害未成年人犯罪，批捕18人，起诉25人。到定兴一中、三中、红树营小学等学校开展专题法治宣传、讲座6次；针对在校未成年人犯罪案件和侵害未成年人案件增多形势，向县教体局发出检察建议。持续推进最高检“一号检察建议”落实，促进和协同相关部门加强德育教育、法治教育和制度建设，全方位呵护未成年人健康成长。

三、深耕监督主业，在提升办案质效上再获新突破

（一）全力做优刑事检察工作。一是切实履行刑事诉讼中指控犯罪的主导责任。共审查逮捕各类刑事案件308件395人，提起公诉259件359人，有力地打击了犯罪，保护了人民生命财产安全。二是持续强化刑事诉讼监督。监督侦查机关立案2件，纠正违法20件，追捕漏犯2人，追诉漏罪9起、漏犯15人，确保了法律统一正确实施。三是全面推进刑事执行监督。完成羁押必要性审查9件，纠正社区矫正程序违法2件，针对监管场所和执行机关提出检察建议3件、纠正违法4件。审慎做好中华人民共和国成立70周年特赦监督工作，监督司法局依法对3名社区矫正人员进行了特赦。四是落实认罪认罚从宽制度。自8月份适用以来共对171人签发认罪认罚具结悔过书，向法院提出从轻处罚的量刑建议，促进了办案质量和效率全面提升。

（二）全力做强民事检察工作。 纠正“重刑轻民”思想，把民事检察作为服务民生、保障发展的重要途径。一是强化民事检察环节矛盾化解。对民事申诉案件，确有错误的依法监督，不符合监督条件的，说明理由促进案结事了，维护司法权威，减轻了当事人诉累。二是加大对生效裁判、调解书的监督力度。对符合抗诉条件的2件民事申请监督案件，向法院提出再审检察建议，法院已启动再审程序。三是切实加强民事执行活动监督。对申请执行监督案件，对被执行人确无财产可供执行、法院穷尽措施仍不能执行到位的，做好释法说理；对执行法律程序缺失等问题，提出检察建议8件，法院全部采纳，确保了执行行为的合法规范。四是对损害国家、集体民事权益的行为，支持受损害的单位起诉。办理支持金融部门起诉案件3件，保护了国家和集体利益。

（三）全力做实行政检察工作。 认真开展民事行政非诉执行监督专项活动，对法院办理的11件行政非诉执行案件进行了全面审查，针对发现的问题提出检察建议6件，有效规范了法院行政诉讼活动。开展国土资源行政非诉执行监督专题调研，认真分析2017年以来县自然资源和规划局申请法院强制执行情况及法院受理情况，提出合理化建议。对于某某、陈某某非法占地被处罚后，土地仍未恢复原状问题，依法督促自然资源和规划局履职，恢复了土地耕种条件，使生态环境受损事实得到有效纠正。

（四）全力做好公益诉讼检察工作。 牢固树立“转隶就是转机”“双赢多赢共赢”理念，将公益诉讼作为新时代检察工作发力点。立案行政公益诉讼案件45件，办理刑事附带民事公益诉讼案件1件。一是加大宣传力度。主动向四大班子领导汇报公益诉讼工作开展情况。对相关职能部门开展公益诉讼专题培训，在定兴检察新媒体刊发典型案、事例，大大提高了公益诉讼认知度。二是打造公益诉讼检察品牌。以食品小摊点为切入点，与县食安办联合打造长效食药安全协作平台。明确了乡镇政府在监管中的基础作用，强化了市场监督管理局、执法局的监管职责，促进了食品小摊点依法规范经营，保障了百姓舌尖上的安全，典型做法被《河北法制报》刊发。三是积极稳妥办理了我县第一起刑事附带民事公益诉讼案件。我院作为公益诉讼起诉人代表消费者，对在生产豆腐丝过程中非法添加苯甲酸钠的三名被告人，向法院提起刑事附带民事公益诉讼，法院判决三被告人1至3年不等的有期徒刑及罚金，并责令三被告公开赔礼道歉、承担案值十倍的惩罚性赔偿金，保障了人民群众身体健康权。四是探索办理安全生产领域公益诉讼案件。针对非法销售瓶装液化气、汽油、柴油，危害群众生命财产安全现象立案3件，向相关单位发出检察建议，各单位积极落实，凝聚了安全监管合力。

四、践行初心使命，在锻造过硬精兵上实现新跨越

（一）加强党对检察工作的领导。 认真贯彻《中国共产党政法工作条例》，严格执行向党委报告工作制度。深入开展“不忘初心、牢记使命”主题教育，引导干警增强“四个意识”，坚定“四个自信”，做到“两个维护”。坚决执行《中国共产党支部工作条例》，大力加强基层党组织建设。抓实领导班子和队伍建设。坚持党组理论学习中心组制度，民主生活会制度，提高党组的凝聚力和战斗力。提升检察干警政治、业务、职业道德素质，推动干警担当作为。

（二）加强检察规范化建设。 加强智慧检务建设，立足实用、管用原则，为办案部门

配置出庭一体化系统、检委会子系统等设备，不断提升科技强检保障水平。推进检务公开工作，通过“两微一端”共推送信息23000余条，充分展示了工作成效和队伍形象。在案件信息公开网发布程序性信息664条，公开法律文书177份，重要案件信息22条，做到了以公开促公正、以公开促规范。强化案件质量管理，办案全程进行流程监控，确保程序合法。对全年办结的案件开展评查和互查，特别对不诉不捕案件开展重点评查，促进案件质量和执法水平不断提升。抓好队伍履职能力建设，鼓励干警参加各项业务培训、案例分析、实务研讨和经验交流。结合办案积极运用“检答网”平台，解决疑难复杂问题，切实提高干警业务素质和理论水平。

（三）坚持全面从严治检。“一把手”严格履行第一责任，党组成员积极履行“一岗双责”，带头执行八项规定，积极推进从严治检。开展经常性警示教育，坚持抓早抓小，防范化解苗头隐患。组织开展纠正“四风”和纪律作风专项整治、“讲转强抓”等活动，促进了作风转变。落实检务督察制度，贯彻《人民检察院检务督察工作条例》，强化内部监督管理。贯彻落实中央防止干预司法“三个规定”，对干预司法活动、插手具体案件处理的如实记录在案，确保检察权依法公正行使。以市院党组对我院巡察为契机，坚持问题导向，进一步规范了干警履职尽责、廉洁从检各项纪律。

（四）接受人大监督和社会监督。主动向人大常委会报告检察工作，严格执行人大常委会的决议和决定。开展集中走访省级人大代表活动，向市院推介省人大代表“代表委员议检察”征文1篇。联系召开市级人大代表、政协委员征求意见会议1次，邀请代表、委员参加检察开放日3次，以需求为导向，以专业为区分，加强与代表委员沟通联络，精准开展互动交流。参加县人大培训、调研座谈会4次，邀请人民监督员评议案件，畅通了人民群众有效监督和有序参与检察工作渠道。

经过不懈努力，我院工作中涌现出一批先进集体和个人，先后有8人、3个集体被市、县表彰。这些成绩的取得离不开县委的坚强领导，离不开县人大常委会和全体人大代表的有力监督，离不开县政府、政协及社会各界的大力支持。这是我们继续前行的不竭动力。在此，我代表县检察院向各位代表、委员，向所有关心支持检察工作的同志们表示衷心的感谢！

取得成绩的同时，我们也认识到还存在一些不足：一是“双赢多赢共赢”和“三个效果有机统一”的检察监督新理念落实不到位，服务发展质效有待提升；二是社会对“四大检察”了解还不够全面，检察宣传工作力度需进一步加大；三是队伍能力水平和新形势新需要有差距，人员结构不合理，后备力量不足。对于这些问题，我们将积极采取措施加以改进。

2020年工作意见

2020年我院总体工作思路：以习近平新时代中国特色社会主义思想和党的十九届四中全会精神为指导，全面落实县委十四届四次、五次全会精神和市院“一二三四三”总体工作思路，忠实履行检察职责，不断推进县域治理体系和治理能力现代化，为确保全面建成小康社会、确保“十三五”规划圆满收官作出新的更大贡献。

（一）不断强化检察机关政治之责。全面加强党的绝对领导。把习近平总书记在党的十九届四中全会上关于社会治理现代化的新理念、新战略作为检察工作根本性指导思想。牢固树立以人民为中心的发展理念，把不忘初心、牢记使命作为加强党的建设的永恒课题。牢牢把握政治建检的核心和重点，抓紧抓实意识形态工作，把讲政治体现在执法办案的全过程。重大事项、重大案件主动向县委报告，县委安排的重要工作不折不扣高质量完成。

（二）不断强化检察机关法律之责。充分发挥四大检察职能，不断提高检察机关国家治理能力现代化水平。发挥“捕诉一体”在办案质量和效率方面的优势，实施好认罪认罚从宽制度，做优刑事检察工作。加大对民事裁判结果和虚假诉讼的监督力度，加大对法院执行活动监督、支持力度，做强民事检察工作。对行政非诉执行案件全面监督，探索“两法衔接”平台与行政检察的结合点，做实行政检察工作。在办好“4+1”领域公益诉讼案件基础上，落实《河北省人大常委会关于加强检察公益诉讼工作的决定》，积极稳妥办理群众反映强烈的其他领域公益诉讼案件，做好公益诉讼检察工作。

（三）不断强化检察机关社会之责。着力提高围绕中心服务大局的能力。把“三个守住”底线要求贯穿检察工作始终，以“六个年”为载体，聚焦高质量发展精准发力。在扫黑除恶专项斗争中继续保持高压态势，做到深挖根治决战决胜，总结成功经验建立长效机制，推动行业整治，取得专项斗争压倒性胜利。充分发挥公益诉讼职能，严厉打击非法采砂、污染环境等刑事犯罪，助推“四个全域治理”。重点关注影响定兴社会稳定的集资诈骗、非法吸收公众存款等金融犯罪案件；在办案中注重运用释法说理化解信访隐患，严厉打击以缠访、闹访、越级上访、非正常上访等手段扰乱公共秩序、寻衅滋事、阻碍执行职务等犯罪。加强检企共建，提高对民营企业司法保护力度，助推营商环境提质，切实把讲政治与抓业务紧密结合起来。

（四）不断强化检察机关发展之责。着力抓好党风廉政建设，不断提升检察队伍整体素质。鼓励干警不断加强业务、理论学习，促进队伍履职能力建设。发挥科技支撑引领作用，提升检察办案水平。发挥检务公开“四大平台”作用，树立检察机关良好形象。自觉接受人大监督，加强与人大代表、政协委员和社会各界的沟通联系，主动向人大常委会报告工作，听取意见建议，不断提高检察工作水平。

定兴县人民法院工作报告

——2020年1月10日在定兴县第十五届人民代表大会第四次会议上

定兴县人民法院院长 王士华

2019年工作回顾

2019年，在县委的坚强领导、县人大的依法监督和县政府、县政协及社会各界的关心支持下，我院以习近平新时代中国特色社会主义思想为指导，紧紧围绕“努力让人民群众在每一个司法案件中感受到公平正义”的目标，秉承对党忠诚、为民司法的初心和使命，忠实履行宪法和法律赋予的职责，全面加强审判执行工作，持续强化队伍建设，扎实推进司法改革，全院各项工作均取得了新进展。全年受理各类案件2696件（不包括执行案件），审结2564件，结案率达到95.1%，司法质量、效率和公信力都有了新的提升。

一、立足审判职能，在维护公平正义中彰显司法权威

以抓好“扫黑除恶”专项斗争为重点，依法惩处各类刑事犯罪。全年受理刑事案件267件，全部审结，判处犯罪分子402人。在继续深入开展“扫黑除恶”专项斗争中，进一步完善了线索查找、工作台账、分析研判、庭审直播、快审快判等工作机制，形成了打击合力，自觉承担起维护政治安全、社会稳定的重大责任。依法从重从快审结了王某某、马某某等9案30人的涉恶案件，以高压态势遏制了黑恶犯罪的发生，净化了全县社会环境。同时，我院还充分发挥刑事审判职能，始终将打击锋芒对准非法集资、涉枪涉爆和危害食品药品安全等犯罪。富桥担保公司的王某某等15名被告人非法吸收公众存款4000多万元，严重侵害了人民财产安全，影响了社会稳定，被分别判处十一年至六个月不等的有期徒刑，此举有效地震慑了犯罪分子，切实维护了良好的金融秩序和公共秩序，提升了公众安全感。

以服务供给侧结构改革、努力化解民商事纠纷为己任，全力保障民营经济发展。全年受理民商事案件2429件，审结2297件，结案标的额达1.7亿多元。对有关重点工程、重点项目、重点企业案件，建立“绿色通道”，积极服务全县经济社会发展大局。全面贯彻落实最高法院关于为民营企业营造良好法治环境的指示精神，对涉及民营企业的民、刑、执行案件，不该查封的账号一律不查封，不该冻结的财产一律不冻结，不该对人身采取强制措施的一律不采取，营造了民营经济发展的良好环境。与此同时，加大了民生案件的审理力度，全年审结劳动争议案件4 件，为农民工追回劳动报酬25.36万元，依法保障了劳动者的合法权益。按照“调判结合、调解优先”的家事案件审判原则，以保障未成年人、妇女和老年人的合法权益为重点，建立多元化纠纷解决机制，拓展调解方式，创新调解方法，争取案结事了。一

年中，妥善化解离婚、抚养、赡养等婚姻家庭纠纷1089件，民商事案件调撤率、一审服判息诉率等主要指标在全市法院名列前茅。

以实质性解决行政争议为导向，积极推进法治定兴建设。加大行政非诉案件审查执行力度，切实保护公民、法人和其他组织的合法权益。全年审查非诉行政执行案件53件，依法支持重点工程项目建设顺利推进。针对农村专业合作社存在运行不规范的问题及时向有关单位提出司法建议，为促进行政执法机关规范执法行为提供了司法借鉴和行为遵循。

以网络查控、联动惩戒为手段，强力攻坚执行难。为破解"执行难"问题，在巩固执行成果的基础上，去年开展了执行案件集中清理专项活动。全年受理执行案件1049件，执结913件。工作中，根据执行情况的新变化，不断调整执行工作思路，制作执行案件流程示意图和项目清单，定期对主要质效指标进行分析、研判。创新联动执行机制，严厉打击失信被执行人，升级执行办案平台，采取网上专人查询财产，统一发布执行通知书和财产报告令，开通"一案一账号""老赖地图"小程序等方法，在机关大门口电子屏滚动播放失信被执行人名单，有力地震慑了一批"老赖"，促进了生效法律文书的执行。全年对拒不履行执行生效法律文书的被执行人司法拘留7人，以拒执罪追究刑事责任2人，依法向社会公布失信被执行人376人次，限制高消费694人次，执行工作"3+1"核心数据指标全部达标，"一处失信、处处受限"的信用监督和惩戒机制初步完成，为建设诚信社会注入了法治能量。

二、立足过硬司法队伍建设，在提升履职能力中彰显良好司法形象

一是抓好教育培训，锻造过硬本领。一年中，我们集中全院干警认真学习了《中国共产党政法工作条例》，扎实开展了"不忘初心、牢记使命"主题教育和"三深化、三提升"、"讲转强抓"活动，推进了"两学一做"学习教育的常态化和制度化。通过组织参加各种培训，依托"学习强国""河北干部网络学院"等平台，切实增强了全院干警不忘初心、牢记使命的责任感和使命感，始终在思想上、政治上、行动上同以习近平同志为核心的党中央保持高度一致，确保了法院队伍忠诚于党和人民，忠实于宪法和法律的政治本色。

二是坚持党建统领，以党建带队建。在县机关工委组织指导下，年中完成了院党总支和三个支部的换届改选工作，为强化党的领导和思想作风建设提供了组织保证。在此基础上，认真坚持了"三会一课"、领导班子理论学习、院领导讲党课、周一上午党员集中学习日等党内生活制度，做到党建工作与提升队伍素质建设同频共振。在喜迎国庆70周年之际，还开展了聆听和学习习近平总书记讲话、升国旗、唱国歌、演讲比赛以及祭奠革命英烈等活动。上述活动的开展，极大地提高了党员思想政治觉悟，激励了党员干警在攻坚克难工作中争当主力、树立标杆的自觉性。

三是狠抓廉政建设，筑牢防腐思想防线。为此，组织制定落实全面从严治党主体责任制度，强化了廉洁司法警示教育，开展纪律作风整顿活动，引导干警自觉加强纪律观念，增强党性修养。与此同时，严格落实"一岗双责"，层层签订责任状，积极推行风险岗位廉政评估管理，切实发挥主体责任和监督责任，将党风廉政建设贯穿到审判、执行、行政管理工作的每个环节，由此确保了干警坚守底线，不越红线，构筑起了全面从严治院的整体氛围，全年未发生一起干警违法违纪问题。

三、立足司法改革，在坚持改革创新中彰显司法活力

一是推行新型办案机制，稳步提升审判质效。组建起了新型审执团队，实行“法官+法官助理+书记员”为基本架构的办案新模式，院庭长办案呈现常态化，实现了“让审理者裁判、由裁判者负责”的改革目标。同时，积极推进小额速裁、繁简分流、简案速裁等审判方式,对交通事故案件由城关法庭进行专项审理，利用道交一体化网上系统进行办案，既节约了审判资源，又减少了群众诉累。

二是创新审判权力运行机制，落实司法责任制。遵循向管理要效率、强管理树形象的工作思路，实行司法绩效按月排位通报，建立与分类管理相适应的绩效考核制度，有效激发改革内生动力。强化院长约谈、庭长督办措施，下大力气解决个别案件审执周期长、办案节奏慢的问题。与此同时，还持续开展了清理积案专项活动，对长期未审执结的案件建立台账，逐案交办、限期结案，以此提升审判质效，增强司法公信。

三是深化“一乡一法庭”工作，把矛盾化解在基层。去年，县委政法委召开了全县深化社会治理创新暨“一乡一法庭”工作推进会议，把“一乡一法庭”工作提升到一个新的高度，并纳入到全县维稳综治整体工作大局之中。为把这项工作落到实处，我院将政治素质过硬，法理功底扎实，工作经验丰富的院庭干部任用为“一乡一法庭”的负责人，每周定期到法庭诉前调解离婚、赡养、继承等常发性纠纷案件，并积极参与当地乡镇社会治安综合治理工作。全年诉前调解民事纠纷案件296件，接待群众咨询632次，把农村大量的矛盾纠纷降到最低点，为在全县争创“无讼村街”做出了积极的贡献。

四、立足群众需求，在智慧法院应用中彰显司法为民

一是丰富便民诉讼措施。坚持以群众需求为导向，建成网上“跨域立案”系统，安装诉状自动生成辅助机，采取网上预约立案，网上质证、开庭、送达等举措，诉讼服务中心在建机制方面在全省法院系统名列前茅，为人民群众提供了现场、网上、线下多渠道便捷服务，打通了司法服务的“最后一公里”。同时，高度关注弱势群体诉讼案件，加大了对困难群众的司法救助力度，全年依法为困难群众缓减免诉讼费10.2万元，确保经济困难当事人打得起官司。

二是推进信息化深度应用。工作中，我院坚持把体制创新和科技创新作为车之两轮、鸟之两翼，以“网上办案、网上办公”为抓手，积极构建人力与科技深度融合的司法运行新模式。开通了河北移动微法院、互联网法庭、重大案件监督平台等系统，将大数据手段融入应用到工作的方方面面，依托信息化大数据破解公正与效率的难题，切实提高了办案质量和效率。

三是拓宽民意沟通渠道。为不断拓展司法公开的广度和深度,我院全面推进了审判流程、执行信息、裁判文书和庭审直播四大公开平台的建设，构建起了开放、动态、透明、亲民的阳光司法机制,创建了“互联网+审判”新模式。依托公开平台，全年发布审判流程信息3716件，公开裁判文书3805件，庭审直播455场次。与此同时，继续加强了人民陪审工作，一审案件人民陪审员参审率达到93.8%。还组织“法院开放日”活动2次，让公众走进法院、近距离感受司法。这些综合措施的采取，进一步增加了司法公开的深度和广度。

四是全方位展示法院工作成效。积极推动法院工作与新媒体融合发展，建立微信、微博、门户网站等数字化的新媒体矩阵，不断提升网

络舆论的传播力、影响力和公信力。将法院重大活动、重大事项、典型案例积极向外推介展示，全年在最高院、省市媒体发表稿件 20 余篇，刊发信息简报 31 期，发稿量在全市法院系统名列前茅，向社会传递了司法正能量。

五、立足中心工作，在服务大局和接受监督上彰显司法担当

去年，我院始终将工作中心融入全县工作大局中统筹谋划和部署，坚持县委“重点工作部署到哪里、司法保障服务就延伸到哪里”的理念，做到重要工作、重大事项主动向县委汇报，并认真做好全国“两会”、“国庆 70 周年”铁路护路、贫困户帮扶、退役军人包联、企业包联、防汛包段等项工作，积极主动地为全县中心工作保驾护航。一年来，我们始终把自觉接受监督作为依法履职的重要保障和改进工作的动力源泉，自觉将法院工作置于人大监督之下，主动向县人大报告工作，通报法院重要工作进展和重大案件审执情况，邀请人大代表、政协委员参加班子民主生活会、旁听案件庭审、报送法院信息动态等，并根据县人大审议意见抓好存在问题的整改落实，积极改进工作，全力做好“后半篇文章”，确保司法公正。

各位代表，2019 年，我院的各项工作取得了一定成绩和进步，先后有 2 个集体和 16 名个人立功受奖。这些成就的取得，主要得益于习近平新时代中国特色社会主义思想的科学指引，得益于县委的正确领导，县人大及其常委会的有力监督，得益于县政府、县政协的关心支持，也是各位人大代表、政协委员和社会各界以及全县人民理解、支持的结果。在此，我代表法院全体干警向大家致以崇高的敬意并表示衷心的感谢！

总结回顾去年的工作，在看到取得成绩的同时，我们也清醒地认识到我院工作还存在一定的差距，存在的主要问题和不足：一是审判执行质效有待提升。随着司法改革的进一步深化，新型审判执行团队的司法理念和运行还需进一步增强和磨合。司法效率不高，司法辅助人员不足，在一定程度上影响着审判工作的可持续性开展；二是随着经济社会发展，法官执法办案能力和水平还不能完全适应人民群众日益增长的司法需求；三是司法基础设施、物质装备需进一步改进，使之适应现代化审判执行工作发展需要；四是“智慧法院”的建设、信息化深度应用和推广应进一步提速。在新的一年里，针对存在的这些短板和问题，我们将采取有力措施加以解决和改进，同时也恳请各位人大代表、政协委员继续予以关心和支持。

2020年工作安排

各位代表，今年是全面建成小康社会和“十三五”规划收官之年，也是全面贯彻落实党的十九届四中全会精神的开局之年。在新的一年里，我院工作的基本思路是：以习近平新时代中国特色社会主义思想为指导，认真学习贯彻党的十九大和十九届二中、三中、四中全会精神，紧紧围绕“努力让人民群众在每一个司法案件中感受到公平正义”的目标，秉承对党忠诚、为民司法的初心和使命，遵照县委十四届四次、五次全会要求，在推进治理体系和治理能力现代化中找准定位，以“支持服务雄安、借势发展定兴”为统揽，发挥审判职能，建设过硬队伍，深化司法改革，打造智慧法院，全面推进新时代人民法院工作实现新发展，为尽快把定兴建成生态文化智慧城市提供更加优质的司法保障。

一要在加强党的领导上有新作为。深入学习贯彻习近平新时代中国特色社会主义思想和党的十九届四中全会精神，切实用以武装头脑、指导实践、推动工作。旗帜鲜明地讲政治，严格落实好《中国共产党政法工作条例》，把党

的领导贯穿到法院工作的全过程和各个方面，牢固树立“四个意识”，坚定“四个自信”，坚决做到“两个维护”。紧紧围绕县委工作大局，加强统筹谋划，不断完善工作举措，搞好意识形态阵地建设，忠实履行法律赋予的神圣职责，奋力开创新时代法院工作的新局面。

二要在深化“扫黑除恶”专项斗争上有新作为。今年是“扫黑除恶”专项斗争三年为其目标的实现之年，我院将坚持严打方针不动摇，持续发力、精准发力，严格依法办案，提高诉讼效率，把好案件事实关、证据关、程序关和法律适用关。按照“一案一个工作组、一案一个审理方案、一案一个领导小组”原则，确保涉黑涉恶案件在最短法定时限内审结完毕，推动“扫黑除恶”专项斗争取得全面胜利。

三要在服务保障县委重大战略部署上有新作为。充分发挥审判职能作用，围绕中心，对接雄安新区，依法服务京津冀协同发展。要坚持底线思维，立足审判职能防范化解重大风险， 依法审理好涉及金融、环境资源、婚姻家庭等案件，促进解决民生领域突出问题。进一步巩固“基本解决执行难”成果，推动完善综合治理执行难工作格局，健全长效机制，不断提高执行工作水平，保障胜诉当事人及时实现权益。妥善化解案件隐含的风险，严格规范司法行为，加强分析研判，全力做好矛盾疏导化解、舆论引导，维护社会和谐稳定。

四要在主动接受监督上有新作为。进一步健全完善代表联络机制，架起沟通桥梁，形成长效机制。高度重视人大代表的建议办理工作，认真办理代表意见建议和关注事项，倾听群众呼声，积极回应社会关切，不断改进工作。紧紧依靠人大的监督和支持推进各项工作，拓展司法公开的深度和广度，开展公众开放日、庭审旁听、巡回审判等活动，进一步增强审判执行工作透明度。加强创新发展新时代“枫桥经验”，深化“一乡一法庭”工作，完善多元化纠纷解决机制，积极参与社会治理，让群众直观感受审判工作成效。

五要在推进“智慧法院”建设上有新作为。加快推进智慧法院建设，构建人力和科技深度融合的司法运行新模式。充分依托信息化手段和智慧法院的先进方式，着力提升“互联网+诉讼服务”水平。改造升级诉讼服务中心，打造集立案登记、信访接待、诉调对接、法律援助等于一体的多功能、一站式、综合性的诉讼服务平台，努力为当事人营造方便、快捷、舒适的诉讼服务环境。

六要在锻造忠诚、干净、担当法院队伍上有新作为。坚持把政治建设摆在首位，持之以恒推进队伍正规化、专业化、职业化建设。坚持从严治院和从优待警、严格管理和人文关怀有机结合，落实全面从严治党要求，持之以恒地正风肃纪，切实加强对干警的教育、管理、监督和履职保障，为干警全身心投入工作创造良好环境。深入开展向先进典型学习活动，发挥典型引领作用，教育引导干警筑牢理想信念，增强履职本领，努力建设一支忠诚干净担当的过硬法院队伍。

各位代表，如今我们正处在伟大的新时代，肩负着新的使命，行进在新的征程上，司法部门和每个司法干警都应义不容辞地为国家的发展、社会的进步和人民的幸福担当新的任务，做出新的贡献。新一年的司法任务光荣而艰巨，我院一定在县委的领导、县人大的监督和县政府、县政协的支持下，以习近平新时代中国特色社会主义思想为指导，不忘初心、牢记使命、锐意进取、开拓创新，努力加快推进审判体系和审判能力现代化，把服务大局、司法为民、公正司法各项工作提高到新的更高水平，全面落实好本次会议的决议，忠实履行法律和宪法赋予的职责，为尽快把定兴建成生态文化智慧城市作出我们应有的更大的贡献！

关于定兴县 2019 年国民经济和社会发展计划执行情况与 2020 年国民经济和社会发展计划（草案）的报告

——2020 年 1 月 9 日在定兴县第十五届人民代表大会第四次会议上

定兴县发展和改革局局长　刘兴国

一、2019 年计划执行情况

2019 年，全县上下以习近平新时代中国特色社会主义思想为指导，深入贯彻党的十九大、十九届二中、三中、四中全会精神，认真落实省市各项决策部署，继续坚持稳中求进工作总基调，牢牢把握高质量发展根本要求，紧紧按照县委“16448”工作总体部署，努力克服经济下行带来的不利影响，全力稳增长、促改革、调结构、惠民生、防风险，较好的完成了全年经济社会发展主要目标任务，总体表现活力充沛、实现预期、稳中向好、稳中有进，计划执行情况总体良好。

（一）经济运行稳中向好，经济指标稳中有进。

2019 年，县域生产总值预计完成 145.2 亿元，同比增长 5.7%；固定资产投资预计完成 102.5 亿元，同比增长 8.5%；规上工业增加值预计完成 25.6 亿元，同比增长 5%；全部财政收入预计完成 14.8 亿元，公共预算收入预计完成 8.21 亿元，同比增长 11.1%；预计城镇居民人均可支配收入 34372 元，同比增长 8%；预计农村居民人均可支配收入 17372 元，同比增长 11%；预计完成社会消费品零售总额 87 亿元，同比增长 9%。细颗粒物（$PM_{2.5}$）浓度等约束性指标完成省定任务。

（二）三次产业结构优化，质量效益明显提高。

三次产业结构达到 18.1 ∶ 33.1 ∶ 48.8，服务业对经济增长的贡献度达到历史最高水平，产业结构进一步优化，经济质量进一步提升。主要表现在：

农业稳粮、增菜、提质。粮食生产稳定增长。全年农作物播种面积 124.5 万亩，预计总产量 131 万吨。小麦单产达 496.5 公斤／亩，玉米单产 611 公斤／亩，花生单产 298 公斤／亩。蔬菜产业晋档升级。蔬菜作物播种面积 14 万亩，总产 72 万吨。完成华农绿色产品续展、认证工作。“定兴茄子”“定兴太平萝卜”申报了地标产品。组织了京津冀第四届蔬菜产销对接大会，“定兴蔬菜”参展作品获“优秀设计奖”。完成农业部“蔬菜生产信息监测预警”和“京冀农产品产销信息监测”项目，推广 5 项蔬菜生产关键技术 1.2 万亩。农业全面提质增效。积极推进省级农产品质量安全示范县创建工作，目前已完成了初步评估。严格农产品及投入品监测，合计抽查农产品样品 3406 个（蔬菜样品

2660个、动物产品及投入品样品746个），检测结果合格率100%。开展重大动物疫病防控工作，累计排查生猪养殖场户8911户次，累计出动人员4320人次，出动车辆2128车次，有效控制了动物疫情在我县发生。实施了畜禽粪污资源化利用项目，争取中央财政资金支持4000万元，完成160家养殖场粪污处理设施建设。

产业创新、升级、多彩。谋划推进战略新兴产业三年行动计划。组织实施了通美晶体、嘉旭福美、百度云中心、智同二期、天浩二期、中科锂电等一批战略新兴产业项目，其中通美晶体、嘉旭福美项目具备了部分投产运营能力。全年新增规上工业企业5家，省高新技术企业4家。实施创新型领军企业培育工程。引导河北智同生物制药股份有限公司“生化制药国家地方联合工程研究中心”申报国家地方联合工程研究中心，并通过国家认定。推进传统产业创新发展。引导中小企业走“专精特新”发展之路，智同公司被工信部认定为“专精特新”小巨人，公司“心脑血管新药注射用长春西汀的工艺研究开发”荣获2019年保定市科学技术进步一等奖。天浩制药公司的“肝爽颗粒工艺改进项目”荣获2019年保定市科学技术进步三等奖。五合窖、广源被认定为“保定市专精特新中小企业”。保定槐茂食品科技有限公司先后被认定为河北省技术创新中心、保定市工程技术研究中心。保定兴安风电设备有限公司、河北喜之郎食品有限公司、河北微纳环保有限公司、保定森源建筑机械有限责任公司、河北宏峰耐火材料有限公司5家企业先后被认定为2019年河北省高新技术企业，我县高新技术企业达到14家。

三产占据半壁江山。全面落实省委对定兴“打造以现代服务业和科技研发为主的生态文化智慧城市”的定位，不断提高现代服务业在三次产业中的比重，已由上一年的43.6%提高到去年底的48.8%。深入实施商贸活县战略，由兵团第二师、援疆办参与，第二师新联运物流有限公司实施的河北新疆特色农副产品销售基地项目一期冷库、综合楼及配套设施已完工，进入试运营阶段。积极推进电子商务发展，引导广世通电子商务公司果蔬配送网络拓展农村市场，发展壮大线上线下果蔬配送网络，在全县建立了覆盖110个村、130个超市或商店的配送网络。扶持外贸企业发展，组织企业努力开拓国际市场，在125届广交会上，定兴县隆兴制帽有限公司与英国、德国、韩国、日本等国家签订了43万美元订单，定兴县正佳箱包制品厂与西班牙签订了40万美元订单。引导企业参加服务业企业百强评选，河北省定兴县医药药材有限责任公司入选“2019河北省民营企业服务业100强”。

（三）项目建设丰富多彩，提速提质步伐加快。

项目建设丰富多彩。全县14个省市重点建设项目（2个省重点，12个市重点），如期完成建设进度。目前完成投资18.1亿元，占年度计划的114%。其中嘉旭福美、通美晶体、新奥燃气、中天建筑、匠工建材等5个项目实现部分投产，省重点前期百度云计算项目提前开工建设。全县筛选了52个需重点推进的五大类项目，其中产业类项目15个、环保类项目5个、民生社会事业类16个、城建类13个、农林水类3个。目前25个项目竣工或部分竣工，18个在建，9个正在按计划积极推进。

营造宽松政商环境。2019年，以深化“双创双服”活动为契机，强化项目包联帮扶，先后印发了《定兴县重大项目推进工作机制》《关于认真做好2019年包联帮扶重点企业重点项目的通知》《关于认真做好2019年定兴县五大类项目包联帮扶工作的通知》，通过召开企业座谈会、各级干部深入企业解难题等多种形式开展包联帮扶活动，共协调解决行政审批、资金需求、环境保护等方面的问题128个，解决问题121个，问题解决率95%，营造了宽松的政商环境，有力推动了项目建设。

狠抓招商强化项目储备。创新招商思路，对接高质量项目，组织参加了“4·12河北省（香港）投资贸易洽谈会”“中国天津投资贸易洽谈会暨PECC博览会”“5·18廊坊投洽会”“2019投资洽谈会暨京津冀投资推介会”等多次大型商贸洽谈会议，宣传推介定兴，吸引更多项目落户定兴，与隆基泰和、联东集团、中福瑞达等20家大型企业开展对接洽谈，15个项目取得积极进展。

（四）与雄安同呼吸共发展，重点工程稳步推进。

讲政治、顾全局，树立“一盘棋”意识。主动对接雄安、服务雄安、借势雄安，发展定兴。认真贯彻落实《关于加强雄安新区周边区域规划建设管控的暂行意见》、《保定市履行主体责任支持服务雄安新区规划建设2019年重点工作安排方案》和《省委省政府关于雄安新区规划建设决策部署工作方案》。对雄安周边5个乡镇严格落实项目禁批。加强房地产管控，落实7700元/平方米限价备案制度。环雄安周边环境得到有效管控。以推进定兴现代服务业和科技研发为主的生态文化智慧城市为目标，借助中规院、中城院等前沿规划团队完成了《定兴县国土空间规划大纲》《定兴县产业振兴战略规划》编制，同步推进控制性详规、乡镇村庄国土空间规划及构建“3553”的产业体系，为实现定兴跨越发展谋好篇、布好局。

众多国计民生工程稳步推进。配合雄安新区建设发展，一系列服务雄安工程项目正在按计划积极推进，其中雄安新区南拒马河防洪治理工程（定兴段）完成投资3.95亿元，六个标段已开工建设，征占补偿工作正在落实。荣乌高速公路新线我县境内全长15.6公里，目前市筹建处正进行全线土地组卷。容易线已完成勘界登统，正有序推进土地组卷和征拆工作。G107国道北河大桥按200年一遇防洪标准实施改造，已进场施工。张雄特高压工程征占工作顺利推进。固城镇污水处理厂主要构筑物已完成，进入进水调试阶段。

（五）双城联创成绩喜人，城市面貌再展新姿。

以“双城联创”促城建。以创建国家园林县城和省级文明城市为抓手，大幅度提升县城基础设施建设水平。昌盛街改造、通兴东路挖补罩面、迎宾街北延、国道大街改造、槐茂路断头路等7条创园市政道路提前完成任务。定兴县污水处理厂提标改造和定兴镇污水处理厂提标、扩容工程设备安装基本完成，正在准备进水调试。完成了繁兴街北延、信地国际、农村信用社、二小、龙源热力、吉祥街等市政供水管网工程。金街、昌盛路、吉祥路、昌盛大街、机场路、新107国道城区段、范阳路路灯建设已完成。按星级标准建设了10个公共卫生间。美亚斯西侧规划路、迎宾街北延已建设完成；华建路立交桥总投资3900万元，目前公路桥工程竣工通车。北环路后续工程全长8.4公里，已完成沥青路面铺筑5公里。同时，协调高碑店市初步确定了2条高碑店段的建设方案。

以“双城联创”促绿化。按照“300米见绿，500米见园”的均衡布局，全方位、高品质实施园林绿化、亮化等项目。完成吉祥路和昌盛路已建段、京港澳高速路口西侧游园、金台生态园提升、文化广场和金台广场绿化提升、八条道路破硬建绿、城区道路绿化补栽补种、泰安路北侧临时绿化、滨河公园北段临时绿化等项目。兴盛大街两侧游园、明湖公园、燕兴公园提升、范阳路两侧绿化已按计划完成绿化任务。

以“双城联创”促管理。全面推行环卫市场化，对道路洗扫、保洁、抑尘进行精细化管理，机械化清扫率达到了85%以上。严格环卫监管巡查，实施“垃圾限时落地清理”，城区垃圾运输全部实现密闭化，垃圾清运率达到了100%。对城区14条道路门头牌匾进行整治，城市面貌更加清新靓丽。理顺城管执法运行机制，联合执法开展交通秩序大整治大提升行动，规范农村客运车辆停靠运营，扩大战果根治三轮非法营运顽疾，推广绿色出行，优化公交路线和运营时间，持续提升城市交通文明形象。

（六）民生福祉不断增进，群众获得感不断增强。

蓝天、碧水、净土保卫战再传捷报。预计全年空气质量综合指数6.06，同比下降6.87%；$PM_{2.5}$年浓度54微克/立方米，同比下降16.7%，优良天气201天。气代煤工程实现了县域全覆盖，气价补贴发放到千家万户，广大农户享受到了清洁取暖的实惠。

深入开展双创双服活动。年初确定的23项民心工程46件惠民事项全面推动落实，其中42件事项提前完成任务，4项按既定的时间节点推进。特别是农村危房改造、供水管网改造、便民市场建设、小规模小学和寄宿制学校标准化建设、职业技能培训、社区农民体育健身工程等15项可量化指标排名靠前，占20项可量化指标（3项不涉及定兴）的90%。

脱贫攻坚取得成效。1446户2414名贫困户实现脱贫，医疗、教育扶贫、住房、饮水、产业扶贫等政策全面落实，顺利通过了省实地考核和第三方评估验收，群众满意度达到99.73%。

社会保障不断加强。农村低保累计发放1405.8万元，城镇低保累计发放132.18万元，临时救助916人次，发放救助金67.5万元。实现新增就业人员4578人，下岗失业人员再就业1325人，安置就业困难对象519人，登记失业率2.97%。积极推进三大片区改造，完成247户拆迁，完成630套棚户区改造任务。

教育事业全面进步。高考成绩继续保持全市第一平台，4190名高考考生中，本一上线1221人，比去年增加310人；本科上线3061人，比去年增加300人；本一和本科上线人数均创历史“新双高”。实施县城学校建设“三年攻坚行动”，争取上级教育专项资金1.17亿元，实施了七小、四中及18所中小学幼儿园建设项目，其中18个中小学幼儿园完成主体工程，七小一期工程竣工，四中教学楼投入使用，办学条件有了新提升。

医疗体系不断完善。城乡居民医保年度最高支付限额提高至20万元，医疗保障能力显著增强。基本医保统筹支付800余万元，医疗救助140余万元。建立居民健康档案50万份。妇幼保健院医改工作正式启动。投资1亿元的县医院综合楼项目已破土动工。

文化事业蓬勃发展。组织制作了“我和我的祖国”快闪视频，把全县人民的爱国热情推向高潮！举办“4·23世界读书日”，定兴县图书馆开展“公益流动书吧”，倡导多读书，为我县营造了浓厚的读书氛围。举办了“嘉旭福美”杯全民健步走和“京工万达”杯黄金台武术节暨孙氏武学全国观摩交流大会大型群众性体育活动，打造了新的特色群众性体育品牌。开展“戏曲下乡”“全民免费公开课”“电影下乡”等公益工程。“全民免费公开课”受培训人数 500 余人；电影下乡演出共计 3288 场；戏曲下乡演出 360 余场。

食品安全得到加强。对全县食品全覆盖检查，共检查217户次，排查风险隐患问题项48项，责令停产 21 户。巡查食品生产企业 129 家次，排查风险隐患问题项 436 项，其中责令停产 4 家，申请停产 11 家。协助 2 家企业完成 HACCP 认证工作，全县获得先进质量体系认证企业已达 10 家。有效开展猪瘟疫情防控，日常监管和巡查4528人次，检查生猪产品经营者2800户次，有力维护猪肉产品市场安全稳定。

一年来，我县经济社会发展成绩显著，基本完成年初计划任务。但仍存在不少困难和问题：一是经济下行压力较大。当前我县传统产业仍处于转型升级攻坚期，承接产业和新兴产业培育步伐不快，产业发展整体水平不高。部分企业出现停产或半停产状态，企业产值较大幅度减少，规模工业增加值增幅回落较大。二是投资增长较为乏力。受土地、资金等项目要素瓶颈影响，部分重大项目进展较为缓慢，没有达到时序进度要求，民间投资活力有待进一步增强。三是招商引资吸引力不足，政策可用空间偏小，对区位优势特别是雄安周边比较优势的认识趋于理性，加之民间投资市场门槛相对偏高，项目储备少于预期。四是公共服务、民生保障等方面与群众期盼还有差距，财政收支矛盾突出，金融风险防控、安全生产等方面任务艰巨。对于这些矛盾和问题，我们将采取有效措施，认真加以解决。

二、2020 年经济社会发展的目标任务及工作重点

2020 年，是深入贯彻十九届四中全会精神的关键之年，是全面完成“十三五”规划的收官之年，也是实现撤县设市目标的关键一年，做好全年国民经济和社会发展工作意义重大。

2020 年经济社会发展指导思想是：坚持以习近平新时代中国特色社会主义思想为指导，增强“四个意识”、坚定“四个自信”、做到“两个维护”，坚决贯彻党的基本理论、基本路线、基本方略，深入贯彻党的十九大、十九届二中、三中、四中全会精神和中央经济工作会议以及省、市委全会部署，紧扣全面建成小康社会目标任务，坚持稳中求进工作总基调，以新发展理念引领高质量发展，深入开展“三创四建”活动，统筹推进稳增长、促改革、调结构、惠民生、防风险、保稳定，以支持服务雄安、借势发展定兴为统揽，把发挥雄安新区生态保障、基础设施支撑、产业联动“三个作用”作为重大政治责任，把大气、水、土壤、生态绿化“四个全域治理”作为基础保障，以开展县域经济提质年、对接保障雄安重大项目建设提效年、城市建设提档年、乡村振兴产业体系构建提速年、生态环境治理提升年、治理能力精准提高年“六个年”为载体，以保民生、保生态、保稳定“三个守住”为底线，确保全面建成小康社会，确保“十三五”规划圆满收官，确保全县人民生活水平持续提升、社会大局安全稳定，奋力开创经济社会高质量发展、跨越式前进新局面。

主要预期目标是：县域生产总值增长 6%，一般公共财政预算收入增长 8%。规模以上工业增加值增长 5%，固定资产投资增长 7%，社会消费品零售总额增长 8.5%，城镇、农村居民人均可支配收入分别增长 7.5% 和 9%，常住人口城镇化率 50%，城镇登记失业率控制在 4.5% 以内。细颗粒物（$PM_{2.5}$）浓度下降完成上级下达任务。重点抓好以下六个方面工作。

（一）紧盯现代产业培育，推进高质量发展。

深化农业供给侧改革，稳定粮食生产。深入开展“科技兴粮”工程，加大绿色优质高产创建和节水品种推广，形成结构合理、保障有力的农产品有效供给。围绕京津冀都市群和雄安新区消费大市场，加快构建高端高质绿色产业发展体系。继续加强农田水利设施建设，因地制宜建完善灌溉配套设施，扩大高效节水灌溉面积。努力提升农业科技创新水平，主要粮食作物主推技术与主导品种到位率达到95%以上，蔬菜及特色农产品良种覆盖率100%，绿色标准化生产技术普及率90%，实现“全域无公害”达标；规模养殖良种覆盖率达到100%。农作物的耕种收综合机械化率达到90%。

实施新兴产业打造工程，推进新旧动能转换。优先将新兴产业投资较大项目纳入省、市重点项目计划，保障资金、土地等供应。深入实施质量强县和名牌发展战略，培育形成一批综合实力较强的企业集团和市场占有率、科技含量、附加值高的名优产品。高新技术产业增加值达到20%以上。同时，围绕休闲食品、汽车及零部件、生物医药等三大传统产业，不断壮大喜之郎、马大姐、西麦、槐茂、长城、大迪、智同、天浩等知名品牌，加强对中华老字号、非物质文化遗产、地理标志、驰名商标等品牌的培育，打造更多百年品牌。积极培育创新创业主体，引进创新创业团队，激发小微企业发展活力。落实政府质量奖、双创扶持资金，年内认定高新技术企业2家以上，省级科技型中小企业10家。

大力发展现代服务业，努力拓展国际物流服务。以确定定兴机场高端政务、商务定位为契机，从飞行培训、航空乘务、应急救援起步，逐步打造成集客运、货运、航展、试飞、保养、观光、救援为一体的军民融合航空小镇。通过系列政策支持，积极引入国际化品牌连锁酒店和商务型、度假型、会议型酒店，吸引国际知名酒店管理公司及旗下酒店品牌入驻我县，推动酒店业硬件设施、管理和服务水平与国际标准接轨。推动“旅游+”“互联网+”等多产业融合发展，瞄准雄安发展观光体验、健康养生等旅游新业态。以建设非遗小镇为抓手，加强旅游基础设施建设，充实黄金台文化旅游内涵，不断拓展旅游空间，提升旅游品质，增强区域吸引力。

（二）聚焦产业项目建设，增强经济发展后劲。

加大招商引资力度。根据产业发展重点，研究制定产业招商指导目录，建立招商引资项目库，组织开展产业链精准招商。结合对接京津和雄安新区建设，深化与中关村合作，吸引中关村科技成果转移转化，积极承接京津等转移项目，争取更多的为雄安新区配套的产业在定兴落地生根。通过开展专题招商、专业招商、以商招商，实施定商返乡创业招商活动，力争储备2021年省市重点备选项目10个以上。

强力推进项目建设。高度重视省市重点项目建设，瞄准战略新兴产业申报一批高质量省市重点项目，确保百度云计算、中科锂电、嘉旭福美、智同二期等项目纳入省重点快速推进。积极对接国家和省、市重大战略和政策，加强重大基础设施、产业发展、生态环保、民生保障、农林水等重点领域项目谋划包装，充实项目储备库，选定一批“五大类”项目实行挂图作战、重点推进。严格落实项目包联帮扶及项目推进工作机制，深入项目现场帮助解决问题，促进项目尽早投产达效。

继续优化营商环境。巩固“双创双服”活动成果，深入开展“三创四建”活动，全面落实“一网通办”“只进一门、只到一窗”“落实一次办好”等便民服务工程，把群众办事“最多跑一次”落到实处。深化商事制度改革。大力推行“证照分离”改革，压缩企业开办时间，完善市场退出机制。推进工程建设项目审批制度改革。落实集中办公、精简环节、取消环节、合并申请、调整审批时序等举措，全面提高审批效率。

加速北部园区承载平台建设。谋划实施污水处理、泛能能源综合利用项目，不断完善路、水、电、气等基础设施建设工程，为项目导入创造条件。探索投融资平台建设，按照省委、省政府《关于深化开发区改革开放的实施意见》，推动开发区加快建设具备法人资格运行良好的投融资平台，形成平台实体化、运作专业化、融资多元化的市场主体。

（三）加速推进乡村振兴，促进农业提质增效。

深化农业供给侧结构性改革，推动一二三产融合发展，加速构建乡村振兴产业体系。

优化结构兴产业。稳定粮食生产，深入开展“科技兴粮”工程，加大绿色优质高产创建和节水品种推广，形成结构合理、保障有力的农产品有效供给。加快推进土地整理、高标准农田及新增千亿斤粮食田间工程建设。调优蔬菜品种结构。推进时令菜、叶菜类的发展，全县设施叶菜类力争达到3万亩。做优畜牧业。巩固畜禽养殖三区划定专项治理成果，稳定生猪、肉鸡发展，推进转型升级。加大对畜牧龙头企业支持力度，支持龙头企业建立稳定的养殖基地。积极构建金、绿、白、红、紫“五色产业”，突出打造花青素紫玉米紫色产业，依托重点农业龙头企业，打造 “土字号” “乡字号”的地域品牌，提升“定兴农产品”知名度。推动电子商务向广大农村地区进一步延伸和覆盖，畅通城乡双向联动销售渠道，鼓励和支持一些消费新业态、新模式向农村市场拓展。

提高城乡公共服务能力。进一步加强基层基本公共服务功能和基础设施建设，提升乡村公共服务能力，补齐农村的水、电、路、信息等基础设施短板。大力推进农村集中供水工程，农村集中供水率达到90%以上，自来水普及率达到85%以上。提升农村电网服务保障能力，完成14个村改造任务。持续推进农村移动和固定宽带网络建设，推进提速降费。全县互联网普及率达到100%。

推进农村人居环境整治。全面整治农村生活垃圾，推行市场化环卫运营模式，加快推动终端处理设施建设，加快推进6个垃圾中转站项目建设，逐步实现资源化、减量化、无害化处理。继续推进农村厕所革命，梯次推进农村生活污水治理，实现253个村庄生活污水管控、21个村庄污水治理。实施村庄容貌提升行动，推动村街硬化，农村公路穿村路段硬化全覆盖、完成行政村主街道硬化任务。农村卫生厕所普及率达到85%以上。

推动乡村文化建设。深入实施公民道德建设工程，深化“善行河北、善行保定、善行定兴”主题道德实践活动，推进社会公德、职业道德、家庭美德、个人品德建设。广泛开展文明村镇创建，深入开展移风易俗行动，大力发展特色文化产业。推进地名标志设置标准化，实现农村地名标志设置全覆盖；积极开展美丽庭院创建活动。到2020年，全县50%以上的行政村达到县级及以上文明村标准，50%以上的庭院建成美丽庭院，10%的庭院建成精品庭院。

（四）积极推进城乡建设，加快建设美好家园。

加快基础设施建设。实施国道大街改造、

定易路改造、高闫路拓宽工程。启动美亚斯路、东兴南街等道路工程，打通园区发展微循环。落实城镇雨污分流三年改造计划，实施华建路、朝阳路和迎宾街雨污分流改造工程。新建10座无害化公厕，解决县城公厕偏少问题。完成高速污水泵站，同步实施14个路段，9.8公里供水管网工程。完成巽阁公园、通兴西路和兴盛大街交口游园、鹏程路、兴达路、机场路东段等多个绿化项目，谋划实施美亚斯路、祥园路、东兴南街路灯工程，不断完善基础设施，继续为城市增绿、增亮。

扎实推进三大片区改造。强力实施老城四街、繁兴街北延和南关片区拆迁攻坚，确保完成三大片区拆迁改造扫尾工作。加快推进嘉会庄回迁区征地拆迁及补偿清表工作，做好项目实施的前期准备工作。启动压缩机厂家属院安置区拆迁工作，加快签订协议，确保回迁安置区早日动工。完成教委小区、长安小区、财政局家属院3个老旧小区改造任务。

高标准实施拒马河防洪改造及路网建设。加快推进南拒马河防洪工程，确保如期完成河道疏浚，具备防洪度汛能力，切实筑牢雄安新区北部的防洪屏障。加快与新区路网对接。全力配合实施荣乌高速新线、容易路、G107国道北河大桥建设，完成北环路非机动车道、北塘路铁路立交桥引道及高闫路、南环路下穿高铁段建设。启动同兴街建设，加快汇通路建设，打通与高碑店市协同联动发展的“中梗阻”。

提高城市管理水平。谋划启动数字城管升级项目，不断增强智慧城管的功能，提高数字城管的应用能力。推行公园市场化服务机制，提升公园管理水平。加大环卫清扫、保洁运输、绿化养护、市政维护维修、公园管理等市场化企业的监督管理，不断提升工作水平；试行垃圾分类管理，细化餐厨垃圾收集、运输等工作。

（五）狠抓生态环境治理，全力服务保障雄安。

狠抓县域生态环境的综合整治。以“四个全域治理理念”指导全县生态工作全局，深入推进拒马河防洪、排污治理，保证不让一滴污水流入白洋淀。以节水、取水许可监管、水资源税核定为抓手，全力开展水资源管理工作。继续加大非法采砂打击力度，坚决根治非法采砂行为。全面推动河湖管理，积极打造“河畅、水清、岸绿、景美”优美环境。狠抓持续开展“散乱污”企业整治专项行动，确保“散乱污”企业动态清零。继续强化机动车维修企业环境污染治理和营运黄标车淘汰工作，完成年度目标任务。

实施农村环境整治工程。推进6个垃圾中转站项目建设，形成设施配套、机制完善、运行高效、城乡统筹的农村生活垃圾治理体系。开展畜禽养殖废弃物资源化利用专项行动，全县畜禽规模养殖场粪污处理设施装备配套率达到100%，规模养殖场畜禽粪污综合利用率达到100%以上。

突出抓好生态重点工程建设。完成环雄安林带、县域水系、主要交通廊道造林绿化工程，积极推进易马湿地、兰沟洼湿地项目建设。谋划定兴县经济开发区北区污水处理厂及管网和北河镇污水处理厂项目。全力推进南店垃圾填埋场生态修复和城区垃圾转运中心建设进程。

（六）切实保障改善民生，建设和谐幸福定兴。

继续推进县城学校建设“三年攻坚行动计划”。启动实施五中一期、七小二期、六小教学及科技楼建设及幼儿园建设等13个教育学校建设项目，不断改善教育教学环境。全力推进高中阶段教育普及攻坚，确保毛入学率达90%

以上。

不断深化医药卫生体制改革。加强医联体建设，不断提高家庭医生签约服务能力。狠抓职业病监督，做好职业病防治工作。积极推进县医院住院综合楼和高里卫生院项目建设，确保如期建成投入使用。达到每千人口执业（助理）医师数不低于 2 人。

巩固脱贫成果，不断完善防返贫机制。探索建立贫困人口大数据监测平台，完善动态监管机制，重点关注因学、因病、因残致贫返贫问题，做到应扶尽扶、不落一户。落实好贫困人员的医疗帮扶措施，全面提升保障人民群众卫生健康的综合能力。着力实施精准救助，提高社会保障水平。社会救助工作和扶贫工作紧密结合起来，做到“应保尽保”，不断提高农村低保等社会救助覆盖率。如期完成服务中心项目提升工程，推动养老事业蓬勃发展。实现每千人口养老床位数不低于 35 张。

继续深化“双创双服”民心工程。谋划实施一批重点民心工程，继续开展企业帮扶工作，切实把“服务发展、服务民生”工作做实。加强安全生产、就业保障、医疗保险等方面的监督管理和服务保障，统筹推进社会事业全面进步。

大力开展有声有色的文化活动。继续推进“戏曲进校园”“戏曲进乡村”等多形式七进演出活动，不断丰富群众的文化生活。推广普及足球、冰雪运动，增建篮球场、羽毛球场等体育设施，引导社会资本建设社会足球场、室内滑冰馆；加快推进城乡体育设施增配全覆盖工程，让群众健身更加便捷，不断提高全民身体素质。

关于定兴县2019年预算执行情况和2020年预算草案的报告

——2020年1月9日在定兴县第十五届人民代表大会第四次会议上

定兴县财政局局长 刘春林

一、2019年预算执行情况

2019年，在县委的正确领导下，在县人大、县政协的监督支持下，认真践行习近平新时代中国特色社会主义思想，以建设生态智慧卫星城为任务目标，围绕“16448”工作部署，把握稳中求进工作总基调，抓收入培财源，优结构保重点，推改革提质效，优服务促发展，预算执行情况总体良好。

（一）一般公共预算完成情况

根据全年收支快报统计，全部财政收入完成148414万元。其中一般公共预算收入完成82094万元，同比增收8171万元，增长11.1%。一般公共预算支出完成351086万元，占调整预算的95.1%，同比增支62904万元，增长21.8%。

一般公共预算收入82094万元，加上：上级补助收入206869万元、地方政府债券收入68600万元、上年结余10183万元、调入预算稳定调节基金3784万元，收入总计371530万元。一般公共预算支出351086万元，加上上解1622万元、债券还本95万元，超收安排稳定调节基金794万元，支出总计353597万元。收支相抵，结转下年17933万元。

（二）政府性基金预算完成情况

政府性基金收入完成146118万元，同比增收65863万元，增长82.1%；政府性基金支出完成152041万元，占调整预算的86.1%，同比增支51855万元，增长51.8%。

政府性基金收入146118万元，加上：上级补助收入17143万元、上年结余2787万元、新增专项债券收入10700万元，收入总计176748万元。政府性基金支出152041万元，加上调出资金156万元，支出总计152197万元。收支相抵，结转下年24551万元。

（三）社会保险基金预算完成情况

社会保险基金收入完成98217万元，支出完成88407万元，本年收支结余9810万元，年末滚存结余82649万元。

（四）国有资本经营预算情况

由于我县国有企业普遍没有利润，未实现国有资本经营收益，未编制2019年国有资本经营预算。

二、2019年财政工作完成情况

（一）抢抓积极财政政策机遇，全力做大财政收入蛋糕

——着力培植优质税源。加大财政扶持力

度，加快重点项目建设，加大招商引资力度，百度人工智能云计算、中科锂电新能源科技创新产业园等项目陆续落户我县，且发展前景向好。

——持续优化营商环境。认真落实各项减税降费优惠政策，落实支持小微企业创业创新各项政策措施，全年减税预计 2 亿元，切实减轻了企业负担，为市场主体创造了良好发展环境。以目录清单为遵循，规范执收行为，我县省立涉企行政事业性收费已全部“清零”，共涉及减费企业 7707 户，涉企减费 993 万元。

——依法加大征收力度。继续推进综合治税，强化涉税信息比对，通过加大土地供应力度，清理耕地占用税，落实房地产解遗政策等措施增加税收 9160 万元。加强非税收入征管，坚持依法征收，力争应收尽收，全县非税收入比去年增加 3590 万元。

——加大资金争取力度。认真研判上级政策走向，积极争取上级政策和转移支付倾斜，全年争取上级转移支付资金 97636 万元，有效缓解了财政收支平衡压力。积极谋划项目，全力争取新增地方政府债券 79300 万元，有力支持了重点项目建设。

——盘活财政存量资金。全年盘活财政存量资金 6485 万元，集中财力保重点支出，统筹用于教育、卫生、农林水事务及生态环境治理等方面支出。

（二）践行初心使命，优化支出结构，推进民生实事项目

——支持教育文化事业。全年落实教育文化资金 72332 万元，其中：各阶段教育生均公用经费 6615 万元、实施农村小学营养改善计划资金 1012 万元、校舍建设资金 13970 万元、学生资助资金 1331 万元、农村原民办代课教师教龄补助 674 万元、公共文化旅游传媒资金 445 万元。

——支持社会保障事业。全年落实各项社保政策资金 82617 万元，其中：财政对基本养老保险补助 12941 万元、财政对基本医疗保险补助 22596 万元、困难群众生活保障及救助资金 2963 万元、养老服务体系建设资金 942 万元、优抚人员定额及医疗补助资金 2515 万元、退役安置补助资金 1827 万元、基本公共卫生服务资金 3567 万元、原赤脚医生养老保险 548 万元、计划生育补助资金 1116 万元、基本药物制度补助资金 522 万元；公立医院综合改革补助资金 339 万元；就业专项补助资金 536 万元等。

——支持农林水事业。全年落实农业农村事务资金 117266 万元，其中：村级组织运转经费 5222 万元、一事一议及村级集体经济试点建设资金 1588 万元、农业支持耕地地力保护补贴资金 6148 万元、农机购置补贴资金 960 万元、农村厕所改造资金 1458 万元、粪污资源化利用 1800 万元、造林绿化土地流转费用 9006 万元、南拒马河防洪资金 72470 万元、南水北调水费 1937 万元等。

——支持城市建设事业。全年落实城市建设资金 23373 万元，其中：污水处理厂及地表水厂建设资金 5972 万元、创建国家级园林城市及省级文明城市资金 6744 万元、市政基础设施建设资金 1369 万元、环城路及农村公路建设资金 9288 万元。

——支持生态环保事业。全年落实生态环境治理资金 56348 万元，其中：“气代煤电代煤”改造 45387 万元、园林绿化 2750 万元、城区垃圾处理及环卫市场化运营项目 3540 万元、燃煤锅炉替代改造补贴 1435 万元、农村纳污坑塘治理 483 万元、其他重点大气污染防治项目资金 2753 万元。

——支持脱贫扶贫攻坚事业。全年落实财政专项扶贫资金 3171 万元，用于产业扶贫项目、

“雨露计划”项目、少数民族发展项目，支出率达到100%。落实危房改造资金723万元，涉及869户，达到了住房安全标准。落实防贫保险资金200万元，为建立健全扶贫脱贫防贫长效机制提供了保障。

（三）全面贯彻新发展理念，科学谋划，扎实做好新时代财政改革

——全面实施预算绩效管理。将预算绩效管理覆盖所有财政项目资金，将事前评估、目标管理、运行监控、绩效评价、结果应用等各项措施，有效融入预算管理的相关环节，实现预算绩效管理与预算管理的深度融合，基本建成了全方位、全过程、全覆盖的预算绩效管理体系。

——深化国有资产管理。完善国有资产管理报告制度，对行政事业单位资产管理制度进行了清理、修改、完善，重新梳理了涵盖资产配置、使用、处置等各个环节的管理办法，出台了《定兴县行政事业单位国有资产处置实施细则（试行）》，进一步明确了管理职责，细化了管理内容，优化了管理流程，确保了行政事业单位国有资产管理规范有序。

——防范债务风险管理。认真落实政府债务限额管理规定，落实政府债务偿还和风险化解计划，积极稳妥化解政府存量债务。深入开展政府隐性债务化解，严禁违法违规融资担保行为，落实政府隐性债务问责办法，2019年筹资化解债务32186万元。同时，加大暂付款防控力度，防范财政运行风险。

各位代表，2019年，全县财政工作经受住了考验与挑战，取得了新的阶段性成果。但在财政运行中仍然存在一些不容忽视的问题，主要表现在：一是税收收入形势严峻，持续增收空间有限。受减税降费政策的影响，加之经济下行压力严峻，税收同比下降4205万元。二是刚性支出需求增速较快，财政收支平衡压力较大。三是预算执行的规范性和约束性不够，部门支出进度较慢，预算管理水平有待于进一步提高。对于这些问题，我们将认真分析，找准症结，综合施策，切实加以改进解决。

三、2020年财政预算草案

2020年财政工作的指导思想是：深入学习贯彻党的十九届四中全会精神，认真践行习近平新时代中国特色社会主义思想，围绕县委的决策部署，坚持“保工资、保运转、保基本民生”的支出原则，严格控制“三公”经费等一般性支出，深化部门预算管理改革，加强预算执行管理，强化预算刚性约束，推进财政资金整合和统筹使用，为实现定兴跨越崛起提供财力支撑。

根据上述指导思想，结合我县社会经济发展目标，提出的2020年财政预算草案是：

（一）一般公共预算

全部财政收入安排159628万元，同比增长7.6%。一般公共预算收入安排88620万元，同比增长8%，加上：返还性收入3862万元、一般性转移支付73670万元、调节基金3781万元、专项转移支付71698万元，调入预算稳定收入总计241631万元。一般公共预算支出安排239190万元，同比增长10.1 %，加上：上解支出2441万元，支出总计241631万元，收支安排是平衡的。

（二）政府性基金预算

根据“以收定支、专款专用、收支平衡”的原则，政府性基金收入预算安排88534万元，同比下降39.4%，上级补助收入346万元，相应安排基金支出预算88880万元，同比下降13.2 %。

（三）社会保险基金预算

社会保险基金收入预算安排111574万

元，支出预算安排 100094 万元，当年收支结余 11480 万元，年末滚存结余 80315 万元。

（四）国有资本经营预算

由于我县国有企业普遍没有利润，未实现国有资本经营收益，未编制 2020 年固有资本经营预算。

四、2020 年财政主要工作

为确保 2020 年预算任务的完成，我们要着重抓好以下几项工作：

（一）强化生财理财，着力稳增长、提质量。一是加强收入征管。正确处理减税降费与依法组织收入的关系，全面抓好收入征管。强化财税协同配合，分级落实责任、传导压力。健全税收保障机制，推进依法治税，用好涉税信息共享平台，抓好重点行业、重点税源、重点税种的有效监控，提高征管效率；加强欠税清缴和零散税收征缴，充分挖掘税收增长潜力，不断提高收入质量。二是加强财源建设。充分发挥财政资金引导作用，强化项目建设和产业发展的财税导向，将财税贡献率作为项目申报、招商引资和资金分配的重要依据。落实国家更大规模减税降费政策，切实减轻企业负担，支持企业发展壮大。三是积极向上争取资金。抢抓经济新常态下国家实施积极财政政策的机遇，主动把握国家、省市宏观政策导向，力争对上争取政策、项目和资金实现新突破。同时，积极谋划项目，争取上级债券资金支持。

（二）强化支出管理，着力调结构、惠民生。按照建立公共财政、民生财政的要求，不断优化财政支出结构，集中财力切实保障经济社会发展和民生需求。一是坚持民生优先。坚持“保工资、保运转、保基本民生”的原则，严格控制支出，充分发挥公共财政职能作用，进一步调整和优化支出结构，大力压缩“三公”经费等一般性支出，集中财力支持民生改善。二是继续落实好社会保障政策。落实国家和省相关政策标准，提高低收入群体基本生活保障和政府对各类社会保险补贴投入，足额落实民生配套资金，做到困难群体的应保尽保。三是落实好社会公益事业保障政策。坚持教育优先原则，落实农村义务教育经费保障机制，加大对医疗卫生的投入，深化医药卫生体制改革，推动教育、医疗事业发展。四是落实好财政支农政策。根据财力和脱贫管理任务要求，加大财政投入力度。加强惠农补贴资金管理，落实农业耕地地力保护补贴政策，增强粮食集约化生产水平。实施乡村振兴战略，支持农村人居环境整治和农村综合改革项目，不断促进农村发展、农业增效、农民增收。

（三）强化制度建设，着力强管理、上水平。一是深入推进全面实施预算绩效管理。构建预算绩效管理制度体系和标准体系，全面落实事前绩效评估制度，强化绩效目标管理，对绩效目标实现程度和预算执行进度实行“双监控”，强化绩效评价结果刚性约束，建立健全责任约束、工作考核和激励约束机制，切实将绩效评价结果与预算安排和政策调整挂钩。二是强化预算支出管理。建立以“预算总控、执行管控、结果调控、风险防控”为实施主线的加快预算支出进度长效机制；严格落实县委县政府出台的《科级领导班子和领导干部年度综合考核评价办法》，对部门预算执行支出进度进行考核，切实加快预算执行支出进度，提高财政资金使用效益。三是加强政府债务管理。严格政府债务资金支出方向，新增政府债券资金必须用于公益性资本支出，加快债券资金使用进度，更好发挥资金使用效益。按照隐性债务化解方案，妥善化解政府隐性债务，实施政府融资举债负面清单制度，完善问责和政绩考核体系，坚决查处违法违规和变相举债行为。

说明：

一、本索引各主题词按英文字母顺序排列。同音字按声调排列，首字相同者按第二字音序排列，依次类推。

二、索引名称后的数字表示内容所在页码，数字后用拉丁字母 a、b 分别表示该页的左栏、右栏。

三、随文图片不做索引。

D

F

G

H

J

K

L

M

T

W

X

Y

Z

信